□ 钟敬文 主编
□ 许钰 董晓萍 副主编

Minsuxue Gailun

民俗学概论
（第二版）

普通高等教育"十二五"国家级规划教材

高等教育出版社·北京

教育部重大项目来源

　　民俗学系列教材,钟敬文主编,包括《民俗学概论》(第二版)、《民间文学概论》(第二版)和《民间文学作品选》(第二版),是主编单位北京师范大学民俗学国家重点学科"985 工程""中国民俗学高等教育教材遗产"的子项目,同时纳入"十二五"规划进行长期建设。

教材获奖和教学成果获奖

《民俗学概论》
国家新闻出版署第四届国家图书奖提名奖(1999 年)
北京市普通高校优秀教学成果一等奖(2001 年)
国家级教学成果一等奖(2001 年)
普通高等教育"十二五"国家级规划教材(2015 年)

《民间文学概论》(附《民间文学作品选》)
北京市哲学社会科学优秀著作一等奖(1987 年)
国家教委高等学校优秀教材一等奖(1988 年)
北京市普通高校教学成果一等奖(1997 年)
国家教委高等学校教学成果一等奖(1997 年)

内容提要

本书是《民俗学概论》的修订版,是高等院校文科专业基础理论教材。全书共十六章,系统论述民俗学研究的对象、性质、结构、理论特征和方法论,全面讲解中国民俗事象,包括精神民俗、物质民俗、语言民俗和社会组织,并对各地各民族民俗的共性和差异作了大体分析,介绍了中国民俗学简史,同时对世界民俗学发展史作了初步描述。通过学习本教材,学生可以掌握民俗学的基本知识,了解民俗学的基本理论和方法形态,具备从事民俗学工作的基本知识和能力。

撰写人员名单

第一章　概述,第一、三、四节,陈建宪;第二节,陶立璠。
第二章　物质生产民俗,第一、二节,张振犁;第三、四节,柯杨。
第三章　物质生活民俗,第一节,秦家华;第二、三节,杨知勇。
第四章　社会组织民俗,高丙中。
第五章　岁时节日民俗,第一节,李惠芳;第二节,何红一。
第六章　人生仪礼,第一、二、三节,刘铁梁;第四、五节,程蔷。
第七章　民俗信仰,宋兆麟。
第八章　民间科学技术,第一节,华觉明;第二节,汪前进;
　　　　第三节,廖育群。
第九章　民间口头文学(上),许钰。
第十章　民间口头文学(下),陈子艾。
第十一章　民间语言,马学良、李耀宗、黄涛。
第十二章　民间艺术,第一节,乔建中;第二节,何健安;
　　　　第三节,周育德;第四节,陈瑞林。
第十三章　民间游戏娱乐,萧放、段友文。
第十四章　中国民俗学史略,董晓萍。
第十五章　外国民俗学概况,第一节,阎云翔;第二节,连树声;
　　　　第三节,王汝澜;第四节,苑利。
第十六章　民俗学研究方法,钟敬文、程蔷。

第二版修订说明

《民俗学概论》第二版的修订与出版,是主编单位北京师范大学民俗学国家重点学科"985工程""中国民俗学高等教育教材遗产"的子项目,同时纳入"十二五"规划进行长期建设。

钟敬文教授通过主编《民俗学概论》,创建了高校民俗学专业教材的理论体系、编撰体例和阐述方法。本次修订保持了这部教材的基本特征和形式原貌,在此前提下,做了必要的调整、修改和补充。

本次修订工作,在总体原则上,根据我国高校民俗学学科在"社会学"一级学科下的建设与发展;根据民俗学学科设置所包含的民间文艺学在"中国语言文学"一级学科下建设的学科传统与现实,同时根据民俗学与社会学、人类学、文艺学、历史学、民族学、科技史研究和文化遗产学等相邻学科交叉互补所产生的分支研究方向,并在这些新生长点已有民俗学基础研究的条件下,进行局部修订,吸收其综合研究成果,转化为教学内容。凡涉及其他学科的专业门类研究或专题阐述,而尚未有民俗学研究相应积累者,本次暂不纳入修订范围。

本次修订的具体原则,是从高校民俗学专业教学科研的实际出发,对民俗学专业的理论、方法和民俗知识的表述等,稍作修改和补充,另据近年出版物编排格式的新要求,做了一些适当调整,主要有以下几点。

一、有些章节中,在对民俗学基本理论、方法和事象的表述上,对一些阐释不够明确或严密之处做了修改。

二、对少量明显欠妥的用词、植误的段落,以及重复的句子等,做了删节或改写。

三、核查注释并校订。对直接引文中的不完整注释,一律补充完整;对间接引文的段落或词句,做了补充注释;对个别未注引文,重新撰写了完整注释。

四、对正文中首次出现的外国作者姓名,以及在注释中出现的外国作者姓名,一律补写英文原名(对俄文作者,除补写俄文姓名外,另补写英译名)。书末增设"主要外国作者中英俄文译名对照表",以利读者查询。外文书籍的中译本,凡需补充原文书名者,均已补齐。

五、对在原稿中的书写、翻译或初版排印出现的误笔或脱落之处,做了纠正或补文。

六、按照近年出版规范的新要求,对本书初版的排版格式做了改动。修订版的格式、符号更为统一。

经过本次修订,希望能更充分展现《民俗学概论》的历史地位、学术价值和广泛社会影响,增广其学说,扩大其应用,弘扬其坚持研究和传承中国优秀民俗文化的教育理念与实践精神。

北京师范大学民俗学国家重点学科
《民俗学概论》修订组
2010 年 3 月 23 日

前　言

钟敬文

一

中国现代民俗学,从1918年北京大学成立歌谣征集处时算起,到今天,已经足足经历了80年的岁月了。

在这漫长的时间里,中国民俗学的进程,并不是一帆风顺的,其中既有曲折,也有顿挫。即使在发展比较顺利的时候,在范围上也并不是很全面的。但是,总的看来,在本世纪里,这门新生学科的脚步是前进的,它没有完全停滞或后退——除了在"文化大革命"那段特殊的历史时期里。

今天,在这20世纪即将结束,就要跨入21世纪的时刻,中国民俗学呈现了前所未有的繁盛气象。它无论从发展的规模看,还是从迈进的速度看,都可以说是惊人的。

二

这里,我们试从学科发展的几个重要方面略加描述。

民俗学机构的广泛建立

解放前,中国民俗学的研究者和爱好者,在不同的时期、不同的地区,也曾先后建立过民俗研究的机构,其中,比较著名的,有北京大学的歌谣研究会和风俗调查会,中山大学的民俗学会,以及杭州学者们所建立的中国民俗学会等。全国解放后的第二年(1950),我们即成立了中国民间文艺研究会,各省、市也相继成立了同性质的学会。稍后,又有中国民族音乐研究所的建立。但由于当时文化政策的关系,上述机构虽然对民俗学中的民间文学、民间艺术等方面,做了有益的收集与研究,但对于这门学科的其他方面,如物质生活、社会组织、民间语言、民间科学等民俗现象,却还都没有涉及。这是因为,作为学科的民俗学的位置没有得到承认的缘故。1976年,"文化大革命"结束后,由于政策的宽舒、客观事实的需要和学界有识之士的迫切要求,这方面的活动机构被迅速地建立起来了,其中有代表性的是中央级的中国民俗学会的建立(1983)。十多年来,全国各省、市、自治区也相继成立了分会、或同性质的地方级学会。不用说,被迫停顿了一段时期的中国民间文艺研究会(即现在的中国民间文艺家协会)也都陆续恢复了。中国民俗学会成立不久,就致力于学科知识的传播和人才的培养,开设了民俗学(包括民间文艺学)讲习班,并且以后连续办了几期,有的地方学会也办过这类讲习班,培养了一批收集、研究者和有关的工作干部。这些工作,都有力地推进了中国民俗学的发展。

教育事业的开展

一门新兴学科要在一个国家里立住脚跟,并能取得比较广泛和迅速的发展,重要的一点,是要在学校里(特别是高等院校及研究院等)占有一定的位置。它要有自己的讲堂。我们上面所说的讲习班的开设,正是从这种考虑出发的。但它到底是非经常性的,时间也很短暂,这就不免影响到它的效果。最有效的办法,是使民俗学得到长期的讲授、传播的机会。1949年前,民俗学虽然在一些大学里得到过提倡和推动,有些热心的教师还开过这门课,但是,作为一门学科,中国的民俗学始终没有在高等学校成为固定的、必修的科目;当然,也不是完全没有拿它当作研究题目的。新中国成立后,情况有了较大的转变,在文科大学或师范院校,由于我们国家的性质特点和当时学习苏联的课程安排,一时间,比较广泛地开设了"人民口头创作"(即"民间文学")课。在其他一些艺术类的院校,也开设过民间艺术一类的功课。但是,作为学科整体的民俗学,却还是被搁置着,乃至于受到歧视。

上苍保佑，"四人帮"倒台了，人民的传统文化在学术上有了出头之日。在新的历史时期，不但民俗学的机构成立了，这方面的学术研究也活跃了。同时，民俗学学科在高等院校也相应的抬头了。一些大学（如武汉大学、辽宁大学和中央民族学院等）的教师勇敢地开出了这门新课，并受到了学生们的欢迎。有的大学还成为这门学科的硕士、博士培养点，甚至使它成为高等院校的国家级重点学科（如北京师范大学）。近年有些社会学、人类学的教学、研究单位，也设有这方面学科的研究课题和研究生的培养点（如北京大学社会学人类学研究所）。去年，教育部（原国家教委）在调整高校学科时，把民俗学列入了国家二级学科，隶属于社会学学科之下，这是在中国民俗学80年经历中的第一件大事！它以政府颁令的重要形式，把这种社会人文学科从"妾身未分明"的身份，骤然变成了身份明确的学科了。它既符合学科本身的发展需求，也满足了学界人士的殷切盼望。这个文件一发布，就有许多大学纷纷请求教育部批准这个学科（民俗学）的研究生培养权和学位授予权。我们在这里试举一个小例子，借以证明民俗学学科的设立是怎样激起青年学者们的向往之心的。1997年和1998年，北京师范大学民俗学专业（包括民间文艺学）招收攻读博士学位的研究生，各地报名投考的人数就超过了以往的数倍。这一事实是很值得注意的。总之，我们的民俗学，在教育界已由"游击战"转入了"阵地战"的态势。这种好形势，对于这门学科的更进一步发展，既是推进器，也是保证状。

集录、研究成果的增进

一种学科的确立要件和发展的标志，主要在于它的资料积累和研究成果如何。在中国现代民俗学的进程中，在大多数时期，都有着这些方面的成果，尽管其丰富性和质量的程度有所不同。如上所述，"四人帮"倒台后，特别是20世纪80年代以来，民俗学发展较快，这体现在集录和研究成果的方面也显得硕果累累。

首先，集录资料的成就。集录民俗资料虽然不等于直接的研究成果，但它是学术研究的阶梯，是后者的基础。近年出现的作为集录成果的风土志和民间文艺作品集成，正是这一成果中的比较主要的部分。它不仅是进一步从事研究工作的凭借,而且是优势相对独立的文化财富,是人民的文化历史文献和国民精神教养的宝贵资料,它的成果正是民俗学不可缺少的部分。这方面的工作的某些部分,在新中国成立后的17年中,我们也做了一些;但是更广泛、更大规模的作业,却是近年才着手进行,并取得了较大的成果的。最显著的例子,是已经编纂出版了一百多卷的中国民族民间文艺十套志书和集成。此外,近年来,各省市编刊的地方志书中的民俗志和方言志,也大都可说是这方面的成绩。总之,十多年来,我们民俗学的搜集、记录和整理工作,成绩是远远超过以往任何时期的,不管从量或质的方面看,都是如此。

其次,新时期的民俗学研究和相关成就同样使我们非常喜悦。当然,我国的现代民俗学研究工作,在学科出世的那个时期就开始了;并且,在初期,还产生过一些优秀的成果,例如顾颉刚的《孟姜女故事研究》、茅盾的《中国神话研究ABC》,及江绍原的《发须爪》等著作。然而,一种学科的生长是有过程的。少年人尽管很聪明,也不能具有饱经世故的老年人的智慧。中国民俗学理论(包括科学史的梳理等方面)的发展情形也大略如此。我国的民俗学研究的发展脚步,大体上是伴随着时代和社会的发展步伐而前进的。前面已提到,十多年来,由于各方面的有利条件,它在发展的规模和速度方面都大大地扩展或加快了。现在,仅拈出理论建设方面的活动,也能看出它的进步。

这些年来,我国的民俗学学术团体和活动场所都明显地增加了。它们除了常设的教育机构或研究所外,还包括那些临时性的各种研讨会。这些学术研讨会,有全国性的,也有地区性的;有的所讨论的论题范围广泛(有些研究对象甚至是我们平常想不到的);也有的相对集中一些(如关于各民族的神话、民间文学的性质、范围等专题的讨论)。这些讨论会的论文,大都是科学研究的成果。此外,还有其他方面一些学者所撰写的关于民俗事象的研究著作。各方面的成果汇合起来,就成了一片引人注目的学术大花丛。虽然它们在质量上颇参差不齐,但其中也的确出现了一些较有分量的学术著作。关于这一点,一些比较公正的国际同行学者也是承认的。大致上说,我们今天的民俗学理论成果,已经走近了它的成年期。当然,这不是说,这方面的成就已经登峰造极了。老实说,我们还是正在半山上攀登的登山手呢。

　　以上，仅就近年来中国民俗学发展的三个方面略作了论述。其他方面的情形，也同样可以证明这一点。姑且再简单举一两个例子。首先，就出版方面来说：书刊的发行状况，也是现代有关学术旺盛与发展的标志。近年来，中国民俗学类出版的书刊充塞书店。从程度深浅看，有供专家使用的专门著作，也有面向一般读者乃至儿童的读物；从书的卷帙多少看，有成套的丛书，也有单行的本子；从出版的品类看，有一般书籍，也有定期刊物。特别值得指出的是，有些还是过去学界想翻译的国外专业名著，如泰勒（Edward Burnntt Tylor）、弗雷泽（James George Frazer）、汤普森（Stith Thompson）、邓迪斯（Alan Dundes）、柳田国男等学者的著作，现在已大都有了中译本。这不仅丰富了我们专业学者的书架，也有利于促进学科理论研究的深入。

　　其次，是国际专业学术的交流情况。在过去长期的民俗学进程中，国际学术交流的活动并不是完全没有。例如在20世纪30年代前期，我们就曾跟德意志、日本等国的学者交流书刊，互通学术信息，并在彼此的刊物上发表文章等。但这毕竟是比较个别的事。这十多年来的情形就完全不同了。现在中外民俗学交往地域的广阔、交流情况的频繁和交流内容的深广，都不是过去所能比拟的。这说明，在东方大国的中国，它的民俗学正在与世界众多同行做亲密的对话与相互补益。其他自然还有可举述的方面，我想就不必絮说了。总之，中国十数年来民俗学各方面的现象及其成果，足以充分表明它的发展情况，而这种情况是超越已往的本学科学术史的，是令人大为振奋的。

　　在这样重要的历史时刻，我们的这部关于中国民俗知识的概论书出版了，这是我们的荣幸，也是我们的一种心愿！

三

　　新时期的民俗学会成立于1983年的夏天。接着，我们办了几届民俗学讲习班，培养了这方面的人才（他们中的大部分现在是各省、市、自治区这方面学会的骨干）。但是，如上面所提到的，我深切感到，要使这门重要的社会人文学科,在中国广阔的领域里扎根长干、蔚成茂林,就一定要使它在一般大学里占有自己的讲堂;这样,才能够在广大学生的群体里传播这种学科的知识,培养出许多熟悉专业和发展专业理论的高级人才、教师和研究人员。这是发展这门学科最重要、最有效的途径。而要达到这种目的,除了其他方面的必要条件外,在这种形势下,迫切需要着手的一点,就是要编出一本可供大学生使用的教材。这个真理,是我从"民间文学"这门课程过去在高等学校发展的经历中所得到的启示。1978至1979年间,高等学校恢复了"文化大革命"期间被扼杀了的民间文学课。当时,教育部责成北京师范大学培养这方面的师资。我觉得,光有新培养的一些教师,还不能更大规模地、迅速地推广这门课程的教学工作,于是就请求教育部,让我们在培训专业教师的同时,师生共同编写这方面的教材(当时受培训的学员都是从全国各高校抽调来的中、青年文科教师)。教育部答应了,我们就抓紧开始工作。经过一年的苦斗,一部《民间文学概论》的书稿出来了(同时附有两册参考资料)。18年来,"民间文学"这门课成了一般文科高校及许多师范院校的固定课程,并从教师队伍中产生了许多有水平的专家学者。这是一种值得深思的历史经验,它对我们无疑是有启发意义的。

正是由于上述的一些想法和经验,我决心为民俗学的教学和推广,主编它的专业教材。时间是20世纪90年代初,那时我已经将近90岁,精力已远不如十年前。但是,我决心要在这一生里完成这项工作!正在我和教研室教师筹划这项工作的时候,华中师范大学的陈建宪恰巧来北京师范大学做访问学者,他赞同我们的设想,并且无私地为此投入了精力。这样一来,我们编纂《民俗学概论》教材的活动就鸣炮起航了。

我们首先拟定了编辑计划,接着是确定全书的章目和执笔人。由于现在民俗学的范围比过去扩大了,所涉及的学科知识比较广泛,在这种情况下,编一部教材绝非个人的学力所能应付,因此,我们决定采取集体合作的方式,除教研室的教学人员外,根据各章节内容的需要,还分别邀请了校外的一些专家和学者共同执笔。当时,曾考虑到请京外省、市的学者参与,但为了聚会和商量的方便,最后还是尽量动用了在京的学者。我们的邀请得到了校内外学者的热心配合,经过几个月,他们的初稿就寄来了。经审阅,我们把修改的意见分别告诉了作者。又过了一段时间,他们的修改稿也陆续寄回了。于是,我们把它们汇印成一份初稿,归纳出问题要点,再分发给执笔者去审阅,并请提意见。又经过了一些日月,他们第三次把审阅的稿件寄来了;同时,有的人还给别人的文稿提出了修改建议,供我们在进一步修改时作参考。这在时间上已经过去两年左右了。这份初稿正等待着我们腾出人力,对它作全面、细致的修改,使它成为定稿。但这并不是一件简单的工程!而那些时期,我和教研室的老师们又忙于这样那样的事情(或因教学的忙碌、或因出国进修……),这件急待收梢的工程就被搁下了。这一搁又是两三年!尽管我们心里急得像手上捏着一块火炭,答应负责出版的机构的编辑,也屡屡来电话催问,校外执笔者也直率或委婉地询问它的下落,但两大包的稿件仍然静静地躺在那里。直到前年秋天,李惠芳教授觉得再不能让它拖下去了,就从武汉远道跑来北京,动笔修改了几篇问题比较不大容易处理的稿子。但是,她并不是有更多闲暇的人,一周后,她就匆匆回去了。事情到底还是要靠她!去年暑假,她又抛下自己要办的事,再度来京继续做改稿工作。我们共住在京郊八大处的北京工人疗养院里(就是我现在暂住的地方),每天白天花上 8 小时的时间,共同确定需要修改的文句,晚上她在自己的房间里继续工作。这样奋斗了 20 天,总算把全稿修改工作基本告了一个段落,只剩下了一些收尾工作。当时我曾对来京开会的惠芳的爱人张清明说:"惠芳这次的行为可以算作是义侠的!"这句话的分量并不轻,但我觉得李惠芳当之无愧!

如上文所提到的,在教育部去年公布的大专院校开设的科目表中,把民俗学正式列入了二级学科,并得到了全国高等学校的强烈反应。而今年又恰巧是中国民俗学发端的 80 周年,有关学界人士予以热烈的纪念。因此,对这门学科的教科书一类的著作,学界的要求也就更加迫切。我和教研室的一些同事立下军令状,一定要在今年暑期完成《民俗学概论》的收尾工作,并把它交出去付印,希望最迟能在今年年底以前见书。当我们完成了五位博士生的学位论文答辩工作后,就组成了一个"审订小组"(成员八人,除我和董晓萍教授外,还有六名博士生参加,他们的姓名另见本书后记),此外还邀了三位硕士生当助手。我们就在 7 月初开始工作。大家集中在学校办公楼的"中国民间文化研究所"的书库里,奋战了几天,总算把该修改、该核查的工作都结束了。至此,《民俗学概论》的工程全部完成了。这件工作,从创始到结束,前后经历了八年的岁月(有的同学戏称为"八年抗战"),这真是我所始料不及的。

这部关于中国民俗文化的概论书,现在总算交稿了。它不久即将成为一部广泛流通的学术读物。但它的成就究竟怎样呢?真正准确的评价,自然要等将来有眼力并接触过此书的人去做。在这里,我只能说点私人的看法。这本书的执笔者们大都是具有专业知识的学者,他们构思行文也都是比较认真的。加上我们在创始之初对本书的体例和篇章安排上的考虑也比较慎重,因此,本书在这些方面比过去出版的几本概论书多少可能有它自己的长处。但是,它也不免有缺点,例如,各章的观点、乃至于写法并不完全一致;行文的体例彼此也互有参差。作为一本有体系的著作(特别是教科书一类的著作),这不能不说是一种遗憾。在它初创时,我们曾想编一部可供大学教师、学生使用的教本,但是,现在显然没有达到原来的要求。实事求是地说,我们只能把它称作"教学参考用书"。

我国的教育、文化事业近年正在迅速地发展。民俗学是一门新学科,又将是一种热门学科。我相信,通过高校教师和社会其他各界学者的努力,在不久的将来(例如五年或十年),我们的学问水平提高了,学者们更成熟了,到那时,或通力合作、或个人专任,再编出一部更优秀、更完整的民俗学教科书,是完全可能的,这也是我们的真诚期望。

四

一项伟大工程的成就,固然需要巨大群体的通力合作;就是一些较小的事业,它的成功,也往往不是一二人之力所能办到的。本书所经历的情形就充分说明了这一点。当这部书就要面世的时候,我更深深地感受到了这个道理。

对那些在不同的时候,从不同的方面,对此书的形成、出版尽过力的人,都是我在这里所要诚恳感谢的。首先,是三十多位执笔者。他们对于我,有的比较熟悉,有的则至今尚未谋面。但他们为了支持这项事业,发展这门学科,却一律竭诚合作,不避劳苦和麻烦。没有他们的这种协力,这本书的成稿是难以想象的。其次,是"审订小组"的成员。他们有的在事前就通读过全稿,并提出了对书稿的看法和修改意见。这次最后修订,大家又冒着酷暑,认真逐篇修改,使全稿能于较短的时间内完成。他们的劳绩是不容淹没的。再次,是李惠芳教授、陈建宪副教授。他们在创始时期和修订时期,是分别建立了殊功的。又次,是已故的许钰教授。在本书创始策划和稍后的审阅过程中,他都花费了心力。可惜他走得早些,已不能看到这部书的出版了,但他的功劳是不应被忘记的。更次,是董晓萍教授。作为我的学术助手,和本书的副主编及执笔者,她付出的劳力是比较多的(从经费管理、书稿付印到文件保管等诸种劳作)。此外,王德宽副教授,以及研究生庞建春、严优和康丽同学,在提供参考资料与核查文献等方面,都做了有益的贡献。最后,同样值得感谢的,是上海文艺出版社工作人员,特别是本书的责任编辑,由于他们的好意和真诚合作,使本书能够在较短的时间内得以与广大读者见面。

总之,本书是大家协力制作的结果。凡对它出过力的,都是我们应该感谢的功臣!

1998 年 8 月 20 日,于京郊八大处
时年九十六

目 录

上 编

第一章 概述 ·· 3
    第一节 民俗与民俗学 ·································· 3
    第二节 民俗的基本特征 ································ 10
    第三节 民俗的社会功能 ································ 22
    第四节 中国民俗的起源与发展 ·························· 26

第二章 物质生产民俗 ······································ 32
    第一节 农业民俗 ······································ 32
    第二节 狩猎、游牧和渔业民俗 ·························· 39
    第三节 工匠民俗 ······································ 45
    第四节 商业与交通民俗 ································ 50

第三章 物质生活民俗 ······································ 58
    第一节 饮食民俗 ······································ 58
    第二节 服饰民俗 ······································ 66
    第三节 居住建筑民俗 ·································· 72

第四章 社会组织民俗 ······································ 78
    第一节 社会组织民俗的分类描述 ······················ 78
    第二节 宗族组织民俗 ·································· 82
    第三节 社团和社区组织民俗 ···························· 92

第五章　岁时节日民俗 …… **102**
第一节　岁时节日的由来和发展 …… 102
第二节　岁时节日的活动及特点 …… 112

第六章　人生仪礼 …… **121**
第一节　人生仪礼的性质 …… 121
第二节　诞生仪礼 …… 122
第三节　成年仪礼 …… 127
第四节　婚姻仪礼 …… 133
第五节　丧葬仪礼 …… 139

第七章　民俗信仰 …… **145**
第一节　信仰对象 …… 146
第二节　信仰媒介 …… 149
第三节　信仰表现方式 …… 153
第四节　民俗信仰的基本特征 …… 158

第八章　民间科学技术 …… **160**
第一节　民间科学知识 …… 160
第二节　民间工艺技术 …… 170
第三节　民间医学 …… 176

第九章　民间口头文学（上） …… **185**
第一节　口头散文叙事文学的体裁和分类 …… 186
第二节　口头散文叙事文学的流传和演变 …… 194
第三节　口头散文叙事文学的讲述和功能 …… 201

第十章　民间口头文学（下） …… **208**
第一节　民间诗歌的起源与传播 …… 208
第二节　民间诗歌的类别与特征 …… 210
第三节　民间诗歌的体式、表现手法与功能 …… 219

第四节　歌节、歌俗、歌手……………………… 224

第十一章　民间语言………………………………… **229**
　　第一节　民间语言的性质……………………… 229
　　第二节　常用型民间熟语……………………… 237
　　第三节　特用型民间熟语……………………… 243

第十二章　民间艺术………………………………… **250**
　　第一节　民间音乐……………………………… 251
　　第二节　民间舞蹈……………………………… 258
　　第三节　民间戏曲……………………………… 265
　　第四节　民间工艺美术………………………… 273

第十三章　民间游戏娱乐…………………………… **280**
　　第一节　民间游戏娱乐的起源、特征、功能
　　　　　　与分类………………………………… 280
　　第二节　民间游戏……………………………… 290
　　第三节　民间竞技……………………………… 292
　　第四节　民间杂艺……………………………… 297

下　编

第十四章　中国民俗学史略………………………… **303**
　　第一节　古代关于民俗的记录与观点………… 303
　　第二节　近代启蒙民俗思想的产生与
　　　　　　发展…………………………………… 317
　　第三节　现代民俗学史………………………… 322

第十五章　外国民俗学概况………………………… **326**
　　第一节　欧美民俗学…………………………… 326
　　第二节　俄国与苏联的民俗学………………… 339

　　　　第三节　日本民俗学 …………………… 348
　　　　第四节　韩国民俗学 …………………… 356

第十六章　民俗学研究方法 …………………… **364**
　　　　第一节　主要民俗学流派及其方法 ……… 364
　　　　第二节　民俗资料的搜集与整理 ………… 371
　　　　第三节　民俗研究的一般方法 …………… 375

主要外国作者中英俄文译名对照表 …………… **379**

后记 ……………………………………………… **382**

第二版后记 ……………………………………… **383**

上编

第一章　概　述

民俗学是一门以民间风俗习惯为研究对象的人文科学。"民俗学概论"是一门向高等院校文科学生系统介绍民俗学研究的对象及其历史、方法、理论成果的课程。这门课程的主要内容，一是全面了解中国丰富多彩的民俗事象，增强我们对中国历史文化和基本国情的认识；二是系统学习民俗学的基本理论，了解民俗学在中国和世界上的发展历史及现状，掌握一些从事民俗调查和研究工作的基本理论与方法。

本教材分上、下两编，上编着重介绍中国各类民俗事象，下编着重学习民俗学的基本理论、方法和历史。

在第一章中，我们首先介绍民俗和民俗学的基本概念、范围和民俗的社会功能，以及中国民俗发展的历史脉络。

第一节　民俗与民俗学

一、什么是民俗？

民俗，即民间风俗，指一个国家或民族中广大民众所创造、享用和传承的生活文化。民俗起源于人类社会群体生活的需要，在特定的民族、时代和地域中不断形成、扩布和演变，为民众的日常生活服务。民俗一旦形成，就成为轨范人们的行为、语言和心理的一种基本力量，同时也是民众习得、传承和积累文化创造成果的一种重要方式。

在中国，"民俗"一词很早就已出现。如《礼记·缁衣》："故君民者，章好以示民俗。"《史记·孙叔敖传》："楚民俗，好痹车。"《汉书·董仲舒传》："变民风，化民俗。"此外，还有不少意义与其相近的词，如"风俗"、"习俗"、"民风"、"谣俗"等。

"民俗"一词，作为专门的学科术语，是对英文"Folklore"的意译。

这个词是由英国学者汤姆斯(William Thoms)1846年创用的,他以撒克逊语的"folk"(民众、民间)和"lore"(知识、学问)合成为一个新词,既指民间风俗现象,又指研究这门现象的学问。后来,该词逐渐被世界其他国家的学者们接受,成为国际上通用的学科名词。近些年来,鉴于"Folklore"一词既指"民俗"又指"民俗学",容易混淆,国际学术界又以"Folkloristics"一词专指"民俗学",而将"Folklore"专指作为研究对象的"民俗",以便区别。在日本,则将研究民俗的学问称为"民俗学",而将其研究对象称为"民间传承"。

民俗是民间文化的重要组成部分,要把握它的范围,应该对"民间"(folk)和"风俗"(lore)二词的含义加以认真的考察。

民间,顾名思义,是指民众中间。它对应官方而言。概而言之,除统治集团机构以外,都可称作民间。它的主要组成部分,是直接创造物质财富和精神财富的广大中、下层民众。

过去,由于种种原因,有些国家的民俗学家们对民俗的研究主要侧重于传统方面,他们的目光大多关注文化比较后进的人群,尤其是所谓"野蛮"民族、农民和边民。现在这种情况已有变化。对民俗的研究已扩展到所有人群。无论是农民,还是工人、士兵、学生、商人、职员等,只要是"官方"之外的有着某种共同社会关系的群体,都可看作"民间"(folk)。

"风俗"(lore)一词,指人民群众在社会生活中世代传承、相沿成习的生活模式,它是一个社会群体在语言、行为和心理上的集体习惯。即令统治阶级中的成员,也有公共领域活动与私人生活之别。在公共领域活动中,他们必须遵从官方的定制;在个人生活中,他们除了保存着上层社会的某些生活习惯外,基本上也与本民族共有的习俗惯制取一致的态度。

历史上人们对"民俗"概念的狭义理解,归纳起来主要有四种。

1. 文化遗留物说。这是英国早期文化进化学派的观点,他们认为,民俗是一个已发展到较高文化阶段的民族中所残存的原始观念与习俗的遗留物,就像人由猿猴进化而来,身上残留着一根尾椎骨一样。

2. 精神文化说。这也是英国学者们的观点,在国际民俗学界流行了相当长时间。英国民俗学会1914年出版的《民俗学手册》中,有一段话形象地表明了这种观点,它常常被人引述:"引起民俗学家注意的,不是耕犁的形状,而是耕田者推犁入土时所举行的仪式;不是渔网和渔叉的构造,而是渔夫入海时所遵守的禁忌;不是桥梁或房屋的建筑术,而是施工时的祭祀以及建筑物使用者的社会生活。"[1]

3. 民间文学说。这种观点认为,民俗即民间文学,主要流行于美国和苏联。例如,美国学者厄特利(F. L. Utley)将民俗定义为"口头传承的文学艺术",将习惯、宗教、语言、工艺等排斥在外。[2] 在苏联,民俗(folklore)仅指劳动人民的口头创作。在中国,由于种种原因,过去研究得比较多的民俗事象,也主要是民间文学。

4. 传统文化说。这是西方普遍流行的观点,即把民俗仅限于传统之中,将生活中不断涌现出来的新民俗排斥在外。1961年,厄特利曾对西方流行的21种民俗定义进行关键词分析,结果发现,"传统"一词出现率最高,达13次,可见这种观点带有普遍性。

随着研究的日益深入,上述狭义民俗观今天已被打破,人们普遍倾向于对民俗概念的广义理解。我们认为:民俗是人民大众创造、享用和传承的生活文化。它既包括农村民俗,也包括城镇和都市民俗;既包括古代民俗传统,也包括新产生的民俗现象;既包括以口语传承的民间文学,也包括以物质形式、行为和心理等方式传承的物质、精神及社会组织等民俗。民俗虽然是一种历史文化传统,但也是人民现实生活中的一个重要部分。

当然,"民俗"的范围并不是宽泛无边的。每个民族都有上、中、下三层文化。民俗是中、下层民间文化的一部分。一切民俗都属于民间文化,但并非一切民间文化都是民俗。民俗是民间文化中带有集体性、传承性、模式性的现象,它主要以口耳相传、行为示范和心

---

[1] [英]查·索·博尔尼(Charlotte Sophia Burne,现通译为班恩):《民俗学手册》,程德祺等译,上海文艺出版社1995年版,第1页。
[2] [美]厄特利(F.L.Utley):《民间文学:一个实用定义》,原载[美]阿兰·邓迪斯(Alan Dundes)编:《世界民俗学》(*The Study of Folklore*),陈建宪、彭海斌译,上海文艺出版社1990年版,第16页。

理影响的方式扩布和传承。民俗是一种民间传承文化,它的主体部分形成于过去,属于民族的传统文化;但它的根脉一直延伸到当今社会生活的各个领域,伴随着一个国家或民族民众的生活继续向前发展和变化。

民俗事象纷繁复杂,从社会基础的经济活动,到相应的社会关系,再到上层建筑的各种制度和意识形态,大都附有一定的民俗行为及有关的心理活动。总体说来,大略可以分为以下四部分。

物质民俗。指人民在创造和消费物质财富过程中所不断重复的、带有模式性的活动,以及由这种活动所产生的带有类型性的产品形式。它包括生产民俗、商贸民俗、饮食民俗、服饰民俗、居住民俗、交通通信民俗和民间医疗民俗,等等。

社会民俗。亦称社会组织及制度民俗,指人们在特定条件下所结成的社会关系的惯制,它所关涉的是从个人到家庭、家族、乡里、民族、国家乃至国际社会在结合、交往过程中使用并传承的集体行为方式。它包括社会组织民俗(如血缘组织、地缘组织、业缘组织等)、社会制度民俗(如习惯法、人生仪礼等)、岁时节日民俗和民间娱乐民俗,等等。

精神民俗。指在物质文化与制度文化基础上形成的有关意识形态方面的民俗。它是人类在认识和改造自然与社会过程中形成的心理经验,这种经验一旦成为集体的心理习惯,并表现为特定的行为方式并世代传承,就成为精神民俗。精神民俗包括民间信仰、民间巫术、民间哲学伦理观念以及民间艺术等。

语言民俗。指通过口语约定俗成、集体传承的信息交流系统。它包括两大部分:民俗语言与民间文学。语言是一种文化载体,各个民族、各个地区都有特定的语言,即民族语言和方言,它们是广义的民俗语言。狭义的民俗语言,是指在一个民族或地区中流行的那些具有特定含义,并且反复出现的套语,如民间俗语、谚语、谜语、歇后语、街头流行语、黑话、酒令,等等。民间文学是指由人民集体创作和流传的口头文学,主要有神话、民间传说、民间故事、民间歌谣和民间说唱等形式。

社会生活是一个整体,为社会生活服务的民俗文化也有其整体性与系统性。在物质民俗、精神民俗、社会组织民俗、语言民俗四大部类民俗之间,存在着相互关联、相互制约与促进的有机联系,它们相互影响,并随着时代的发展而不断变化。

二、民俗学的性质与任务

民俗学是研究民间风俗习惯的一门科学。它的主要任务,是以科学的态度,对历史与当代的民俗事象进行调查、收集、整理、描述、分析和论证,探求它的本质结构、特点与社会功能,揭示其发生、发展、传承、演变的规律,为人类社会的健康发展服务。民俗学是一门帮助人们认识历史与文化、改造现实社会生活的人文科学。

民俗学具有交叉学科的性质。由于民俗学研究的对象范围极广,因此,它与许多其他学科有着密切的关系。

民间文艺学与民俗学　民间文艺是民俗的组成部分之一。在历史上,许多国家的民俗学都兴起于对民间文艺的搜集和研究。从历史来看,民间文艺学属于民俗学中的一个重要分支,但民间文艺又具有文学艺术的特性,也是文艺研究的对象之一。民间文艺现象是民俗现象的一个重要方面,尽管民间文艺学具有相对独立性,但从民俗学体系来看,民间文艺学是其中的分支学科之一。

历史学与民俗学　从广义来说,人类一切社会生活与文化创造都是历史,民俗当然也是历史的一个部分。但狭义的历史,指的是有文字记载以来的、已经成为过去的生活与事件,而民俗具有非书面传承和现实性的特点,因此历史学与民俗学的主要研究对象、研究方法和任务都有很大不同。二者既有联系,又有区别,研究历史的人必须了解民俗,因为民俗是历史的一部分;研究民俗的人,也需要参考历史文献,并了解与各种民俗有关的历史背景和史学理论。

文化人类学与民俗学　文化人类学研究人类所创造和享用的一切物质文化和精神文化,民俗是人民大众的生活文化,自然也是文化人类学的研究对象之一。在有的国家,民俗学被看做是文化人类学的分支学科。但是文化人类学关注人类一切文化现象,侧重于从整体上对人类文化的起源、成长、变迁以及文化的类型、结构、机能进行研究,这与民俗学只注重研究民间文化传承,是不尽相同的。

社会学与民俗学 社会学以社会生活为对象,民俗只是社会生活的一个组成部分。社会学与民俗学侧重点不同,社会学主要研究社会本身的结构与社会运行过程,诸如社会关系、社会制度、社会变迁、社会问题等,强调对于社会现状的关切;民俗学则主要关注中、下层民众的社会生活,只对具有传承性的、反复出现的生活模式及相关的精神现象进行探究。换句话说,社会学的视角侧重于对现实社会的诸多问题进行解剖,民俗学的视角则是着重对传承性的社会文化现象进行研究和阐释。

民族学与民俗学 民族学和民俗学两者都以民族文化为研究主体;民族学研究离不开各民族的民俗现象,民俗学研究也需要民族学理论和方法的辅助。但是,它们在许多方面还有明显的差异,例如,民族学比较重视整个民族文化的起源、发展以及民族的迁徙、融合、分化等问题,民俗学所关注的则是各种社会群体中民俗事象的本质、功能、结构特点以及历史发展规律等。

除了上述与民俗学关系特别密切的学科外,考古学、语言学、宗教学、哲学等其他一些学科也与民俗学有一定关系。民俗学借助考古资料提供实证,考古学则利用民俗学理论释读文物。语言民俗的研究必须借鉴语言学的方法与成果,而作为民俗现象之一的方言俗语、民族语言等,又是语言学研究的珍贵资料。宗教学主要研究古今一切宗教的性质、特点、功能及其产生、发展、演变及消亡的规律等;民俗中的信仰习俗,如图腾崇拜、巫术、禁忌等,也是宗教学研究的对象。民众的哲学、道德观等,是哲学研究的重要对象,而这种民众的价值观与伦理观,在民俗中又都有相当的反映。

民俗学虽然与许多学科有亲疏程度各不相同的关系,但它却是一门任何其他学科都无法取代的科学。尽管一些民俗现象也被别的学科所关注和研究,例如,历史学对各时代风俗习惯的描述,法学对习惯法的研究,人类学对人类婚姻制度的探讨等等,但这些学科在各自的领域中,都不可能对民俗事象作出全面系统的描述与解释。民俗学的建立,使各种民俗事象构成一个有着内在联系的有机整体。

一门独立的学科大都有自己的学科体系。民俗学经过长期的发展与积累,其学科体系已初具端倪。

民俗学的内容,包括对民俗事象的理论探索与阐释、对民俗史和民俗学史的研究与叙述、对民俗学方法论以及对民俗资料的收集保存等方面的理论与技术的探讨。具体说来,可以分为以下六大部分。

1. 民俗学原理——对民俗事象发生、发展、演变及其性质、结构、功能等方面的理论探索,包括对其综合或单项理论问题的研究。

2. 民俗史——对民俗事象的历史探究与描述,包括通史、断代史、综合性的或单项性的民俗事象发展史。

3. 民俗志——对全国或某一民族、某一地区的民俗事象进行综合或单项的科学记述的作品。

4. 民俗学史——关于民俗理论问题的思想史、理论史,也包括搜集、记录、整理和运用它们的历史。

5. 民俗学方法论——关于民俗事象整体的观察研究和具体的调查整理的技术与方法两个方面的理论。

6. 资料学——关于民俗事象资料的获取、整理、保存和运用等活动的探索与论述。

上述六大部分虽各有不同的对象与任务,但它们是一个相互联系、不断发展的有机整体。随着研究的深入,民俗学科体系还将不断完善,产生更多的分支学科或边缘学科,如经济民俗学、社会民俗学、语言民俗学、宗教民俗学,等等。

民俗学的任务,是帮助我们认识民族历史与文化传统,解释和改造现实社会生活。

民俗学有着别的学科不能替代的认识作用。在社会生活中应用最广泛的民俗文化,例如吃穿住行、婚丧嫁娶、节日娱乐、交际馈赠等,都是人民在漫长的历史中慢慢创造、传承和积累起来的。一个民族的历史,既包括少数统治者或英雄人物的历史,也包括广大民众的生活史和文化史。要全面了解人类文化的创造传播过程,要追溯自己的历史传统与民族精神,只有在对一个民族的上、中、下三层文化都有了深入了解的基础上,才能全面把握人类社会与民族文化的发展规律。

学习民俗学可以加深我们对现实社会生活的认识。民俗是当代生活中活着的、发挥着特定功能的一种社会文化现象,每个人都在特定的民俗文化背景下出生、成长,并在这种民俗环境中进行自己的工作与创造。如果我们不对这种在民众生活中发生着巨大影响的文化现象进行研究,我们就对自己的基本国情缺乏全面的了解。

民俗学作为一门既研究民族文化传统,又注重考察人民现实生活的学问,有着多种实用价值。

首先,它可以帮助我们加深对祖国历史文化的认识,提高国民文化素质,激励广大人民爱祖国、爱民族、爱乡土的情感,增强民族凝聚力与向心力,振奋民族精神,在新的历史时期,奋发图强,加速社会主义现代化建设。

其次,它可以指导和辅助我们建设现实社会生活,既发扬中华民族的优秀民俗传统,又吸收其他民族的良好习俗;既淘汰本民族中不适应新时代的旧风俗,又抵制那些不适合我国国情的外来风俗;自觉地运用民俗活动的内在规律,为人民生活的不断提高服务。

研究民俗还有其他种种实用价值,例如,开展民俗旅游活动,开发民间工艺、烹饪、服饰、医药、民间文学等方面的产品,等等。

总之,民俗学不是古董,也不是少数人心血来潮的个人爱好,它是一门"现在的"学问。民俗学应为了解和发展社会生活的需要而产生,也必须为这种目的服务。可以预期,民俗学在学术研究与社会应用两方面,都将发挥越来越重要的作用。

第二节 民俗的基本特征

民俗特征论,是民俗学研究的重要课题之一。对民俗特征的把握,一般来说,取决于对民俗产生、发展、演变、传承规律及其结构、功能和性质的认识。不同的研究者,由于对民间传承民俗事象的观察、体验不同,立场和观点不同,对民俗特征的归纳也不尽相同。

民俗特征的表现是多种多样的。不同地域、不同民族、不同国家的民俗,既有共性又有个性。要全面地指出一般民俗的所有特征是十分困难的。我们这里所说的民俗特征,是指各类民俗共有的特征。

一、民俗的集体性

民俗的集体性,是指民俗在产生流传过程中所体现出的基本特征,也是民俗的本质特征。人的根本属性是他的社会性,民俗文化的产生,离不开人类的群体活动。当人类社会产生时,相应的各类民俗文化就孕育产生了。以后,随着社会的发展,部落和村镇出现,民族形成,人类社会出现了种种人群集合体,民俗文化便由这一群体不断创造、完善、传承和保护下来,形成人类社会多姿多彩的民俗文化和人文景观。由此可见,民俗是一种群体智慧的结晶。

民俗的集体性源远流长。在远古时代,民俗的集体性就是它的全民性。原始自然崇拜、图腾崇拜是全民共同参与创造和传承的。这种传统通过某种变异,一直延续至今。今天民间传承的许多民俗事象,我们都无法找到它原来的倡导者和创造者,它完全靠一代又一代集体的心理、语言和行为传承下来,服饰、饮食、居住、家庭、村落、岁时节日和人生仪礼民俗以及丰富多彩的精神民俗,莫不如此。

民俗的集体性并不排除个人因素,有些民俗事象的倡导者也许是个人,但这种个人应被理解为集体的一员,只是他隐姓埋名变为无名氏。退一步讲,即便是个人的创造,也必须得到集体的响应和施行,否则就不能成为普遍传承的民间习俗。总之,民俗文化不是个人行为,而是集体的心态、语言和行为模式。个人行为构不成民俗,民俗的形成、发展永远是集体参与的结果。

集体性也是民俗在流传上的显著特征。民俗一旦形成,就会成为集体的行为习惯,并在广泛的时空范围内流动。这种流动不是机械的复制,而是在自然流动和传承过程中,不断加入新的因素。我们经常看到,民俗在流动过程的每一个环节上,都经过集体的不断补充、加工、充实和完善。比如汉民族的春节习俗,主要体现了中国农业社会的特点。原始农业对自然气候有着很大的依赖性,当时人们还只是通过物候观察划分年月。草青一次为一年,谷熟一次为一年。所以《说文》释年曰:"谷熟也。"那时"年"只是计时单位。到了新石器时代晚期,人们懂得了通过观察天象确定方位和时间,并依此指导农业生产。直至西周时期,才产生了较明确的历法,准确地确定一年的岁首,并有了一年一度的庆祝丰收的活动。不过这时的年节,只标志新旧交替,并没有固定日期。中国后世的年节,大约形成于汉代。汉武帝颁布《太初历》,以夏历正月为岁首(正月初一),年节习俗才一直延续至今。当年节确定后,民间信仰习俗渐渐浸染到年节习俗中,庆祝丰收与祭祀神灵、祭祀祖先相结合,驱邪逐疫等巫术活动也成了年节习俗的重要组成部分。除此之外,具有喜庆气氛的娱乐活动也加入进来,使春节变成名副其实的民间文化节日。丰富多彩的春节民俗文化的形成是集体智慧的创造,是在春节习俗传承过程中逐步形成的。没有后世的补充创新,就不会有今天这样完备与丰富的春节节日习俗。

集体性体现了民俗文化的整体意识,也决定了民俗的价值取向,这是民俗文化的生命力所在。

二、民俗的传承性和扩布性

民俗的传承性,是指民俗文化在时间上传衍的连续性,即历时的纵向延续性;同时也是指民俗文化的一种传递方式。民俗的扩布性,则指民俗文化在空间伸展上的蔓延性,也是指民俗文化的横向传播过程。民俗的传承性和扩布性,使民俗文化的传承成为一种时空文化连续体。

民俗文化在时间上的传承,是一个国际性学术课题。在民俗学研究中,"传承"和"传统",概念十分相近。关于"传统"一词,西方文化人类学、民族学和民俗学者曾提出种种不同解释。有的学者将"传统"解释为代代相传的活动方式、爱好及信仰等。这些通常都是口传的,所以延续不断。有学者认为"传统"只是一种历时持久、由社会所传递的文化形式。有的学者认为"传统"指口头传统,即民间故事。总之,"传统"被认为是一种通过传递的文化现象。民俗的传承性,从"传承"概念讲,同样有文化与传递手段两层含义。但对于这一由时间限制的学术概念,学者之间也存在着不同观点。德国民俗学者提出,"传承"至少要有三代以上的证据,按"系谱推定法"推定,这当在 70 至 100 年左右。按照这种观点,中国民俗学研究的对象只能是封建社会的东西。因为新风尚的出现,从辛亥革命算起将近 100 年,中华人民共和国成立至今也有 60 多年。实际上,中国民俗文化的巨变,新风尚的形成和发展,恰恰是在近现代,特别是在五四新文化运动和中华人民共和国成立之后。这种新的民俗文化,是在传统民俗文化的基础上形成的,所以绝不应将民俗文化传承的时间强调到不适当的程度。

民俗文化的传承,是由它的功能决定的。这种功能系统体现着教化的职能,传承只不过是一种形式和手段。在传统与现代社会中,每个人的成长,都离不开民俗文化的教化和熏陶。从孩提时代到成人,人们从民俗文化中学得一系列知识、技能和道德,甚至是祖先留下的成见。这是人类社会的一种潜在能力,一切教化都在潜移默化中进行,使人们不知不觉地在民俗传承过程中获得知识和能力。同时,民俗传承有时又是积极、主动的,这又使民俗文化的传承有目的地进行,如在家庭中长辈对晚辈负有传承责任;在社会上,村落、社区和众多的民间组织对其成员同样负有传承责任。民俗的传递,就这样一代一代绵延不断。

扩布性,也称传播性,它是指民俗文化在空间上的伸展。纵向的传承和横向的扩布相结合,使民俗文化占有广大的时间和空间,形成多元民俗文化的互相撞击与吸收、融和与发展。民俗文化是一种心态、语言和行为模式。这种行为模式不是死板的、静止的,而是流动的和扩布的。扩布、散布与传播,在民俗学研究中具有大致相同的含义。扩布也是一种文化传播,但它和传承中的传递方式有所不同。传承是自上而下,从古至今;扩布则是前后左右的空间流动。我们经常看到这样的现象,一种新的民俗在一个民族、一个地区形成,在经历了一段时间的完善之后,它的功能和价值被充分显现出来,它不仅为该民族、该地区的民众所接受,成为传统文化的延续和发展,而且开始向其他民族地区渗透。民俗文化的这种传递方式随处可见。

民俗文化的扩布是有条件、有选择的。首先,从民俗扩布的自身规律看,那些发生时间比较早、社会功能比较广泛的民俗,其扩布的地域和民族也相对广大；而那些发生时间比较晚、又不大贴近民众生活的民俗，扩布的地域和民族就要狭小得多。其次，从扩布性研究的趋势看，过去一般只注意地域民俗的共同点，通过相似和相同之处的比较，寻找地域乃至民族文化的同源性，这固然必要，但同时也应注意地域、民族文化之间的差异性。共同性和差异性正好证明民俗文化的扩布是受到种种限制的。

民俗文化的横向扩布，包含对异民族民俗文化价值取向的判断、吸收、消化和加工。这里所说的加工，包括从形态、含义到功能的融化吸收。这样才能使被接纳的民俗文化变为本民族、本地区民俗文化的有机组成部分。

民俗文化的扩布方式多种多样，无论个人还是群体均可将一定的民俗文化带往异乡，达到扩布的目的。但从民俗文化的整体扩布来看，扩布方式主要有正常与非正常两种。正常的扩布是在和平的环境中自然进行的，这就是各民族各地区之间民俗文化的相互交流和影响，互相吸收对方民俗文化的优秀部分，融和进各自的民俗文化之中。在民俗文化的扩布中，正常的和平采借方式，表现为一种完整的过程，这一过程是通过三个步骤完成的。第一，采借者一方对被采借者一方的新民俗，首先是自觉或不自觉地作出价值判断，然后与本民族、本地区的民俗文化作比较、选择；第二，在比较基础上，决定对新民俗作出取舍选择；第三，如决定采用，则对将要采纳的新文化，根据需要，进行形态、意义和功能上的改造，并将其置入本民族本地区原有的民俗文化传统中，使新民俗得到有效的扩布。非正常的扩布，往往是在特殊情况下发生的。如战争、灾荒、瘟疫等突然事件，造成大规模迁徙，迫使一部分人迁徙到另一地区，随之将民俗文化一起转移过去。这种民俗文化的扩布，有些和当地的民俗文化相结合，有些则根据迁徙人口聚居的情况，被相对独立地保存和流传下来，这种情况在历史和现实中并不鲜见。

研究民俗的传承性和扩布性，对弄清民俗文化的产生、发展、演变、流传与同一民俗的地域分布都具有重要意义。特别是对民俗史的研究和比较民俗学的研究，更需要借助传承和扩布资料。中国自古以来就是一个多民族国家，民俗文化的格局，始终体现出多元化的特点。传承和扩布研究,对探讨民俗的起源与发展,具有重要意义。

三、民俗的稳定性与变异性

民俗文化是民众在长期的社会实践中创造、传承并享用的文化事象。比起民族文化中的上层文化来,民俗文化同样具有相对稳定性的特征,特别是在社会不甚发达的时代。但是,这种文化在扩布演进过程中,也会出现变形(乃至变质)及消亡的情况。

民俗的稳定性,是指民俗一旦产生,就会伴随着人们的生产及生活方式长期相对地固定下来,成为人们日常生活的一部分。这也就是说,只要社会稳定,人们的生产方式及生活方式不发生剧烈变革,民俗文化的稳定性就会很强。民俗文化是在一定的政治、经济、社会和文化基础上形成的,只要经济基础不变,即便是社会发生了巨大变革,民俗文化仍然具有稳定性。此外,民俗文化的传承,常常受到传统观念的制约,社会变革如果不和观念的变革结合起来,民俗文化就也不会失去传承的思想基础。中国是一个历史悠久的文明古国,经历过无数次的改朝换代和社会变革,其中有些民俗随着历史的发展、社会和生产方式的进步、生活方式的改变而自然消亡;有些民俗则经过某些补充和完善,一直传承至今。

民俗稳定性,一般来说取决于经济基础和与之相适应的意识形态。上层建筑有一定的稳定性,当一种经济基础处于巩固和发展时期时,民俗文化不仅在这一经济基础上形成和完善,而且反过来为这一经济基础服务。但当这一经济基础消失时,民俗文化并不因此而立即消失,它作为人类群体观念的反映,仍然要保持一个相当长的时期,这就是民俗文化稳定性的强大支配作用。

中国是一个农业古国,在数千年的历史发展中,形成了自己的民俗文化特色,这种特色也正是通过民俗文化的稳定性体现出来的。例如,以往在中国的许多地区,立春要举行打春牛的习俗,旧历新年要扫尘、贴春联、贴门神、吃年夜饭、放鞭炮;元宵节吃元宵、放烟火、舞龙灯、猜灯谜;二月二百花生日,姑娘们要用彩绸做成花朵缀在树枝上,表示庆祝;清明节出门踏青,插柳条;七夕,用瓜果祭祀牛郎织女,姑娘们在月下穿针引线或听牛郎织女的情话;中元节放河灯;中秋节供奉嫦娥、兔儿爷;

九九重阳,要登高、放纸鸢、插茱萸。这些传统节日活动,从起源看,大都跟原始信仰有关。如从前清明放风筝,为的是"放晦气";端阳划龙舟,为的是驱瘟逐疫。在中国,许多习俗自先秦两汉就已经定型,并一直传承至今。这正说明民俗文化传承上的稳定性特征。在民俗学研究中,如果掌握了民俗文化发展的这种稳定性特征,在观察具体民俗事象时,就会自然形成一种历史的和发展的观点,也就不会粗暴地对待传承已久的民俗文化了。

民俗文化的稳定性是相对的,稳定中随时包含着可变因素,这就是变异性。变异性也是民俗文化的显著特征,它是指在民俗传承和扩布过程中引起的自发和渐进的变化。民俗是靠语言和行为传承的,这种方式决定了民俗在历时的和共时的传承过程中,不断适应周围环境而做出的相应变化。变异实际是民俗文化机能的自身调适,也是民俗文化生命力的所在。没有变异性的民俗文化是不存在的。存在于现代社会中的种种民俗事象,大都是古代民俗变异流传的结果。从这种意义上讲,变异是民俗文化保存和发展的内在动力。比如,中国的傩俗,原是一种古老的巫术行为,承担着驱鬼逐疫的任务。据文献记载,早在殷商时期,民间傩俗就已经被统治阶级所利用,上升为宫廷的傩祭和傩仪。每年除夕夜,方相氏(巫师)都要玄衣朱裳,执戈扬盾,头戴黄金四目的面具,在宫廷各处驱鬼逐疫。在丧葬仪式中,方相氏也承担着驱鬼任务。从汉代至唐宋,傩祭仪礼不断变异、扩充和完善,规模越来越大。唐代以后,随着民间艺术的发展和社会的进步,宫廷傩仪的性质发生了很大变化,神秘气氛逐渐减弱,娱乐成分不断增加,到了宋代,特别是南宋时期,终于演变成傩戏。但在中国南方的某些边远地区,这种古老的傩仪抑或傩戏仍在流传,所不同的是今天的傩仪非古傩原貌,在其发展过程中吸收了儒、释、道的理论和神系,并在此基础上,构建起了庞大的傩文化体系。古傩变为今傩,历经千年变异,其他一些传统的民俗文化事象的变异也莫不如此。

民俗文化的变异,除了自发渐进的变化外,有时还表现出一种渐进的和阶段性的状态,这就是它的变革性。相对来说,变异比较复杂。局部变异和整体变异、内容变异和形式变异等各种情形都可能出现。民俗的变异有量和质的不同,但都属于自发和渐进的过程。又比如,一向讨论比较热闹的神话,它基本上随着人类文明的成熟不再产生了,但这不等于说神话的思维、或者神话心理也一同消亡。在一些边远民族中,由于生产方式、生活方式的落后,特别是农耕技术还停顿在原始状态的地区,神话还存在着变异和保存的土壤,仍在流传中。

民俗文化的变革也在不断适应着社会发展的需要。在历史上,除一部分民俗文化不适应社会发展需要而自然消亡外,也有一部分民俗在社会变革中发生新的变异。如中国的缠足习俗,大约形成于五代时期,经宋、元、明三代,成为大部分汉族妇女的必习风俗。清代初年,皇帝颁布诏令禁止缠足,但直至清末,此风并未禁绝。民国以后,特别是中华人民共和国成立之后,才全面禁止。这说明陋俗的革除并非易事。突变也好,渐变也好,总的说,变革是积极的参与。

四、民俗的类型性

民俗的类型性或模式性,是指民俗文化的表现形式是一种民众共同遵守的标准。这种标准既是一种定型化的思维习惯,也是一种约定俗成的行为方式。这与上层文化的个性化、独创性有所不同,文学史上没有哪位伟大作家的作品是没有个性的,从中国的屈原、李白、杜甫到外国的莎士比亚、歌德大体如此。个性化被作为衡量文人作品的标准,因为作家、艺术家的个性特征中融合着时代特征、民族特征和地域特征。在对上层文化的评价中,个性就是价值。民俗文化则不然。由于民俗文化是靠集体创造、流传,加之流传中的不断扩布和变异,不易形成一个个性化的符号系统。这就决定了民俗文化的传递主要不是个性的,而是类型的,即众多传承因素汇合成一个民俗文化丛作类型传递,这种现象并不难理解。比如屈原的作品,李白、杜甫的作品,是以文字作为媒介一代一代往下传递,其符号系统在传递过程中并不产生变异。如果说它们在不同时代产生差异的话,也只是读者在理解和欣赏心理上的差异,并不影响原系统本身。民间文学作品的流传则不同。民间文学作品的作者大都是无名氏,受传者又可以随时参与作品的修改和再创作。这样,原作品的简单情节,在经历了不同时代、不同传承者之后,便像滚雪球一样,变得越来越丰满。同一作品在不同民族、不同地域流传时,在情节上产生变异,便形成民间故事的不同类型。

所谓民俗类型,是指某些民俗在内容或形式上的大同小异。造成这种情形的根本原因,在于时代、生活、心理及传统背景的不同。如民间故事中的《牛郎织女》《白蛇传》《孟姜女》《梁山伯与祝英台》,它们成为中国著名四大传说,是和中国社会的发展、人们的思维和愿望有关。此外,两兄弟型、巧女型、傻女婿型、天鹅处女型故事也是如此。这些故事无论由谁来讲,在哪儿讲,基本情节都是相同的、反复出现的。如果我们把民歌的演唱、故事的讲述作为一种民俗文化传承,这种传承有着悠久的历史,有着众多的传承人加入,所以民俗文化不是反映个人,而是反映群体,反映群体的审美观念和价值取向。

民俗文化中的民间文学部分,特别是民间故事类型的研究,目前已成为世界性学问。"阿尔奈—汤普森体系"已取得各国民间文艺学家的共识。中国民间故事的类型研究,早在20世纪30年代初,钟敬文就发表了《中国民谭形式》一文。1937年,德国学者艾伯华(Wolfram Eberhard)编写了《中国民间故事类型》一书,将中国民间故事的国际化研究向前推进了一步。民间故事是带有情节的叙事文学,学者根据情节大同小异的变化和增删程度,做出"母题(情节单元)"的排比,然后归纳为某种类型。其他类别的民俗事象可不可以像民间故事那样进行分类?目前还没有学者探索。既然民俗文化具有类型性特征,那么对其作类型的比较和归纳并不困难。比如居住民俗从建筑样式上归类,可分为帐篷型(蒙古包型)、窑洞型(穴居型)、干栏型数种。然后在每一种类型中寻找地域的或民族的差异。如四合院建筑,北京地区、中原地区和西北地区就有很大差异。窑洞是穴居型房屋的总称,它又可以分为靠山窑、地坑窑、箍窑等数种。其他民俗事象也可以作类似分类。不过民俗事象的分类是一个复杂问题,关键在于如何分类,比较可行的是用结构的方法。如上面所举民居的类型,就可以用结构法。总之,民俗的类型研究是一个新课题,它需要在田野作业的基础上作细致探讨。

类型性在民俗学研究中,不仅可以揭示民俗的内部构造规律,而且可以帮助了解地域民俗与民族民俗之间的相互联系和影响,了解民俗事象纵向和横向的传承与扩布规律。

当然,讲民俗文化的类型性并不否认民俗的变异性,相反,类型性正是在变异中形成的。类型性在结构上的表现是同中有异或大同小异。类型性简化了民众识别与传习民俗文化的难度,提高了民俗传递中的信息量和在时空蔓延中的关联程度。变异不仅从属于类型民俗文化,而且起了适应性和调整民俗文化生态的作用。

五、民俗的轨范性和服务性

民俗文化就其实质而言,是人们在长期生产实践和社会实践中创造的语言和行为模式,或者说它是民众共同创造和遵守的行为规则。这种模式和规则对于客观环境(包括自然环境和社会环境)有很大的适应性。它具有观照民众集体心理和生存需要的特点。民俗文化中的种种行为模式,是在民众生活中约定俗成的,因此具有相当的稳定性。最常见的是民俗社会中经常使用的不成文法或习惯法,它对民众的思想和生活产生强大的约束力量,迫使人们在一定的道德和习惯轨范中行事,以得到心理和环境的协调和平衡。

民俗轨范性的形成是一个历史过程。一个时代有一个时代的民俗轨范,同样一个地区和民族也有自身的民俗轨范。民俗轨范性的形成,无疑受到人们经验和观念的支配。将经验和观念变为轨范的过程,就是民俗文化中经常见到的对某一民俗的约定俗成。比如在原始社会,生产资料归氏族所有,氏族成员共同劳动,共同消费。在这种生活环境中,自然形成人们的原始共产主义观念,表现在日常生活中,就是生产中的"共耕制"和分配中的"共享制"。民间信仰更是如此。人类早期的自然崇拜、图腾崇拜、巫术占卜等,在氏族和部落社会几乎是每个成员的事。图腾制的一些规范,包括观念和行为规定是十分严格的。从某种意义上讲,图腾制就是氏族社会的社会结构,人们的行为通过信仰观念受到约束。在崇拜图腾的氏族中,大家的共同观念,是图腾物与自己的氏族生存和生活的种种联系(包括血缘联系),由这一观念引申出许多行为禁则,如:图腾物是神圣不可侵犯的,不可有行为上的亵渎,万一不小心触犯和伤害了图腾物,要举行一系列赎罪仪式;男子长到一定年龄要举行成年仪式,通过考验仪礼,被接纳为氏族的正式成员;氏族内部严禁通婚;图腾是氏族的保护神,也是氏族的族徽和标志等。这一系列禁忌成为氏族社会每个成员的自觉行为轨范。当人类进入阶级社会以后,由于私有制的产生,引起了民俗轨范的一系列变化,特别是国家产生之后,民俗的规范性变得复杂起来。首先,政治对民俗的轨范起干预作用,统治阶级吸收民间风俗中对自己有利的部分,加以规范,变为官方仪礼,在上层统治阶级中施行。有的还通过行政动员的方式向民间推广。这种将民间道德上升为仪礼、将民间的习惯(包括习惯法)上升为法律的做法并不鲜见。其次,社会不断向前发展,民俗文化也随着社会的发展不断完善,于是又形成了许多新的民俗轨范。总之,社会生活的方方面面,没有轨范就不能统一意志;没有轨范社会成员就不能自由行动。家族要有家教、家规、家法;村落要有村规、村约;婚姻、丧葬要有一定的程序和轨范;饮食结构和进餐方式也都有大体轨范。人们为了协调生活,随时都在调整自己的观念和行为,用规范化的民俗构成大家行为的准则。民俗轨范永远是民众心理与价值观念整合的结果。

民俗包含着丰富的文化内涵,体现了集体的智慧和创造。民俗文化传统是一个庞大的知识系统,包括信仰、宗教、道德、法律、文学、艺术等创造,它是人类取之不尽、用之不竭的文化宝库。民众创造了丰富多彩的民俗文化,而这种创造又处处体现着它的服务性功能。

首先,民俗文化的创造是服务于社会的。人的社会性主要表现为行为的社会性。作为轨范了的行为,是为社会的需要服务的。民俗轨范从来都是社会规范,这是由民俗的集体性所决定的。轨范的目的是使人们的社会行为有一个相对统一的模式,这样社会才可以协调发展。如尊老爱幼习俗不仅表现在家庭中,而且表现在社会上,它是一种上下共同遵守的礼节;又如待客习俗,也体现着长幼尊卑关系。人们在这一规范下生活,才显出长幼有序,这就是道德规范服务于社会的典型事例。

其次,民俗文化服务于生产和生活实践。历代民俗文化的积累,已形成自己的知识系统。这个知识系统反过来又服务于自己的生产与生活。比如:天文观测和农业生产经验相结合,形成了农业生产习俗。一年中二十四节气的制定,主要服务于农事活动,而信仰习俗和农事活动及民间各种艺术形式的结合,则形成一系列的岁时节日。人们创造了节日文化,同时也享受到这种文化所带来的欢乐,这正是民俗文化服务性的最好体现。

最后,民俗文化协调民众心理,满足民众的审美需要。人不只是生活在物质环境中,同时也生活在精神环境中,民俗历来都是物质文化和精神文化相结合的产物。在精神生活中,民俗的信仰心理占有十分重要的地位,而信仰的物化表现则多种多样。它有时表现为仪式行为,有时表现为艺术创造行为,前者如民间普遍流行的求神拜佛习俗,虽掺杂有不少迷信成分,但它毕竟属于民众的心理信仰。在无神论者看来,一切宗教行为都是荒唐的;而在有神论者看来,神不仅存在于幻想之中,而且主宰人间祸福。他们怀着虔诚的心理,并通过一定的仪式,祈求神灵保佑,满足某种愿望,求得心理平衡。农业社会中盛行不衰的"春祈秋报"活动,也含有求神保佑风调雨顺、五谷丰登的意义。信仰激发出的艺术创造行为,在民俗文化中比比皆是,如春节时贴的门神、窗花、年画等等。门神是趋吉避邪的,它由最早的桃符演化为今天的木板雕刻神像——神荼、郁垒;尉迟、秦琼;天官赐福;文门神、武门神,等等。窗花和年画中的寓意更是生动有趣,如莲(连)年有鱼(余)、莲(连)笙(生)贵子、金鱼(金玉)满堂、五蝠(福)捧寿、龙凤呈祥、利市仙官等,数不胜数。这些习俗中,巧妙地利用了汉语谐音方式,配合符号图画(鱼、莲、笙、蝙蝠、龙、凤等),构成民俗文化中的吉祥物系列,给人以美的享受,体现了民众的审美意识和创造智慧。

轨范性与服务性是民俗历史发展的产物。自有人类社会以来,民俗文化的这种特征就始终伴随着社会发展进程,不断发展和变化。轨范性与服务性从来都是相辅相成的。轨范是社会和生活的需要,需要又是服务的目的。就拿人类种的繁衍来说,相伴的习俗也是不断变化的。从婚姻发展史的角度看,最早的乱婚无婚姻可言,但达到了种的繁衍的目的。当人类进入有序社会(如母系社会、父系社会等)以后,要求种的繁衍也要有秩序地进行,开始是群婚制(包括血缘婚),到了母系社会中晚期,又产生了对偶婚制,并最后过渡到父系社会的一夫一妻制。不同时代不同婚姻制度的确立,一方面是为种的繁衍(优生)制定规则,另一方面也是适应社会发展的需要。私有制的产生,父权制的确立,要求种的繁衍与家庭权利、财产继承相结合,与此相应的婚俗每个人都必须遵守,违反了就要受到惩罚。

民俗文化的集体性、传承性和扩布性,相对稳定性和变异性,以及类型性、规范性和服务性,是民俗的重要特征,但不是民俗的所有特征。在具体的民俗研究中,也可根据实际情况,归纳出其他一些特征,如地域性、民族性、封建性等。有些特征对某一地区、某一民族是适用的,也有些可能是某一类民俗的特征,不具备普遍意义。这里只是将带有普遍性、能涵盖大部分民俗的特征抽象出来加以论述,目的在于认识民俗的共性特征,但并不排除对其他民俗特征的归纳和研究。

第三节 民俗的社会功能

任何一门学科的存在、发展及其地位,都取决于其研究对象在社会生活中所发挥的作用。因此,我们必须对民俗的社会功能有一个较全面的认识。

"功能"(function)一词,本意指某个器官、组织、个体或机构在其所在系统中具有的作用。人类社会生活及为其服务的文化,也是一个有机系统。民俗作为其中的一个组成部分,它的功能,指它在社会生活与文化系统中的位置,它与其他社会文化因素之间的关系,以及它所发挥的客观效用。

概而言之,民俗主要有四种社会功能,即教化功能、轨范功能、维系功能、调节功能。

一、教化功能

民俗的教化功能,指民俗在人类个体的社会化文化过程中所起的教育和模塑作用。

社会生活先于个人而存在。个人不能选择他所希望的社会形式,人是在十分确定的前提与条件下创造历史的。美国学者本尼迪克特(R. F. Benedict)曾这样描述风俗在个体社会化过程中的重要作用:

个体生活历史首先是适应由他的社区代代相传下来的生活模式和标准。从他出生之时起,他生于其中的风俗就在塑造着他的经验与行为。到他能说话时,他就成了自己文化的小小创造物,而当他长大成人并能参与这种文化的活动时,其文化的习惯就是他的习惯,其文化的信仰就是他的信仰,其文化的不可能性亦就是他的不可能性。[1]

　　人是文化的产物,民俗作为一种文化现象,在个人社会化过程中占有决定性的地位。人一出生,就进入了民俗的规范:诞生礼为他拉开人生第一道帷幕;他从周围人群中习得自己的语言;在游戏中他模仿着成人生活;从称谓与交际礼节中逐渐了解人际关系;他按特定的婚姻习俗成家立业;直到死去,特定的丧葬民俗送他离开这个世界。人生活在民俗中,就像鱼生活在水中一样,须臾不可离开。

二、轨范功能

　　民俗的规范功能,指民俗对社会群体中每个成员的行为方式所具有的约束作用。

　　人类社会生活需要的满足,往往有多种方式可供选择。例如吃饭,可用刀叉,也可用筷子或手抓。民俗的作用,在于根据特定条件,将某种方式予以肯定和强化,使之成为一种群体的标准模式,从而使社会生活有规则地进行。

　　社会轨范有多种形式,它们大略可以分为四个层面:第一层是法律,第二层是纪律,第三层是道德,第四层是民俗。其中,民俗是产生最早、约束面最广的一种深层行为轨范。

　　民俗是起源最早的一种社会规范。恩格斯曾指出:"在社会发展某个很早的阶段,产生了这样一种需要:把每天重复着的产品生产、分配和交换用一个共同规则约束起来,借以使个人服从生产和交换的共同条

---

[1] [美]露丝·本尼迪克特(Ruth Fulton Benedict):《文化模式》,何锡章、黄欢译,华夏出版社1987年版,第2页。

件。这个规则首先表现为习惯,不久便成了法律。"[1]恩格斯这里说的"习惯",就是原始的经济民俗。

法律源于民俗。汉字"法"的字形可算一个极好的例证。"法"字的象形文,是水边一块地方和一个两角动物及一个人。这个象形字是古代判案习俗(即习惯法)的直接描绘。古时遇有纠纷,往往采取神判法。其中一种是将被告带到氏族的圣地,由部族的神兽(往往是某种带有图腾性质的动物),以角相触,被触者为有罪。"法"字的象形,正是描绘了这种风俗,可见法律的前身即民俗。

民俗是一种约束面最广的行为规范。在社会生活中,成文法所规定的行为准则只不过是必须强制执行的一小部分,而民俗却像一只看不见的手,无形中支配着人们的所有行为。从吃穿住行到婚丧嫁娶,从社会交际到精神信仰,人们都在不自觉地遵从着民俗的指令。

在日常生活中,人们很难意识到民俗的轨范力量,因此也就不会对其加以反抗。民俗对人的控制,是一种"软控",但却是一种最有力的深层控制。

三、维系功能

民俗的维系功能,指民俗统一群体的行为与思想,使社会生活保持稳定,使群体内所有成员保持向心力与凝聚力。

民俗能维系社会稳定。任何一个社会都在不断变化,每一种文化都必须根据外部环境与内部情况的变化而不断加以调整。在社会生活的世代交替中,民俗作为一种传承文化,不断被后代复制,由此保持着社会的连续性。在文化变迁中,民俗就像一个巨大的胃,将新产生的或外来的生活方式、价值观念等不断反刍和消化,吸收某些新东西进入原有的民俗体系,大量则被摒弃。即使是在大规模的急剧社会变革中,与整个民俗体系相比,发生的变化总是局部的、渐变的,这就有效地防止了文化的断裂,维系了社会生活的相对稳定。

民俗不仅统一着社会成员的行为方式,更重要的是维系着群体或民

---

[1] [德]恩格斯(Friedrich Engels):《论住宅问题》,《马克思恩格斯选集》第3卷,人民出版社1995年版,第211页。

族的文化心理。每个民族或社会群体,都生活在特定的自然条件与社会环境中,有自己独特的历史道路,因而形成了特定的集体心理。民俗是人们认同自己所属集团的标志,例如世界各地的华侨,虽然身处异地,但他们通过讲汉语、吃中餐、过中国传统节日等方式,与自己的民族保持认同。

当然,我们也应看到:民俗的维系功能,既有积极的一方面,也有保守的一方面。这一点下面还要谈到。

四、调节功能

民俗的调节功能,是指通过民俗活动中的娱乐、宣泄、补偿等方式,使人类的社会生活和心理本能得到调剂的作用。

民俗的娱乐功能显而易见。人类创造了文化,目的是为了享用它。人不可能日复一日、永无休止地劳作,必须在适当的时间进行适当的娱乐活动,休息体力、调剂精神、享受劳动成果,进行求偶、社交等活动。世界上没有哪个民族没有节日、游戏、文艺、体育的民俗,它们是人类生活的调节剂。

民俗也有宣泄的功能。在社会生活中,人类个体的生物本能在群体中必然受到一定程度的压抑。无论是肉体、行为压抑,还是心理压抑,对人类来说都是一种破坏性的力量,如果不在某种程度上得到宣泄,一旦积郁起来集中爆发,其后果不堪设想。有的民俗是应这种需要而产生的,如古希腊罗马的酒神节,人们在节日里饮酒狂欢,日常生活中的种种禁忌这时全被打破。这种放荡性的狂欢节日在许多民族历史上都有过。中国古代的上巳节也属于类似性质。《周礼》载:"中春之月,令会男女,于是时奔者不禁。"[1] 现代一些少数民族的狂欢节日,如傣族的泼水节、蒙古族的那达慕等,也有某些宣泄的功能。另外一些民间游戏,如斗鸡、斗牛、斗蟋蟀、下棋等,都能起到宣泄心理能量的作用。婚礼上的"闹房",葬礼中的哭丧,也都是一种心理情感的宣泄。

民俗还有补偿功能。人们在现实生活中难以得到满足的种种需

---

[1] (清)孙诒让撰,王文锦、陈玉霞点校:《周礼正义》,中华书局1987年版,第1040~1041页。

求,往往在民俗中得到某种补偿。恩格斯在谈到德国的民间故事书时曾说:民间故事使农民在繁重的劳动之余,傍晚疲惫地回到家里时消遣解闷,振奋精神,得到慰藉,使他忘却劳累,把他那块贫瘠的田地变成芳香馥郁的花园。把工匠的作坊和可怜的徒工的简陋阁楼变幻成诗的世界和金碧辉煌的宫殿,把他那身体粗壮的情人变成体态优美的公主。[1] 这就是一种精神的补偿。在情歌中,人们歌唱着美好而大胆的爱情;在某些宗教仪式中,人们暂时超越了尘世的苦难,沐浴在神灵的光辉之中;各种各样的民间工艺、民间文艺,不仅使人们赏心悦目,而且使生活充满了吉祥和希望。所有这些,都是民俗给人们单调而贫乏的日常生活的补偿。

上述民俗的四种功能,只是民俗在社会生活中所发挥的一些最主要的功能,但它绝不是民俗的全部功能。应该说明的是,人类社会生活的需要多种多样,各民族、各地区、各时代的文化千差万别,在此基础上产生的民俗事象也必然是千姿百态。

民俗应社会生活的需要而产生并为其服务,民俗也因为其功能的变化而变化,其功能的消亡而消亡,因此,对各种民俗的社会功能的研究,始终是民俗学的一个重要课题。

第四节 中国民俗的起源与发展

中国民俗有着悠久的历史。它应中华民族的社会生活需要而产生,在中国独特的自然与文化环境中积淀。它的发生、发展、演变过程,可以大略划分为三个阶段:史前、古代和近现代。

一、**史前民俗**

史前民俗,是指公元前21世纪夏王朝建立以前的民俗。即原始社会的民俗。

中华文化是在中国大地上土生土长、自成体系的本土文化。"从很

---

[1] [德]恩格斯:《德国民间故事书》,《马克思恩格斯论艺术》第4卷,曹葆华等译,中国社会科学出版社1982年版,第339页。

早的古代起,我们中华民族的祖先就劳动、生息、繁殖在这块广大的土地之上。"[1]考古发现表明:从古猿到直立人、早期智人、晚期智人,中国土地上人类进化的序列没有缺环。从旧石器文化到新石器文化,中国古代文化一脉相承,有一条较完整的文化进化线索。

史前民俗伴随着中国人的出现而产生。最初,人类像其他动物一样,群居野处,靠简单的采集与捕猎为生,他们赤身裸体,生食,赤手空拳地与自然搏斗,在极其艰苦的环境下顽强生存。后来,他们开始使用石器,学会了用火,并形成熟食习惯,于是从动物界逐渐脱离出来。农业的出现与陶器的发明,奠定了中华民族沿袭几千年的饮食民俗的基本结构。距今18 000年前的北京山顶洞人已用骨针缝制兽皮衣服,并佩戴兽牙、蚶壳等装饰品,后来又发展出以野生植物纤维和蚕丝织衣的习俗。在北方,初民们从山洞穴居逐渐向半穴居以及建立永久性房屋发展;南方则从巢居发展为干栏式建筑。到原始社会末期,弓箭、车、船等工具已得到发明和广泛使用。在中国辽阔的土地上,逐渐形成了以黄河流域为中心的旱地农业区,以长江流域为中心的稻作农业区,以东北、内蒙古和西北为主的渔猎、游牧区,并形成了相应的物质生产与消费的民俗体系。

伴随着物质文化的进步,初民的精神文化也不断发展,形成相应的精神民俗。语言在劳动和生活中产生、形成,初民们开始创作神话与歌谣。陶器上的绘画、图像、陶塑、骨雕、木雕、岩画等原始艺术,反映了初民审美意识的生长。出土的骨哨、木鼓、陶埙等乐器,以及陶器和岩画上的舞蹈图像,再现了原始歌舞的热烈场面。由于农业和畜牧业皆是季节性较强的劳动,因此史前时期可能已有自然历法,并有与之相应的节日风俗,原始宗教从逐渐产生到繁荣,各种自然崇拜、图腾崇拜、灵魂崇拜、祖先崇拜的观念与仪式在初民社会中盛行。山顶洞人的尸体上撒有赤铁矿粉,并有简单的生产工具(石器)陪葬,说明当时已有灵魂观念。不少墓葬中死者的头向一致,并陪葬有工具与生活用品,反映了某种回归彼岸世界的观念。当时巫术活动盛行,后来甚至分化出专门的巫师与祭司。

---

[1] 毛泽东:《中国革命与中国共产党》,《毛泽东选集》合订本,人民出版社1966年版,第615页。

史前婚姻习俗经历了原始族内婚和族外婚两个大的阶段。最早的两性关系是"男女杂游,不媒不聘"[1]。由于种种原因,后来的氏族内婚逐渐为族外婚制所取代。

　　史前社会组织习俗可能是从原始群向母系氏族公社、父系氏族公社发展。当人类刚从动物界中脱离出来时,他们"聚生群处,知母不知父,无亲戚兄弟夫妻男女之别,无上下长幼之道"[2],除了使用工具与火外,与别的动物群没有多大差别。经过漫长的时间,原始群开始向母系氏族公社过渡。母系氏族社会由源于同一女祖先的血缘亲属组成,他们实行族外婚制,在公社内妇女享有较高地位,子女由母方抚养,世系按母系计算,财产由母方继承。例如,临潼姜寨出土的新石器时代墓葬,男子平均随葬品四件,女子则平均有六件,女多于男。神话中许多关于女始祖的故事,如商之女始祖简狄,周之女始祖姜嫄等,她们都是无夫而孕,独自生育后代的。民族学材料也为母系氏族公社的状况提供了活的证据。例如,云南永宁地区聚居在泸沽湖畔的纳西族,至今仍保持着母系制的残余。母系氏族公社在距今六七千年时达到极盛,一二千年后,黄河、长江流域的一些氏族先后进入父系氏族公社。妇女出嫁到丈夫氏族从夫居,子女血缘可以确认,并成为父亲财产的当然继承人。妇女渐渐局限于以家务劳动为主和照料丈夫孩子,甚至成为生孩子的工具与家庭奴隶。

　　原始社会末期,私有制开始出现,各部落兼并战争频繁,战俘沦为奴隶。战争以及扩大生产力(特别是治理洪水)的需要,促进了部落联盟组织的不断扩大,最终导致了第一个奴隶制——夏王朝的诞生,历史进入了新的一页。

　　史前时期没有强加在氏族成员头上的国家政权,在氏族生活中,一切按传统习俗办事,因此,民俗是原始社会生活的唯一轨范,这是史前民俗的显著特点。

---

[1] 杨伯峻撰:《列子集释》,中华书局1979年版,第164页。
[2] 陈奇猷校释:《吕氏春秋校释》,学林出版社1984年版,第1321页。

二、古代民俗

古代民俗，指从夏王朝建立到鸦片战争之前这段时期的民俗。它可以大略分为两个阶段，汉末以前为一阶段，这是中国的主体民族——汉族的形成期，也是中国古代民俗系统的形成期。汉末以后为一阶段，这是中国封建社会民俗的发展与繁荣期。

夏、商、周三代是古代以中原地区各氏族部落的民俗为中心，兼容周围各族的民俗，初步形成中华民族统一的民俗格局的时期。夏代资料不多，其民俗多不可考。商代有大量甲骨文出土，从中可以看出当时民俗仍有浓厚的原始遗风，如事无巨细的占卜、大量殉葬等。到了周代，官方仪礼制度在民间风俗及前两代发展的基础上形成。从《周礼》和《礼记》中可以看出：" 礼"与"俗"已成为两个相互独立而又相互联系的行为规范系统。有些周代民俗，如婚礼的六个程序（纳采、问名、纳吉、纳征、请期、亲迎），成为封建社会中一直沿袭的主要模式。

从春秋战国到秦汉时期是中国历史上规模最大的民族融合时期之一。随着封建社会制度的确立和大一统皇朝的建立，汉民族以华夏族团为主体，在与许多部落与民族的同化过程中形成。秦始皇在推行"书同文，车同轨"政策的同时，也注重民俗的统一。例如，当他巡视到越地时，见当地民风淫佚，就下令禁止，并将其命令刻于石上。他下令推行薄葬；并统一服饰，平民一律裹黑头巾，称为黔首。两汉是中国封建社会发展的一个高峰，历时约四百年之久，这是中国封建社会民俗体系形成的主要时期。

汉代以后，封建社会的民俗继续发展，中间经三国、两晋、南北朝，至隋唐达到了高度繁荣。此间发生了长达几百年的民族战争和大规模的民族流动，无论是南方还是北方，民族杂居的地方都扩大了，由此导致汉族与周边民族的民俗融合。北方的匈奴、乌桓、鲜卑、氐、羌等族，南方的蛮、僚、越、爨，西南的巴人、濮人等，大量吸收汉族文化与习俗。同时，少数民族风俗也传入汉地。例如，西晋时，洛阳"相尚用胡床貊槃，及为羌煮貊炙……又以毡为绹头及络带袴口"[1]。唐时，统治者率先引进少

---

[1]（唐）房玄龄等撰：《晋书》（第2册），中华书局1974年版，第823页。

数民族风俗,开元初,"宫人马上著胡帽,靓妆露面,士庶咸效之"[1]。唐乐与龟兹乐的融合,大大丰富了中国的民间音乐。从汉代到唐代,随着佛教的传入与道教的兴起,它们对民俗产生了越来越巨大的影响。因果报应、天堂地狱之说深入民众信仰。街头巷尾风行神怪之谈,大量的志怪小说与传奇为人喜闻乐道,并被汇积成集。汉代以后,岁时民俗渐成系统,从《荆楚岁时记》中可以看出,绝大多数至今仍沿用的传统节日及其习俗,如春节、清明、端午、重阳等,此时已初步定型。

宋、元、明、清是中国封建社会民俗的继续发展与繁荣期。宋代,岁时风俗更为完备,都市民俗较前代更为多样,这些在《东京梦华录》中有细致的描述。源远流长的中国民间巫术,如算命(推八字)、看相、风水等术数,在五代时渐集大成,宋时广为传播。辽、金、元三代的统治者虽非汉族,但入主中原后,却逐渐被汉族同化,遵行汉族风俗。明、清两代是中国封建社会从繁荣至衰老的时期,古代民俗在这时期基本上已成定制,尤其是岁时节日以及相关的民俗活动、各种民间娱乐游戏、民间信仰、宗法组织等等,皆成相对固定的模式。

综观中国古代民俗,与史前民俗相比,有几个显著的特点:一是民族融合的规模远较史前时期更为扩大,由此引起民俗的不断交流与同化的规模也更为扩大;二是古代民俗无论如何变化,始终保持着以汉族民俗为主体的基本体系,反映了民俗活动顽强的传承性;三是由于这时期有了相对于"民间"而言的国家组织,统治阶级本身也发展出了一套与"俗"相对应的"礼",即官方礼仪,两者之间常常相互影响,相互转化,其间的关系错综复杂。

三、近现代民俗

近现代民俗,指1840年鸦片战争以来的民俗。这个时期中国在西方文明的刺激下,封建社会的政治、经济、阶级关系等发生一系列急剧的变化。在短短的一个半世纪中,中国经历了辛亥革命、新民主主义革命、社会主义革命与建设等大的历史阶段,从一个"古代"民族逐步向一个

---

[1] 张亮采:《中国风俗史》,《民国丛书》第1编第17卷,上海书店1990年版,第127页。

现代化的文明民族迈进。伴随着社会政治、经济、文化的变化,中国近现代民俗也发生着很大变化,一些不适应现代生活的封建民俗,如缠足、男人蓄辫、长袍马褂等逐渐消亡;同时,在现代文明影响下,一些西方民俗传入中国,与中国固有的民俗体系发生着交流与融合,以适应新的社会生活的需要。人民又不断地创造出一些既适合我国情况又满足现代生活的新民俗。

在近现代史上,每一次大的社会革命,都引起传统民俗的震荡。戊戌维新运动中,梁启超提出了"风俗革命"的口号。辛亥革命不但推翻了清王朝,而且解放了妇女的缠足,割去了男人的辫子。中华民国采用公历,推行新式婚礼和丧礼,改长袍为西装、中山装。"五四"运动提倡平民文学,反对礼教,宣传自由婚姻,并引进了民俗科学,对民众的方言、信仰、民间文艺开始关注和研究。国内革命战争时期,革命根据地的人民在共产党领导下,烧祠堂、打菩萨、推行新婚姻法,将传统的民间娱乐活动(如秧歌)改造推进到了一个新的阶段。新中国建立以后,中国社会发生了巨大变化。社会经济的发展,促进了人们生活方式的巨大变化,社会的风俗习惯、人们的行为轨范,在移风易俗中悄然发生了变化。一方面是西俗东渐,牛仔服、舞厅、卡拉OK、圣诞老人纷纷走进中国;另一方面,由于经济的需要与文化的刺激,弘扬和开发传统民俗文化的活动也蓬勃发展起来。整个中国民俗的结构体系,正在经历着急剧的变化,引进、分化、融合,贯穿着民俗发展的全过程,新的现代化的民俗体系正在逐步形成。

第二章 物质生产民俗

物质生产是人类生存文化的主体。人类依赖物质生产得以生存,物质生产依靠人类的劳动得以实现。

物质生产民俗是一个国家、民族的特定地区、社会群体中的民众,在一定生态环境中所创造、享用和传承的物质文化事象,它包括:农业民俗,狩猎、游牧和渔业民俗,工匠民俗,商业和交通民俗等,它贯穿人类生产实践活动的全过程。

我国的物质生产民俗包含的地域广阔,内容丰富,历史悠久。它具有东方农业文化特色。在我国物质生产民俗中,农业生产民俗居于中心地位。

物质生产民俗主要反映的是人与自然的关系。

它的特征主要表现在四个方面:1. 地域性。人民大众进行物质生产所形成的风俗习惯,依附于不同生态环境的自然条件。2. 季节性。人与自然斗争,受自然现象的规律制约,形成随天体运转、气象变化而变化的季节性和周期性。3. 功能性。物质生产民俗首先(或主要)是为了满足物质生活的需求。脱离这个需求的物质生产民俗是不存在的。它具有直接的功能作用。4. 科学性。物质生产民俗是劳动人民在长期生产实践过程中,对生产对象及其规律的长期观察、感受和思考的结果,具有一定的科学意义。

第一节 农业民俗

农业民俗是伴随中国古代农业经济生活而产生的文化现象。它具有农业生产的季节性和周期性特点。它是农民在长期的观察和生产实践活动中逐步形成的文化产物。它既是生产经验的总结,又是指导生产的手段,具有明显的传承性。

一、农业耕作的时序、节令习俗

虽然农业生产在不同地区各有差异,但它的整个生产过程的各个环节,对当地一年中的自然时序、节令的适应性却极强。农历二十四节气对农业生产具有重要的制约作用。在岁时记、风土记、农家月令等性质的古籍和流传在全国各地的农谚中,记录了许多农民在一年内约定俗成的耕作习俗,从备耕、播种、防灾、田间管理到植树造林、收获、储藏,都有季节和周期规律可循。农民常说的"庄稼不等人"、"季节不饶人"等,就说明农事一旦违背规律,就要遭到失败。

二、占天象,测农事的习俗

我国古代农民在生产实践中,经过长时期观察,逐渐产生了丰富的天文知识,并形成比较固定的习俗。这些知识虽然受地域的局限,但它却有一定的可信性与可行性。农业生产适应天象、气候的变化规律,是保证农业丰收的重要条件之一。一年中的天气旱涝、风霜、虫害等等,都要影响当年庄稼收成的好坏,这是关系国计民生的大事。全国普遍流行的在除夕或大年初一清晨察看风云、天象,预卜一年的旱涝、晴雨的习俗,就具有这样的作用。如河南的农谚说:"立春晴一日,农夫不费力。"又如陕西有在初一五更测天气的习俗,并且以为:"元旦,甲乙丰,丙丁旱,戊己虫雨伤,……壬癸潦。""元旦,宜晴不宜阴,是日逢雪,必兆旱。"江苏农民对"岁朝看风云,以卜田事"的习俗很重视,他们说:"岁朝东北风,五禾大熟;岁朝西北风,大水害农功。"[1]有的地方的农谚说明:农民对一年里的立春、惊蛰、清明、谷雨、立夏、立秋、立冬、霜降、大小雪等的天气好坏,都有预测、判断的习惯。南方靠江河的地方的"秤水"、"验水表"、"看参星",占卜飓风、水旱的风俗也很盛行。这类习俗虽不一定绝对可靠,但其中包含一定的科学因素。它是农民多年经验的汇集和智慧、心血的结晶。多少年来,传承、分布在全国广大农村的这类习俗,自然地形成了不同地区气象预测的网络。在我国古代农业科学不发达的情况下,它一直对农业生产起着指导作用。

---

[1] 胡朴安:《中华全国风俗志》,河北人民出版社1986年版,第152页。

三、卜农事丰歉,祈福、禳灾的习俗

农业收成的好坏,直接影响人们的生活。我国自古以农立国,重视农业收成的观念,形成古代传统的小农经济意识。因此,历代统治者和广大农民都在年关节令转换的时刻,逐渐形成占卜农事丰歉,祈求免除灾害、避祸得福的习俗。尽管这类习俗有不同程度的不科学成分,但它所反映的民俗心理却是共同的。例如,各地普遍流行的正月十九(或二十五)盼丰收的"添(填)仓"节;棉区棉农在元宵节看灯芯,盼棉花丰收;南方用水占年成好坏;广东除夕把盐米放在灶上,用碗盖起来,看米的聚散,占卜丰歉;陕西农民在冬至向巴山看雪占验来岁年景,等等,不可胜数。河间农谚会告诉你:元旦什么风霜对种植什么作物适宜,什么气候将大旱,什么样的朝霞主丝价昂贵,以及惊蛰响雷预知年荒岁歉;春分节气,刮东风下雪,小麦丰收。还有许多农占说:什么时候播种什么庄稼?如何利用什么天气耕作、插秧、灌田、锄草,才能好收成?如何防灾?天气变化对何种作物生长有利或有害?什么天气棉花坐铃高、花果结实多?乃至当年粮价涨落,等等。这些习俗所提供的"猜天"信息,直接涉及当地农业收成好坏,因此,也就自然形成朴素的、虽非科学却又是合理的求福、免灾的心理希求。在农业生产上,只要天时有利,管理合理,人们就可以过上"风调雨顺"、"人寿年丰"的好日子。人们通过这类习俗,希望借助超自然的神灵的庇佑,获得幸福;或对危害人类的自然灾害的恶神,予以禳解或消除。这是在我国农业经济条件下所产生的民俗文化的基本内涵,也是我国农业民俗文化的重要组成部分。

四、农业禁忌、祭祀习俗

农业禁忌习俗,一方面是农民不能充分认识自然界规律的反映;另一方面,也是农业生产经验的积累。一年四季,天气好坏与农业收成关系极为密切,这便是产生许多禁忌的原因。实际上,农业禁忌是农民对农业生产实践规律的经验性认识的一种总结。例如,在宁远,俗谓正月初一不能睡觉,否则要倒田塍;正月初十忌风,可以禳除风灾;二月一日忌鸟雀;惊蛰在墙角撒石灰,可以避虫蛇;七月二十日,棉花生日忌雨;立秋农家禁止家人在田间行走,否则秋收减产,等等,都反映了当地农民对

农业生产的认识状况及某些可供借鉴的东西。

在蚕桑生产地区,许多禁忌不仅有趣,而且都有一定的科学道理。例如,江苏农民,家家都要养蚕,就把三、四月叫"蚕月"。当蚕刚出生时,怕冷风和气味污浊,蚕姑就要关蚕房门独宿,据说可以避邪护蚕。蚕室里保持清洁,各家都有门上贴红纸,不相往来的禁忌习俗,否则要冲蚕花。湖州蚕农养蚕有三条禁忌:(一)清明节后,蚕农要接青龙,退白虎。(二)担蚕以后,除自己养蚕外,闲杂人等,都不能直入蚕屋和大声呼喊,以保持蚕屋安静。(三)正月元旦,乡人早晨起床要晚,叫"眠蚕花"。这样,才能平安养好蚕。《西吴里语》说:清明这天,蚕农要各驾彩船在河上竞渡,对田蚕成长有利。吴兴县把四月看作"蚕月",官府的征收和邻里间的来往庆吊,都要停止,叫"蚕禁"。永康县元旦,要吃用赤豆和米做的"蚕花粥",据说对蚕有利。同州正月十五日,要蒸面茧占卜蚕茧丰歉。四川在二月望日,还有鬻茧的"蚕市"和祭蚕的习俗。山东登州养蚕要男女分工,防野蚕和野雀伤害。中原地区在一年收完蚕花以后,还要到庙里谢蚕神,祈求来年蚕丝丰收。所有这些习俗的形成,都与农民盼望提高农桑生产的心理有关。

五、祭田神、先农和社神的习俗

原始宗教观念的重要表现之一便是祭天、祭祖。它反映古代劳动人民面对大自然与人类自身的利害关系所采取的自然崇拜的信仰和仪式活动。人们期望通过这类原始宗教信仰和仪式活动,满足生产和生活上的需求。在我国古代农业生产占主导经济成分的社会里,祭天,祭祖,祭山川、土谷之神等,便成了农事活动中的一项主要内容。年初元旦这一天,农民通过祭天、祭先农,盼望一年内风调雨顺,五谷丰登。天气久旱,他们祭龙神求雨。四川甚至把治水有功的秦太守李冰,也神化成了祈雨祭祀的"川主之神"。久雨不晴,河南农村妇女要做"扫天娘娘"(也叫"扫晴娘"),求女娲大神扫除乌云。[1] 山西临汾农民在七夕夜晚放河灯,在田间祭鬼,还要在禾稼上挂纸条避冰雹。许多地方在稻穗、禾稼初

---

[1] 河南省地方史志编纂委员会编纂:《河南省志·民俗志》,河南人民出版社1995年版,第96~97页。

熟时,有先摘回初穗荐祖敬神的"尝新"习俗。宣威的农民认为只有在申、丑、午、巳这几天才能"尝新"。安徽在八月中旬,将初熟的稻米献过祖宗、家神、灶居、社神以后,才能食用,叫"献新"。邛州也叫"食新"。有的地方在八月二十四日,把割新稻叫"开稻门",祭祀社神。田家祭祀先农,也叫"谢天爷"。我国古代祭八蜡神仪式,[1]也是农民为了祈祷来年丰收所举行的仪式活动。每逢社日,各地乡里要醵钱起会,春祭叫祈,秋祭叫报。立苗后,又要祭田祖。湖南岳州慈利县,在崇山以南,要在皮肤上刺血祀神,等等。江苏蚕桑地区,乡间妇女有祈蚕丰收的祭祀;为了蚕业丰收,湖州三月要表演"蚕花鼓",蚕期要拜蚕花五圣,使蚕花旺盛。山西潞安在上元节要蒸面茧祭祀蚕姑,作粘穗祭祀谷神。一年里,涉及农事丰歉、祛灾降福等关系农民温饱、饥寒的生活大事,农民无不希望借助超自然的力量得以实现。这类习俗、信仰的产生和形成,主要原因是农业科学技术落后,战胜自然灾害的能力有限,其局限性也表现在这里。随着近世农业科学技术知识的普及和提高,人类战胜自然灾害的愿望逐步得到实现,这类习俗逐渐淡化。

六、农业生产过程习俗

这类习俗包括农业生产工具的制作和使用,以及具体的生产程序等。这些习俗世代相沿,成为广大农民生产、生活的一部分。它既可以起到传授农业生产技术知识的作用,又成为农村精神文化的重要组成部分。其物质生产效益与社会精神文化效益是很明显的。

在农具制作、操作耕种的习俗方面,例如,北方产麦区耕地时,使用的犁就有由犁辕、犁铧、犁面、犁梢、犁把组成的铁犁(也叫"曲辕木犁"、"猪夯")和新式七寸步犁。犁地时,一般用牛、驴或人力牵引,基本采用"搅着犁"和"伏着犁"相间的各种犁法。山地或狭窄地带用镢头锄地。耙地用的耙具,为木制长方梯子形,称"耙"或"耙床"。耙的前后梁上,

---

[1] 八蜡仪式:周代每年建亥之月(十二月)农事完毕后举行的一种祭祀。《礼记·郊特牲》:"八蜡以祀(据孙志祖校)四方。"郑玄注:"四方,方有祭也。蜡有八者:先啬一也;司啬二也;农三也;邮表畷四也;猫虎五也;坊六也;水庸七也;昆虫八也。"见《辞海》(缩印本),上海辞书出版社2000年版,第329页。

留有前九后十固定交错的齿孔,装上梭锥形耙齿。耙地时,牲畜在前牵引,人在耙后指挥。土块多时,人站在耙床上或在耙床上放一装有石块的筐子(叫"压耙")。耙地分"顺耙"、"条耙"、"斜耙"、"锁耙"等耙法。播种时,用耧播。这种耧由耧架、耧杆、漏斗、耧腿和耧铧组成两腿耧或三腿耧。播种时,一般用牲口拉耧(或人拉),旁有一个人牵引,叫"帮耧"。播种下耧前,扶耧的"耧耙"要定仓眼。播种时,耧耙摇耧,要做到"一平二净眼观三,紧三慢三猛一掂"。讲究耧身平稳,速度适中,种子下地均匀,要做到"三摇"、"三不摇",保证播种质量。此外,在不宜耧播的地方,用"撒播"、"点播"、"掩播"等,播后再用耙打碾子耙平(叫"碾地滚"、"砘子")。在抗旱方面,多用勾担挂水,打旱井、挖水囤蓄天上雨水,或用辘轳、吊杆浇水。在田间管理中,耕锄草方面分深锄、浅锄、横锄、间锄等。施肥分造肥、上粪,粪有土粪、青肥、畜肥,各有特色。在收割上,大都采用镰刀、铲刀割麦。打场时,讲究"晒场"、"翻场"、"放磙"、"起场"、"扬场"、"搭垛"等一系列操作习俗。此外,北方还有关于其他作物四季耕作、劳动组合和佣工制度的习俗。[1]

在南方水稻产区,农业生产也有独特风习。一般在犁田以前要先灌水,犁后耙两遍。麦茬田在栽秧前几天才平整土地,草籽儿田要提前六七天时间犁地,犁耙后用"耖子"平整泥土。例如,在汉门、汉阳的农民,栽种水稻时,春分平地,先泡谷种下秧。农历四月,春夏之交,农民开始分秧,用手(或插秧船)插秧。栽秧的行距、株距数,也由原来的稀植逐渐发展为机播密植的科学化生产水平。有些地方插秧时,还有击鼓、唱歌的助兴习俗。有不少地方的"小满动三车"(田车、丝车、油车)的紧张情景,使人有身临其境的感觉。江南大部分有河、塘条件的地方,多采用简易、笨重的水车汲水灌田。这种水车的横轮和竖轮相交错,竖轮挂有几十个木制水斗,下放井中。横轮上放一车杆,套入扣内。车水时,用人力(或畜力)拉水车绕井转动水斗汲水灌田。此外,常用的还有"龙骨水车",这种水车由大龙头、窄长型车厢、龙骨叶子、小龙头和水车架子组成。车水时,由四至六人分两边脚踏水车

---

[1] 河南省地方史志编纂委员会编纂:《河南省志·民俗志》,河南人民出版社1995年版。

车水(也有手摇的)。田间管理有耨秧、去稗、锄草、施肥、防治虫害等。收稻时,多用镰刀割稻,用桩柶脱粒。此外,在临安等地还有造"梯田"、"雷鸣田"("靠天田")、"海籓田"和戽水、栽秧、撑船、碓谷等特殊习俗。

杭州、湖州蚕农清明育蚕种;谷雨担蚕;蚕经四眠,再隔五日上山(用稻草做成架子,将蚕放在上面,下边用火罐熏热,让蚕吐丝);三日回山(采茧)。其中的热棚、冷棚不同,做蚕有迟速,起收有早晚,蚕眠日的长短,以至缫丝、上市卖丝等习俗,都有一定的程序。至于北方一年之中,从一至十月,关于农桑耕作、佣工、节日、收获等,四时皆有相应的农事习俗。近年来,随着农业机械化程度的提高,以往的许多简易、笨重的体力劳动慢慢为现代化操作所更替。但是,往日的农事风俗依然在不同地区、不同程度地被沿袭、继承着。

七、农业娱乐风习

原始社会的艺术审美功能与生存需求的实用功能是融为一体的。首先(或主要)是实用功能,但审美功能也同时存在于文化创造之中,只是当时还不曾被明确认识罢了。农业生产民俗来自劳动实践,也伴随生产活动自然形成娱神、娱人的具有文娱性质的民俗文化。这种民俗文化,有的是在农业生产过程中进行创作;有的是在丰收以后庆节时表演;有的在元宵等节日民间业余文娱活动中,或歌或舞,丰富多彩。像四川天全县上元节制作的"祈谷灯"、"白果灯",通宵达旦点燃。台下各由两人抬神像,来祈求当年五谷丰登。又如,农民制作的"九曲莲灯",插竹一亩见方,由巫师在里面跳舞祈年,叫"踹灯神"。有的用竹子作秧标,避鼠雀;有的表演鸡栖避狸的情景,等等。天全县境的灯都是为了庆节求丰年之用(像秧苗灯、五谷灯)。据说,彩灯越明,说明农民的心越虔诚。农民见到满街的灯光灿烂,便互相庆祝今岁风调雨顺、五谷丰登。节日期间,男女在山梁平坦处、野径路口,有的上树,有的栽上竹木玩打秋千游戏。从早到晚,一连五七天才结束。[1] 据说,这样农民就可以不

---

[1] (清)蒋廷锡等编:《古今图书集成·方舆汇编·职方典·四川风俗考》(影印本),上海文艺出版社1993年版。

腰腿疼。各地类似民俗,都与农民盼望生产丰收、农事耕作顺利和身体健壮的心理有关。又如,浙江萧山的夏至茶山会期,农民举行竞渡赛会时,穿上小儿衣服,唱农歌,率数十人同乘一船,先后驶逐,观者人山人海,这种活动具有祭祀先祖、共庆丰收的意思。还有像茶区茶农在节日表演《采茶歌》也是这样。黄州的农民,在花朝节下田播种时,大都由女子参加,男子只击鼓节拍,肩挑送饭。插秧时,歌声四起。这里所举的事例,说明农业民俗文化与生产融为一体的特点是有悠久历史的。此外,各地的《数九歌》虽然说法不尽相同,但都离不开对一年季节的变化和耕作、生活情景的描绘,从中既可以判断寒暑更迭信息、农耕的时令和在生产、生活上如何适应的要求,又可以满足农民对民俗文化娱乐的需要。

第二节　狩猎、游牧和渔业民俗

狩猎、游牧活动离不开特定的环境、气候及猎物资源等自然条件,故狩猎、游牧习俗的形成,亦与这些因素有关。

一、狩猎、游牧业生产的时序、节令条件是产生同类民俗的自然因素

河北三河县,在"九月九日,乡农散工,开六畜栏,牧于田野"[1]。在农牧并存地区,畜牧业大多盛行在农闲季节。狩猎者秋冬进山林捕捉猎物。东北满族入冬捕熊、猎虎,霜降后捕貂,雪天捕鼠等,莫不如此。鄂伦春族以射猎为业。黑龙江游牧地区的牲畜,春夏遍放于野,不用豆料、麦屑饲养,因为这时草原牧草丰美,直到秋后,才把牲畜关在栏中,喂食羊草,终冬不变,以供牲畜过冬的需要。锡林郭勒盟多在秋冬之际的捕获黄金季节狩猎。而在南方酉阳一带,却是在暖天进山林捕猎。他们捕猎的季节、时令观念,主要取决于生产的实际效益。

二、狩猎、游牧的禁忌、祭祀习俗

猎户、牧民的禁忌习俗,反映了他们希望丰收和防止灾害的心理。

---

[1] 胡朴安:《中华全国风俗志》,河北人民出版社1986年版(重印本),第7页。大达图书供应社,民国十一年(1922)初版。

这些习俗的核心文化价值意识,仍在于经济效益的实际功能需求。三河县在新年元旦至正月十日要举行春秋丁祭,求得猎获丰收。许多林区猎户,狩猎前要祭祀,供献猎神,占卜出猎方向;进山以前要祭山神。猎人打到野兽,不能唱歌、跳舞,也不能有响声,以免惊跑其他野兽。有些农牧地区的农民为了保护耕牛,甚至有向耕牛酬劳致谢的习俗,如嘉定的农家,在十月一日造米饴,戴在牛角上,酬答耕牛的劳苦。四川天全县在十月一日,也有做糍糕祀牛王、用糕挂牛角犒牛的习惯。据说这一天牛临水自照,若见角上没有糕,就要哭泣。他们认为农作物丰收有牛的功劳。浙江人养牛,冬月严密关闭畜栏,铺上槁草,以免牲畜受冻。在晴和日暖天气,还要牵出耕牛晒太阳;在栏内去掉烂草,换上新草,供牛食用。这种原始社会万物有灵论信仰,实际是对动物的人格化的曲折反映。武昌农民把正月初五叫"牛日"。人们要用饭喂牛,还告诫家僮不要鞭笞耕牛。这是农业社会重视耕作畜力的表现。

  值得注意的是,在广西镇安,还有为牲畜招魂的习俗。据说,除夕这一天,农家各自提瓮汲取新水(取"涤旧事"之意),归来时,要沿路歌唱"牛羊鸡狗猪鸭,六畜魂兮归来"一语。正月底,农民采白头翁、艾草和米做成糍饭,加进鱼虾祭畜栏,名叫"收鸡鸭魂"。六月初旬,人们要染五色饭,杀猪分食,叫"祭牛栏"。男女用小鸡五色饭到田野牛寮内团坐而食,叫"收牛魂"。所有这些民俗都反映了中国古代农民重视牲畜动力资源——耕牛的文化内涵。"饲牛"、"爱牛"、"惜牛"、"收牛魂",是这种农耕、畜牧民俗文化序列的独特表现。

三、狩猎、畜牧生产过程的民俗

  狩猎习俗是猎户在长期生产过程中的经验、智慧的积累,也是战胜野生动物得以生存的手段。山区的猎户深深懂得,如不能在猎物面前取胜,就有被野兽吃掉的危险。生存的强烈愿望迫使他们产生出了许多战胜毒虫猛兽的经验和方法。像吉林的猎户,创造了在身上涂烟油子战胜毒蛇、倒挂在山洞口用猎枪打死野猪、在树洞中捕熊、在雪中擒虎、在丛莽间用绳子捉麝、在森林中筑碓房钉捕貂的方法,等等。这些经验和方法在战胜野兽、谋求生存方面发挥了重要作用。鄂伦春人射猎的走兽飞禽就有野鸡、飞龙、沙鸡、树鸡、伊鹰、鹿、野猪、熊、狼、虎、水獭、豹、灰鼠、狐狸等十多种。这些狩猎活动不仅解决了物质生活的需要,而且还创造了大量具有本地区特色的狩猎习俗。在蒙古族地区,还根据不同狩猎对象,创造了多种多样的狩猎组织形式,有捕捉狐、狼的"个人狩猎",由佐领(或吉台)集合一村落的兵勇,每年二三次的"部落狩猎";由扎萨克集合旗兵,每年进行一次的"旗内狩猎";由盟内盟长率兵丁举行,或联合一二旗举行的"盟内狩猎";以及有皇帝亲临的"钦临狩猎"等。

游牧习俗。在一些游牧地区,牧民经常迁徙。他们逐水草放牧,居住毡帐,在农牧并存的地区,人们对牲畜的饲养特别用心,并积累了相当丰富的饲养经验。其目的都是为了在农耕、运输中保存充足的牲畜动力资源。牧民们说的"水膘、草力、料精神"等谚语,便是这类民俗经验的总结。到农业时代人们定居了,辨别方位和背诵节气图已不太重要,而代之以《节气歌》了。

四、渔业生产的生态环境特征

渔业生产多分布在江、河、湖、海之滨。如浙江定海的渔民,或"居篁竹芦苇间",或"散在沙墺,非舟不能往来",多以渔钓为业。这些地区的渔民"饭稻羹鱼",大多依赖渔盐业为生。福建沿海一带,"西北控瓯剑,东南负大海……多潟卤,有海舶之利"。他们"以海为田,以渔为利,以舟楫网罟为生"[1]。"濒海之民,以鱼盐为业,而射赢渔息,转贸四方。估人高帆健橹,出没风涛。"[2]生活本身就为创造古老的渔业民俗文化提供了可靠的物质基础。

渔业民俗是鱼文化的主要内容。其经济和文化价值在人类的文化发展史上居于特殊的重要地位。在母系社会渔猎时代,它是人类赖以生存的主要物质资源之一。有些地方不是单一的渔业经济地区,而是渔农兼作。农忙务农,农闲渔汛到来的季节,便以舟楫为家,"张罗竿首,昼钓泥中,鳖蟹蜃蛤之入,日给有余"[3]。不论哪一

---

[1] 胡朴安:《中华全国风俗志》,河北人民出版社1986年版,第116、126页。
[2] 胡朴安:《中华全国风俗志》,河北人民出版社1986年版,第131~132页。
[3] 胡朴安:《中华全国风俗志》,河北人民出版社1986年版,第256页。

类渔业区,都有一个共同的特点,那就是它们的民俗与经济生产融为一体,具有明显的实用功能:即一切渔业民俗都以有利于这种生产的进行和提高收益为目的。

五、渔业海上占验习俗

渔业生产伴随着渔汛的季节性和周期性的规律进行。因此,渔业民俗既要适应渔汛起落的特点,又要受渔区江、河、湖、海气候变化的制约。许多地方,渔民从清明用舟筏试海起,到小满止,为集中捕捞时间。其余在闲暇时钓鱼,只有秋冬鱼味最美。渔业生产收益的好坏,甚至出舟江海的安全与否,都与气候变化有极大关系。例如,福建漳州府的海上占谚习俗就很流行。他们的"占天"看风雨、"占云"看阴晴、"占风"(飓风)看潮汛、"占日"看晴风、"占雾"看雾雷、"占电"看飓期、"占潮"看水势等习俗,长期形成了选择乘船出海捕鱼的有利时机,以保证人船安全,渔业生产顺利。如果没有这种自然形成的观测气候、天象的丰富经验,那就难免在捕捞时,"因风击浪,楫为摧,樯为倾,在巨大的涛声中人亡船毁"。[1] 几千年来,这种海上占验习俗,被渔民视为具有指导渔业生产和保障生命安全的大事,原因就在这里。也正因为如此,才决定这类民俗由渔民集体创造并具有相对稳定的长期传承的特点。它是世世代代渔民集体智慧的结晶。

值得注意的是,由于它在一定程度上符合科学道理,因此,多少年来,它一直具有为渔业生产服务的特性。

六、渔业生产操作习俗

由于全国各地江、河、湖、海等自然环境的差别很大,所以渔业生产的工具、操作方法和过程都明显不同,捕捞经验也因地而异。这就是渔业民俗既具稳定性又有变异性的原因。

从渔具来说,南北各异。例如,《松江风俗考》中记载:松江县的泖溆江浦之间的取鱼方法就有结绳持网的注网、丝网、塘网。属于网一类

---

[1] (清)蒋廷锡等编:《古今图书集成·方舆汇编·职方典·台湾府风俗考》(影印本),上海文艺出版社1993年版。

的有罛、罾、翼等。圆而纵拾的叫罩；挟起可以升降的叫䍡；"缗而竿者总谓之筌"；横川上捕鱼叫梁；编竹断港捕鱼叫断。"承虚叫笱"，编而下沉的叫箪（横帘）。有叉，有射。用数百钩系，饵一绳牵引捕鱼叫张；在船上钓鱼叫舴，等等。在海上捕鱼的有筌网，有蒲网。列竹子捕鱼的澪叫沪。在海口石多的地方用流网、旋网。在海口有沙无石的地方，捕鱼用拔网、重网联起来进行操作。苏州、太湖地区，渔民捕鱼的工具很多。鱼从太湖来的，多击鼓捕捞。[1] 其他有设法招鱼的，有集众多鱼群一网打尽的等等，不胜枚举。

至于捕鱼情景，也很动人。在江西九江德化，"地滨大江，民习于水，善操舟，虽暴风怒湍，弄轻艇如驶渔于河泽"。"凡网、罟、汕之具备极其巧。"[2] 广东琼州一带有水国之称，人们大多以舟楫为家。有的妇女，一手把舵筒，一手煎鱼橐中，儿女在背上，攀罾摇橹，批竹纵绳，非常艰苦。这样一幅幅江南渔民捕捞水产的民俗生活图景，正是多少年来世代渔民生活累积的再现。这些民俗文化是渔民在当地自然环境中，为适应生产的需要而长期创造出来的。

《池北偶谈》中记载夷陵渔民捕鱼的风俗，春天叫"起汕"：每年三月初八、十八、二十八三天，起汕。渔民相率扣拍，让声振水而歌，连彻昏晓，必须达到悲怆慷慨以后，才能捕捞的鱼多。只有三游洞以下，十二碚以上，几十里以内叫起汕。秋天捕鱼叫"丫系"："八月九日，捕捞姆鳇鱼时，先布网而后用'丫'。自钉头镇以上的地带，都叫'系'（或叫枋）。"[3]《夷陵县志》说："丫系多于黄牛峡一带，水汛急处先藏系于水底，鱼入其彀，久而后疲，始用叉，而人跨于鱼背，纳巨绳入腮以起。"[4] 这些在渔业民俗中积累的渔业生产经验十分丰富。它无疑对渔业生产技术史的研究是一大贡献。它说明：此类民俗产生、形成在生产斗争实践之中，又为指导生产起到了重要作用。

---

[1]（清）蒋廷锡等编：《古代图书集成·方舆汇编·职方典·松江府风俗考》（影印本），上海文艺出版社1993年版。
[2]（清）蒋廷锡等编：《古今图书集成·方舆汇编·职方典·九江府风俗考》（影印本），上海文艺出版社1993年版。
[3]（清）王士禛：《池北偶谈》卷二十六，中华书局1982年版，第632页。
[4] 胡朴安：《中华全国风俗志》，河北人民出版社1986年版，第165页。

七、渔业禁忌及祭祀习俗

远古渔猎时期,原始观念中的自然崇拜,在渔业生产民俗中一直传承至今。许多渔民出海时,都要举行祭祀,以请求海神和渔民行业的神祇,保佑捕鱼获得丰收,人们平安归来。这种祭祀仪式,每年都按规定举行。渔民对渔具及操作方式,都有特殊的语言、信仰、禁忌,以保障趋吉避凶。渔民崇信龙王、水神、马祖、海神、河伯,认为他们可以使自己逢福避祸。中原信河大王、龙王。沿海福建、浙江一带渔民则认为马祖是他们的保护神。他们为了防止不吉利的行为发生,对船只驾驶特别慎重,作业时语言禁忌很多,一切都是为了有利于捕捞顺利,获得丰收。《越绝书》记载:大越海滨渔民,要"春祭三江,秋祭五湖",以求海神保佑他们一年之内过上"饭稻羹鱼"的平安生活。

吉林黑斤、齐勒弥人,凡沿河捕鱼者,被混称鱼皮鞑子。当地经常捕获的麻特哈大鱼,据说是奉海神之命送鱼入江,以富裕民食的。土人以江蛾为捕鱼征候。他们认为,每当江面花蛾发白时,麻特哈大鱼入江。从六月到七月十五日以前,青蛾初起,送西里牲鱼入江,都要到特林河口返回。在驱鱼进口时,鱼每三四条为一群,进口以后,便逆流而上。在乌互站等地的鱼,率群前行,一天可走三四百里。这三类鱼到来时,齐勒弥和黑斤人,在江水水深近数尺的地方,多安有木桩,长二三丈或四五丈,独空沿江一面,叫"闷杠"。在水平线下系上袋网,乘小船取鱼,每一"闷杠"可得鱼数千斤。至于围网、撒网,一举可得数百、数十斤。但不敢捕麻特哈巨鱼,或携入室内,因为害怕有祸祟。一年一度的其他鱼类逆流而上,人就可以大量捕获鲂、鳣、鳇、鲤等类的鱼,只有对麻特哈鱼特别虔诚。这类习俗无疑与渔民相信此类巨鱼具有神圣性质的观念有关。

总之,渔业民俗的形成,与渔民的生产实践的实用功能及认识上的局限性有关。这些民俗,有的是渔业生产经验的总结,并经常在生产中发挥指导作用,有的是对生产过程中出现特殊情况时带有警戒或教训意义的"禁忌"观念、信仰的反映。近年随着现代化渔业生产技术的运用和推广,原有的那些渔业民俗中的禁忌、祭祀习俗及其带有神秘色彩的观念,虽然有所变化,但在很大程度上仍有保留。

第三节 工匠民俗

在古老的年代里,狩猎者要自己制作弓箭和捕机,打鱼者要自己制作舟船和网罟,农耕者要自己制作耒耜和耧犁,甚至窑洞要自己挖,房屋要自己盖,陶器要自己烧,布要自己织。他们既是生产者,又是劳动工具的制造者。虽然古代的物质条件和人们的技能都难以同现在相比,但却显示出历史上确曾有过一个单个人的"全能水平"得以发挥、"多面手"层出不穷的时代。

随着生产力的发展,人口的增加、社会的进步和人们生活水平的不断提高,尤其是随着原始市场的出现和交换生活用品的需要,一些手艺超群的能人便从最初的原始经济群体中独立出来,发挥自己的一技之长,变副业为主业,出现了各类专职工匠,这就有了进一步的社会分工。比如,为了满足人们住房和生产工具的需要,便产生了泥瓦匠、石匠、木匠和铁匠;为了满足人们家庭日常用品的长期需求和维修,便产生了窑匠(陶匠)、篾匠、焊匠、擀毡匠、箍桶匠、凿磨匠、补锅匠;为了满足人们穿着方面愈来愈高的需求,便产生了织匠、染匠、皮匠、裁缝、鞋匠和首饰匠;为了满足人们宗教信仰和文化生活方面的需要,便产生了画匠、塑匠、祭器匠、乐器匠以及专门生产笔、墨、纸、砚的工匠。各类工匠中,因其劳作性质的不同,有的必须常年流动,走乡串户,登门服务;有的则在市镇摆摊设点,或建立固定的作坊,悬帜出售各自的产品。他们一方面凭着自己辛勤的劳动和精湛的手艺,赚取薄利来赡养全家老小;另一方面,也活跃在各个生产和经济领域,成为推动我国传统经济发展和社会进步的一支重要力量。

各行各业的工匠,数千年来代代相传,在生产技艺方面精益求精,在技术传授方面讲究师承,且有各自不同的行话和禁忌,形成了很有特色的行业习俗。

一、工匠的技艺传承

在工匠生产民俗中,首先值得注意的,是它们的技艺传承。历数千年而不衰的"百工五法",则是我国古代工匠技艺中最杰出的创造。产生于战国时期的《墨子》一书,对此就有过概括性的总结:"百工为方以矩,为圆以规,直以绳,衡以水,正以悬。无巧工不巧工,皆以此五者为法。"[1]这里提到的矩、规、绳、水、悬,就是人们常说的"百工五法",《孟子·离娄上》中所说的"不以规矩,不能成方圆",指的就是古代工匠中所流传的技巧。"矩"是工匠们通过直角尺来正方的工具,古代叫"鲁班尺",现在叫"直角曲尺";"规"是用来画圆的工具;"绳"是画直线的工具,古代叫"绳墨",现在叫"墨斗";"水"是以水为准,来测地面的平斜。最初人们根据下大雨时地面水的流向来判断其高低与平斜,后来工匠们发明了一种叫"水臬"的测平工具,现代的水平仪就是在其基础上加以改进而制造出来的;"悬"指用来测定端正垂直的垂绳,泥瓦匠盖房砌墙前要先吊线,下端悬以重物,用的正是悬法。以上的这五种方法,在泥瓦匠、石匠、木匠、铁匠、皮匠、旋匠等行业中都有应用,并一直传承至今。"百工五法"同各行业基本生产工具的结合运用,构成了我国工匠生产技艺最基本的民俗形态。

营造寺院、庙宇和宫殿的木匠,古代叫"大工",是同类匠人中水平最高的。代表中华民族传统建筑技艺之最的榫卯结构和展现我国建筑艺术风格的斗拱和飞檐,正是中国木匠技艺传承中最精华的部分。榫卯又称"枘凿",民间俗称"公母",即将梁柱的接合处,一端削出榫头,另一端凿出卯眼,相互套紧,楔牢,形成一个稳固的整体。这种结构从来不用铁钉,但却牢固可靠,具有良好的抗震性能。斗拱是我国传统木结构建筑中的一种支承构件,处于柱顶、额枋和屋顶之间,主要由斗形木块和弓形肘木纵横交错套叠而成,逐层向外挑出,形成上大下小的托座,具有惊人的负重荷载能力和明显的装饰效果。这种构件,我们从北京故宫和各地宏伟的寺庙建筑中都可以看到。斗拱和飞檐,作为最具东方建筑风格的代表性特征,被载入世界建筑艺术史,是我国工匠对人类建筑艺术的创造性贡献。

"文房四宝"是中国传统的文化用品,其中以湖笔、徽墨、宣纸、端砚

---

[1] 吴毓江撰:《墨子校注》,孙启治点校,中华书局2006年版,第29页。

为最有名。历代以制作高质量文具为生的工匠,代代相传,皆有绝技在身。清代乾隆六年(1741),建于浙江湖州的"王一品斋笔庄",堪称湖笔业之代表。"一品"是因某举子用了姓王的笔匠所制之笔,不但中了进士,而且中了状元而得名,传至今天已七八代。王氏世代以制羊毫笔而誉满神州和东瀛,他们选用上等山羊毛,经过浸、拔、并、梳、连、合等近百道工序,方能制成佳品,近现代书画家吴昌硕、贺天健、傅抱石、郭沫若等对"王一品"笔均有极高评价。创建于乾隆四十七年(1782)的安徽屯溪"老胡开文墨店"所生产的徽墨,以色彩黑润、历久不褪、搦笔不胶、入纸不晕、香味浓郁、书写自如而著称,其产品有油烟和松烟两类,按品级又分为极品、神品、超贡、漆贡、贡烟等。为了保证制墨原料的地道,胡氏制墨匠人要点燃数百盏油灯,一股股浓烟从灯头升起,在悬着的铁板下面聚集为"烟子",然后轻轻刮下,加入黏合剂和香料制成各种墨锭。这个店所制造的上等墨,具有"落纸如漆,万载存真"的效果,堪称华夏一绝。

工匠们的绝技,是他们聪明智慧和灵巧双手相结合的产物。他们技艺的传承,总是通过收徒授艺,言传身教,实践为主的办法来实现。创艺艰辛,得道不易,记之于心,流传于口,代代相传,遂奉为诀而不轻易传人。各行工匠中流传着的大量艺诀、艺谚,正是他们经验的总结。比如,建筑工匠中所流传的"木匠看三,瓦匠看二",意思是普通房屋出檐部分的宽度应是柱高的十分之三,由木匠掌握;屋前露出台基的宽度应是柱高的十分之二,由泥瓦匠掌握。再如,木匠们根据经验,认识到垂直木纹的耐压力,比平行木纹的耐压力要高出许多(据科学方法测定,高出六七倍),所以在他们中间才有"立木顶千斤"的艺诀流传。民间画匠、塑匠的艺诀,也有自己的特色,比如,他们不论是画人还是塑像,都以"立七、坐五、盘三、跪四"的艺诀来说明人体的解剖比例,意思是以头的大小为标准,站像应当为七个头高,坐在椅子上应当为五个头高,盘坐着应为三个头高,跪着应为四个头高。而"若要笑,眼角朝下,嘴角翘;若要恶,眉眼口鼻齐一撮"等,则是关于人物面部表情的艺诀。在民间工匠的艺诀艺谚中,行话、术语较多,若非同行,往往不易明了,和一般的生活谚语有着明显的差别。它们是历代工匠祖祖辈辈经验的积累,是研究工匠技艺传承风俗的宝贵材料。

二、工匠的行业习俗

我国传统的工匠行业习俗,除了前面提到的有关技艺传承的艺诀、艺谚之外,还表现在师承制度、职业行话、行业禁忌和祖师崇拜等方面。

"家有良田万顷,不如薄技在身"的俗谚,反映了旧社会劳动大众为了谋生而重视学艺的心态。数千年来,拜师收徒之风极盛,并形成了严格的师承制度,从选徒、拜师、传艺到出师,各行业都有自己的一套规矩。一般说来,师傅对徒弟实际上采取的是家长式管制。刚进师门的小徒弟,先要为师傅家里干杂活,挑水、劈柴、烧饭、抱孩子等,什么活都要干,他不但要唯命是从、应对得体,还必须做到早起晚睡、眼尖腿勤,受训斥、挨巴掌是经常的。经过一两年的家务活训练,师傅认为他能听话吃苦,人品合格,这才开始传艺。艺徒先是给师傅当下手,由简到繁、由粗到细,继而在师傅监督和指导下,干关键性的技术活。经过几年的勤学苦练,直到能独当一面,才能出师。出师时,徒弟要给师傅送大礼(多为四件),叩头谢师,而师傅则以数件劳动工具相赠。在旧社会,北京画匠每年农历四月十日在前门外东珠市口精忠庙集会,祭神、聚餐、议事之外,重要的一项活动就是举行新艺徒的拜师礼和由各位师傅向同行们介绍出了师的徒弟,充分表现出师承制度的严肃性。

职业行话,亦称"行业语",是各行工匠为了本行业的技术保密、内部交换想法或其他特殊需要而创造、传承的一种同行用语,外行人很难明白其中含义。比如,在两湖的木瓦工中流行一种"木瓦工条子"的行话,可细分为姓氏行话、称谓行话、工具名称行话、生产行话和日常生活行话等。如称尺子为"量天子","墨斗"为"江湖",凿子为"穿山子","瓦刀"为"开天子",梯子为"步步高";称木匠为"劈老匠",瓦匠为"方老匠老",石匠为"科老匠老",同行为"源友(老)";称上工为"南老上调",收工为"南老故老",加快为"打少点"等。甲地木瓦匠赴乙地干活,如需同行帮忙找活干,只要用行话搭腔、问安、祝福、求助,就必会得到帮助,甚至受免费三天食宿的招待,反映出"人不亲行亲"的职业民俗特点。[1]

---

[1] 柯小杰:《荆楚木瓦工行话浅析》,《民俗研究》1992年第4期。

各行各业的工匠,都有自己特殊的语言禁忌和行为禁忌。如甘肃武威一带的挖煤工匠为了避凶求吉,不论在井下还是井外,都不说"砸"(应说"碾")、"淹"(应说"沙",连"盐"也得说"沙")、"盖"(应说"搭")、"炸"(应说"润")。喝酒行令时,亦不得呼"五",因"五"与"捂"同音。北方泥瓦匠盖房要避开"不宜动土"之秒日,择吉日动工,木匠立架时要避女人,上梁时要在梁上张贴"上梁大吉"、"姜太公在此"等红纸小条幅以驱煞安宅。

祖师崇拜是我国各类工匠传统民俗中一个重要的组成部分,每逢祖师生日、重要节日或重要工程开工之日,都要举行隆重的祀典。如木匠、石匠、泥瓦匠祀鲁班(公输子),油漆匠祀普安和尚,铁匠祀李老君,画匠祀吴道子,制笔匠祀蒙恬,篾匠祀张班,玉器匠奉祀丘处机,酿酒匠祀杜康,陶器匠祀范蠡,染匠祀葛洪,等等。这一习俗,主要反映了各行工匠对本行业开创者或技艺超群者的怀念与崇拜。虽然其中有些祖师的事迹来源于民间传说,但工匠们都虔诚奉祀,可以说是他们信仰民俗的表现。

三、工匠民俗的三个重要特点

(一)师承关系的系谱性

我国民间各行业的工匠,在技艺上代代相传,形成了各自独特的风格与传统,这与他们师承关系的系谱性有着密切的联系。师徒关系的亲缘化(艺徒大多是工匠自己的子弟或亲戚),乃是这种系谱性的典型表现。与此相关的就是工匠来源的地域性。如西安市的厨师,被称为"勺勺客",大都来自陕西蓝田县;解放前上海市服务行业操"三刀"(厨刀、剃头刀、修脚刀)谋生的工匠,则主要来自苏北扬州一带。这种某大城市某行工匠多来自某地的现象,在我国曾十分普遍。究其原因,与工匠艺徒大都来自农村,且多为师傅家族成员或亲戚不无关系。

(二)技术传授的封锁性

受师承关系的制约,再加上工匠之间竞争的激烈,他们在技术传授上都相当保密,对非同一师承的同行,防范尤其严格。"祖传秘方""传男不传女""只此一家,别无分店""真正老王麻子"等,无一不是这种技术封锁性的表现。像北京玉雕、南京铜锣、杭州张小泉剪刀、常州梳篦等的制作工艺,在以往无不严加保密。对这种封锁性,应当一分为二地看待:一方面,工匠们为了保住名牌产品以利竞争,不得不在选料、加工程序诸方面严格要求,使产品在技艺上始终保持高水平而不至于粗制滥造;另一方面,这种封锁性必然给经验的推广,技艺的交流和生产规模的扩大造成障碍。尤其是有的师傅怕丢了饭碗,就像民间故事中猫不向老虎传授上树本领一样,对徒弟往往还要留一手,致使某些绝技失传。所以,从一定意义上来说,这种封锁性也是一种保守性,它在一定程度上阻碍了生产技艺的交流与传播。

(三)生产活动的神秘性

在长期的封建社会里,工匠们由于机遇的难觅和命运的多舛,普遍比较迷信,他们往往求助于冥冥中神灵的佑护。因此,各类工匠的生产活动,大都具有神秘的性质,诸如对祖师的祈祷和祭祀、语言和行为禁忌、行话和隐语等。其目的,一是为了求得自身的安全;二是为了技术的保密;三是为了求得劳作的顺利和成功。至于通过祭祀希望能有较丰厚的收入,当然也在情理之中。

第四节　商业与交通民俗

技术的进步和生产力的发展,促进了人们更细的社会分工和生产的专业化,使许多产品有了剩余,而城镇的扩大和非物质生产者的大量出现,又使整个社会从早先生产者与消费者的合一,逐步演变为生产者与消费者的分离。于是以交换为核心的商业贸易活动,便从当初的原始集市向更高层次发展。为了方便人们进行贸易,民间的交通运输业也因之而繁荣起来。我国长期传承下来的商业和交通民俗,内容丰富多彩,极具民族特色和地方特色,现择其要者简述如下。

一、各类商业及其民俗特点

(一)集市

这是最古老最原始的交换方式。我国定时、定点的集市贸易,大约兴起于殷商时代,正如《易·系辞下》所言:"日中为市,致天下之民,聚天下之货,交易而退,各得其所。"早期的集市贸易,建立在以己所有、换己所无的物物交换的基础之上,并不一定等价。比如云南的苦聪人,直到解放前,还采取一种充分信赖的无言交易。他们把自己的猎物或兽皮置于通往集市的路边,然后躲进草丛观望等候。换取山货的商人便放置一些盐巴、布匹或衣物,取走苦聪人放置之物。待换货者走远之后,他们从草丛中走出,拿上放置的物品回家,至于数量多少、是否等价,他们从不计较。随着商品意识的增强和商业信息的沟通,人们逐渐认识到所交换的物品有数量和质量的差别,便产生了价值观念。于是,原始的自然交换便逐步被等价交换所取代。初期的等价交换,往往以一定数量的物质为议价中介(标准),比如,在我国商业发展史上,贝壳和布帛都曾作为议价中介,甚至作为实物货币而存在过。定时、定点的集市,北方叫"集",江南叫"市",两广叫"墟",云南叫"街子",川黔叫"场"。过去,由于人们的购买力有限,这类集市就一个集镇而言并不是天天有,每月九集者最为普遍。相邻的镇子集贸时间必然错开,若甲镇逢一、四、七互市,则乙镇为二、五、八,丙镇为三、六、九。因此,人们才把到这种有规律地变换时间和地点的集市去交易叫"跟集"或"赶场"。集市交易中最具民俗特点的是小商小贩们那各种各样的招徕顾客的叫卖声和敲击声,以及出没在骡马市场和大宗交易中的"中人"(即捐客,俗称"牙子")的活动。中人并无要买可卖之物,而是凭其经验和口才,协助双方成交,起一种"说合"的作用,并从中获取酬金。骡马市上的"牙子",与交易双方总是在袖筒中捏指头议价,而从不说出钱数。这种被称为"袖里吞金"的交易方式是很有特点的商业习俗之一。我国的集市贸易,并不局限于农村,在许多大城市,都曾出现过专卖性的集市,如今天北京的骡马市、菜市、花市、灯市、珠市、西安的竹笆市、木头市、炭市、羊市等街道,都是早先专卖性集市的所在地。

(二) 行商

这是一种流动性的交易方式,可以说是集市贸易的补充和发展。行商可以分为两大类:一类是资金雄厚,长途跋涉,进行大宗交易的商队,如历史上往来于大西北丝绸之路上的骆驼商队、云贵高原的马帮商队等;另一类则是小本经营,挑担背筐,上山下乡,走街串巷的货郎小贩。古代骆驼商队满载我国的绸缎、布帛、茶叶、手工艺品等,从长安(今西安)出发,途经金城(今兰州)、凉州(今武威)、甘州(今张掖)、肃州(今酒泉)、敦煌、于阗直达西域诸国,甚至远到地中海沿岸,然后贩回珠宝、香料、药材、皮毛等物。西域诸国来我国贸易的商队亦有不少。元人马祖常《河湟纪事》诗云:"波斯老贾度流沙,夜听驼铃识路赊;采玉河边青石子,收来东国易桑麻。"写的正是古波斯商队往来丝绸之路的情景。这类商队不一定全都走完全程,大多数在沿途重镇就与远方来的商队进行换货贸易,然后各自返回。他们经常分路段雇用向导、译员和保镖,以保证旅途的顺畅和安全。

上山下乡的货郎和走街串巷的小贩,大大方便了人们的生活,曾是商业领域的一支重要力量。货郎们从城里以批发价采购针线、梳镜、头帕、刀剪、火柴等日常用品,送货上门,赚取薄利,最受山村里小媳妇、大姑娘们的欢迎;而城市里走街串巷的小贩,则分别以出售蔬菜、水果、零食、自制的熟食和锅刷、筐篮等日用品为主。他们的民俗传承,以"市声"(又称"货声",北京人叫"吆喝")为最突出。市声分"叫卖声"和"敲击声"两种,目的皆在传递商品信息,招徕顾客。叫卖声虽说因所出售的商品的不同而千差万别,但宣传性、诱惑性、节奏性与一定的音乐性则是它们的共同特点。市场大都具有极强的地方性,非当地老户往往不明其意。如过去北京卖花生小贩的吆喝声中,有"半空多卖"一句,是说他出售的连壳炒熟的花生质量差(这种花生大部分壳的尖端不饱满或破损,看似双粒,其实壳中只有一粒花生),故曰"半空多卖"。还有"挂拉枣儿,酥又脆,大把抓的呱呱丢儿!"挂拉枣儿是将大枣晒干去核儿,烘之使焦,酥脆而甜。用线从洞中穿出,每十数枚一串,并挂于横竿上出售,故曰"挂拉枣儿"。捅出的枣核,附有残肉,也不扔掉,称"呱呱丢儿",价极贱,一文钱可抓一大把,童稚多喜购食,所以叫"大把抓的呱呱丢儿!"货郎、小贩们使用的敲击物,是市声的代替品,亦因所售商品的不同和地域的差别而有异,熟悉其声的居民,一听见某种敲击声,就知道是卖何物的来了。最常见的敲击物有拨浪鼓、小锣、梆子、铃铛、竹板和串铁等。

(三) 坐商

凡有固定的摊位和店铺，并有规定的营业时间和专营商品的，均称坐商，以大城镇的商业街最为集中。坐商的民俗传承，主要表现在幌子（"望子"）、字号牌匾、店堂标牌、商标、广告以及商品的包装形式诸方面。作为引起注意、招徕顾客的幌子，其样式极为丰富，有旗帘、实物、夸张性模型、文字牌匾或某种含有一定寓意的物件等。比如，古代的酒店，大都以旗帘为幌子，如今遍布全国的四川小吃"鸡汤麻辣汤"、兰州的"清汤牛肉面"也多以旗帘为幌子；东北地区的小饭馆门口，皆悬挂带穗（蓝穗为回民饭馆，红穗为汉民饭馆）的罗圈为幌子；过去的中药店，则悬挂木制大型成串的膏药模型幌子；至于卖棉花者屋檐下悬挂一团网住的棉花，卖绳索者悬一绞成麻花形的绳索等原始实物幌子，现在虽不多见，往昔却相当普遍。另外，如过去当铺门前悬一个大"当"字，茶叶店门前悬一个大"茶"字，点心店门前所悬"应时名点"、"什锦南糖"等精制长木牌为幌子，皆属广告性质的文字招牌，人们一看便知其经营范围。

各地著名坐商，为了保持名牌、宣传自己、发展商务、增加销路，往往请名家书写大型字号牌匾，精雕细刻，悬于商店门顶，以壮声威。如北京的"同仁堂"药店、"盛锡福"帽店、"内联陞"鞋店、"瑞蚨祥"绸缎庄、"荣宝斋"书画文具店等。这类老字号都以其高质量的名牌产品和良好的商业道德赢得了一代又一代顾客的长期信任。许多坐商过去多取祥、和、福、泰、兴、盛、恒、昌、益、隆等具有祝福意味的吉祥字眼组成店名，制成匾额。但也有少数出奇制胜、引人注目的店名，如北京的"都一处"、"便宜坊"，成都的"姑姑宴"、"忙休来"，天津的"狗不理"，兰州的"大一钻"等。除大门顶上的匾额字号之外，有些店堂内还悬挂有"满招损、谦受益"、"货真价实，童叟无欺"等字句的精制标牌，以表明店主的经营之道。这类标牌，可说是中华民族传统道德观念在商业民俗中的一种表现。

商标及商品的包装，也是商业民俗的重要组成部分。我国传统的商标，或绘龙、虎、鹿、鹤、蝙蝠及梅、菊、牡丹等花卉图形，或以"福"、"寿"之类的吉祥字及店主姓氏为商标，既富于民族文化内涵，又可加深消费者对该商品的印象。许多著名的老字号，十分讲究商品的包装，如过去到各大城市的著名药店抓药时,他们为了对病人负责和避免出错,店伙计必然先将每一味药用专门印有这味药性质、用途、主治、禁忌的小方纸包起,然后才展开印有店名、地址、经营项目及成药名称的大纸,将各小包药整齐地摆在中间包好,再用扎中药包专用的双色线捆扎,并随药赠送一个过滤汤药用的小笋儿。这种认真的态度和精到的服务,使顾客永生难忘。再如贵州茅台酒瓶样式的独特与古朴,四川豆瓣辣酱容器小竹篓的精巧与牢靠,等等,均属民族特色和地方特色的包装样式,为我国商业民俗增添了异彩。

无论是市声、敲击物,还是幌子、匾牌、商标、广告,就其本质而言,都是采用各种方式给消费者传递商品信息,以达到推销产品的目的,在这方面,我国商业民俗活动中有许多值得深入挖掘和总结的经验。

二、交通运输及其民俗特点

随着商品流通、贸易往来、人际交流的越来越频繁,远古时代那种靠步行去远方,以及用手提、肩扛、头顶作为负重和运输手段的原始交通和运输方式,已很难适应社会发展的需要,于是,交通运输设施的兴建与运输工具的制造便应运而生,并在其长期传承中,形成了不同的运输行业和他们的生产习俗。

(一)我国传统的交通设施及运输工具

最早的陆地道路,是远古人类为了采集、狩猎而踩出来的小路。人们通过实践,懂得了直路近,弯路远,平坦宽阔的道路最适于负重者行进等道理。于是,人们有意识地去修建直而平的道路。但边远山区因受地形条件的限制,绕道和曲径则难以避免。我国古代最著名的陆上交通,要数大西北的丝绸之路和大西南的西蜀栈道的开通,其修筑工程之艰巨,方法之巧妙,在当时均属罕见。民间还因地制宜,建造了各种桥梁,这是陆上交通的创造性延伸和补充,它们解决了河流山涧阻隔的困难,极大地方便了两岸民众的贸易与往来。其中最具民俗传承特点的,有曾在黄河、洮河上发挥过重要作用的浮桥,西南各省的索桥(以竹、藤、铁为绳索而修成的桥),南北皆有的石拱桥,侗族山寨的风雨桥(屋桥),以及遍布全国各地山村的跳石桥、独木桥、农村的木板桥和石板桥等。至于修筑在各地园林池水之上的异形桥（如"九曲桥"之类），具有美化环境和增添游人情趣的作用，已不是我们所说的一般交通设施了。

陆上传统交通工具的产生，有着悠久的历史，有用人力推拉的小型车辆，如独轮车和架子车；有专用于城市交通的人抬轿子和畜拉轿车、黄包车；有在家畜驯化基础上产生的马帮、驼队，以及各种畜力如牛车、马车、驴车、驼车、鹿车等；还有东北地区冬季在冰封江河和雪地上使用的狗拉雪橇。虽然现在已有现代化机动车辆的大量使用，但在边远山区和广阔的农村里，当货物数量少、距离不是很远，又没有现代化公路的条件下，一些古老样式的车辆仍在发挥着它们的作用。比如始于汉代，装有硬木圆板轮的独轮车，川人曰"鸡公车"，江南称"羊角车"，一般可载重两三百公斤，因只有一个车轮着地，能吱吱哑哑地通过田埂和小道，仍有其一定的优越性，故陇东等地的农民出粪、填圈、收割、运输时仍在使用。内蒙古草原上的牛车，叫"勒勒车"，装有带辐条的大木轮。牧场迁徙时行李的运载和秋季牧草的收割运输都要靠它。水上传统的交通工具，有黄河上的羊皮筏子、大木排；东北赫哲族等少数民族的桦树皮船；西藏的牛皮船；南方的木船和竹筏等。当然也有更为古老独特的惊险渡河方法，比如，甘、宁、青一带的"单牛泅渡"，是将一人装入一个扎紧密闭的牛皮袋中，另一人骑在牛皮袋上，划水渡过黄河。还有西南山区的溜索，大都高悬于河水湍急的山涧半空，行人挂钩攀索而过，斜溜索从高往低，自然滑往对岸，速度快而危险；平溜索则需臂力，力弱者往往需力大者牵引，始能到达对岸。

自古以来，各重要交叉路口及交通沿线都有凉亭、车马店、货栈、码头之类供客人歇脚、食宿、存取货物之用，它们都是民间传统交通设施中不可分割的组成部分。

（二）传统交通运输业的民俗特点

因经济不断的发展和日趋繁荣，我国传统交通运输行业的分工也越来越细，陆上的各种车把式、脚夫（包括马帮与驼队）、轿夫，水上的船家、筏子客，各重要交通站口、码头的店家、脚行与牙行（代运商）等，在业务方面都有各自的活动领域和技艺传承，并形成了各自的操作规范、旅途规矩、行话、信仰、禁忌等一系列行业习俗。比如，东北平原上的车老板们对"大花轱辘车"的使役就极有讲究。吉林俗谚说:"车老板进店,赛过知县。"是说载重的多套马车进店,需要高超的使役技巧,车老板成竹在胸的神态,那卓越的鞭法,那雄壮的吆喝声,的确令旁观者赞叹不已。那里的载货马车所用的马,除辕马之外,尚有"里套"、"穿套"、"外套"之别,可多达五六匹,以里套的作用最为重要。吆喝声就是喊给马的口令,一个长声"吁——"就是停,"哦"是朝右,"吁,吁、吁"三短声是朝左,"抬"是令马抬脚。车老板们腰间都必然带有"鱼刀",以备在上下坡马匹翻倒有翻车的危险时,用它割断绳索以救马。再如,上海开埠之初,城里的最高级的代步工具就是轿子,官民有别,品种各样。上海道乘八抬八扛绿呢大轿;知县官乘四人抬的朱顶蓝呢轿;缙绅闺秀所乘为顶垂缨绪、旁嵌玻璃之"撑阳轿";平民或出诊医生只能乘蓝布小轿;押犯人入狱或赴刑场,也用轿,只不过这种轿子小而无顶。上海的水陆码头和车站,还有一种两人抬的快轿,简易轻便,快步如飞,很风光了一阵,只是后来"黄包车"多了,才逐渐被淘汰。[1] 轿夫的身体健壮,训练有素,步伐协调,配合默契。因轿后的轿夫视线被轿子所遮挡,看不见路面,为防止滑跌,往往需轿前轿夫提醒,这就形成了他们的一整套规矩和术语。如早年北京的轿夫前面喊一句,后面就重复一句,以示"知道了"。"左门照"是说左面有障碍物,要当心;"右蹬空"是说右边有坑,需注意。有时前呼后应亦有不同,如前面喊"右边一朵花",意为右边有一堆马粪,别踩在上面,后面则应"看它莫踩它"。

  北方的驼帮,在交通运输方面历史悠久,贡献颇大,至今在大西北仍未绝迹。如甘、青、宁一带的驼帮,因骆驼客民族的不同,有蒙驼、回驼、汉驼之分。每七头左右组成一队,叫"一把子"或"一联子",最少四"把子"才能组成"一帮"。大户人家骆驼多,往往雇工拉骆驼,主人称"掌柜";雇工曰"把式",活儿分"年活"与"月活"两种,前者又拉又放(牧),后者只拉不放。每队商旅,分别由"掌柜"、"庄客"(管驼队的头领)、"把式"和"保镖"四类人组成。悬于驼颈下的小铃曰"嗦铃",其声清脆而悦耳;悬于每"把"最后一头骆驼货架上的大铃口"梆子",其声浑厚而

---

[1] 周简段:《神州轶闻录·民俗篇》,华文出版社1992年版,第300页。

悠远。驼队涉戈壁、走沙漠,能自认道路,故把式们各骑于首驼背上打瞌睡。但骆驼性怯,若逢野兔之类动物从队伍中穿过,极易惊慌而"脱联"。一旦"脱联",则骆驼停下吃草,"梆子"停响,于是把式立即警觉,便让整联骆驼停止前进而去寻找"脱联"者。"梆子"主要为防"脱联"而设,有其实际功能,并不像诗人们所描写那样,只是为了解除旅途的寂寞或增加一些戈壁瀚海的情调。甘肃民勤县的骆驼客把出行叫"起场",起场要举行"斩马路"的祭祀活动,并念念有词,其词曰:"东去东赢了,西去西成了,狼来封口,贼来迷路。"驼队在旅途还有许多禁忌,如锅不能翻,账房杆子上不准磕烟灰等。驼队成员如夏季在旅途吃西瓜,必须将吃剩的瓜或瓜皮倒扣于路边干净地方,并排列整齐,以备后来者万一断水时用来解渴,这也可以说是戈壁瀚海的驼队长期传承下来的良俗。

第三章 物质生活民俗

物质生活民俗包括饮食、服饰、居住、建筑及器用等方面的民俗。

物质生活民俗最先只以满足生理需要为目的,如以饮食满足维持生活的需要;以服饰满足遮身蔽体、防寒保暖的需要;以巢穴房屋满足抵御风雨侵袭、防御野兽伤害的需要;以器物用具扩展延伸人体器官功能,实现增强生活能力的需要。物质生活民俗的最初阶段在无意中自然形成,各民族之间的差别主要由自然条件的不同而产生。随着社会的发展和社会分工的复杂化,等级身份的严格化,生产条件的差异,社会礼仪的繁复,重大历史事件的作用,以及宗教信仰、审美观点、政治观念、社会心理的差异等,各民族生活民俗也日趋多样化、复杂化,它所满足的已不仅是生理需要,同时也包含了安全需要、归属需要、自尊需要和自我实现需要等较高层次的需要。在这些差异的形成过程中,无意识逐渐退居次要地位,自觉意识逐渐居于主导地位。

物质生活民俗的每一个方面,几乎都是该民族传统观念的外化,它不仅造成民族成员之间的共识性,产生彼此身份的认同感,而且还可以强化其宗教信仰、伦理观念和政治观念,增强其内聚倾向。所以,物质生活民俗在各民族物质生活和精神生活中占据重要地位。

第一节 饮食民俗

民以食为天,饮食在人们生活中占有十分重要的位置。它不仅能满足人们的生理需要,而且也因其具有丰富的文化内涵,在一定程度上也满足了人们精神层面的需求,从而形成丰富多彩的饮食文化。饮食民俗,正是这种饮食文化的形象化表现。我国幅员辽阔、民族众多,各地区、各民族的饮食习俗五花八门,各具特点。现择其有代表性的部分,从日常食俗、节日食俗、祭祀食俗、待客食俗和特殊食俗几个方面进行介绍和分析。

一、日常食俗

我国是个农业国,南方以种植水稻为主,北方以种植麦稷为主。水稻和麦子,加上小米、玉米、高粱、豆类等,构成日常的主食。麦子一般制成面粉后做馒头、面条、烙饼;稻米一般做成饭、粥、糕及其他制品。由于各地自然条件、生活方式不同,对主食的加工制作也就不同。居住于我国北方的汉族,喜欢用面粉做成馒头、包子、饺子、面条。居住于青藏高原的藏族,则将炒熟的青稞(麦类)面和豌豆面掺和做成"糌粑",拌以酥油茶食用。由于酥油含热量高,很适宜高原山区耐寒的需要。我国南方以米饭为主食。稻米分粳米、籼米和糯米,南方以食籼米为主,北方以食粳米为主,西南边疆少数民族则多喜食糯米。傣族制作的糯米饭很有特色:先将糯米用水浸淘六七小时,然后捞起放入瓦甑,蒸至半熟,揭开甑盖在饭上洒少许冷水,再加盖蒸至米粒柔软无核。进餐时家人席地而坐,用手将饭捏成团,用指夹食。南方不仅以米饭为主食,而且善于用米制成糕饼、汤圆、米粉、米粑等。用米制作的糕饼品种繁多,真所谓"一年四季糕不同,每逢佳节尝新糕"。例如江南一带,正月吃春饼、春糕。春饼圆薄如纸,可包馅,立春后市场上就有供应,人们争相购买,互为馈赠,意为吃了春饼就进入春天。

副食主要是蔬菜、肉类、奶类和饮料等,其制作方法也因地而异。蒙古族称肉制品为红食,奶制品为白食。日常多食"手把肉",即将牛羊肉煮熟,煮的时间不宜过长。由于用原汁煮熟,味道鲜美。居住于东北三江平原一带的赫哲族,长于捕鱼,对鱼的加工也很别致。如"杀生鱼",是用鲤鱼、鲟鱼、鳇鱼、胖头鱼等为原料,将肉从骨上剔下两整块,切成连接的鱼丝,拌以用开水烫过的土豆、绿豆芽、粉皮或粉丝,再加辣椒油、醋、盐、酱油等,食之清香适口,别有风味。我国南方一带,长于腌制腊肉、火腿。云南宣威火腿,又称"云腿",中外驰名。其制作方法是:选择新鲜猪腿,加四川板盐或云南钾盐腌制,将血水压干挤净后,或用微火烘干,或自行放置晾干,待其表面稍呈绿色时,在三个不同的部位试针,达到三针清香才算合格。

几千年来,我国人民在食物的加工制作方面积累了十分丰富的经验,各地都有自己的特产。北京烤鸭、天津包子、广州"龙虎斗"、四川麻婆豆腐、云南汽锅鸡等,都是有名的佳肴。各地做各种菜肴时,十分考究,光菜谱就有上千种,并且根据不同地区的特点,形成不同的菜系,如京菜、川菜、粤菜、鲁菜、苏菜、湘菜等。制作中十分讲究配料、刀法、火色、造型,力求做到色、香、味俱全。

日常食俗除了食物和制作方式之外,还包括食用方式。在用餐时间和次数方面,我国大部地区是早、午、晚三餐制,当然也有根据季节、劳作而变化的两餐制、多餐制。进食时,尊老爱幼。有的民族用餐时还有一些禁忌,如男女不同席等。

二、节日食俗

在我国汉族地区,一年之中最大的节日要数春节,春节期间的饮食也最为丰盛。节前十多天,各家即着手准备食品。除夕晚上,全家要围坐在一起吃"团圆饭",即使在外的人到时也要挤车赶船回家团聚。除夕晚上的菜肴十分丰富,一般有条件的家庭都要做12道菜,象征一年的12个月,有的还更多。有些菜还有一定的象征意义。如鱼象征吉庆有余,吃鱼时要将鱼头留下,意为"有余头";芹菜象征一年之中要勤快;葱象征聪明;蒜象征一年之中会算计;青菜、白菜象征一年清清白白,还要用不切断的青菜、白菜、韭菜、粉条等合煮,称"长命菜",全家老小都要吃一点。我国一些少数民族也在汉族过春节期间庆祝节日。藏族在除夕晚上,要把奶饼、手抓肉、血肠等食品准备好,年初一进食前,要举行"放龙灯"、"烧柏香"等仪式,然后各人在嘴上沾一点糌粑面,表示自己是吃糌粑人的子孙。拉祜族在春节食物中,特别重视糯米粑粑,除自己食用外,还要给牛吃一点,并在犁、锄、砍刀等农具前摆一点,以酬谢它们一年来与主人的合作,祝愿来年创造更多的财富。壮族人民在春节期间互相赠送花糯米饭,以此表示至爱亲朋间的盛情和敬意,并祝福新的一年里吉祥如意。花糯米饭的做法是:选用优质糯米淘净,分盛于几个容器之中,然后分别拌入可食野生植物的色汁,形成彩米,用甑子蒸熟后,拌和捏成饭团,色彩可达六七种之多,真可谓"花团锦簇",艳丽夺目,食之味香可口。

　　许多少数民族有自己的历法和年节。傣历新年就是泼水节,节日期间各家都要用糯米粉加红糖、香花做成"毫咯素"(类似年糕)等食物,用芭蕉叶包成若干小包,分送亲朋好友。

　　春节过后不久,即是元宵节,此时要吃汤圆。接下来是端午吃粽子、中秋吃月饼,"冬至馄饨夏至面",等等。这些节日食俗,历史悠久。例如汤圆,古称粉果、面茧、汤团子等,早在唐代就有这些食品。汤圆象征一家大小团圆和睦。上海老城隍庙里的宁波汤圆是有名的传统食品,制作精细,吃来爽口,既要用筷子夹起"圆圆宕宕长而不破",又要放入碗中"顷刻复圆,滴溜滚圆"。又如端午吃粽子,《岁时杂记》中说:"端午粽子名目甚多,形制不一,有角粽、锥粽、茭粽、筒粽、秤锤粽。"《本草纲目》中也有记载,民间谚曰:"吃了端午粽,方把棉衣送。"意即过了端午,脱下棉衣,才算真正进入炎热的夏天。

　　在少数民族地区,每到秋收季节,都有吃新米的习俗。基诺族吃新米要选一个吉祥的日子,这一天,家家户户必须将四方亲友请来共食,如因路远或有事不能来,主人必须在第二天送一份去,除新米饭外,还要加一块鸡肉或一只鸡腿。吃新米时,要叫当年庄稼长得最好的一家先吃,以求来年全寨丰收。有的村寨还以蒸新米饭时蒸汽从甑子哪个方向喷出占卜来年凶吉。在哈尼族地区,吃新节更为隆重。这天清晨,人们要到田里拔一蓬成熟了的丰满的稻穗,栽在屋旁水沟边,同时将当年栽种的各种蔬菜瓜豆都取回一点,做成各种菜肴,其中要有一碗鲜嫩竹笋,象征来年庄稼像竹笋一样节节高。一切准备好之后,从早晨拔回的谷穗上搓下谷粒,放在锅中烘焙,炸成米花,并将米花放入酒中浸泡,称新谷酒。吃饭前每人都要喝一点,即使是婴孩,也要给他在嘴皮上抹一点。据说这样可以在一年中无病无痛,全家安宁。这餐饭一定要吃饱。据说新谷酒喝得越多,吃得越饱,待到秋谷上场时就会有吃不完的粮食。

　　一年中除了按时序计算的共同节日之外,具体到一家一户来说,每逢婚娶、建房、寿诞等吉庆日子,也像节日一般热闹,其饮食习俗也十分丰富多彩。

三、祭祀食俗

节日食俗中包含一部分祭祀内容。例如春节,有源于远古时代的"腊祭":"腊,岁终祭众神之名。"[1]人们以丰盛食品祭祀众神,感谢它们一年来给予人类的各种恩赐,并祈求新的一年吉祥安康,人畜兴旺。在一部分汉族地区,清明节扫墓时,要准备丰盛酒席到坟前祭奠,其中要特别做上几样死者生前爱吃的食品,祭毕,家人亲友在坟前择一草坪野餐共食。农历七月十五中元节,有些地区也要以各种菜肴食品祭祀祖先。其他如端午吃粽子、中秋吃月饼,也含有一定祭祀内容。甚至在日常食俗中,也往往带有祭祀色彩。如鄂伦春族在饮酒和吃饭前,必须做一个让山神和火神尝享的动作;裕固族清晨饮茶前,要先将净水或刚开锅的茶舀一勺洒在帐篷周围,然后才开始喝;在藏族地区,活佛喇嘛饭前要先念经,一般百姓饭前要用手沾酒或茶在桌上点三滴;普米族家中火塘上的铁三脚架代表家神,用餐前要以酒、饭祭祀。

各民族都有祭祀习俗,祭祀时少不了以食物为供品。居住于云南兰坪县的白族支系那马人,历史上曾有"祭天"习俗。祭祀用的牛称"天牛",必须是黑花、白花或纯黄的雄健公牛,平时由专人放牧,即使吃了庄稼也不能驱赶。祭前,全村老人跟着巫师敲锣打鼓、吹奏唢呐将牛接到祭台上,还要在牛头上挂一匹红彩。祭时,由巫师将牛宰杀,祈祷、念咒后将肉平均分给每家,大家又凑钱另买一头,准备下次祭天时用。洱源一带白族祭天时,每届主持人办完一届后,就要移交给下届主持人。在分肉时,下届主持人除应得的一份外,还多分牛头一半,前后腿各一支,表示下次活动就由他负责。哈尼族每年正月要祭村寨保护神,称祭竜。村寨保护神以村旁竜林里的一棵大树为代表。祭时要杀猪宰鸡作供品,祭毕,供品除少部分由主祭者在竜树前煮熟食用外,其余大部分均分给全寨各户,各户又备酒席祭祀神灵祖先。

祭祀食俗来源于人们的灵魂不灭观念。人们认为各种神灵、祖先在另一个世界里也过着像凡人一样的生活,也需要享用人间的各种美味佳肴,祭祀时以这些食品供奉他们,就可以使他们感到愉悦,从而赐福人

---

[1]《左传》僖公五年:"虞不腊矣。"西晋杜预注:"腊,岁终祭众神之名。"见(春秋)左丘明传、(晋)杜预集解《春秋左传集解》第1册,上海人民出版社1977年版,第255、256页。

类。当然,供奉神灵、祖先的食品最终还是被凡人享用,娱神和娱人融为一体。特别是像清明扫墓时,祭祀伴随着娱乐,人们感受到的更多的是春游野餐的乐趣。

祭祀食俗中还有一层意义,即人们把祭品当作神人相通的中介,认为食用祭品就可以得到神灵祖先的福佑。基诺族举行成年礼时必须剽牛,以全牛祭祖先,祭后将牛肉分给全村老幼,意谓人人都能托祖先的福。参与成年礼的青年面前置一篾桌,桌上摆着用芭蕉叶包好的两小包肉,意谓祖先赐福。仪式后青年手捧这两包肉回家,全家共食这神圣的祭品。哈尼族祭寨神后分配祭品猪肉,必须按户均分,各户男女老少都要分尝,即使出门在外的人也要给他留一点,认为只有尝到祭品,才会受到寨神的保护。

四、待客食俗

我国自古以来就被誉为"礼仪之邦",招待客人热情礼貌,这是我国人民的传统美德。每当客人来访,即使经济不太宽裕的人家,也要竭尽全力给客人吃好。特别是在一些少数民族地区,主人常以能挽留住客人,得到客人的喜欢为光荣。当你到哈尼山寨做客时,主人总是把你奉为上宾,先给你递烟倒茶,然后捧出一碗"闷锅酒",让客人先喝这碗酒,洗去旅途的风尘与疲劳,接着摆出一桌丰盛的菜,请客人就餐。客人被请到"上席"就座,自家人则坐两旁或下方。席上一片肉有巴掌大,半寸厚。客人要大碗喝酒、大口吃肉才好,如拒绝吃就意味着不礼貌,主人会不高兴。席间,主人将鸡头给客人吃,表示最高的敬意。给客人添最后一碗饭时要多加一勺,意为吃了这样的饭,明年就更会丰收。临走时,主人还要送上一些糯米粑粑、腌肉、酥肉之类的食品,客人都得收下,否则主人就会认为你不够朋友。

在我国西北哈萨克族地区,每当亲友来到,主人一般都要宰羊款待。为了让客人喜悦和表示主人的诚意,在宰杀之前,要把羊牵到客人面前,说一番美好的祝词,取得客人允诺,才将羊宰杀。如果客人谦辞,主人还会反复说服客人,直到客人点头默许为止。羊肉经过烹调,端上席时,要将煮熟的羊头放在肉盆之上,并将羊头朝着客人,以示尊敬。这时主人要求客人用小刀先割去和吃掉羊头上的两腮肉并遍尝羊体其他部位以及心、肝之后,在座的人才能动手吃肉。对于十分尊贵的客人或多年不见的亲人,以羊款待还不够,还要宰马待客。宴席快结束时,主人还会以一大把碎肉凑在客人嘴巴边,要客人吃下。客人如表示谢绝,则被理解为小看了主人的诚意,所以必须吃下。这虽然带有一点强制,但是一种十分热情的、美好的、使人难以推却的"强制"。

蒙古族设宴招待客人时,一般都要上全羊以示隆重。"全羊席"用上品羯羊烤制,以特别的炉子,用微火慢慢烘烤。烤一段时间后,将整羊取出来,涂一层油,再接着烤。一般要烤四五次,用一天多的时间才能将全羊烤好。烤好的全羊肉,全身红亮,吃起来肥而不腻。食用前,先由长者朗声献词,献词完毕,由一个晚辈用刀将整羊肉上的羊头皮划割几小块,捧给在场的长者,祭献天、地、火神,接着便把羊头撤去,将席上整羊肉的脊背按一定的顺序划割成正方形,将零碎的肉块分给在场的小孩。这样,客人便可用蒙古刀边割边吃了。

待客时酒是经常出现的。在彝家山寨作客,主人总要拿出酒来,和客人席地而坐,边交谈边饮酒。这时主人还常常对客人说劝酒的话:"地上没有走不通的路,江河没有流不走的水,彝家没有喝错了的酒,喝吧,尽情地喝!"直到客人醉了才不劝酒。每逢年节,彝家妇女还常抱一缸酒,插上几支竹管或麦秆,在家门口的路边上,请过往客人吸饮,饮者赞扬说:"甜不过彝家的杆杆酒,好不过彝家人的心!"在苗族村寨,每有客至即以酒献,并殷勤劝饮。如客不饮或饮之不尽,则主人怫然不快。主人劝酒时还常唱祝酒歌助兴。妇女平时不饮或较少饮酒,但如遇客人也以酒相敬。傈僳族的饮"双人酒",是待客的最高礼节。饮时由主人斟一木碗酒,然后主人和客人各出一手捧起酒碗共同喝下,以此表示主客之间亲密无间,情同手足。这些礼俗充分体现了我国各族人民真诚、热情、好客的传统美德。

五、特殊食俗

我国是一个多民族国家,由于历史上的原因,各个民族的社会发展存在着不平衡的现象。一些少数民族,直到1949年中华人民共和国成立前夕,还保留着比较浓厚的原始氏族社会痕迹,这在饮食习俗上也有所反映。居住于我国滇西北独龙河畔的独龙族,他们中的一些老人还能清晰地回忆起处于穴居和巢居时代的生活情景:最初,人们是居住在洞穴里,靠狩猎为生。他们将捕获的动物带回住处,在洞口周围取肉而食,剩骨弃于附近。后来,人们逐渐学会巢居,搬到树上建造简易房屋,并有组织地进行集体狩猎。野牛是他们猎取的主要对象,猎获之后,当场剥皮肢解,用篾箩将肉背回分食。并学会将野牛肉晒干,或切成小块放在竹筒里,上面用树皮封闭,以利贮存和携带。他们还用竹片、竹皮等摩擦生火,用火草引燃,火周围支三个石桩,上放石锅或竹锅以煮熟食物。这个时期的另一个重要食物来源是采集。据独龙族老人回忆,他们能采集到的食物达27种之多。其中大多是植物的根、茎、叶、花,并能进行简单地加工。如有一种树叫"阿吞",高丈余,直径七八寸。将树挖倒,剥去皮,用石块砸碎成粉,用水拌和,待十多天糟烂后,可做粥或饵吃。还有董棕,高二丈余,直径一尺,30年成熟。熟后木质变成淀粉,鲜吃味似甘蔗,将茎砸碎,用水浸泡搓揉,滤去渣滓,澄为淀粉,味鲜似藕粉。此外,还有葛根、野百合、野苔等也可加工成淀粉食用。一些植物根块含苦味,须用火烧熟,经水漂去苦味,晒干捣成粉储藏备用。在采集植物的同时,他们还善于采集蜂蜜。除家养蜂产蜜之外,他们还到野外采集野蜂蜜。

一些少数民族的饮食习俗中还保留着原始的平均分配的传统。上山打猎,不仅参加者可以平均分配猎物,就是路过见到猎物的也可得一份。红河一带哈尼族猎获麂子、野猪、熊等大兽时,同住一寨的各家各户都可以分享。如果猎物少,就共同煮食,即使是村中的鳏寡孤独者,也要被邀去共享。

在平均分配食物的时候,妇女起着主要作用。这是母权制社会遗留下来的痕迹。在一些少数民族家庭中,仓库一般由家庭主妇管理,他人不得干预。普米族吃饭时全家围坐在火塘边,由家庭主妇分给饭菜,每人一份。傈僳族吃饭也是由家庭主妇按家中人口多少,用木碗平均每人盛给一大碗。独龙族不论饮酒、吃饭或吃肉,都由家庭主妇平均分给每一个成员。客人来临,也平均给一份。这种平均分配的食俗,是生产力极为低下,食物来源十分贫乏的历史条件下产生的。随着历史条件的变化,这些食俗也在不断发生变化。

有些特殊食俗的形成,还跟一定的生产条件、自然环境有关。东北鄂伦春族在严冬出猎之前,常喝一碗热熊油,以增强身体的御寒能力。傣族居住于亚热带地方,这里气温高,雨量多,各种昆虫繁殖快,许多昆虫如酸蚂蚁、竹虫、花蜘蛛等,都成了美味的食材。

第二节 服饰民俗

一、服饰的产生和发展

中国地域辽阔,民族众多,各民族居住地地形复杂,气候多样;各民族的社会发展不平衡,宗教信仰各异,文化差异突出;这一切,使中国各民族的服饰复杂多样,丰富多彩。

民间服饰主要包括下述四类。

第一类是衣着。它包括用不同质料如棉、麻、丝绸、毛纺、化纤、皮革制作的衣、袍、裤、裙、帽、袜、鞋等。

第二类是各种附加的装饰物,如头发的装饰物夹、簪、钗、梳;耳部装饰物耳环、耳坠;颈部装饰物如项圈、项链;胸腰部装饰物为胸针、腰佩;手臂装饰物为臂钏、手镯、戒指;脚部装饰物如脚铃等。

第三类是对人体自身的装饰。如梳各种发式、画眉、描唇、染指甲、镶牙、染牙、束胸、缠足、文面、文身等。

第四类是具有装饰作用的生产工具、护身武器和日常用品,包括各种佩刀、腰刀、弩弓;各种背兜、挎包、手提袋、荷包、香囊袋;各种扇、伞以及背孩子的背带、背兜等等。

服饰由最初遮身蔽体之物发展到今天,经历了巨大的变化。这种变化,大体经历了下述四个阶段。

(一)最初阶段

这时期以遮身蔽体,防寒御暑为主要目的。服饰的特点是:服饰的性别差异、年龄差异还未形成,地区之间的差异也很小,差异性主要因自然条件的不同而形成。

（二）第二个阶段

服饰功用除遮身蔽体之外，还以适应生产需要为主要目的，并因生产条件的不同而产生明显差异。如北方以狩猎为生的民族，多以兽皮制作衣服，因为穿兽皮狩猎可以防御野兽的伤害；游牧民族多穿宽大长袍，以便于骑马放牧，并保护腰腿不受风寒；亚热带以刀耕火种为主要耕作方式的山地民族，多以长刀为随身饰物，因亚热带山地林深草茂，需要用长刀防备毒蛇伤害，用长刀砍草开路，砍倒树木，实行刀耕火种；水乡渔民多穿短衣短裤，便于撒网捕鱼。

（三）第三阶段

服饰成为社会角色和等级身份的标志。这是社会分工复杂化，等级身份严格化之后的产物。社会分工不仅有农、牧、渔、猎之分，而且有不同行业，不同职务之分，其服饰也随之复杂化。工匠有工匠装束，商人有商人装束，和尚、尼姑、道士各有其装束。我国很早就有文职武职之分，相应的也就产生了文臣武将、学生士兵各不相同的服饰。随着家族制度、社会制度的变化和社会等级的变化，身份的尊卑、地位的高低，都在服饰上有所显示。"锦衣"与"布衣"成了等级的标志，"丝绸"与"葛麻"成了贫富的标志，黄色衣服是皇家的标志，紫色衣服是达官贵人的标志，灰色、蓝色衣服成了平民百姓的标志，长袍马褂是文人学士和有身份的人的标志，短衣麻褐是苦力的标志。

（四）第四阶段

服饰除具有上述功能外，还能反映出某些社会观念、政治观念方面的变化。在社会观念、政治观念复杂化之后，服饰的功能也随之产生了某些变化，遮身蔽体的实用性能依然保持，但服装和装饰物的样式、图案、花纹则涵纳了更多的社会内容，如礼仪伦常、求吉心理及民族自我意识等。

二、服饰构成要素的变化与服饰承载观念变化的关系

服饰有五个方面的构成要素：即质、形、饰、色、画。质是服装原料的性质，形是服装的样式，色是服装的色彩，饰是佩带的饰物，画是服饰的花纹图案（包括人体自身上的图画，即文面、文身）。

服饰承载观念的变化与构成要素的变化相互作用，互为因果。它的基本趋向是：在人类社会早期，服饰的变化主要来自构成要素的变化。如以麻、棉取代树叶，以铜铁饰物取代兽骨饰物，以人工制作的颜料取代天然颜料，以较合身的式样取代简单的披风，以服饰上的花纹图案取代人体上的图案。而在人类跨入文明时代之后，服饰的变化主要来自观念的变化。

我国各民族服饰所体现的社会观念，大致有下述几个方面。

（一）崇宗敬祖，强调礼仪伦常

儒家思想在我国各民族中占据重要地位。儒家重视礼仪伦常，重视孝行。中国的宗教信仰有人为宗教及各种民间信仰。其突出的特点是祖先崇拜。祖先崇拜与儒家的礼仪伦常相结合而形成的社会意识就成为中国文化的核心。这种社会意识在服饰民俗中有很突出的表现。

在人生礼仪中，最重要的有诞生礼、成年礼、婚礼和丧礼，四次重大礼仪产生四次换装，每次换装都以不同的方式，不同的内容，体现了中国的礼仪伦常和崇宗敬祖观念。

诞生礼与命名礼、满月礼、百日礼、周岁礼相联系。婴儿服饰的特点是挂银圈、玉锁之类佩物。佩饰的目的不是为了美化装饰，而是为了保命护魂，即把魂魄锁在婴儿体内，使其无法乱跑而免遭野鬼劫持。

成年礼为进入成年的标志。汉族男子的成年礼叫"加冠"。"冠"是穿礼服所戴的一种帽子，加冠的程序是先加缁布冠，次加皮弁，再加爵弁，俗称"三加"。加冠之后，方可用字、号。徽州男子加冠后，方可入本族祠堂。冠服成了家族正式成员的标志。女子的成年礼叫"加笄"，笄即簪子。"加笄"即"换发作结，以笄弼之"。"加笄"即表示已经成人，所以要拜祖先、拜父母，父母还要教以侍奉舅姑尊长之礼。少数民族如彝族、普米族、纳西族摩梭人的成年礼在服饰上的变化是少女由穿裤改为穿裙，故叫"穿裙"仪式。穿裙意味着女子进入成年，取得"处女开禁"的权利。以解除处女之禁为目的的改饰换装仪式，不仅象征着亲长对少女监护的结束，人们对少女婚恋权利的认可，更关键的是象征着祖灵或神鬼对其性的权利的认可。

结婚最重要的意义是繁衍子孙,所以红色成为婚礼的基本色调,新娘的服装几乎都离不开红色。各民族婚礼喜用红色的深层含义,据有些学者的研究,可能与原始人认为血对生命至关重要的观念有关。在某些民族中,图腾崇拜观念在他们的婚服中也有所体现。如高山族排湾人妇女的结婚礼服,突出的刺绣图案是四条百步蛇,两蛇之间还有一裸体婴儿。百步蛇象征生命来源,因排湾人以百步蛇为图腾。

伦常观念在丧服中的表现尤为明显。丧服的产生源于祖先崇拜。丧服制度是依据生者与死者关系的亲疏而制定的一套等级制度。我国古代的丧服分为五等,即斩衰、齐衰、大功、小功、缌麻等五种服制。"斩衰服"制作时不缝边,是儿子为父母服孝,妻、妾为夫君服孝,未出嫁的女儿为父母服孝的丧服,服期三年。"齐衰服"用粗生麻布制成,剪断处缉边。此丧服为祖父母服一年,为曾祖父母服五月,为高祖父母服三个月。"大功服"以大功布制成,"小功服"用细麻布制成。"缌麻"是最轻的孝服。五种等级的丧服,既划定了血亲、近亲、亲族的范围,也标明了血缘的远、近、亲、疏等差。

(二) 求吉心理

求福趋吉,是一种最普遍的心理趋向。这种趋向反映在许多方面,衣服图案和装饰是其中的重要方面。如给小孩戴虎头帽、穿虎头鞋,是祈望借虎的威力保佑孩子健康成长。彝族以虎为图腾,给小孩戴虎头帽的用意还包含念祖感情。汉族在端午节给孩子穿上印有蛇、蝎、蜈蚣、壁虎、蜘蛛图案的"五毒衣",寓有以毒攻毒,镇邪驱祟的用意。汉族妇女有簪发、插花的习惯,认为簪发可以避邪,插茉莉花能驱鬼,戴菊花可以长寿。维吾尔族爱戴小花帽,花帽的图案丰富多彩,最常见的是名呼"奇依曼"和"巴达木"的图案。"奇依曼"是繁花似锦的意思,这是希望姑娘美如鲜花,小伙子前程似锦;"巴达木"是古代从西亚传来的良种杏,有着顽强的生命力,能在干旱缺水的沙漠戈壁生长。彝族妇女戴的鸡冠帽,来源于雄鸡鸣叫吓走恶魔的传说,认为戴这种帽子可以辟邪,缀饰帽上的大小银泡,则是头顶月亮星星的象征,以示光明永在,幸福长存。总而言之,各民族服饰上的图案纹饰,大多与求福趋吉的心理趋向有联系。

（三）表现民族自我意识

民族自我意识是"各民族在形成和发展过程中凝结起来的表现在民族文化特点上的心理状态"[1]，是"同一民族的人感觉到大家是属于一个人们共同体的自己人的这种心理"[2]。这也就是梁启超说的"对他而自觉为我"[3]。这里重要的是"自觉"二字。民族自我意识表现在许多方面，服饰是其中的一个重要方面。因为服饰是各民族在形成和发展过程中凝结起来的、属于各民族独有的心理状态的视觉符号，穿着同一种服饰的人，时时都在互相传递着这样一个信息：我们是同一民族的人，并因此而强调同一民族之间的内聚性和认同心理。

（四）成为某种政治观念的载体

服饰还十分敏感地反映着政治观念的变化。历史上实行明治维新的日本人和推行洋务运动的我国清朝官吏之间关于服饰问题的一场争论，就很能说明问题。日本明治维新之后，不仅接受了西方的科学技术，还同时改穿西装。对此，推行洋务运动的李鸿章很不以为然，他坚持穿清代朝服，其理论根据是"易其器而不易其道"。围绕服装问题在中日之间展开的这场争论，实际表明了对于接受西方科学技术和民主政治的两种态度。一种是比较彻底的革新，一种是在维持旧体制、旧观念的基础上修修补补，小改小革。辛亥革命推翻清政府之后，剪辫子和穿中山服，成为"咸与维新"的符号；新中国建立之后，男穿中山装，女穿列宁装，衣服颜色基本上是全国一律的灰、蓝二色，这是"倒向苏联一边"和"思想一律"的政治观念的符号；十年浩劫期间，草绿色军装遍天下，是"全民皆兵"、解放军"支左"、"军管"具有高度权威的政治观念符号；改革开放以后，人们的服饰多姿多彩，西装夹克成了流行服，奇装异服也可以自由穿着，这是改革开放的符号。

---

[1]《中国大百科全书·民族卷》"民族共同心理素质"词条，中国大百科全书出版社1986年版，第306页。
[2] 费孝通：《关于民族识别问题》，《中国社会科学》1980年第1期，第155页。
[3] 梁启超：《梁任公近著第一辑》下卷，商务印书馆1924年版，第44页。

此外,服饰还包含着各种不同的审美观念。在历史上,某些重大的历史性变革,也常常会引起服饰的相应变化。

服饰中所包含的各种观念往往交叉组合,多向延伸。因为服饰具有丰富的文化内涵,所以,人们不难发现,许多民族居住的房屋十分简陋,但他们穿着的服饰却十分讲究。

三、服饰变化的特殊轨迹

每个民族的服饰,都随着历史发展和文化变迁而不断产生变化。但服饰的变化与其他物质文化和精神文化不一样,它有发展演化的独特轨迹,即当各民族物质生活和精神生活日趋丰富复杂的时候,服饰的演变却走着相反的道路,变得愈来愈简便、大方。

服饰的变化主要来自两方面的因素:一是各民族之间的文化交流,一是在历史发展历程中,因生活条件和社会观念的改变而影响到服饰的改变。两方面的因素相互作用,但总的趋势是因文化交流而形成的服饰变化,蕴含于因历史发展而形成的服饰变化之中。

各民族之间的文化交流体现于许多方面,服饰上的相互影响也是其中一个重要方面。从汉族服饰改变的历程来看,不论是古代还是近代,少数民族和西方国家服饰的影响,都使汉族服饰产生变化。战国时赵武灵王采用北方游牧民族和半游牧民族的衣服,学习骑射,史称"胡服骑射"。其服上褶下裤,有貂蝉为饰的武冠,金钩为饰的具带,足上穿靴。影响所及,民间也多模仿此种服饰,演变形成上褶下裤组成的裤褶服,改上衣下裳为下裳只着裤,穿于上身外面的是短身而广袖的袷衣,便于灵活行动。唐代民间特别是妇女中间也流行此种服饰,一般为翻领对襟、窄袖、锦边、穿时腰间系革带,革带上有若干条小带垂下。满族入主中原之后,满族妇女穿的旗袍(因满族称为旗人,故满族穿的袍子称旗袍)也成为汉族城市妇女最流行的服装。穿耳戴耳环,也来自对少数民族的模仿。汉刘熙《释名·释首饰》:"穿耳施珠曰珰。此本出于蛮夷所为也……今中国人效之耳。"今天的披肩发,其源头可能是古代越人的发式,《水经注·温水》注引《交广春秋》:"朱崖、儋耳二郡……人民可十万余家……被发雕身,而女多姣好白晰,长发美鬓。"西方文化输入中国之后,我国的服饰也随之产生变化。如男子发式以"东洋头"取代"辫子",妇女以短发、烫发取代"辫子"及"螺髻",衣服以西装、夹克取代长衫、短襟。

中国自周代以来,强调以礼治国,礼的本质是"别",别君臣、父子、男女,别亲疏贵贱。服饰是人们日常交往中最直观的表征,因而它成为区别性别、年龄、身份、等级、贵贱、职业的重要标志。所以中国的服饰从周代开始,日趋复杂,祭礼有祭服,上朝有朝服,节庆有盛装,日常有便服。出生、成年、婚礼、丧礼四大礼仪,各有专用服装,不同等级的人的服饰也有严格区分,皇帝穿的是龙袍,大臣穿的是蟒袍玉带,百姓穿的是布衣。贵贱的区别,行业的区别,年龄和性别的区别,妇女已婚、未婚的区别,在服饰上都有所表现,甚至正室、侧室,职业贵贱、是否受过"刑事"处分等,在服饰上也有显示。如天津地区流行的"冠子",即作为区分正室、侧室的标志。自周代以来,我国各民族、各种身份的人在不同的年龄、不同的场所从头到脚服饰的繁复多样,居世界各国之冠,若编纂成册,将是一部卷帙浩繁的巨著。

随着历史的发展,人民生活的领域越来越扩大。但服饰的演变却走着相反的道路,即愈来愈简便,愈来愈大方。在现代服饰上的等级身份界限和行业界限也在逐渐削弱或消失。各级领导人乃至国家元首,与平民百姓的服饰没有太大区别。工人、农民的生活服饰没有区别。惩罚性、侮辱性的标志除了十年浩劫期间出现过一段时间以外,已经消失。衣服上的刺绣已经少之又少。少数民族的服饰也逐渐模仿汉族,许多民族只在节日庆典时才穿民族服装。

第三节　居住建筑民俗

一、原始初民的居住方式

获取居住空间,是人类解决生存条件和安全条件的必然结果。

原始初民的居住方式,经历了两个阶段,第一阶段是利用天然空间,第二阶段是人造居住空间。

利用天然空间阶段主要是巢居、穴居。古文献对原始巢居曾有不少描述。《庄子·盗跖篇》云:"古者禽兽多而人少,于是民皆巢居以避之,昼拾橡栗,暮栖木上,故命之曰'有巢氏'之民。"[1]《韩非子·五蠹》亦说:"上古之世,人民少而禽兽众,人民不胜禽兽虫蛇。有圣人作,构木为巢以避群害。"[2]《太平寰宇记》载:唐宋岭南地区,"朱吾以南有狼野人居,无屋舍,依树上宿,食生肉,采香为业"。考古发掘材料,对原始巢居也提供了重要材料,云南沧源崖画第五地点二区(中)和五区有一巢居图,这是利用树桠为房柱,构屋树上,树屋上有顶盖遮雨,四周有壁挡风,人们援绳梯或长木梯上下。田野考察的材料也证明历史上确有巢居存在。清人夏瑚在《怒俅边隘详情》一书中,描写独龙族"多结房于树以居,如有巢氏之民者"[3]。20世纪50年代,民族学者王均在独龙族地区调查,独龙族老人还向他介绍了不久前还保存于独龙族生活中的树居习俗。那些树屋,多选择枝繁叶茂,数人环抱的巨树,以横枝作梁,竖枝为柱,在横枝上平铺枕木为楼板,周围以细竹作壁,屋顶以芭蕉叶或其他阔树叶覆盖。[4]

关于原始穴居,古文献也有很多记载。《易·系辞传》载:"上古穴居而野处,后世圣人易之以宫室,以栋下宇,以待风雨。"[5]晋张华《博物志》载:"南越巢居,北朔穴居,避寒暑也。"我国文字也提供了穴居材料:"厂"字即原始穴居的形象表现,《说文解字》:"厂,山石之厓崖,人可尻,象形。"段玉裁注:"尻,旧作居,今正。厓,山边也。崖者,厓也,人可居者,谓其下可居也。"考古发掘的穴居材料,更是多得难以统计,北京周口店山洞遗址就是最典型的穴居事例。

原始巢居穴居最基本的特点是利用天然的空间,经过适当加工,作为避风雨、避群害的栖息之所。

原始民居的第二阶段是人造住房。

中国古代的居民住房,主要有五种风格各异的类型:半穴居、井干式、石室、干栏式和竹木结构的草屋。这五种类型的居室均是在原始穴

---

[1] 陈鼓应注译:《庄子今注今译》,中华书局1983年版,第778页。
[2] (先秦)韩非子著、陈奇猷校注:《韩非子集释》,上海人民出版社1974年版,第1040页。
[3] 载《云南北界勘察记》。
[4] 王均:《独龙族的穴居和巢居》油印本。
[5] 黄寿祺、张善文撰:《周易译注》,上海古籍出版社1989年版,第572页。

居和巢居的基础上加工、改造、发展而成。具体而言,半穴居、石室(石硐)和井干式房屋是原始空间环境的复制和发展,均以封闭性的结构形状为其共同特征。"虚悬构屋"的干栏式建筑,是人类巢居的复制和发展。

居住方式的选择,与自然条件有直接关系。北方气候干燥寒冷,故多建造土木结构或木石结构的房子,居住空间主要在地面。南方气候炎热,潮湿多雨,故南方民族多采用干栏式建筑,房屋悬空构建在木柱之上,楼下关牲畜,楼上住人。当今的傣族、哈尼族、基诺族、壮族、布朗族、德昂族的住房就是这样。湘西土家族、苗族的吊脚楼也属于这一类型。

二、我国人文精神与居住建筑的关系

有些学者说,建筑是"客体化的人生"、"空间化的社会生活",或者说"建筑就是凝固为物体的人生。人生在客观事物中体现得最全面、最完整、最生动具体的,莫过于建筑"[1]。中国的传统观念在中国的居住和建筑民俗中展示得很充分。

中国的民居建筑以四合院最为广泛,在汉族、纳西族、白族中广泛流行,其他一些少数民族地区也部分流行。四合院也是中国最典型的民居建筑,因为它比较充分地体现了中国的传统观念。四合院的第一个特点是院落四面均有墙壁,墙壁没有窗子,仅有大门与外面相通,一家之活动,均在院墙之内,与外面不相沟通,所以它是封闭观念的符号。它的第二个特点是房屋布局与家庭成员的住房安排有严格的规定。房屋建筑一般是正房高于侧房,住房安排,一般是家长正房,即住堂屋之右侧,兄弟子侄住侧房或耳房。家长支配全家的地位,在住房位置上即有充分体现,所以它是家长制的符号。它的第三个特点是专门设有堂屋,堂屋作用犹如中国古代的明堂(明堂是天子宣明政教的地方,凡朝会及祭祀、庆赏、选士、养老、教学等大典,均于其中举行),堂屋中有"天地君亲师"之神位。天地为自然、上帝;君代表政治,代表一国的最高统治权力;亲为父母祖宗,代表种族延续;师与父母地位相近,中国古代有敬师为父母

---

[1] 郑光复:《负正论——建筑本质新析》,《新建筑》总第3期,第10页。

的观念。婚丧之礼,即在堂屋举行。生于家,婚于家,终身不离家庭的温暖。家庭成为生养安息之所。夫妇于这神位之前交拜而举行婚礼,显示夫妇之道通于天地之道。死后停柩于堂屋,表示人虽死而未与"天地君亲师"之人间文化相离;家长寿诞,在堂屋举行,以之传递尊长敬老的伦理传统;堂屋之中,既含有政治、社会、教育、文化之精神,又是人们明确责任,"藏、修、息、游"之地(《礼记》)。中国的堂屋融汇民族文化精神于家庭生活之中,是神圣化了的家庭,所以,四合院是中国人伦理的符号。四合院的第四个特点是四方房屋之下皆有檐下回廊,檐下回廊和天井成为各房成员交融感情的场所,所以四合院又可以成为融汇亲缘感情、增强内聚倾向的符号。

干栏式住房是另一种广泛流行的民居建筑,南方亚热带地区的民族多采用这种建筑形式。前面说过,干栏式建筑的形成,与南方高温、多雨、潮湿、森林茂密等自然条件有直接关系,正如元朝李京《云南志略》所说:"金齿百夷,风土下湿上热,多起竹楼,居滨江。"干栏式建筑的共同特点是用充足的通风条件保持房屋的干燥。房屋架置于木柱之上,楼下没遮没拦,供人住的楼层处于最优良的透风状态,不管楼下多么潮湿,也不会让潮气侵到楼上,楼上没有墙和窗子遮拦,更加保证了楼上的凉爽干燥。南方民族的干栏式住房,除了基诺族还有大房子(过去一个家族居住在一个竹楼中,每家一个小火塘,家族有一个总火塘)的个别遗留外,都是独家独户,自成院落,很少有房屋与房屋相连的情况,这可以视为自然经济的遗留。

竹楼内的布置和陈设,各民族不完全相同,如西双版纳某些民族的住房,男女界限分明,各住一半,各有一架楼梯,就是夫妻也不同住一间房(仅在相隔的板壁上有一小门),傣族则无此规定。金平傣族住房中有两根柱子有特殊的意义,一根为界定死者活动范围之柱,另一根为接受新生命成为家庭成员之柱。婴儿诞生,爷爷便把他抱到生之柱旁,让婴儿的头顶轻触此柱,以此承认婴儿为家族的血缘后裔,承认他的家庭成员身份。经此仪式之后,才受家族死者与生者的关照。金平傣族重视牛,牛只能拴在老人卧室下方的柱子上。这一独特习俗,其他民族就不一定有。但是,在各民族的干栏式住房的陈设布置中,有一些习俗却是共同具有的,如重视中柱,把中柱视为一个家庭或家族的核心徽征,被看作是列祖列宗的灵位,以及人与神灵联结的地方;竹楼房中必有火塘,这是世俗家庭生活与宗教活动的地方,它是家庭生活必需之物,是家庭的象征,同时,也是火神、祖神栖身来往之地,是家庭成员与神灵相互沟通的地方,是人们生活中充满神秘色彩的中心。

中国的民居建筑,还具有一些共同的民俗特点。

1. 聚族而居。聚族而居有两种形式。一种是全族聚居于房屋互相通连的村落之中。房屋相连的程度达到"下雨不湿鞋"。另一种是全族居于一村,但住房并不通连。基诺族的大房子就属于这一类型。

2. 房屋式样大体相同。这是中国居住建筑最突出的特点。

3. 城镇附近有长亭而无旅社。《汉书·元帝纪》云:"安土重迁,黎民之性,骨肉相附,人情所愿也。"安于本乡本土,不愿轻易移居他处,是农耕经济在居住上的表现。因安于本乡本土,故城郊不需要旅社,多设长亭。许多描绘亲人分离悲痛的动人故事多发生于长亭。

4. 民房低于官府。老北京的民房全是平房,而且比较低矮。因为按规定,民房只能低于皇宫,等而次之,各县的民房也只能低于县衙门。所以官府民房的高度有明显差别。

5. 中国哲学思想和神秘文化在居住建筑民俗中随处可见。"太极"和"八卦"是我国古代哲学智慧的结晶。但在长期流传中,它们又成为我国神秘文化的重要组成部分。在居住和建筑民俗中,它们也起着重要作用。寺庙和民居建筑的中梁、门头和庙堂顶部,多画有"太极"和"八卦"。古代建筑一般都是背阴向阳,即坐北朝南,这除了便于充分利用阳光之外,与阴阳学说有直接关系。按中国传统习俗,居中面阳(南)为尊,面东西者次之,面北者最低。在住宅中,尊位是长辈,住正房或上房,两侧则为晚辈子媳所在。古代人们在建筑房屋时,还十分注意所谓阴阳适中,以利于延年益寿。《吕氏春秋·重己》篇中说:"室大则多阴,台高则多阳,多阴则蹶,多阳则痿,此阴阳不适之患也。是故先王不为大室,不为高台。"秦汉以后,流行于先秦的高台之风迅速衰落、减少,与这种讲求阴阳适中的思想有直接联系。

中国建筑民俗讲究风水。"风水"又称"堪舆",是相地、相墓之术。人类对居住环境的选择,最初是为生存的需要,带有很强的实用性原则,多少包含一些感性经验的积极成分。但是后来,受"天人感应"、"阴阳五行"等说的影响,人们把天体运行、宅地方位与人事相对应,认为地理环境、山川形势与人的吉凶祸福,乃至子孙的命运前程有关,使风水理论带上了很强的神秘色彩。故无论是建生宅,还是选墓址,都要请地理先生看风水。至今,这种习俗在民间还有不小的影响。

第四章 社会组织民俗

社会组织这一概念通常指有意识地建立,以便达到特定目标的社会单元,例如军队、企业。本章的"社会组织"是指中国传统社会中民间各种形成稳定互动关系的人们共同体,如家族、行会、帮会、钱会、老会、十姊妹、秘密宗教和庙会组织。

传统社会的人们共同体并不都是标准化的"社会组织",但是,它们都具备一定的组织化水平,开展着自己特有的活动。组织活动表现为事件,是通过若干个体相互作用的过程及其结果,个体行为必须遵循组织的整合才能构成统一的群体事件。传统社会的组织整合主要是靠群体内形成的一系列约定俗成的东西发挥作用。从这种理解出发,我们可以把社会组织民俗界定为人们在建立并沿袭群体内的互动关系、以推动群体事件的时候所形成的习俗惯制。本章从社会组织的角度描述传统社会的民俗事象和民俗事件。

社会组织民俗的研究还缺乏必要的学术积累。因此,我们对社会组织民俗的理论描述只可能是初步的,对中国传统的社会组织民俗的介绍也只能是概略的。

第一节 社会组织民俗的分类描述

我们可以从三种角度描述社会组织民俗的内容,以丰富我们对民俗学的这一研究对象的了解。

第一,从组织行为来看,社会组织民俗可以划分为组织的角色民俗、观念民俗和活动民俗(民俗事件)。组织行为表现为成员按角色的要求实施所设计的一系列活动,从民俗学的角度而言,指各个成员在组织积累的民俗观念的协同之下,按角色民俗的规定去完成民俗事件。

（1）组织的角色民俗。组织行为是由组织内的若干成员遵照既定的行为模式进行活动而构成的,可见角色确立一套约定俗成的行为模式,即角色民俗是集体生活的一个基础。集体活动总是分工协作的,谁做什么?怎么做(在什么时间和场合,借助什么设施,采取什么方式方法)?要由角色民俗提供答案。

（2）组织的观念民俗。既然组织行为是分工合作的集体活动,那么,成员对集体的认同,对他人的态度,对组织所设计的集体活动及其目标的理解,就不能是即兴的和随意的,而应该是相对稳定的。这些方面的内容就是组织的观念民俗。

（3）组织的活动民俗。各个角色协同完成的特定的组织行为就是组织的活动民俗,也就是民俗事件,例如,合族举行的祭祖、一个地区的庙会、为挖人参而"拉帮"放山。

第二,从组织程序来看,社会组织民俗可以划分为确立组织的民俗、接纳组织成员的民俗以及关于组织的活动程序的民俗、辞别组织成员的民俗、改变组织的民俗等。在这里,我们把组织看做一种有生命过程的现象,并设想组织民俗是有周期性的。社会组织有形成、建立的过程,有程序的一个个环节,有吐故纳新的生命机制,并且大都有变更的时候。有这样一种组织历程,也就有相应的组织民俗。

（1）确立组织的民俗。从民俗学的角度来看社会组织的建立,我们所谈论的各个社会组织自然都是有其类属性的。也就是说,它们各自都有其约定俗成的规定。一个社会组织成为某类社会组织,它在产生之时就存在向这一类的有关习俗惯制认同的程序。宗族的血缘联系是天然的,以此为基础建立宗族组织,则必须开宗亲会,并同时完成宗谱以确认大家的血肉联系,确定族长以掌管宗族事务,宣布族规以维持族内人际秩序,设立族田以奠定宗族组织的经济基础,建造祠堂作为宗族组织的活动场所和宗族的象征。通过完成相应的仪式,一个社会组织才得以产生。

（2）接纳组织成员的民俗。一个社会单元有它相对稳定的组织结构,而许多社会单元的组织结构是超越个人生命限度的。角色关系构成组织结构。由于生命周期或其他原因,承担各个角色的成员总是要陆续退出组织结构,而由新成员或其他成员来接替。这种新旧交替的过程往往有一套文化程序,其中,确认新成员的角色身份的仪式,就是接纳组织成员的民俗。像诞生礼、成年礼、收徒仪式、就职仪式以及各种入会入社仪式,都属于接纳组织成员的民俗。有些社会单元没有角色的继替,而与成员共存亡。例如,"十姊妹"由十位成员结盟组成,任何情况,如婚嫁、死亡、迁徙造成的减员都不会影响"十姊妹"在名义上的存在,只有在这十位成员都死亡的情况下,这个组织才消亡。老会也没有接纳新会员的问题,也就没有相应的民俗。

（3）关于组织的活动程序的民俗。集体参与的事件,就是由有组织的人去开展有组织的活动。活动的一项项内容是选择妥当的,各项内容的排列次序也由习惯做了规定,也就是说,组织的活动是模式化的。关于组织的活动程序的民俗,既指组织的活动模式,也包括这些活动模式所体现的民俗观念。在宗族的祭祖活动中,祖先的牌位（或坟墓）是按昭穆和辈次排列的,祭祀过程从备祭、摆供、叩拜、享胙（成员平分祭品）,井然有序。各项步骤循序渐进,这就是宗族组织活动的民俗模式的具体表现。

（4）辞别组织成员的民俗。吐故与纳新,是社会组织新陈代谢的两个相辅相成的环节。与此相应,既有接纳组织成员的民俗,也就有辞别组织成员的民俗。这里的"辞别"主要涉及三种情况:其一,生命限度带来的成员死亡;其二,与其他社会组织所进行的人员交流,如婚姻、迁移;其三,对成员的一种甄别和处罚。相关的民俗包括丧葬、入赘与出嫁的风俗（从一个宗族进入另一个宗族）以及一些会社清理门户的措施和程序等。

（5）改变组织的民俗。多个社会组织有可能合而为一,例如两个宗族的合并。一个社会组织既可能一分为二,例如帮会的另立山头或山堂;也可能不断分蘖变化,例如学徒出师开业。

第三,从组织的功能要素来看,社会组织民俗可以按如下的划分进行描述、关于组织目标的民俗、关于组织成员的民俗、关于组织整合的民俗、关于组织活动条件的民俗。社会单元能够顺利运转起来,就在于其成员以既定的条件为基础,在权威人物和规则的约束和指导下,围绕组织目标行动。社会单元要履行自己的功能,目标、成员、整合、条件等四个方面必须协调。为了保证它们的协调,各种社会组织围绕这四大功能要素积累的一套套习俗惯制,成为社会组织特有的文化系统。

（1）关于组织目标的民俗。没有目标,就失去了形成社会组织的逻辑前提。组织目标在某种意义上说决定着组织的方方面面。宗族的目标当然是维护宗族共同体的血脉和利益。汉族的宗族通常都限制,甚至禁止留女儿在家招婿,因为这样做被认为既乱了血统,又让外人继承了财产,显然违背宗族目标。传统的社会组织围绕目标产生了最根本的组织民俗。庙会是敬神的,那么信徒们必定广泛传播着庙中尊神如何灵验的传说。拉帮挖参的人见到目标后立即大呼"棒槌",认为这样可以把人参定住,以免它逃跑,此谓"喊山",把头（领头人）和帮里的其他人则赶忙说些吉利话"接山"。

（2）关于组织成员的民俗。成为任何层次的社会组织的成员,都既要习得该组织的文化模式和观念,还要被组织赋予某种角色。习得该组织的文化模式和观念,也就是社会化或再社会化的过程,其中最基本的是习得民俗模式和民俗观念,在传统社会里,这一过程主要表现为"习惯成自然",这是一种参与学习、耳濡目染的社会化方式。要成为木工,就要拜师学艺,边学边练。三年出师,手艺学到了,做师傅的派头也学到了。习得了该组织的模式和观念,只算是具备了做成员的条件,这时还只是非正式成员,要成为正式成员,还须经过某种认定程序和接纳仪式。也就是说,一个角色通常不是自然形成的,而是被某种组织赋予的。

（3）关于组织整合的民俗。对组织起整合作用的因素有权威人物、组织认同、奖惩规范等,它们各自都涉及一系列民俗。权威的形成是组织凝聚力的集中表现,同时,权威又是组织秩序的控制中心。关于权威的民俗,既是权威的标志,又是维持权威的习俗惯制。一个木工班子的权威是大师傅。有的班子,大师傅不砍第一斧子,其他成员便不敢开工。大师傅吃饭坐首席,由他先端杯子,先动筷子。大师傅过年、过节、过生日,班子成员都应给他送礼。他得到的不仅仅是实惠,而是对权威的尊崇。各种层次的社会组织都会设计一些（有时是一套）组织标志、传说和仪式,以加强成员的组织认同。宗族成员通过宗谱、祭祖、分胙,向宗族认同,并与其他成员联络感情,在宗族内流传的祖先业绩和事迹,成为宗族成员共同景仰的对象。这些都有利于宗族成员之间的沟通和合作。有些组织的奖惩规则基本上限于言传身教;有些组织的规则是成文的,或载入文书,或刻石立碑。汉族的宗族法一般印在宗谱内,刻在祠堂前,在订立组织规则的时候,特别是勒石立碑,往往要举行庄严的仪式。

(4)关于组织活动条件的民俗。组织活动的物质条件,一是场所,二是设施,三是耗材和资金。各种社会组织都有一定的物质民俗为组织活动提供条件。宗族祭祖要设祠堂,祠堂祭祖要有供桌、牌位、香烛等,走会要备龙灯、高跷、幡帜等。并且,只要是组织活动,都要耗费一定的资财,以致一些盛大的传统组织活动,只有在丰收之年才有财力隆重地举办。

上面我们分别通过三种框架,从总体上对社会组织民俗进行了概略的描述,勾勒了本类民俗总的面貌和对象。下面我们将选取传统社会中最基本的民间组织即宗族,一些重要的社团如行会、秘密宗教组织、帮会以及初具形态的社区组织如庙会,描述出它们各自独特的组织民俗,使大家对中国传统的社会组织民俗有更为具体的了解。

第二节 宗族组织民俗

在中国传统社会中,宗族是基本的社会单位。在长期的历史发展中,形成了丰富多彩的宗族组织民俗。中国的基层组织及其传统文化典型地体现在宗族制度中。

宗族是同聚落居住的父系血亲按伦常建立的社会组织,通常拥有一些共同的财产和一定的共同文化,具有政治、经济、宗教、教育等方面较为完整的功能。宗族由家庭组成。家庭是亲子所构成的生儿育女与养老送终的群体,通常作为宗族的一分子而存在。根据宗族组织及其民俗的特点,我们将分三个方面来做介绍。

一、有关宗族组织要素的民俗

较为完整的宗族组织包括有血缘关系的丁口,显示这种血缘关系的族谱、祠堂、祖坟,资助这一组织及其活动的族产,以及协调这种关系的族规和族房长。

在宋代以前,贵族和官宦的血缘组织可以形成世家大族,而普通人的族通常指"五服"和"九族"。"五服",即斩衰、齐衰、大功、小功、缌麻,本来是丧服制度,用五种丧服作为差等,标志一家人与死者的关系不同。后来,在民间,五服的范围即为血缘组织的范围,"出五服"就不算一家人了。宋代以前,宗族祭祀以高祖为限,因而,"五服"指称同一高祖的血缘祭祀群体,通常为若干个家户组成的一个家族,若是"五代同堂",这就是一个大家庭了。讲到中国家族,动辄称九族。《尚书·尧典》就有"克明俊德,以亲九族"之说,《礼记·丧服小记》则说:"亲亲,以三为五,以五为九,上杀,下杀,旁杀,而亲毕矣。"——上亲父,下亲子,并己为三,所谓"亲亲";父上亲祖,子下亲孙,所谓"以三为五";上加曾祖高祖,下加曾孙玄孙,所谓"以五为九"。实际上,九代人不可能同时在世,在世的人一般不出"五服"的范围。这种族只是大家庭而已,依据人员的现实存在和有限的记忆来认同血缘组织,因而族的丁口范围总是固定的。大致从宋代开始,民间逐渐流行以谱牒为依据的"敬宗收族"活动,到明清之际,宗族成为普遍的民间组织,因而,族的丁口范围不断扩大,以至一族的丁口常常遍及一乡一邑。

一套称谓民俗标明了丁口之间的亲属关系。在传统社会或现在还比较重传统的地区,如果宗族大于九族,对九族之外,所指所称,基本上沿用上列亲属称谓,而不直呼其名,最起码对上辈和长者是如此。

族谱是宗族共同体存在的文字形式,包括本族源流世系、族籍登记、先贤礼赞、界址墓图以及族规家训之类。各地各族大同小异。"本族源流"和"先贤礼赞"编纂一些传说和史事,宣扬祖德,确记本族的社会名望和地位,用以感发子孙的崇敬之心和认同意识。一些宗族对谱书有一套严格的管理制度,例如,福建瓯宁县屯山祖氏《家规》规定:"守谱宜严。……兹修之谱,编号分领执掌,当加意慎重,不可失之非类,以致混淆。"[1]较早而又被后世引用的族规家训有北齐颜之推《颜氏家训》、北

---

[1]《闽瓯宁屯山祖氏宗谱》卷一《家规》。

宋司马光的《居家杂仪》、南宋袁守的《袁氏世范》等。清乾隆七年,江西巡抚陈宏谋汇集36种家训家范,刊为《训俗遗规》。除了上述司马光和袁守的杂仪、世范之外,还有朱熹的《增损吕氏乡约》,王孟箕的《讲宗约会规》,王士晋的《宗规》,朱伯庐的《劝言》,高忠宪的《家训》等。各宗族制定族规,多参考上述成法。其中的一些条文直接录自《易经》《礼记》《尔雅》《白虎通》等典籍中关于君臣父子宗亲关系的言论。其条文的内容,我们从安徽桐城《柳峰朱氏宗谱》卷一《家规》的24个标题可以看到其条文内容的大概:立宗子,举户长(宗相附),修祖庙,谨茔墓,积公租,设义田,教子弟,敦孝友,笃忠义,睦家族,重婚姻,肃闺闱,治生理,积阴德,奖节烈,尚德行,习文艺,勤耕织,崇俭约,戒游荡,禁刁讼,戒嫖赌,禁奸盗,禁贱役。

宗族的权力执掌在族房长及族产的专职管理人员手中。族长对外代表宗族,由他出面见官,与外族打交道。族长在宗族内召集房长议决宗族事务,对族人行使教令权和惩戒权,与宗子一起主持祭祀。在民间,族房长一般是在宗族内按辈分、年龄、名分来看都处于较高地位的人员之中推举产生。宗子是历代长房的长子,与官方的礼制不同,他在民间只是宗族血脉的象征,主要在宗族祭祀中担任主祭(祭首),许多宗族并不立宗子。

祠堂是最基本的族产。按照封建王朝的礼制,立庙祭祖一直都是上层阶级的特权。先秦时期,天子以降,各有不同的"庙制"。大致说来,历代宗祧由嫡长子(宗子)单独承继,维持"百世不迁"的大宗之祭,而其余诸子只能另立"五世则迁"的小宗,并接受大宗宗子的统辖;庶人不能立庙祭祖,"祭于寝"[1]。到明万历时的《明会典·礼部·祭祀》仍坚持九品以上始可设立祖庙,奉祀高、曾、祖、祢四代先人,庶人只许在居室中祭其父母的制度。《清通礼·吉礼》允许庶人奉祀四代先人,但还是只能"祭于寝"。但是,在民间,还有另一种情况。宋代的平民百姓逐渐开始在居室之外,择风水宝地修专祠,祭祀列祖列宗。祖制和风俗是矛盾的,福建莆田县缙绅彭韶子明弘治二年在《白水塘李氏重修先祠碑》中说得很清楚:"今白水塘之祠,上祀十有余世,揆诸礼意,似非

---

[1] 杨天宇撰:《礼记译注》,上海古籍出版社1997年版,第207页;廖名春、邹新明校点:《孔子家语》,辽宁教育出版社1997年版,第89页。

所宜,然族属之众且疏,舍是不举,则人心涣散,无所维系,欲保宗祀于不坠,绵世泽于无穷,岂不难哉?"[1]到明清时期,修祠供祖,已蔚然成风。清道光年间的《福建通志》卷55引《莆田县志》说:"诸世族有大宗祠、小宗祠,岁时宴飨,无贵贱皆行齿列。凡城中地,祠居五之一,营室先营宗庙,盖其俗然也。"围绕祠堂的习俗惯制,主要是按昭穆供奉历代先人的牌位,按规定的时间举行祭祀,族规通常明文禁止借居祠堂及堆放杂物,有时请外族人看守祠堂。

族田是宗族重要的经济基础,又称庄田、义庄。其来源有二:一为某位先人的遗产及其花息的增值,二为全体丁口集资的结果或个别成员的捐献。因为族田有多种来源,其收入也有多种用途,所以,分别被赋予不同的称谓。祭田又称醮田、祭祀公业、祭产,是专门用于资助祭祀祖先或某位祖先的。学田的收入平时用来延师办学,资助族内子弟赴考,供考取功名的子弟设席庆贺。族田的经营管理方式主要有按房轮值和庄正负责两种。按房轮值,就是由宗族的有关支派按年轮流耕种、收获,按规定办理公共事务之后的收入归自己所有。有些宗族的田产由庄正(或总理、副理)负责管理,其中的收入在族内统筹安排。有的庄正是推选的,如河南安阳马氏宗族规定:"庄正,族中公举老成、殷实、明白事理者为之,田租,银钱,簿册俱归掌管。"[2]这类庄正死后可以入宗祠。有的庄正由建庄者的直系子孙担任,如江苏苏州陆氏宗族设计管理义庄的机构为:"掌庄一人,稽庄两人,主奉一人。至掌庄、稽庄永远归遣后裔三房后各长房,每当三年,递相轮换承担。主奉则归建庄后裔之最长者,均世守勿替。"[3]

此外,许多宗族有共同的墓地和坟山,这是合族举行墓祭的前提。有些宗族的始祖墓和各代支祖的坟茔并不在一处。不管怎样,族内都有保护并按时祭祀祖墓的规定。福建浦城县《梁氏合修族谱》规定:"各房坟茔,各房子孙务必刊立碑记,亲身修墓,毋或失于祭扫并假手外人祭扫,以致坟茔不识,日久湮没。其有树木护荫,私自砍伐者以不孝论,各

---

[1] 福建省莆田县《陇西李氏宗谱》(乾隆年间修)。
[2] 《西蒋马氏宗谱·义庄条规》(光绪十二年)。
[3] 江苏苏州《陆氏蒋门支谱·义庄条规》(咸丰五年)。

族攻之。"

二、有关宗族组织结构的民俗

人们对宗族组织结构的建立与调整遵循着一定的习俗惯制。它们主要涉及下述四个方面。

（一）分家

宗族在结构上的总趋势是，一方面，家庭和房支不断分蘖，维持着相对稳定的规模；另一方面，宗族不断合组、发展成越来越庞大的组织。传统的中国家庭是一个同居共财、养老育小、举行家祭的多功能社会单元，分家包括分灶、分居、析产、划分养老送终的义务、设立单独的祭祀。在大家划分为小家后，各个小家在功能上并不一定是独立的、完备的。在这种情况下，分家往往采取不完全分家的方式，或者说逐步分家的方式。例如，若只有一幢房子，几兄弟分家时可能暂时分卧室而共有厅堂；即使几兄弟已经分灶、分居、析产，但是，在相当长的一段时间里（起码等到父母双亡），他们都会回到祖居共同举行家祭。

兄弟分家，通常要邀请没有利害关系的族长（族老）及舅爷、姑爷来主持，有的还立下书面契约（俗称"分单"、"分关文书"等）。例如，广东洪氏宗族规定的分单形式为：

> 立分关兄弟××等，今因家务纷纭，势难总理，兄弟相商，已议妥当。爰请族老亲戚将祖、父遗下产品、田地×处搭匀均分，拈阄为定，已极公平，各宜和合，照依关书，永远管业。如敢违抗，又起争端，即鸣亲族，共同攻讦。恐口无凭，立此关书，同样各执一本存据。
> 立分单兄弟××××××××。

这种分单只是利益的分配，而未涉及义务的划分。分家所面临的义务划分主要是养老送终。在民间，兄弟大致按四种方式承担这一义务。第一，彻底划分。例如，如果两兄弟分家而父母双全，那么，兄弟俩各人负担一位老人的生养死葬。第二，轮流负担。有些地方叫"派饭"，有些地方称"轮伙头"，即几个儿子按月（或天、旬等）轮流供养父母。第三，分摊。父母另起炉灶,由诸子平摊衣食及丧葬费用。第四,幼子继承。诸兄成婚后另立门户,父母与幼子一起生活,由幼子继承祖屋并经营父母的养老田。

分家时,有些东西是不能分割的,如祖墓、坟山等实物,地望、姓氏等名义;有些东西是不允许分割的,如养膳田、祭田。所谓养膳田,是老一辈在为子孙分家时给自己留下的养老田;通常在分关书中规定,等他们死后,养老田转为祭田,以作烝尝。祭田由派下子孙轮种,轮到谁家就由谁家筹办以置下祭田者命名的祭祀。三五代后,派下子孙的家户繁多,贫富分化,轮收出现困难,这时,往往由各房(按置祭田者的诸子划分)推举一两名理事来管理祭田。

分家,一方面是不断地瓜分共同的东西,另一方面也逐渐积聚起一些共同的东西,成为血脉相连的凭证。家庭分立的结果是宗族的合组。

(二)立族

立族通常需要设立族产(如祖墓、坟山、祭田、祠堂等),编修族谱(包括订立族规),成立宗族管理班子(族长、房长、庄正或理事等)。立族的方式通常不是直接把各个家庭网罗在一起,而是按血缘序列,用树状结构,把各个家庭归属于一层层的"房"或"支",由房或支构成族。因此,家族包括多层次的组织。宋代以前,民间的家族组织范围是"五服"。宋代以后,特别是明清时期,宗族组织的范围覆盖一村、一乡,而"五服"只是初级的房支组织。不过,从立族的过程来看,一村一乡的家族组织往往是一个一个的房支组织不断加盟的结果。

我们以福建省瓯宁县屯山祖氏宗族为例,介绍立族通常所经历的过程及其习俗惯制。据《闽瓯宁屯山祖氏宗谱》记载,一世祖"溪西公"于南宋末年迁此定居,到明洪武年间传至第六代,分乾、坤两房,延及民国初年,共传27代,二百余家,丁口一千余人。自溪西公以下,历代都举行墓祭。但是,直到十一世祖"榕六公"(乾房)才立下祀产祭田。明末第一次修家谱,"记十二世以上"屯山祖氏宗族的形成。清顺治年间,"流贼"肆虐屯乡,房屋宗谱俱为灰烬,祖氏宗族不复存在。此后,乾、坤两大支派各建祠堂、置祭产,形成相对独立的血缘组织。康熙八年,"榕六公"派下四大房子孙议定修建"世德祠",资金取诸榕六公之羡息(祭产)

及其后代之捐助。后来,乾房的其他支派,特向世德祠榕六公支派裔孙相商,将其先代牌位祀入祠内,条件是向世德祠捐献一定数量的祭田。于是,世德祠就成了乾房的公祠。康熙三十七年,坤房裔孙开始筹建本支"继善祠"(历时近三十年落成),"靡金数百,皆出自祭产生殖余羡与夫各房乐助丁资"。坤房六至十代均为一脉单传,建祠者主要是其派下第十四、十五代后裔。坤房丁口有限,易于统属,所以继善祠从一开始就是坤房的公共祠堂。两支分别建立祠堂以后,其祭产不再按房轮收,而交由祠堂的"理事"统一管理。例如继善祠的《谷雨祭规》确定,"簿内旧遗祭产并续置田堨,公举派下子孙廉正公直者总理"。两祠相对独立,但是,"每逢春秋墓祭合荐始祖暨(上)六代列祖",并形成了相应的祭首、祭簿、祭田(主要由丁口积累购置)。嘉庆二十三年,两支为"始祖之家庙"选址,历时13年,至道光十年竣工,号称"典礼祠",计费千金,所有经费出自诸公(祭产)及孙、曾孙之捐助。道光二年春,开始编修族谱,编做者以历代祭簿为基础,"征之各家笔记,考之各房墓碑,访之父老口述,汇纂编辑,纠工付梓。籍众力而事举,阅数月而事成"。至此,祖氏族人建立了完备的家族组织。[1]

(三)入族

关于入族的习俗主要涉及确认因婚姻和生育而新增人口的宗族成员身份的程序。外姓女子因婚姻加入本宗,必须通过一定的仪式。婚礼使她成为夫家的一员,而拜祠礼则确认她成为宗族的一员。浙江山阴《安昌徐氏宗谱》(光绪十年修)规定:"婚嫁先期具一张纸、遍告族人,曰:第几男与某氏议婚,今择某月某日亲迎,谨告。遇春祀之日率新妇拜祖宗,见尊长,领宗帖。"这就是说,娶新婚妇入族,一要遍告族众,无人反对;二要双双入祠拜祖,受尊长教训,知本族法规。在封建社会,不同身份的妇女在载入宗谱时被区别对待,例如福建南台《刘氏桂枝房支谱·凡例》规定:"本谱中各公妻室,凡明媒正娶者书'配',继室为'继配',妾为侧室,其余来历未明及不以礼聘者,均削去配氏,继室,侧室字样,仅书'某氏'二字而已。"总之,妻室是因为附属于丈夫才得以入

---

[1] 郑振满:《明清福建家族组织与社会变迁》,湖南教育出版社1992年版,第122~128页。

族的。

新生子孙入族分"报丁"和"入谱"两个步骤。族人在生子后,按规定时间告知宗族,通常要到祠堂祭祖。浙江会稽《章氏家乘》(康熙三十六年)规定:"凡子生一日,告于宗长而书其行,弥月抱之以见于庙及宗长。"福建崇安《袁氏家谱》(光绪九年)规定,每年正月初一报丁,当即查明,载入丁簿。报丁时日或依诞生日计算,随生随报;或一年一次,在合族祭祀时增此一项目。丁簿登录所有合法出生的男孩,但是,族谱通常只收载成年男子或已婚男子。各地宗族大多以16岁划分成年与未成年,许行成年礼。例如,苏州《范氏家乘》(乾隆十一年)的惯例:"子孙年十六岁,本房房长同亲、交,父兄于春秋祭祀时,同往祠中,具申文正位验实,批仰典籍注籍。"如果未成年或未婚而殁,就算夭折,族谱不录。入族包含两层意思:既成为宗族生活中的一员,又在族谱中占一席之地。

女婴入族同男婴入族不同。本族女婴出生也要注册,但不必告于宗庙。本族女子成年后都要嫁给外姓,她们不论长幼,在族内都不具有成年人的身份。她们出嫁后,被载入夫家的族谱。

(四)合谱

两个宗族的族谱上所载的祖先相同,证明他们是同源分流,它们协议合并成一个宗族组织,此为"合谱"。合谱要举行盛大的庆典,要设立共同的祠堂、祭产,编写新的族谱。有的宗族合谱,只不过皆为同姓,并没有可靠的证明,这被人认为"篡宗"。有的宗族声称属于某个望族,而望族乐于承认,此谓"认宗"、"归宗"。这几种宗族合并方式使宗族组织不限于聚居区,而扩大到一县、一省,以至各地。以山东曲阜为中心的孔氏宗族的支房遍布五湖四海,其中一些支房就是通过"认宗"被编入的。

三、宗族成员参与的民俗活动

宗族成员集体参与的民俗事件按参与时机可以分为三类:1. 按节候(年历)举行的,如拜年、清明会等;2. 择吉日举行的,如婚嫁、寿庆、建房等;3. 随机发生而成员闻讯前往的,如生诞、丧葬、家族救助等。每当这种时机,大家不约而同地聚集在一起,按部就班地各司其职,使事件得以顺利解决。这些民俗事件,实际上可以按照经办主体分为家庭民俗事件和宗族民俗事件。前者如婚丧、寿诞、建房,一家操办,大家不同程度地参与。其参与方式涉及三个方面:前往致意(贺喜或抚慰),出人帮工以及出资送礼。各家按血缘关系的远近派出相应的参与成员,或派代表(家长、男性或女性)参加,或全家参加。民间通常称操办之家"有事"、"办事"或"做事",实际上,"事"是大家(主要是宗亲中的近亲)办的,也是由大家(包括宗亲和姻亲,最重要的是舅爷,其次是姑爷)资助的。

家族民俗事件,由家族筹办、大家相对平等地参与,家族救助、拜年和家族祭祀分别代表了其中的三种类型。

家族救助是载入族规的习俗惯制,包括救济和资助两种,基金来源于族田、义田、学田、书灯田。有族产的宗族通常在"族规"中厘定:本宗成员缺衣少食,无力嫁娶、就学、入试、举丧等,可以获得"赈济"。赈济主要是救灾,不让族人饿死,因此,许多族谱对这方面的赈济数量有详细规定。例如,江西《江夏陈氏庄规条》说:"族中如有因灾贫乏,不能自为存活者,十五岁以上男妇(日)给米一升,十五岁以下者日给米三合,未三岁者不给。"——这是按年龄分等给粮。另一例给钱,其分等规则带着更浓的宗法色彩,浙江会稽《重修登荣张氏族谱·义庄条规》(清道光二十一年)写道:系孙"十六岁以上作大口,不及十六岁作小口,室女(闺女)无论长幼作小口算。大口每日贴钱十文、小口每日贴钱五文"。

宗族为成员设立的常规资助以学田为代表。学田之设,一为延师办塾,二为子弟外出就读补贴,三为子弟考取功名后的花费。我们从嘉庆十四年福建省泰宁县欧阳氏《分类》的有关记载中可见其宗旨和制度:"学田之设,所以作育人材,使其砥砺廉隅,愤志读书……汝曹不负予志,前后幸列序庠,更虑膏火无资,则学业难成,专设学田伍拾石,现与入泮者同收分用,嗣后有能读书习射,考入文武两庠及乡、会题名者,本年许其独收壹次,择吉谒祖时,邀同子姓中派列尊长者开筵同庆。"

宗族内完整的拜年程序有:先集体到祖祠团拜,然后分头拜本族近亲。在没有祖祠的情况下,先拜近亲,再拜本族各家。拜近亲时通常要携礼品(食品),新婚夫妇头三年或更长年限内给近亲(包括自家父母、祖父母)拜年时还要携带瓶壶杯盏给尊长敬茶。正月初一的宗族拜年,加上大年三十的家庭团圆饭,把家族组织关系用仪式的方式,年复一年地稳固下来。

宗族祭祀主要有宋代以来逐渐定型的墓祭和祠祭两个序列。上古的祭祀依四时而行:"凡祭有四时,春祭曰礿,夏祭曰禘,秋祭曰尝,冬祭曰烝。"[1]而宋代以来的民间宗族祭祖活动主要是春秋大祭,具体日期因地、因族而异,大多春用清明(前后),秋用中元(前后),也有些宗族的大祭定在元宵、谷雨、重阳、冬至等时日举行。宗族祭祀分为祠祭和墓祭两大类。有些宗族的合族大祭只包括祠祭,例如,福建连城县李氏世孙的祠祭,每岁春祭用清明,秋祭用七月十四;[2]而福州吴氏族人则祠祭与墓祭并行。祠祭分别于元宵、中元等日举行,墓祭则春秋两举:春祭以清明为正,秋祭以重阳为正。[3] 此外,有些宗族的大祭没有固定时日,如有需要,由族老出面择吉日举行。

家族祭祀的程序可以分为备祭、祭仪、会饮、分胙。祭祀的费用取自祖上留下的祭产、历年收取的丁资或临时的摊派,有祭产的家族由轮流值收的家庭从收入中拿出一部分筹办祭品和宴席,否则,由族长按祭产(或丁口)征收款项操办。各地宗族大都规定:成年男丁除做官在外,经商异乡或卧床不起者,都得参加春秋大祭,否则给予处罚。有的家庭还规定,参与祭祀前必须斋戒沐浴,整衣正容。祠祭从入祠序立,经降神、奠献、叩拜、辞神,到礼毕、退班,井然有序。湖北麻城鲍氏宗族把祭仪规定为93道程序,并严格地规定了祭器的种类、牺牲及"具馔"的数量、司祭的分类。[4] 关于墓祭,我们从广东长塘村的情况可以见其大概:"在祭祀日,由族老领头,四个健壮男子抬祭品至祖先墓地,本族'金狮队'陪送助威,本族成员自愿陪祭。祭品摆坟地正前方,由族老主持,向祖坟三奠酒、三上香,族老告祀,后族子族孙向祖先三鞠躬,礼成。"[5]祭仪完毕,族人享胙:或者把酒肉祭品分给各家,或者各家派代表聚餐会饮。

祭祀活动是宗族组织的例行大事,是以祖宗的名义联络族人的感

---

[1] 杨天宇:《礼记译注》,上海古籍出版社1997年版,第842页。
[2] 福建连城县《文川李氏七修族谱》(1947年)。
[3] 福建福州《世美吴氏族谱·世美吴氏条约》。
[4] 湖北麻城《鲍氏宗谱》卷首。
[5] 王沪宁:《当代中国村落家族文化》,上海人民出版社1991年版,第380~381页。

情,通过血缘认同以达到组织认同,把对祖宗的虔诚导向对宗族组织的忠诚。因此,宗族通常都把祭祀活动作为合族遵行的习俗惯制列入家法族规。我们看到,家族祭祀的规范程度总是与家族的组织水平相互对应的。

第三节　社团和社区组织民俗

宗族是传统社会最基本的组织,它既是普遍存在的,同时其组织原则和伦常为其他社会组织提供了典范。它的组织民俗也是最丰富的。除宗族以外,还有两类民间组织:一类按个人意愿结成社团,大型的有行会、秘密宗教组织、帮会,小型的主要有钱会、结拜兄弟、十姊妹、老会等;另一类按地缘形成社区组织,如村落组织、村落联盟、庙会等。

一、行会

中国自古就有官府用"肆"来管制工商业者的制度。《论语》所谓"百工居肆,以成其事",就是说工商业者必须在肆内,分门别类,按指定的位置营业。从隋朝到唐朝前期,商品经济空前繁荣,工商业者开始按行结成组织,以便在全行业中安排如何服徭役,应官差。这种行业的组织,到宋代便确定了便于为官府尽义务的性质和以行头为首的组织形式。

行业组织的构成要素主要有行首(会长)、值年(司年)、行业神、神庙、业务场所,成员入行、出行、拜师以及同业的重大活动,都有一定的习俗惯制。

各行各业都供奉行业神。它们被供奉在称为庙、堂、馆、殿、宫、阁、祠的祭神建筑内。行业神崇拜既有一业多神的情况,也有一神多业的现象。所崇拜的神包括祖师神和保护神。宜兴陶业既供祖师神范蠡,也供保护神土地神和火神。鲁班被木匠、石匠、瓦匠、车铺等行业奉为祖师神,以至有"百作手艺供鲁班"之说。许多行业组织的名称以其所奉之行业神命名,如老君会、鲁班社。

行老或行头为一行之首。举凡同行人员的共同活动、相互关系以及对官府和行外的一切接洽交涉,都由行老或行头代表本行处理。值年或司年负责行会一年的会务。苏州评弹艺人组织光裕社每年当行业神诞日,由资格较老的艺人当着玉皇祖师像拈阄,以选出一年任期的司年。各行均有固定的交易地点(行的所在地或其他固定场所),凡有交易或雇佣,供需双方皆于一定时间会集于行的交易地点进行,谓之"上行"。

清代苏州工商诸行,在建立公所时,需在官府备案,并将其组织缘起、本行行规及其他有关营业要点刊刻于碑,我们从中可以了解各种行会的习俗惯制。

一议:同业公议,遵照旧章,无论开店开作,每日照人数归店主愿出一文善愿。

一议:同业公议,现以历年所捐一文善愿,积资置买公所基地一处,即欲起造。

一议:年迈孤苦伙友,残疾无依,不能做工,由公所每月酌给膳金若干。

一议:如有伙友疾病,延医至公所诊治,并施汤药。

一议:如果伙友身后无着,给发衣衾棺木灰炭等件。

一议:如有伙友病故而无坟墓,由公所暂葬义冢,立碑为记,且俟家属领回。

一议:祖师坟墓与义冢毗连,每年七月中旬,同业齐集,祭扫一次。

一议:如果公所起造工竣,由同业中公举诚实之人司年司月。

一议:外方之人来苏开店,遵照旧规入行,出七折大钱二十两。

一议:外方之人来苏开作,遵照旧规入行,出七折大钱十两。

一议:本地之人开店,遵照旧规入行,出七折大钱二十两。

一议:本地之人开作,遵照旧规入行,出七折大钱十两。

一议:无论开店开作,欲收学徒,遵照旧规入行,由店主出七折大钱三两二钱。

一议:如果学徒师满,已成伙友,遵照旧规入行,伙友同出七折大钱六两四钱。[1]

---

[1] 清代苏州工商诸行:《长元吴三县梳妆公所议定章程碑》,原碑在苏州桃花坞红木梳妆公所。

清代的行会主要是办理公益善举的同业组织,通过征收开店、开作、收徒、入行等的例钱,为成员提供生活保险、医疗保险、丧葬保险,举行同业祭祀。

行会常规的重大活动是祭祀行业神,专门的祭祀在行业神的诞辰和忌日进行,活动内容包括焚香上供、演戏酬神、迎神赛会、饮宴、说公话(讨论行业公事)、交流技艺等多种项目;此外,逢年过节以及其他庆贺活动(如店铺开张)都要举行祭祀。我们从北京银号会馆于民国十七年所订《公议重订本馆简章》之本,可以看到行会对行业神祭祀的安排:"本馆仍照旧章,每岁大小祀神共十八次。大祭六次,小祭十二次。所有香烛、纸马、钱粮、供品,责成司事人照例备办。大祭之日,全体执事齐集拈香。小祭之日,则由正副两家值年代表。先期应由司事人缮写敬单,派长班通知各号。每大祭一次,各号出资贰圆,小祭暂行停收。"

各业学徒拜师入门的礼仪大致是:择一吉日,在师傅家的正堂设祖师及保护神的神位,由师徒先后向神位行叩拜礼,然后由徒弟叩拜师傅、师娘,再向师兄弟行礼。最后由师傅或店主(或作坊主)向徒弟训话,要求徒弟尊师敬祖,谨守行规。有的还立有字据,例如,张次溪《天桥一览》记录了过去北京的评书业的拜师字据:"今有×××经×××介绍,情愿拜投×××门下学演评词,于×年×月×日在祖师驾前焚香叩禀,行拜师礼,入门受业。自后分虽师徒,谊同父子,守先圣之教,对于师门,当知恭敬。"整个仪式及师门人际关系表明了对家庭的模拟,而各个师门联合的行会,与宗族在组织民俗上颇多相似之处。

二、民间秘密宗教组织

传统中国社会的民间组织除了农村的家族和市镇的行会外,还有第三种势力,这就是民间秘密组织。

民间秘密组织有两大类型。一种采用宗教形式收徒传教,以宗教信仰为精神纽带,以师徒关系为组织保证,通常被称为"秘密宗教"。另一种是"秘密结社",或者以歃血结盟的形式聚义结拜,依据忠义信条和生死弟兄关系把赵钱孙李、东西南北的人员团结起来,例如天地会；或者是以拜师认父的方式把徒子徒孙结成帮会家族，例如青帮。

最早的民间秘密宗教组织，是东汉的天师道和太平道。张道陵依据原始道教，并吸收巴蜀地区少数民族原始宗教的成分，创立天师道。天师道尊奉老子，尊教主为天师，故称天师道。又因入道者须交五斗米，亦称五斗米道。张角创立的太平道，以黄天为至上神，又信奉黄帝与老子，认为黄帝时的天下是人类社会最美好的太平世界。张角及其弟子以高明的医术和令人神往的太平世界吸引民众，十余年间，赢得徒众数十万。张角自称大贤良师，把数十万徒众分为三十六方，大方万余人，小方六七千，各立渠师（道领），建立起严密的宗教组织。

影响最大的民间秘密宗教组织，是兴于宋、盛于元、在明清层出不穷的白莲教。白莲教支脉繁复，都以无生老母为最高崇拜神，以龙华三会为信仰核心。宋元时代的白莲教组织，由于史料缺乏，人们现在不甚了然。明中叶至清中叶时期的白莲教组织大致是：教主自称是某某佛（如弥勒佛、观音菩萨等）的化身，将亲传弟子分宗定派（或按三宗五派九干十八支，或按八卦），遣往各地传教收徒。他们的再传弟子或称"传头"（如东大乘教），或称"老官"（如无为教），或称"卦主"（如天理教），或称"当家"（如天地门）。他们负责传教收徒，收缴徒众香金，举办各种宗教活动，听候教主征召，组织造反起义。他们又委任自己的若干弟子管理教务，领导普通教徒。在一般教徒之中，男称大众，女称二众或二道，彼此互称道亲或师傅。自清中叶始，白莲教的组织形式更加复杂，其中，八卦教较为典型：教主统领八卦的卦长，卦长下辖六爻，掌爻称指路真人，下设开路真人、档来真人、总流水、流水、点火、全仕、传仕、夏仕、秋仕等教职，其下是一般徒众。掌爻真人受命掌握卦内生杀大权，真人以上可动用银钱，流水以上可经营账目，点火专管出钱人的姓名单子，用火烧了使阴司记账，全仕以上可传授徒弟，传仕专管送信，夏仕和秋仕只等来世才有好处（夏仕托生举人，秋仕托生秀才）。

白莲教在组织上的常规的习俗惯制，主要有度人和入教仪式，道场以及集会。白莲教内一般教徒最重要的修持功夫是度人，即劝人入教，称为"作功"。先要把自己的家属度进来，然后度亲友和所能接触的人。由老教徒一至二人引进，经过授戒、传诀、唱誓愿文、上表持号对合同等步骤,一个人就成了正式教徒。所谓授戒,是由教首教授戒律,内容与佛教戒律大同小异,如清茶门的三皈五戒:皈依佛、法、师,戒杀生、戒偷盗、戒邪淫、戒荤酒、戒诳语。所谓传诀,是由教首传授"三诀"(亦称"三宝"),一是口诀,以"真空家乡,无生老母"八字真言最为普遍;二是本支派的手诀;三是由教首在两眉中间到囟门的某处点玄关,以便灵魂于死后升天。所谓唱誓愿文,是让教徒发誓永远忠于本教,有的支派需上香,有的甚至歃血,并唱念"天雷轰杀"等咒语。所谓上表持号对合同,是用黄纸书写教徒姓名后将其焚化,以示向无生老母报告,作为幸赴龙华三会享受极乐世界的凭证。

白莲教的道场,一般是借各个支派祖师的生辰忌日或中国传统节日(如上元、中元、下元)举行,遇丧事或受信徒所邀,也临时开场。规模大的道场要高搭彩棚,供无生老母、众位仙佛与创教祖师,还要焚香燃烛、唱念经文、扶乩占卜,由善男信女许愿还愿,祈祝众生无灾无病,并舍粥施药。

白莲教的集会,是教徒集体进行的宗教活动,其收徒仪式和道场要求都参加,也算是集会。此外,各支派还每月定期在晚上举行一至二次集会,由教首主持,或宣讲经文,或演练仪式。集会时,男女教徒混杂一处,不加分隔。

三、民间秘密结社

民间秘密结社兴盛于清代和民国时期。清代档案中的会党名目竟达一百多个,其中以天地会系统和青帮的影响为最大。它们曾有大量反对清朝的表现,特别是天地会,长期以反清复明为宗旨。但是,它们平时只是江湖上经济互助、感情互通的结盟组织。

天地会是朋友加兄弟的异姓联盟,它的成员大都从农业、手工业中分解或半分解而来,与士农工商都有联系、却不属于四业中的任何一业,因而与行会有别。它始终被官府明令禁止,清初竟然在刑法中第一次把异姓结拜视同谋反;清雍正朝《大清会典·刑部·奸徒结盟》说:"顺治十八年定凡歃血盟誓焚表结拜弟兄者,著即正法。"因而,天地会一直是地下组织。

据孙中山先生在《建国方略·有志竟成》中的论述,天地会(洪门)创设于明朝遗老,起于康熙时代。因为该会"拜天为父,拜地为母",所以称为"天地会"。据说因为是合异姓为一家共图反清复明之大业,所以取明太祖年号洪武为名,号称"洪家"或"洪门"。相传各地天地会由五祖所创,他们作为五房分赴各省,各立山水香堂。山堂的大头领称大元帅或总理,二头目称香主或二哥,三头目称白扇、三哥或先生,四头目称先锋,五头目称洪棍,一般会员称草鞋。它不是一个单一的垂直组织,而是散布全国绝大部分地区的独立山堂的总称。洪门以多种形式参加、帮助了辛亥革命。辛亥革命后,它仍然作为违法乱纪的秘密组织存在,与青帮一起被世人并称为青、洪帮。

洪帮的收徒仪式叫"开香堂"。香堂有大小之别,入帮人数较多时开大香堂,其仪式更为讲究。申请入帮,先向帮中专事发展组织的头目报名,等到积有数十或上百人之后,由山主派负责开香堂的"老大",选择僻静的庙宇布置大香堂。正中设炎帝位,上悬"忠义深堂"匾额,中间设置供桌供祖师牌位。堂中另设大方台一张,右供大片子(大刀)一把,左供小喷筒(手枪)一支,下焚一炉香、一对烛,台口置线香一束,并且要张红灯,外层三盏、中层八盏、内层二十一盏,隐含"三八二十一"(洪)。待新会员和请来赴会的各位入内后,闭门,由新会员向祖师牌位行三跪九叩之礼。然后,由一位负责人向他们详解种种帮规,接着便将台口线香执于左手,将大片子握于右手,对他们厉声道,"以后各位如有不遵主命,不能严守帮规者,即以此香为例!"于是,将线香一刀两段,把断香分给新会员。然后,向他们朗诵入帮诗,令同帮兄弟互相行礼。最后是入会问答。主香人问:"天地日月,如何称呼?"众会员答:"拜天为父,拜地为母,拜日为兄,拜月为嫂。"又问:"你们能严守帮规吗?"答:"能!"于是一一发给"票布",令各珍藏。大家算是正式入门。

青帮由清初运河上的"粮帮"发展而来,又称"清帮"、"安清帮"等。青帮是一个家族式的秘密会党,组织严谨,有家庙、家谱和严格的帮规、帮俗。其家庙在大运河南端的杭州武林门外宝华寺,家谱为《通草》,又叫《清谱经》,追认了前二十四辈,以菩提达摩为始祖;其中二十四辈的排行是"清净道德,夕成佛法,能仁智慧,本来自性,圆明行理,大通悟学"。中华人民共和国政府成立后,青帮被取缔。

青帮的帮规帮俗主要有"十大帮规"(例如,不准欺师灭祖,不准奸盗邪淫,不准以卑为尊等),"十禁"(例如,禁拜二师,禁父子同师,禁兄弟班辈高低,禁在道谤道等)、"十戒"(戒截路行凶、偷盗财物、聚众欺寡、以大欺小等)、"十要"(孝顺父母,兄贤弟忍,夫妇和顺,和睦亲邻,恤老怜贫等)、"十守"(守法律,敬神明,务正业,戒嗜好等)。为了保证帮规帮俗得到遵守,其"家法"规定了相应的处罚,主要有申斥、棍击、在身上烧字(例如"犯规"、"不孝"、"顽民"、"无义"等)后斥革、处死。

天地会和青帮都有一套又一套内部成员相互联络的暗语和手势,特别是天地会,因为长期没有一个全国性的领导机构,所以各个山堂的"问答"因时因地而异。不过,它们的问答都有一些共同的基本内容:问姓答洪,问数答三八二十一。青帮成员要联络同帮的人提供帮助,就坐到茶馆里端起茶,左手露三个指头,右手露四个指头,客气地说一声,"请各位老大用茶"。如果在场有同帮的人,他就会过来搭话,问姓答潘(祖师爷之一),问来路去向则答"从杭州来,到五台山朝祖",一直盘问到相信彼此是帮中人,才高高兴兴地按帮中规矩相待。青帮的盘问内容称为"海底",本帮的来历、势力、帮规等传承知识尽在其中。秘密符号是大型秘密组织在大社会开展活动的基本条件。

此外,小型的民间组织还有钱会(资金信用组织)、老会(办理老人丧事的合作组织)、十姊妹(由九位女青年和一名小男孩结拜而成)、结拜兄弟以及一些互助性的生产组织。

四、社区组织

传统社会的人口密度通常并不很低,特别是黄河和长江流域。既然"鸡犬之声相闻",就不可能"老死不相往来"。为了通婚、进行物资交易、祭祀保佑一方水土的神灵,人们走出宗族,超越行会,建立更广泛的互助关系,开展公益活动。这些关系的确立形成了地缘性的社区组织,并相应地存在着一定的习俗惯制。

村落组织是小型的社区组织,只有那些多姓杂居的村落,才有必要在宗族组织之外建立村落组织,以协调居民的关系。村落组织一般有村庙供奉保护神(有些村庙只供土地神);有村规民约界定村民的义务和权利、外来户取得居住权的条件等;有青苗会负责与生产有关的事务,如农田用水、防涝抗旱、家畜管制、看护庄稼、摊派钱物、祭祀鬼神。

联村组织是中型的社区组织,是若干相邻村落为了协同行动而结成的联盟。传统社会的民间联村组织,通常是在出现特殊需要的情况下才产生的,例如崇拜地方保护神(包括为之建庙、筹办祭典等)、防匪、兴修水利、械斗。联村组织有理事会(由各村的代表组成)、有规约(开展集体活动的规范)、有神庙(作为组织的精神纽带和活动中心)。联村组织除了负责护水、防匪之类的事务活动之外,还定期或择吉日举办迎神赛会之类的仪式活动,形成社区习俗。台湾彰化平原的清代早期移民以泉州人最多,其次是漳州人和客家人,相互之间经常发生械斗。由于当时的社会基层以自治为主,所以当地的地域组织比较发达,其中最大的是漳州人和客家人的七十二村联盟。[1] 这一联盟是清道光年间他们与泉州人械斗后的产物。他们集资修建了奉三山国王为主神的永安宫,里面还供奉械斗中死去的"勇士"。遇到年关不好的时候,该组织要举办王爷出巡绕境的活动。王爷巡境一般在农历三四月之间,具体日期由王爷降乩决定,经过各庄的顺序和路线也已成为惯例。

社区组织民俗较丰富的表现是在庙会上。不同层次的社区都有自己的中心,而这个中心往往就是庙宇。庙宇通常由一方的民众集资、出工修建。各村或各姓推举人员组成理事会之类的机构,负责筹办、主持落成大典,确定一年之内的大祭。祭祀期间就是庙会。庙祭固有的活动是敬神班子摆供祭神,一般民众烧香叩头、许愿还愿。庙祭而成为"会",它的实际功能变得异常丰富,活动内容几乎包括社区生活和文化的一切方面。

敬神还须娱神,娱神也是自娱。敬神的活动既包括虔诚、严肃的祭拜,还包括轻松、活泼的民间杂艺。庙会通常是民间杂艺大展示的舞台。丰富而盛大的杂艺表演自然要数老北京的庙会了。其杂艺在20世纪50年代被命名为"民间花会",在此以前,俗称"走会"、"过会"。清光绪

---

[1] 许嘉明:《彰化平原福佬客的地域组织》,参见中国台湾地区《"中央研究院"民族学研究所集刊》第36期。

年间富察敦崇《燕京岁时记》说:"过会者,乃京师游手,扮作开路、中幡、杠箱、官儿、五虎棍、挎鼓、花钹、高跷、秧歌、什不闲、耍坛子、耍狮子之类,如遇城隍出巡及各庙会等,随地演唱,观者如堵。"走会包括文会和武会两大类。武会又分"会规以里"的会档和"会规以外"的会档,前者指"幡鼓齐动十三档",即开路、五虎棍、身歌、中幡、狮子会、双石头、石锁、杠子、花坛会、杠箱、天平会(什不闲)、吵子会、挎鼓会;后者有七十多个品种,如小车会、旱船会、太平鼓类。每一个会都有响亮而吉祥的"会万"(名称),一般是地名加会名再加会种,文会如"角儿堡、万花献瑞、鲜花老会",武会如"虎坊桥、万寿无疆、秧歌老会"。会档一般由一位"把头"或"大督管"(会首)承担会里的全部费用(设备、交通等),两名"前引"受会首委托实际带队走会,若干"耍手"作为演员,一对大三角形的"门旗",镶有火焰边,绣着本会的名号,一面"拨旗"由把头或前引执掌。

走会有各种规矩。会龄长的称"老会",成立不久的称"圣会",只有老会的旗帜用黄色。新会成立,走会前要举行隆重的仪式,下帖把各会的把头、前引请来,设香案祭拜神灵(娘娘),摆筵席款待同行,当众表演一番,大家认可了,以后才能正式出会。圣会经过若干年后改为老会,也得宴请同行前来认可。走会通常走固定的香道,既不能抄近路,更不能超过前面的会。不同的会按"幡鼓齐动十三档"的顺序表演,同样的会则由远道而来的先表演。

农历四月初一至十五的北京西郊妙峰山庙会,吸引了方圆百里的香客,一套习俗惯制使整个活动过程井井有条。通往妙峰山金顶"天仙圣母碧霞元君庙"的每一条香道上,每隔十来里路就有一个茶棚,白天供过往香客喝茶,晚上供他们住宿。香客和会档先给娘娘烧香叩头,然后才吃喝休息。会档经过每一个茶棚和村庄都要表演。两会在途中相遇,都要停锣息鼓,互道辛苦,朝顶回来的让去朝顶的先走。文会没有表演活动,专门给茶棚和寺庙捐献用品,为香客服务;茶叶老会和馒头老会为香客提供饮食;缝绽老会是修鞋工人组成的自愿队,沿途为过往香客修鞋;南花老会由花农组成,把鲜花献给各个茶棚和碧霞元君祠;修路老会在庙会开始前就动手修补香道。

庙会同时也是庙市,周围地区的人们在这期间进行物资交流。河北藁城县耿村四月四的耿王墓大仙洞庙会,除了烧香拜神、演戏娱神之外,就是商人和手艺人的"赶庙"。庙会的边沿区,摆满了各种摊位。商人兜售生活用品和农具,手艺人剃头、算卦、卖膏药。

庙会还是社交的机会。庙会的区域往往也是通婚的基本范围,人们的许多亲戚朋友都在赶庙会的人员之列,庙会给这一社区的成员提供了走亲访友的机会。陕北延安地区过去的庙会往往还是相亲、定亲的时机。青年男女借庙会见面、接触,双方有意,就由媒人和家长一起在草地上喝酒定亲。一无所成的小伙子总会用一句话来安慰自己,"待到来年四月八(庙会日期),庙会上有的是姣女娃"[1]。一般来说,中、小型庙会比大型庙会有更强的社交功能。

传统的民间社区组织负责具体的公共事务,筹办公共事务的活动,形成习俗依靠习俗协调公共关系,成为社区文化的基本内容。庙会可谓社区文化的大展示。不同层次的民间社区组织一般都有自己的神和庙,组织成员大多数也是参加祭祀活动的信徒,因此,社区组织常常就是供奉某位主祭神的祭祀圈。

---

[1] 劲挺:《延安风土记》,西北大学出版社 1986 年版,第 62 页。

第五章　岁时节日民俗

岁时节日,主要指与天时、物候的周期性转换相适应的、在人们的社会生活中约定俗成的、具有某种风俗活动内容的特定时日。不同的节日,有不同的民俗活动,且以年度为周期,循环往复,周而复始。

节日的形成与发展,经历了十分漫长的历史。我国传统的岁时节日,主要是农业文明的伴生物。丰富多彩的节日文化,不仅记载着我们祖先对自然运动规律的认识与把握,也显示了各个不同历史阶段的社会、经济、科技发展的水平;同时,也反映了我国民众那种张弛有度、应时而作的自然生活节律。

研究节俗产生、发展和演变的规律,对于正确认识节日文化现象,积极引导节俗活动的健康发展,有着十分现实而重要的意义。

第一节　岁时节日的由来和发展

一、岁时节日的由来

岁时节日的形成,有两项必不可少的要素:一是有相对固定的节期;二是节期中有特定的民俗活动。这种民俗活动年年重复、代代相传。节期的选择、节俗活动的形成与发展,显示出自然规律对人类生活的制约及人对自然的适应与把握。从这两个角度,我们可以探讨一下岁时节日的由来。

(一) 节期的最初选择

检视一下我国的岁时节日系列,不难发现,节期的最初选择与确立,是以天文、历法的知识为基础的。

我国是世界上最早进入农耕生活的国家之一。在距今六七千年的仰韶文化时期,原始农业已经出现。农业生产要求掌握准确的农事季节。而在上古时代，人们还没有完善的历法与计时工具，只能依靠对天象(日月星辰的变化)、气象(气候的变化)和物象(动植物随季节而起的变化)的观察来决定农时、指导生产、安排生活，即所谓"观象授时"。所以，我国古代天文知识发达甚早。正如明末清初顾炎武所说："三代以上，人人皆知天文。'七月流火'，农夫之辞也。'三星在天'，妇人之语也。'月离于毕'，戍卒之作也。'龙尾伏晨'，儿童之谣也。后世文人学士，有问之而茫然不知者矣。"[1]

在对天象的观测中，最早引起人们关注的，是与人的生产、生活关系最密切的"七曜"、"二十八宿"。"七曜"即日、月与金、木、水、火、土五大行星。二十八宿，则是在黄道、赤道附近，由恒星组成的二十八个星区。人们用它作为坐标，观测日月五星运行所到的位置。

在现存最早的古文献殷墟甲骨卜辞和商代金文中，已有不少对二十八宿中部分星宿及日、月食的记载。《诗经》《夏小正》《春秋》《左传》《国语》等先秦典籍中，都有许多关于星宿的叙述和丰富的天象记录。《尚书·尧典》载："日中，星鸟，以殷仲春。日永，星火，以正仲夏。宵中，星虚，以殷仲秋。日短，星昴，以正仲冬。"[2]这意思是说：在昼夜长短平分这一天(即春分日)，鸟星(即"星"宿)黄昏时，正处南中天，以此来确定时令正当仲春；在白昼最长的一天(即夏至日)，大火星黄昏时，正处于南中天，以此来确定时令正当仲夏；在昼夜长短平分这一天(即秋分日)，虚宿黄昏时，正位于南中天，以此来确定时令正当仲秋；在白昼最短的一天(即冬至日)，昴宿黄昏时，正处于南中天，以此确定时令正当仲冬。《尚书·尧典》大约成书于战国时期，但其中所记录的天象，据研究，反映的是三代以前的情况，由此说明，在上古时代，我们的祖先已懂得利用二十八宿中的某些星座来定时了。1978年，在湖北随县出土的战国初年的曾侯乙墓内的漆棺上，绘有完整的二十八宿图。这证明至迟在公元前5世纪，二十八宿体系已经形成了。

对天象的观测及记录，使人们对天象周期性变化的规律有了认识。

---

[1]（清）顾炎武著，周苏平、陈国庆点注：《日知录》，甘肃人民出版社1997年版，第1283页。

[2]（清）孙星衍撰，陈抗、盛冬铃点校：《尚书今古文注疏》，中华书局1986年版，第15、16、18、19、20、21页。

日月运行的规律,形成了人们对时间的量度观念:日出日落,是为一天;月圆月缺,是为一月;日远日近,寒来暑往,谷物由播种到成熟,是为一年。经过长期的观察,人们发现,年、月、日三者之间,呈现一种大致相统相属的运行规律,但是年、月又都不是日的整倍数。随着观测技术的进步,测量精度的提高,人们终于发现十二个朔望月共354天,比一个太阳年少$11\frac{1}{4}$天,积三年就要差一个月以上的时间。于是,殷周时已开始置闰。起初是三年一闰,还不够,又改为五年闰两次,五年闰两次又多了些,后来规定十九年共闰七个月,使历年的平均长度大约等于一个回归年,并和天象及自然季节大致协调同步,这便是最早的历法。以朔望月为单位的是阴历,以太阳年为单位的是阳历。我国古代的历法,同时兼顾到朔望月与太阳年的阴阳合历,即平年十二个月,闰年十三个月。由此,年、月、日等计时单位便能确定了。进而,昏、旦、朔、望、晦、日南至、日北至、日夜分、岁首、年末等时日,也能准确地排定,并以它们各自在岁月坐标上所处的特定位置而受到人们的特殊关注:正月为岁首,正月朔、旦,为新年之始,是为元旦;十二月晦,年尽岁除,为除夕。于是,年节习俗的除旧布新之意有了寄托。有了"望日",而后才可能有正月十五、七月十五、八月十五、十月十五等节期的成立。

　　历法发明以后,人们继续以天象、物候来检验历法的准确度,不断地充实、完善它。为了更精确地反映四季、气温、降雨、物候等方面的变化,以指导农业生产,古人把黄道附近的一周天分为二十四等份。根据太阳在黄道上这二十四个不同的位置——实际上是地球在围绕太阳公转的轨道上的二十四个不同的位置——定出二十四节气:即立春、雨水、惊蛰、春分、清明、谷雨、立夏、小满、芒种、夏至、小暑、大暑、立秋、处暑、白露、秋分、寒露、霜降、立冬、小雪、大雪、冬至、小寒、大寒。二十四节气中,最先测定的是二分和二至。《尧典》所载的"日中、日永、宵中、日短",就是春分、夏至、秋分、冬至四气。战国末年,《吕氏春秋》中又记了立春、日夜分(即春分)、立夏、日长至(即夏至)、立秋、日夜分(即秋分)、立冬、日短至(即冬至)八个节气。自此,四时八节的日期已能推定。二十四节气是我国古代历法的重要组成部分。它客观上反映了四季中天象、物候的变化,成了我国古代农业社会安排生产生活的主要依据。节气虽然并不等于"节日",但节气使一批"常日"被特别地突出出来,为节日的产生准备了条件。如立春、清明、夏至、冬至,与后来形成的有关节日关系至为密切,特别是"清明",后来从节气演变为很重要的传统节日"清明节"。

(二)节俗活动产生的内动力

岁时节日是农业文明的伴生物,在考察各种节俗活动的成因时,不能离开这个视点。

传统的节俗活动可以说是五彩缤纷、难以尽述。虽然在它的历史发展过程中,有许多后续的内涵融入其间,然而,深究各种节俗活动产生的最初根源,却不难发现一个简单而又永恒的推动力:即人们祈望五谷丰登、人畜两旺、岁岁平安。无论是年节的鞭炮驱傩,还是社祀的春祈秋报,无不表现出人们对人寿年丰、如意吉祥的不倦追求。从某种意义上来说,节日风俗的产生,与人类早期的原始信仰观念直接相关。

一是自然崇拜。早期的人类,总是不能把自己和大自然分离开来,并因无法驾驭它而把所有的自然力都当作一种超凡的神力加以崇拜。

对日月星辰的崇拜起源很早。殷人对日神有朝夕迎送的礼拜仪式。周人改为定期祭祀。《礼记·月令》载:"天子春朝日,秋夕月,朝日以朝,夕月以夕。"有时还把日、月、星三光合在一处祭祀,如《周礼·大宗伯》:"以实柴祀日、月、星、辰。"[1]《尔雅·释天》:"祭星曰布。"这种原始的祭月拜星活动,与后来中秋赏月、七夕拜星习俗可以说是一脉相承的。

对土地及土地神的崇拜,渊源于史前时代。殷商时期,对土地的祭祀已相当普遍。甲骨文祭祀中"亳土"的卜辞较多。原始的祭法是直接向土地献祭:将祭品深埋或直接灌注于地。周以后,称土地神为社神或社主,原始的土地崇拜发展为社祀。祭祀的方法多采用封土设坛以祭或树木以祭。春秋战国以后,社祭有很大发展,国、州、县、里各级均有社祭。即使是穷乡僻壤,也是"叩盆拊瓴,相和而歌,自以为乐矣"[2]。这种原始的土地崇拜观念,直接演成了后世重要的农事节日:"社日"。社

---

[1] (清)孙诒让撰,王文锦、陈玉霞点校:《周礼正义》,中华书局1987年版,第1297页。
[2] 杨树达:《淮南子证闻》,上海古籍出版社1985年版,第67页。

日分春社和秋社,分别在立春和立秋后第五个戊日举行。它们春天向土地神祈求保佑丰收,秋天收获后向土地神献祭以为酬报。社日在古代是很受重视的。《荆楚岁时记》载:"社日,四邻并结宗会社,宰牲牢,为屋于树下。先祭神,然后享其胙。"[1]这是一个人神共娱的盛大农事节日。与之相关的诸多农事庆典,如立春日的行春之仪、亲耕大典等节俗,莫不导源于此种土地崇拜的观念。

二是祖灵崇拜。古人相信人有灵魂,人死之后,肉体不复存在,灵魂却不消失。灵魂具有超人的能力,可以变化形态,暗中对人起作用。生前为善者,死后亦成善鬼。家中的尊长死后,能成为家族或家庭的保护神,因此受到后人的隆重祭祀。这便是上古的祖先崇拜。殷周时代,祖先崇拜的祭祀相当频繁,祖庙建筑名目甚多。春秋战国以后,儒家伦理文化给原始的祖先崇拜增添了新的动力。"事死如事生"、"慎终追远"遂成为中国广大民众社会生活的伦理原则。汉以后,岁节祭祖已成定例。新春伊始,祈望先祖保佑新一年风调雨顺、合家平安;新谷登场,第一刀新穗用来祀天祭祖,以答谢祖宗的眷顾之恩;岁暮天寒,不忘给祖宗捎去(焚化)御寒的冬衣;年尽岁除,更不忘把先祖请回与家人团聚。节日中的祭祖习俗,使血亲家族内部产生了一种巨大的凝聚力,成为中国人一种根深蒂固的传统观念。

除了祖灵以外,人们认为,那些死于非命、中道而夭的非正常死亡者,死后会变成恶鬼或散祟,加害于人。《搜神记》卷十六载:"昔颛顼氏有三子(生下即死),死而为疫鬼:一居江水为疟鬼;一居若水为魍魉鬼;一居人宫室,善惊人小儿,为小鬼。"为了使厉鬼不害人,古人想出了种种办法:或敬而远之、或退而避之、或驱而赶之。七月十五于旷野水边燃放河灯、焚香化纸、设馔施粥,为的是追荐各路孤魂野鬼,使其有所归而不为厉。上巳日河边洗浴,端午插艾挂蒲、饮雄黄酒、戴长命缕,重九登高等俗,均有避邪消灾之意。至于年节燃放爆竹、击鼓驱傩、去秽送穷、更换桃符等俗,则都是对鬼魅的一种强力驱除,显示出人的护生态度。

三是各种节日习俗与古人的迷信、禁忌、巫术观念密切相关。古人

---

[1] (南朝梁)宗懔撰,宋金龙校注:《荆楚岁时记》,山西人民出版社1987年版,第33页。

相信征兆,认为吉凶祸福,必有前兆。日、月、星、风、雨、云、雪、雷等诸般自然现象均被当作征兆对象。古人根据各种兆象,预测未来的事物,于是产生了占卜。据《书》《周易》《史记》等古籍记载,早在伏羲、黄帝的传说时代,就有了占卜。后世传统岁时节日如除夕夜、立春日、二月二土地公公生日、花朝节、夏至节、七夕、中秋、重阳、冬至等,都有看风云、占天候、预卜年岁丰歉的活动。此类岁时习俗,正是源于这种前兆俗信。

为了消灾远祸,防患于未然,古人有很浓的禁忌观念,体现在节日中,便形成许多禁忌习俗。诸如初一忌杀鸡、寒食禁火,清明忌不戴柳,二月二"龙抬头"日闺中忌动针线,四月八禁屠宰,五月忌曝床荐席、忌盖屋修灶,冬至、腊八忌住娘家,年节忌打碎器物、忌倒垃圾、忌烛火熄灭、忌说不吉利语……为保平安,人们处处设防。与此同时,还伴以各种禳灾、祛邪、逐傩、厌胜等巫术手段,希求达到求吉免祸的目的。所以,迷信、禁忌、巫术既是传统节俗产生的土壤,也是传统节俗内容的组成部分。

由此可见,岁时风俗源自上古。如果说,原始信仰是节日风俗产生的土壤和温床,那么,祈望人寿年丰则是岁时节日的人生寄托,是节俗形成的原发性动因。

二、岁时节日的发展

岁时节日的发展,经历了一个漫长的历史过程。

先秦时期,是我国传统岁时节日的萌芽期。原始农业出现以后,相应的禁忌、占候、祭祀、庆祝活动便相伴而生了,这些便是最早的节日风俗因素。但它还没有成为节日风俗,常日也一样实行。殷人信卜、宗天、崇祖、畏鬼。一年之内,几乎是无事不卜,无日不卜;敬天祭祖交相进行、周而复始;平时饮食起居多所禁忌,简直到了无处不祟、动辄得咎的程度。这些习俗,基本上还保留了原始信仰的惯习。它充满在日常生活的流程之中,具有普泛性特点。周人把民间俗习上升到"礼"的规范,祭祀、庆祝活动逐渐按季节相对集中到春、夏、秋、冬四时或年头岁尾举行。《礼记·月令》载:孟春之月,天子亲率三公九卿"以元日祈谷于上帝",并行亲耕大礼;孟秋之月,新谷登场,"天子尝新,先荐祖庙";孟冬之月,天子、王后还必须亲自备办祭品烝祭先祖,以祈来年。春秋战国以后,历法逐步完善,四时八节、岁元、朔、望等时日,越来越区别于常日而被突出出来。作为节俗主要内容的各种祭典、庆贺、卜占活动,多集中在这些时日举行,节日的雏形已见端倪。不过,春秋战国时代,诸侯割据、长期分裂,加上夏、商、周三朝历法不统一,每次改朝换代,都要改律历、易正朔、重立岁首。节期既难以固定,地域性的差异也无法统一。所以,此时节日尚未定型。

汉代是我国节日风俗的定型期。秦朝二世而亡。汉初经过短暂调整,中经文、景之治,到汉武帝时,已建成为一个政治统一、社会安定、经济繁荣的中央集权大帝国,为节日的统一、定型创造了条件。汉武帝太初元年(前104),在全国恢复实行夏历,并将二十四节气订入历法。据史籍记载:除夕、元旦、元宵、上巳、寒食、清明、端午、七夕、重阳及春秋社日、冬祭腊日等传统节日,大多在汉代形成定制,此后一直沿袭两千多年以至今日。

节日风俗的发展与演变,是一个历史文化积淀的过程。社会、政治、经济、战争、科技、文化等诸多因素都在起作用。其中比较主要的有这么几方面。

(一)神话传说的嵌入

节俗的远源,是古人的原始信仰崇拜。随着人们对自然认识的不断发展,原始信仰逐渐削弱。对节俗的"所以然"必须重新给予解释,才有可能在新的条件下继续存在和发展。汉代是一个历史和传说相当活跃的时代,各种上古神话传说广泛流传,给节俗的重新诠释带来了新的机遇。以七夕节为例。

七夕节形成于汉代。此前,牛郎、织女只是上古人们崇拜的两颗星星,二者并无关系[1],到汉代,牛郎、织女之间开始有了爱情纠葛的传说[2];民间也有了七夕之夜外出看牛郎、织女相会的活动。宫廷于此夜

---

[1] 参见《夏小正》、《诗经·小雅·大东》。另见(宋)朱熹集注:《诗集传》,上海古籍出版社1980年版,第147、148页。

[2] 马茂元:《古诗十九首初探》,陕西人民出版社1981年版,第128页。

还有"穿七孔针"、跳于阗舞之俗[1]。因汉武帝生于乙酉年(前156)七月七日,因此又产生了汉武帝"七夕会王母"的神话故事。[2] 汉武帝是一个相信神仙方术的皇帝,又有这一神话传说的渲染,"七夕"也就成了一个重要的节日。到魏晋南北朝,七夕牛郎、织女相会的故事情节日趋完善,民间节俗中又添了以瓜果祭牛郎、织女及穿针乞巧等内容。唐宋以后,牛郎、织女传说又添了喜鹊因架桥而被踏秃了头的情节。民间七夕还出现了乞巧市、乞巧楼、乞巧棚,卖"花瓜"、"巧果"、土偶泥人等应节时品,加上丢巧针、种巧芽、穿针乞巧等习俗,热闹非凡。可见,神话传说对节俗的发展有很大影响。

中秋节的发展演变,也与神话因素的渗入相关。中秋节渊源于古代秋祀、拜月习俗。汉代《淮南子·览冥训》中有姮娥(即后来的嫦娥)窃食不死药成仙奔月、化成蟾蜍的神话。而且,月中又多了一只玉兔和一棵大桂树。到唐代,又进一步演绎出西河人吴刚砍伐桂树及桂子飘落人间的传说,情节更加丰富完整。优美的嫦娥奔月神话,给古老的拜月风俗注进了新的活力,终于在唐代形成了以拜月赏月为主要内容的中秋节。时至今日,中秋节合家团圆赏月、食月饼依旧是炎黄子孙都很看重的节日习俗。

(二)上层统治者的参与和提倡

就一般情况而言,节日风俗多由民间约定俗成。但在特殊的情况下,统治者的参与和提倡,对节俗的发展演变,可以起直接的促进、推动作用。元宵节的形成与发展,很能说明问题。

如前所述,汉武帝迷信佛道。按方士建议,修了"泰一"坛祭祀"泰一"神。后因久病不愈,请巫师召"泰一"神"对话"。当汉武帝听说自己病情不要紧,不久后还能与"泰一"神相会于甘泉宫时,顿觉精神转好。他恢复健康后,便命人在甘泉宫修建"太一"祀坛。正月十五盛张灯火,通宵达旦祭祀太一神,从此形成了正月十五张灯结彩的习俗。到了隋代,隋炀帝为了追求享乐,每逢正月十五,都要在皇城端门外设下数里戏

---

[1]《西京杂记》,《四部丛刊初编》子部048,商务印书馆1922年版。
[2]《汉武帝内传》,《守山阁丛书》,清光绪十五年(1889年)版本。

场,调集数万人,盛装彩服,通宵歌舞。[1] 元宵行乐的节俗观念,自此而一发不可收。唐玄宗时期,每至上元夜更是大陈灯彩:百枝灯树、千炬红烛、歌女乐工、载歌载舞。从京师长安、东都洛阳,到全国城乡,"灯火家家市,笙歌处处楼"。夸财斗富、铺张挥霍之风到宋代达于极盛。宋代,皇帝观灯已成礼俗。放灯时间一再延长,灯笼制作竞巧斗奇。宋徽宗放"鳌山灯"长达48天,花灯、烟火、灯谜、杂技,各种娱乐活动名目繁多。到明、清二代,从春节到元宵,舞狮、舞龙、踩高跷、跑旱船、扭秧歌、打腰鼓、闹社火,举国同庆。至今,元宵节仍然是我们民族最盛大的节日之一。

(三)民众历史情感在节日风俗中的积淀

历史人物传说常常是广大民众历史观的一种艺术表现。它们因为某种契机而融入节日之中,作为节日的一种溯源性解释,并左右节日活动、节俗观念的流变。

例如,端午节节俗的起源问题,历来诸说并存:有"恶日"说、"龙图腾祭"说、"源于夏至"说、为纪念某历史人物说等。究其根源,端午节俗的初始之意,当是驱瘟、除邪、止恶气,直到汉代还是如此。但到了汉末魏晋之时,便增加了纪念历史人物的内涵:山西一带传说是为纪念介子推,吴越传说是为纪念伍子胥,会稽人以此日纪念曹娥。南方楚地俗传五月五日是屈原自沉汨罗江的日子,端午节是为纪念屈原的。由于屈原的爱国精神和高尚人品为人所共仰,所以此说很快取代了其他诸说,产生了广泛而深远的影响。这样,一些先于屈原之前即已存在的某些习俗,也被传说重新加以解释,与纪念屈原发生了联系。如龙舟竞渡,早在屈原投江之前就有。可后来却把龙舟竞渡解说成是模拟当年打捞屈原遗体之事。粽子亦起源于古代的祭祀食品,当时并无特别的说法;可后来说向水中投粽子是为赶开蛟龙,让三闾大夫安心用餐……人们并不追究这种解说的可信性,而只是借助节日风俗活动,寄托自己对伟大的爱国诗人的崇敬之情,反之,节日风俗也因这种历史因素的注入,获得了更强的生命力而传之久远。

---

[1] (唐)长孙无忌、魏征撰:《隋书·音乐志》,中华书局1973年版。

（四）宗教节日（或其因素）的渗透

在我国，佛、道二教对世俗生活的影响至深至广，圣、俗之间界限并未严格区分，宗教活动世俗化的倾向比较明显。宗教尽量利用民间俗信扩大自己的影响；民间俗众也常把世俗人情寄托于宗教信仰，通过节日活动，实现圣、俗之间的交往。这样，一些本来只是宗教徒才过的宗教节日，也被插进了岁时序列，成为僧、俗共度的节日。

如四月八"佛诞日"，本是佛教节日。浴佛之举渊源于佛祖诞生时受浴的故事情节，至晚在东汉业已存在。到六朝，浴佛活动遍及朝野内外。佛门宣讲佛法，香汤浴佛；民间最有代表性的活动则是舍缘豆，普结良缘，买乌龟或乌鱼放生，行善积德以图善报。俗谓"是日救生一命，能较平日作十万功德"。直至近代，这种寄情佛事、结缘放生的习俗依然不断。

"中元节"与佛、道两家都有关系。道教谓七月十五为地官赦罪之辰；佛门以此日为"佛自恣日"。道观多为人家持斋诵经、荐奠祖考；寺僧作盂兰盆会以救倒悬。民间俗众则是佛道兼采：除作盂兰盆遍施鬼众外，还大放焰口，为堕入饿鬼道的饿鬼赎罪超生。同时，还在江河湖海放河灯、焚法船、拯孤照冥，普度落水鬼和其他孤魂野鬼。随着历史的发展，放灯习俗中的信仰成分日渐淡薄，在今天已逐渐成为节日的一种娱乐活动了。

（五）各民族节日风俗的融合

这在我国风俗发展史上也是一个很重要的流向。中国历史上，出现过多次大规模的民族融合时期。最有影响的有：春秋战国时期，各族交往与混融；魏晋南北朝时期，南北民族的杂居；元蒙时期，北方游牧民族入主中原；17世纪中叶，满人入关建立了清政权。战争带来了民族大迁徙；多族杂居、南北统一，使节日风俗得以接触、融合。汉族一些重要的传统节日如春节、元宵、清明、端午、中秋等在古代各民族中普遍流行；而各少数民族的一些体育竞技游艺，如山戎的打秋千、契丹、女真的射柳习俗，也不断渗进汉族传统节俗之中，成为各族人民共同的文化财富。

节日风俗像一条永不停息的长河，伴着岁月行进，在变化中继承，在传承中发展。

第二节　岁时节日的活动及特点

岁时节日,亦被称为"传统节日"。它们历史悠久、流传面广,具有极大的普及性、群众性、甚至全民性的特点。

岁时节日的形成及发展,受诸多因素的影响。有些节俗产生的渊源可能是单一性的;然而,后世的发展及现实存在形态却又是综合性的。所以,很难按单一的性质将它们作相应的归类。如有人把清明节划归为农事节日,因为它本属二十四节气之一;有人又把它划归祭祀性节日,因扫墓、祭祖是其主要内容。其他如上巳节、端午节、重阳节等皆有类似情况。至于年节,更是集祈年、祭祖、庆贺、娱乐为一体的盛典,就更不好单独划归哪一类了。

有鉴于此,我们依据节日的现实存在形态,择其影响最大的、至今仍广泛流传的主要节日,按时序先后分述于下。

一、主要传统节日的活动内容

春节　春节俗称"年节",是中华民族最隆重的传统佳节。自汉武帝太初元年始,以夏历(农历)正月初一为"岁首"(即"年"),年节的日期由此固定下来,并一直延续两千多年至今。年节古称"元旦"。1911年辛亥革命以后,开始采用公历(阳历)计年,遂称公历1月1日为"元旦",称农历正月初一为"春节"。

年节是除旧布新的日子。年节虽定在农历正月初一,但年节的活动却并不止于正月初一这一天。从腊月二十三(或二十四日)小年节起,人们便开始"忙年":扫房屋、刷墙壁、剪窗花、贴春联、置办年货、添制新衣、洗头沐浴、准备年节器具等。所有这些活动有一个共同的主题,即"辞旧迎新"。人们以盛大的仪式和热情迎接新年,迎接春天!

年节也是祭祝祈年的日子。古人谓谷子一熟为一"年"[1],五谷丰收为"大有年"[2]。西周初年,即已出现了一年一度的庆祝丰收的活

---

[1]　(汉)许慎撰,(清)段玉裁注:《说文解字注》,上海古籍出版社1981年版。
[2]　顾馨、徐明校点:《春秋谷梁传》,辽宁教育出版社1997年版,第73页。

动。后来,祭天祈年成了年俗的主要内容之一。而且,诸如灶神、门神、财神、喜神、床神、井神等诸路神明,在年节期间,都备享人间香火。人们借此酬谢诸神过去的关照,并祈愿在新的一年中能得到更多的福佑。除夕,民间俗信诸神下界。于是,燃爆竹、点旺火,迎神"燎祟"、击鼓驱傩。在"一夜连两岁,五更分二年"的时刻,还多有占岁之举。

年岁还是阖家团圆、敦亲祀祖的日子。除夕,全家欢聚一堂,吃罢"团年饭",长辈给孩子们分发"压岁钱",一家人团坐"守岁"。元日子时交年时刻,鞭炮齐鸣,辞旧岁、迎新年的活动达于高潮。各家焚香致礼,敬天地、祭列祖,然后依次给尊长拜年,继而同族亲友互致祝贺。元日后,开始走亲访友,互送礼品,以庆新年。

年节更是民众娱乐狂欢的节日。元日以后,各种丰富多彩的娱乐活动竞相开展:耍狮子、舞龙灯、扭秧歌、踩高跷、跑旱船、杂耍诸戏等,为新春佳节增添了浓郁的喜庆气氛。此时,正值"立春"前后,古时要举行盛大的迎春仪式,鞭牛迎春,祈愿风调雨顺、五谷丰登。各种社火活动到正月十五再次形成高潮。

时至今日,除祀神祭祖等活动比以往有所淡化而外,年节的主要习俗都完好地得以继承与发展。

元宵节 正月十五元宵节,是我国传统节日中的大节。因为节期是新的一年中第一个月圆之夜,而古代称夜为宵,因此叫"元宵节";又因元宵节的主要节俗活动是施放花炮烟火、张灯、观灯、赏灯,故又称为"灯节"。道教则称正月十五为"上元节"。

元宵燃放灯火之俗始于汉武帝祀太乙神;佛教传入后,与佛教正月十五"燃灯表佛"之仪融合。因有官方大力倡导,遂在民间广为流传。是夜,城乡花炮烟火不断,锣鼓声震四野。踩高跷、扮故事、舞龙灯、耍狮子、打腰鼓、扭秧歌、百戏社火,走街串巷,众人成群结队观灯赏灯、猜谜看戏,欢闹之声不绝于耳,堪称中国民间的狂欢节。此种节俗,直到今天仍盛传不衰。

元宵节的节令食品是元宵(汤圆),它寄托着人们期求新一年圆满顺遂的心愿。

旧时,正月十五还有走百病与祭门户、祀蚕神、迎紫姑等习俗。前者意在祛除疾病,后三项则是祈望蚕业丰收。

清明节 清明节属我国历法中的二十四节气之一。节期在公历每年的4月5日前后。按农历算,则在三月上半月内。这个节日与农业生产有密切关系。《岁时百问》云:"万物生长此时,皆清洁而明净。故谓之清明。"作为农事节气的清明,它标志着春耕时节的到来。俗谚云:"植树造林,莫过清明。""清明前后,点瓜种豆。"而作为岁时节日的清明节,在融合了寒食节、上巳节的有关风俗后,便有了禁火寒食、祭扫坟墓、踏青郊游、荡秋千、放风筝、打马球、插柳等一系列风俗活动。

祭墓、禁火两大习俗,周代已有,但原来并未固定日期,禁火寒食与清明祭扫也无多少关涉。汉末,蔡邕的《琴操》将禁火之俗与传说中介子推被焚事联系在一起,但禁火日期只说是在农历五月五日。魏晋之时,始将寒食节定在清明前一两日。东晋陆翙的《邺中记》云:"俗冬至后百五日,为介子推断火冷食三日,作干粥,今糗是也。"到唐代,唐玄宗于开元二十年正式下诏将寒食扫墓列入五礼之中。此后,寒食、清明祭扫坟墓的习俗就合二而一了。每年农历三月清明日,无论官员士庶、男女老幼皆出郊扫墓上坟,一时间车马如流、四野如市、香烟缭绕、纸蝶翻飞。中华民族尊亲敬祖、隆宗重嗣的传统习俗,在清明节表现得分外集中而动人。这种习俗一直流传至今。只不过,除祭扫父母坟墓外,人们还到烈士陵园扫墓,怀念先烈业绩,以示悼念。

除扫墓之外,清明节民间还有戴柳、踏青、游春等习俗。古代,由于寒食禁火,火种熄灭,于是引出了清明节钻榆柳取"新火"、传"新火"以及沿门插柳、戴柳的习俗,民间有"清明不戴柳,红颜成皓首"之说。另外,古来还有三月上巳日(后固定在三月初三)踏青、祓禊习俗。是日临水洗濯祓除,踏青游春,文人雅士有"曲水流觞"之戏,青年男女则野外郊游、狂欢不禁。因上巳日与清明日很近,诸多游乐活动贯串其间,演成清明前后的春游热潮。清明日,人们扫墓之余,亦在郊外聚会冷餐,尽兴游乐:荡秋千、蹴鞠、拔河、放风筝、斗鸡,有些地区还伴有大型庙会、娱乐表演活动……热烈奔放的游乐气氛,与大自然的无限生机相融互感,作为一种深层的生命意识,积淀在清明节的风俗之中,代代流传。直到今天,清明节依然是我国民间十分重视的节日。

端午节 农历五月初五,是为"端五"或"重五"。古代,"五"与"午"相通,因此,"端五"亦称为"端午"、"重午"。又古人有于是日用兰草汤沐浴的习俗,故又称"沐兰节"。唐宋时,此日又叫"天中节"、"端阳节"。明清时北京人称其为"五月节"、"女儿节"。道教称此日为"地腊节"。端午节是我国民间夏季最重要的传统节日。

关于端午节的起源,历来诸说并存。从其传统节俗活动的内容来看,端午节最初与祛邪、除毒、避瘟、止恶等观念紧密相关则是可以肯定无疑的。

仲夏时节,暑热即至,毒虫滋生、疫病易犯,为抗拒"五毒"袭扰,民间形成了一系列驱除厌胜习俗,端午日煎兰汤沐浴、采制草药;采菖蒲、艾叶插于门旁以禳毒气;剪艾虎钗于头、悬于臂以镇祟辟邪;制作、饮用、涂抹雄黄酒以驱毒杀虫;贴"天师符"、"钟馗像"以捉鬼降妖;系五色丝、避兵缯、长命缕以辟灾除病、益寿延年等。上述习俗,除以兰汤沐浴、采制草药尚存些许保健性意义外,多属岁时性禁忌、祓除观念的产物。

端午节流传至今的最主要的节俗活动是吃粽子、赛龙舟。这两项习俗最初亦属驱疫逐魅的活动之一。自与纪念屈原的故事结合后,传统节俗获得了新的历史性含义,一直沿袭千年,久盛不衰。如今,粽子依然是端午节人人要吃的节令食品;龙舟竞渡成了海内外华人非常喜爱的民间竞技、娱乐活动;而纪念屈原,则成了端午节一切活动的恒定主题。

中秋节 农历八月十五为中秋节。八月为秋季第二个月,故此节亦称"仲秋节"。又因此日恰值中秋之半,且月色倍明,故又称"秋节"、"月夕"、"月节"。在中国人心目中,中秋是一个象征团圆的传统佳节。

中秋节的起源,与古代秋祀、拜月习俗有关。在它的形成、发展过程中,月宫嫦娥神话的附会、渲染,又起了直接的推动作用。先秦时代,即有帝王春天祭日、秋天祭月的礼制。汉魏以后,已有了赏月、咏月的诗赋之作。除了祭月、赏月之外,古时秋季谷熟之时,民间还有享祀土地神的"秋报"活动。与之相伴随,自汉已流传的嫦娥奔月神话不断被人加工、丰富,逐渐注进了古老的拜、祀习俗,到唐代,中秋拜月、祭月、供月、礼月、赏月、玩月已蔚成风气,到宋代达于极盛,此后一直盛传不衰。

每当中秋之夜,一轮明月,皓然当空,亮如明镜,圆似玉盘。家家户户设供桌于庭,上置西瓜、香瓜、葡萄、枣子、苹果、石榴等各样时鲜果品,合家团坐,一边赏月,一边分食月饼。浙江杭州还有去钱塘江望月观潮、泛舟夜游及"烧斗香"之俗。旧时,吴地妇女中秋夜兴盛装出游"走月亮";不育妇女还于是夜去瓜田架下摸取瓜、豆以求子,叫做"摸秋"。

中秋团圆之夜,月圆、饼圆、瓜圆、果圆、家人团圆……人们借助各种象征团圆的节物与活动,表达一个共同的心愿:祈愿家人团圆、生活美满。时至今日,拜月的观念与礼数虽已淡化,但中秋观月、赏月、吃月饼却依然是最惹人情思的传统习俗。"每逢佳节倍思亲",这是中国人特有的传统情感。对于炎黄子孙来说,即使远在天涯海角,中秋节的明月,也能带去亲人的缕缕相思与祝福。

重阳节 农历九月初九为重阳节。因日、月逢"九",且"九"为"阳数",故称"重阳",也称"重九"。又因重阳节有接出嫁女儿归宁的风俗,故又称"女儿节"。

重阳节的活动,主要有登高、赏菊、饮菊花酒、佩茱萸、食菊花糕等。茱萸是一种药用植物,其味香烈,俗说有除湿祛风的功效,古人认为是一种可以驱邪的神物。菊花酒亦被认为有辟恶除疾、延年益寿的作用。《西京杂记》将此俗缘起归于汉高祖宠妃戚夫人之侍女贾佩兰,无疑加重了俗信的权威性。重九登高之俗,民间传说解释为与"桓景避灾"事相关。《续齐谐记》载东汉汝南人桓景,受仙人费长房指点,于九月九日携全家登高、饮菊花酒、佩茱萸囊而躲脱了一场灭门之灾。于是,世人效法,沿之成俗。传说尽管不足征信,然其间透出的信息却告诉我们:重阳节俗产生的初始之义,乃与祓禊、驱避的观念有关。按阴阳五行说的解释是,重九之日,地气上升,天气下降,天地之气交接,古人为避免接触不正之气,所以才登高以避之。

随着岁月流逝,重阳节中的信仰成分日渐淡薄,而演变为一个以登高、赏菊、宴饮、赋诗为主要内容的游乐性节日。历代文人雅士,联袂登高、把酒临风、诗赋唱和,留下了无数名篇佳句。百姓家多于是日接出嫁了的女儿回娘家休息、吃花糕。在北地少数民族中,重阳节还融进了骑射、围猎等活动。到了近现代,重阳登高消灾观念早已淡然,而趁秋高气爽之时,结伴郊游、赏菊、饮菊花酒、食花糕,依然是民间广泛流传的民俗活动。

二、传统节日的民俗特点

（一）鲜明的农业文化特色

我国的传统节日是农业文明的伴生物。节期选择本身，便是农业社会生产、生活规律的一种特殊表现形式。与春种、夏锄、秋收、冬藏的生产性节律相应，民间节日中，也就有了春祈、秋报、夏伏、冬腊的岁时性生活节律。

新岁开春，万物复苏；但冻土乍开，农事无多，农家生活相对闲适。人们祭天敬祖、鞭春劝农、拜大年、赏花灯、闹社火、过花朝、感应春气萌动、踏青郊游、临水祓禊。通过一个个春的节日，频频播下希望的种子，祈盼着秋天的好收成。

入夏，农事渐忙，少有闲暇；且冬谷既尽，宿麦未登，青黄不接，更兼炎夏暑热，疾病易生。故端午习俗主要以驱邪避瘟、除恶祛毒为生。盛夏酷暑，更有"曝书"、"伏闭"等驱避之俗。

金秋时节，新谷登场、瓜果成熟。人们怀着丰收的喜悦，秋社报赛、荐新祭祖、拯孤照冥、团聚赏月、饮酒登高。既是报答神明，也是慰劳自己。

秋去冬来，大田农事告竣。仓廪丰足，猪羊满圈。人们整米磨面、酿酒烧肉、"送寒衣"、"履尊长"、"数九"消寒、饮酒"扶阳"。直到喝完"腊八粥"，又开始准备"忙年"——新一轮的循环重又开始。就这样，所有节日，井然有序地分布在一年四季，顺应岁时节候的变化，应和着农业生产的节奏，张弛有度、自然和谐。

（二）浓厚的伦理观念与人情味

我国是一个贵人伦、重亲情的国度。传统节日中的诸多礼俗，深刻地体现了这一特点。

岁节祭祖，几乎是所有节日不可或缺的内容。年节、元宵、寒食、清明、端午、七月半、中秋、重九、冬月（十月）初一、冬至等节，或庙祭、或墓祭、或洒扫焚香、或望空禀祝。第一刀新穗、第一盘鲜果、第一把新韭、第一杯佳酿，都用来祭奠先祖。人们通过各种节日祝祭活动，表达后辈的孝思与追念；反过来，这种绵延不断、周而复始的岁节礼俗，又不断地强化和巩固着人们的家族意识、血缘亲情。

节日里,这种天伦之乐表现得格外充分:家人讲究团圆;孩子们受到格外的宠爱——新年的椒柏酒,从年幼者喝起,端午日首先给儿童们涂抹雄黄、戴艾虎以避邪气,七夕、重阳在家打扮小女儿,节日期间孩子们可以随意嬉闹而不受苛责;亲戚朋友邻里之间,互相馈赠节物时品:元宵的灯、端午的粽子、中秋的月饼、重阳的花糕,礼尚往来,情深意浓。千百年来,传统节日已成为维系中国社会人际关系重要的感情纽带。只要是中国人,都可以从中真切地体验到一种血浓于水的骨肉亲情,从而产生一种强烈的认同感、亲和力。

(三)节俗的内容与功能由单一性向复合性发展

如前所述,节日风俗的缘起,与各种原始信仰有关。最早的节俗活动,意在敬天、祈年、驱灾、避邪。直到魏晋南北朝以前,禁忌、迷信、祓禊、禳解等观念及活动,在节俗中依然占主导地位。节日的歌舞狂欢,意在娱神;以时品上供,旨在贿神;制作、佩带各种节物,则是为了驱鬼。到后来,这些待遇慢慢地不再为神独占,而变成人神共享。节日也就逐渐从避忌、防范的神秘气氛中解脱出来,而成为人神共欢的日子。隋唐以后,特别是经过由贞观到开元近百年的休养生息,农业、手工业、商业得到空前发展,技术知识也有相当的进步。经济繁荣、文化昌盛,节日风俗也以极快的速度向娱乐方向发展。爆竹不再只是驱鬼的手段,而是欢庆娱乐的工具,且因为火药的发明和应用,由简单的爆竹发展成各式各样的鞭炮与烟花;神秘的驱傩仪式转化成了民间的傩舞与傩戏;元宵节的祭神灯火,发展成为供人游乐观赏的花灯;上巳日的临水祓禊,演化成曲水流觞、踏青郊游;中秋的拜月,变成了赏月、玩月;重阳避灾则变成了远足登高、饮酒赋诗的赏心乐事;原先用于厌胜的节物时品,变成了供人玩赏的手工艺品而获得了审美价值;大量的体育活动也出现在节日里。每逢重大节日,城乡还多有盛大的社火、庙会活动。届期,商贩咸集,游人如织,乞福、求子、烧香、还愿、欢歌群舞、百戏杂陈,成为农村最大的交易场所和娱乐盛会。这使传统节日集信仰的、经济的、社交的、娱乐的等多种功能于一身,成为中国广大民众生活必不可少的组成部分,直到近现代依然如此。

传统岁时节日,是民众集体创造的文化产品。它是古代信仰物化形态的一种遗留。它也是一种生活的节奏,一种逐渐形成的自我调节机制。大自然的一切都是有节奏的,人的生活不可能没有张弛。生活中不可无节日,节日里不可无活动。在现实生活中,岁时节日虽已基本失却了早先的信仰内核,但许多传统节俗却依然存活在民众生活之中,并且随着时代的发展,从内容到形式都更加深刻多样。

我国是一个多民族的国家。在数千年的历史发展过程中,各民族的风俗交相融汇、异彩纷呈。除了一些共同性的大节之外,各民族还有许多独具特色的岁时节日,它们共同构成了中华民族丰富多彩的节日文化。

三、关于现代节日

现代节日,指的是近现代才产生的节日。从根本意义上来说,现代节日不能算传统岁时节日。因为,大多数现代节日的形成,与农业生产,与天时、物候的周期性变化,几乎没有什么关系(个别节日如"植树节"除外)。

这些新节日多是适应现代生活的需要,或是在某种历史背景下形成的一些纪念日或社会公共活动日。只是因为它们也是以年为周期,循环往复,且各有特定的活动内容,因而具有了"节日"的形态,在现实生活中发挥着"节日"的功能。如公历1月1日的"元旦"新年、3月8日的"国际妇女节"、5月1日的"国际劳动节"、6月1日的"国际儿童节"、7月1日的中国共产党诞生纪念日、8月1日的中国人民解放军"建军节"、10月1日的中华人民共和国"国庆节"等,都是由国家政府明文规定的现代节庆日。另外,又有3月12日的"植树节"、9月10日的"教师节",还有人倡议将传统的"重阳节"定为"敬老节"、"老人节"等。这些亦是正在形成过程之中的现代节日。

现代新节日具有鲜明的时代特色。它体现着时代变革过程中,人类为争取自由解放和一切合法权益的奋斗精神,展示着人们热爱祖国、崇尚科学、尊重知识、敬老爱幼、尊重妇女、保护环境、造福后人的新的时代风尚。它们丰富着我们民族的节日文化,并以新的内容、新的风采对传统节日的节俗活动给予积极的影响。

正因为节日在我国人民生活中有着非常重要的地位,人们对节日期间的一切活动常常是尽力投入的。所以,近些年来,有不少经贸洽谈、商品展销、旅游观光等活动,也往往借助"节日"这种为人所熟悉而又易于接受的形式进行。诸如"购物节"、"时装节"、"美食节"、"书法节"、"烟花节"、"啤酒节"、"茶花节"、"桃花节"、"梨花节"、"赏梅节"、"柑橘节"、"西瓜节"、"小枣节"、"豆腐文化节"、"海鲜节"……名目之多,不胜枚举。这是在当前发展经济、改革开放大潮冲击下应运而生的一种文化现象。作为展销、促销的一种手段而偶一为之,对于开阔视野、交流信息、促进经贸活动的开展,以及与之相关的环境卫生、交通秩序的整顿等项工作,应该说,也有一定的积极作用。但是,这种过滥的"人造节日"活动却不宜提倡;而且,也不可能作为"节日"存活下来、持续下去。因为,它不符合节日自身发展的规律。节日,本是人们为适应生产、生活需要,在长期的生活实践中自然形成的一种休整日。如果天天"过节",闹得人们不堪重负,那也就失去了节日本来的意义。

第六章 人生仪礼

第一节 人生仪礼的性质

人生仪礼是指人在一生中几个重要环节上所经过的具有一定仪式的行为过程,主要包括诞生礼、成年礼、婚礼和葬礼。此外,标明进入重要年龄阶段的祝寿仪式和一年一次的生日庆贺举动,亦可视为人生仪礼的内容。

人生仪礼是社会民俗事象中的重要组成部分。每一个人之所以经历人生仪礼,决定因素不只是他本人年龄和生理的变化,而且是在他生命过程的不同阶段上,生育、家庭、宗族等社会制度对他的地位的规定和角色的认可,也是一定文化规范对他进行人格塑造的要求。因此,人生仪礼是将个体生命加以社会化的程序规范和阶段性标志。人生仪礼与社会组织、信仰、生产与生活经验等多方面的民俗文化交织,集中体现了在不同社会和民俗文化类型中的生命周期观和生命价值观。

对人生仪礼的观察与研究历来为民俗学家所重视。从理论上予以系统解释的早期著作是范·热纳(Arnold Van Gennep)的《通过仪礼》。范·热纳提出的"通过仪礼"这一术语(有时也译为"生命仪礼"),认为各种人生仪礼都具有共同的意义,即都可以使人实现从一种社会状况向另一种社会状况的转变。从这个意义上看,这些仪式过程都向人们展示三个阶段,即"脱离仪式"、"转变仪式"、"合入仪式"。在成年礼中,这种结构模式表现得最为充分,先是象征"死亡"的与原先社会地位脱离的仪式,然后是进行转变的仪式,使当事人得到改造,最后是象征"再生"的仪式,使当事人获得一个新的社会位置并返回社会共同体。范·热纳的理论提供了这类仪礼在形式上的统一性,并且注重社会分类和社会地位转变的研究。

在范·热纳之后,除继续对"通过仪礼"进行社会结构功能方面的研究外,还有心理分析方法的研究、象征论方法的研究等,都试图对范·热纳的理论作新的拓展或修正。如维克多·特纳(Victor Turner)提出"阈限"理论,即认为范·热纳所言"通过仪礼"的身份转换的第二阶段尤为重要,因为受礼者进入了一种神圣的仪式时空,它处于中间状态,不同于过去和未来那种按照世俗社会生活范畴构造起来的时空。在这个阈限期蕴涵着创新的象征意义。这一解释还可以适用于季节转换的节日庆典过程。不过,应当看到节日是周而复始的时间现象,它不同于人生仪礼对于个人的不可重复过程。[1]

中国人的人生仪礼既与世界上其他国家和民族有许多不同之处,又因为自己多民族和环境地域的复杂性而呈现出丰富多彩的形态。作为具有悠久古代文明的国家,中国的人生仪礼积存着厚重的历史蕴涵,也随时代的发展而发生了变迁。在秦汉以前就已形成和存在的各项人生仪礼,在《周易》《诗经》《左传》《仪礼》《礼记》等古籍中均有记载,并对后世有很大影响。中国的人生仪礼同宗教的祭祀仪式相比而言,更具有世俗的性质,体现出在宗法社会中以个人为中心的礼俗规范。人生仪礼一方面联结寻常百姓的人生追求和需要,一方面联结着受儒家文化支配的传统价值观念,千百年来始终发挥着规范人生和统一教化的作用。

第二节 诞生仪礼

诞生仪礼是人一生的开端礼。一个婴儿刚一出生,还仅仅是一种生物意义上的存在,只有通过为他举行的诞生仪礼,他才获得在社会中的地位,被社会承认为一个真正意义上的"人"。从我国重视子嗣的实际情况来看,诞生仪礼还可以包括婴儿出生之前及后来成长过程中的一些仪式活动。因为一个新生命的出生与生长绝非一件容易的事情,孩子父母乃至亲属等要做出许多努力,这在医疗条件差、婴幼儿死亡率高的农

---

[1] 参见史宗主编:《20世纪西方宗教人类学论文选》下册,金泽等译,上海三联书店1995年版,第512~516页。

村尤其突出。所以诞生仪礼亦可以看作是一个较长时间的连续过程,大体包括求子仪式、孕期习俗、庆贺生子三个阶段的内容,而以庆贺生子为中心部分。

一、求子仪式

已婚妇女未孕前,民间有种种企盼怀孕得子的习俗,仪式多带有神秘的色彩。"不孝有三,无后为大",这种植根于以家庭为生产单位的自给自足小农经济基础上的传统观念,使得那些不能及早抱上娃娃,特别是多年不能生育的夫妻,如同热锅上的蚂蚁,焦虑不可终日。未孕妇女成为家人的众矢之的,其心理压力更是沉重。为了改变这种难堪局面,便采取向神祈祷、施行巫术行为等方式,以达到怀孕生子的目的。中国民间的求子仪式纷繁多样,可以按其观念与手段的特点分为以下三个主要种类。

(一) 向神灵祈子

这是最普遍的一种求子方式。民间虚造主管生育的神灵、偶像,如碧霞元君、送子观音、金花夫人、子孙娘娘、张仙等,并为之立庙建祠。不育妇女带香烛、纸蜡等,到神像前默祷以求得孕生子。不少地方都要有婆婆或者妯娌、大娘等陪同前往。祝祷之后,常伴有"拴娃娃"的行为。神像前的供案上置有一些泥娃娃,祈子者从中挑选一个取走,或用红绳套在娃娃脖子上,把娃娃的小鸡儿掐下来带回家泡水喝下。如果日后果然生了孩子,要再往庙中去还愿。在各地,这种祈祷和拴领仪式常在正月十五前后或传说中的送子神灵的生日那天进行。

中国古代曾有祭祀高禖(生育之神)的礼仪,在仲春之月举行。[1]这种古老的传统于20世纪50年代以前还在河南省淮阳县、陕西省岐山县等地有所保留,[2]可见民间祈子习俗源远流长,其古老的形态与始祖

---

[1] 《礼记·月令》:"玄鸟至。至之日,以太牢祠于高禖,天子亲往。"郑注:"高辛氏之出,玄鸟遗卵,简吞之而契。后王以为媒官嘉祥而立其祠焉,变媒为禖,神之也。"宋罗泌《路史》有"皋禖古祀女娲"之说。闻一多《神话与诗·高唐神女传说之分析》认为,高禖者,夏人所视为涂山氏,即女娲;殷人所视为简狄;周人所视为姜嫄。

[2] 张振犁、程健君编:《中原神话专题资料》,中国民间文艺家协会河南分会1987年内部出版;王世雄、黄卫平:《黄土风情录》,陕西人民教育出版社1991年版。

神话传说关系密切。

（二）由旁人送子

求子习俗中还有一类常见的形式是由亲友或特殊人物向盼望得子的家庭及妇女本人做出象征性的"送子"举动。首先是送去某种食物，据说妇女吃了可以很快受孕。这类食物通常有南瓜、鸡蛋、芋头、生菜等。如贵州中秋节有偷瓜送子风俗。偷瓜于晚上进行，故意使被偷人知道，以惹其怒骂。瓜偷来后绘上眉目，穿上衣服，成小儿形状，用竹舆抬送至无子之家，且一路敲锣打鼓。受瓜之人请送瓜人吃月饼，然后将瓜置于床上伴睡一夜，次日清晨将瓜煮食，认为可以怀孕。[1] 其次是送去带有多子多孙意义的某些吉祥物，常见的有"孩儿灯"、"麒麟送子图"，用口袋装好的百谷、瓜果等。第三是结合元宵节舞龙灯活动送子，如湖南长沙，当龙灯到达家门时，请求龙身绕妇人一次，又让一男孩骑在龙身上，在堂前绕圈，谓之麒麟送子。[2]

从需要旁人协助的角度讲，与送子习俗相似的还有"拍喜"、"棒打求子"等习俗，如福建闽侯旧时每年正月十五，亲邻持竹杖拍打新妇，用意是打走妇女身上的邪祟，使其能正常生育。陕西一带妇女组成"乞子会"，于三月初三到娘娘庙集体祈祷，通宵不眠，谓之"坐夜"，也有互相协助的意思。

（三）性器崇拜与性行为模仿巫术

民间还有一类求子信仰活动，大致属于原始生殖崇拜的遗风，即在某种神圣的时间、地点和场合对某种生殖器象征物加以祭拜和进行交媾行为的模仿。例如，云南永宁摩梭人求子仪式"祭山"中，就有与石祖"久木鲁"接触的巫术内容。"久木鲁"是摩梭话，意为生孩子的石头，与男根"巴窝"一词有同样含义。求育妇女首先在巫师（"东巴"）带领下祭拜岩洞主人"吉泽乍马"女神，然后到水池边洗澡，以冲去附身的恶鬼"乔"，然后到"久木鲁"附近，用细竹管饮用三次"哈机"水，"哈机"是储存在"久木鲁"顶端凹坑之中的，有精液的意思。最后由东巴施行送

---

[1] 胡朴安：《中华全国风俗志》下册，河北人民出版社1986年版。

[2] 胡朴安：《中华全国风俗志》下册，河北人民出版社1986年版，第329页。

"乔"魔术。[1] 我国不少地方都有投石求子的习俗,如安徽省有让妇女往深山中的石洞丢石子,传说丢中即会受孕,把洞口看做是产生婴儿的女性阴门。此外,像苏北的"偷桩"求子,旧时京城正月十六日夜妇女结伴"走桥"及摸城门铜钉等习俗,都包含有这类巫术用意。

二、孕期习俗

(一)孕妇禁忌

妇女有孕之后,民间常以"有喜"、"害口"等俗称,悄悄传递信息。孕妇有种种禁忌,如在饮食方面禁食一些动物的肉,认为吃公鸡会导致生下的孩子夜里啼哭,吃螃蟹会导致胎横难产等;在视听方面忌看一些不常见的动物和丑陋的人,怕受惊吓,冲犯胎神;在外出时忌讳到结婚场合见新娘,认为见了会冲克新娘。上述这些禁忌都反映出在过去对孕妇流产、难产及生残缺儿等现象不能作出科学解释,也有些禁忌对维护孕妇身体与情绪的健康有一定益处,如少到公共场合、不做剧烈劳务和节制房事等。

(二)孕期馈送

各地有许多颇有特色的催生习俗,一般在产期将届时,由娘家送一些婴儿出生后所需用的衣、食物品。因催生礼品须用担挑去,有的地方叫做"催生担"。杭州旧时送催生礼时要携带一具笙,吹着进门,以"吹笙"表示催生之意。产房的预先布置常有许多讲究,上海郊区流行娘家送"分床铺"的习俗,限于女儿第一次怀孕时。

(三)接生方式

产妇将要分娩的时候,常请来接生婆,这对于稳定产妇的情绪和婴儿顺利出生都有很大帮助。由于对血污的忌讳,有的地方不准婴儿出生在床上,怕冲了床神。山东黄县一带多让产妇坐在盆上生产,谓之"临盆";蒙阴等地多在床前铺上麦秆或谷草,让婴儿生在草上,谓之"落草"。[2] 胎衣的处理上,各地很不一致,一般要找僻静地方埋掉,但也有专意埋在路口,任行人踩踏的。

---

[1] 宋兆麟:《生育神与性巫术研究》,文物出版社1990年版,第64~68页。
[2] 山曼等:《山东民俗》,山东友谊书社1988年版,第159页。

三、庆贺生子

（一）生命降生仪式："洗三"

中国汉族一般是在婴儿出生后第三天举行庆贺仪式，谓之"洗三"或"三朝"。在这之前之后，小孩的父亲要向岳父家报喜，所携带的礼物常暗示婴儿性别，如连云港一带以"喜蛋"数目为标志，若生男用单数如89、99等，若生女用双数如56、66等。[1] 产房或临街门口挂红布、桃枝等物，表示婴儿降生，向乡邻报喜。这一习俗产生很早，《礼记》就有生男"设弧于门左"，生女"设帨于门右"的记载。

"洗三"是家庭庆贺添人进口的仪式，也是标志新生儿脱离母体降生人世的象征性仪式。北方多用热水浸泡艾叶、花椒等，由老年妇女为婴儿擦身，认为这样做可以去掉胎气。有的地方在给婴儿洗澡时还要唱喜歌，预祝他长大成人之后能够读书做官，出人头地。

（二）进入人群仪式："满月"

诞生礼的一项重要仪式是在婴儿满月的时候进行。产妇在生产后的一个月内不能做事，不能出门，叫"坐月子"，这期间婴儿须紧傍在母亲身边，不能被抱出户。到了一个月，母亲身体基本恢复，婴儿也比较适应了离开母体之后的新的生存环境，所以在满月这天就可以为婴儿举行有众多亲友参加的庆贺仪式。母亲娘家人及其他亲戚送来贺礼。许多地方做满月时都要庄重地为小孩第一次剃头，俗称也叫"铰头"、"去胎发"，由舅舅主持。剃下的头发不能随便处置，浙江金华是将头发用红纸包好，挂在门后以压邪。做满月的另一个仪式内容是抱小孩第一次出门见世面，一般是先在家中设案祭祖祀神，然后抱小孩走街串户，谓之"兜喜神圈"。浙江湖州"婴儿满月剃头之后，须与舅父怀抱前走，姑父撑雨伞遮于婴孩头上随之，赴街游行一圈，俗意以为将来不惧生人焉"[2]。满月仪式带有使小孩走出家门进入乡里社会的意味。

满月之后，还有在一百天时所举行的庆贺仪式，称"百岁"，又称"百晬"、"百禄"等，含义都是祝福小孩能够健康长寿。与此用心相通，民间有给婴儿吃百家饭、穿百家衣、挂百家锁的风俗。有些地方就是在"百

---

[1] 刘兆元：《海州民俗志》，江苏文艺出版社1991年版，第8～10页。
[2] 胡朴安：《中华全国风俗志》下册，河北人民出版社1986年版，第242页。

岁"这一天通过收贺礼来凑集置备上述物品的钱粮。这中间具有将小孩带入亲友之中,依靠众人养护的含义。

（三）预卜前程的仪式："周岁"

周岁生日,可以看做是小孩诞生礼的最后一个高潮。除与满月、百岁一样要办酒席庆贺之外,这一天特别举行检验小孩天赋和卜测未来前途的"抓周儿"仪式。孩子穿上新衣后,将糕点果品、文房四宝、书籍玩具、秤尺刀剪等物品放置席上,让小孩坐在当中,任他伸手去抓,人们相信,小孩抓到的第一件东西就代表了他日后的志趣,在士农工商各业中可能从事哪一种行业。比如抓到笔墨,说明小孩将来爱读书,会金榜题名;抓到算盘,说明小孩将来有能力经商,必发家致富等。"抓周儿"测验属于占卜一类,本不可靠,但作为一种仪式或娱乐方式,反映出长辈望子成龙的心情。

周岁之后,小孩每年过一次生日,有的地方叫"爬门坎",父母煮鸡蛋和长面条给孩子吃,其用意是让他岁岁平安,逐渐长大成人。

汉族为主的诞生仪礼大略如上所述,整个过程都反映出人们对生育现象的认识和信仰。透过这种对生理意义上新生命的礼赞和精心呵护的态度,可以看出中国人对履行家庭生育和教养职能特别重视。首先,由于父系宗族组织稳定和延续的需要,在生育上出现重男轻女的感情偏向和价值观念。此外,尽管在诞生礼中婴儿本人只能处于被长辈安排的被动地位,但仪式过程把他当作可以与成人交流思想感情的主角加以教育,从中可以看出我国文化传统对个人人格塑造的一些基本要求。所以,应当把民间诞生仪礼同整个婴幼儿期的培养和教育联系起来加以考察。

第三节 成年仪礼

成年仪礼是为承认年轻人具有进入社会的能力和资格而举行的仪礼。

在世界上许多原始民族中,成年仪礼是一项必不可少的通过仪式,有的过程十分隆重且具有严酷的考验性质。我国一些少数民族的成年礼还有比较明显的保留。在汉族历史上有男子20岁行冠礼、女子15岁行笄礼的规定。[1] 据《仪礼·士冠礼》记载,士阶层的冠礼过程是由主持仪式者给冠者戴三次帽子,称"缁布冠"、"皮弁"和"爵弁",分别象征冠者从此有了治人的权利、服兵役的义务和参加祭祀活动的资格。而女子的笄礼规模要小一些,主要是由女性家长为行笄礼者改变发式,将头发绾成一个髻,插上簪子(即笄),表示从此结束少女时代,可以嫁人。[2] 这种传统意义的成年礼于现在的民间,大多已与婚礼或幼子养育习俗相结合,其"成年"的象征意义也与其人生的前后阶段相衔接而予以体现。不过,相对独立的成人礼在有些地方也还有所保留。

一、成年仪礼的习俗表现

我国汉族为主的民间社会中,近世成年仪礼可分为三种类型。

(一)与婚礼相结合的成年礼

明清以来,冠笄之礼渐不普遍,单独进行者多为官宦人家,然而及至民国时期,大多数人家习惯于在婚礼的亲迎之前举行这种成年仪式。如男子届时穿新衣服,披十字红绸,胸前戴红纸花,在族亲子第簇拥下,到宗庙或家堂中,立于红毡上向祖先及尊长叩礼,由尊长赐以成人之字。女子出嫁前,由女性长辈为其"绞脸"和"上头"。"绞脸"就是清除脸上的汗毛和整修眉毛;"上头"是将头发挽起,罩上发网,别上钗簪。相对而言,在婚礼过程中的女子成年礼更为普遍地存在。[3]

(二)与幼子养育习俗相结合的成年礼

成年礼具有结束孩提时期而长大成人的标志意义,故而在许多地方有为男女少年举行庆贺顺利通过养育阶段的仪式,比较典型的例子如广东省等地的"出花园"、南北方普遍存在的过"大生日"和"开锁"等。潮

---

[1]《礼记·曲礼》:"男子二十,冠而字。"见杨天宇:《礼记译注》,上海古籍出版社1997年版,第21页。

[2]《仪礼·士昏礼》:"女子许嫁,笄而礼之称字。"见杨天宇:《仪礼译注》,上海古籍出版社1994年版,第69页。

[3] 河南省地方史志编纂委员会编:《河南省志》第10卷《民俗志》,河南人民出版社1995年版,第281~282页;山曼等:《山东民俗》,山东友谊书社1988年版,第187~188页;刘兆元:《海州民俗志》,江苏文艺出版社1991年版,第46页。

州人认为,未成年的孩子一直是生活在花园里的。长到15岁,就得择吉日举行"出花园"仪式,采来12样鲜花浸在水里,以供孩子沐浴;穿上母亲缝的新腰兜和外婆家送来的新衣服以及一双红皮木屐,以"跨出"花园,一帆风顺。还要拜床神,供品中用公鸡或母鸡,视孩子性别而定,以祈求将来能生儿育女。[1] 陕北柳林县在孩子12岁时,父母及亲友为其举办过"大生日"的礼仪,场面胜似婚礼,所送祝贺礼品有长命袄、富贵裤、用红头绳系的铜钱等。"开锁"与过"大生日"基本相同,河南省民间,男孩12岁或15岁时,由其父母或干娘做顿好吃饭食相待,然后将其幼时戴上的"挂锁"、项圈、耳坠等物去掉。女孩12岁开始留起一条发辫,称"留头",从此开始学习做饭和浆洗缝补。所谓"男过十三,磨肠研肩(读书劳动),女过十三,会做吃穿"。

（三）相对独立的成年礼

上海市松江一带有青年集体举行的"庆号"仪式,即为拥有成人资格的名字而互相庆贺。河北藁城在民国时期,"男子当弱冠时,有贺名颂号之举。其事以年长有德者主之,犹存冠礼之遗意"[2]。

从"通过仪礼"的角度讲,成年礼具有最为典型的意义,行成年礼的青年要首先脱离母亲等长辈的养护,然后经过考验而改造成为身心健全的新人,最后加入社会集体并取得一定位置。一般地说,成年礼的强制性和严格规范,比其他人生仪礼表现得更为突出,在实行成年礼的民族中,这一仪式过程是每个人一生中最为难忘的经历。为了说明成年仪礼的性质、意义、内容规范和形式特征等,有必要结合不同社会形态的不同民族的成年礼给予综合的考察,并且不妨与现代社会青少年长大成年和进入社会的文化现象进行对照。

二、成年仪礼的规范与特征

（一）行成年礼的年龄规定

接受成年仪礼,有年龄的规定。原始民族对男子成年礼的年龄规定

---

[1] 刘志文主编:《广东民俗大观》上卷,广东旅游出版社1993年版,第919~920页。

[2] 丁世良、赵放主编:《中国地方志民俗资料汇编·华北卷》,书目文献出版社1989年版,第100页。

较之开化民族并不十分严格,有时要等待年龄相近的一群人来共同参加,例如,可以不到10岁,或者是15岁、16岁。举行仪式所需的食物条件和气候条件是一个重要决定因素。许多民族的女子成年礼由于常以个人方式单独举行,年龄上比较固定,一般是在女孩子第一次来月经时,这些情况表明,年龄作为判断一个人生理发育是否成熟的尺度,是举行成年礼的重要根据,但生理成熟的人能否作为社会正式成员,还要取决于社会的需要和公认的条件许可。换言之,自然年龄不是人成熟的唯一尺度;只有经过成年礼的承认,人才具有社会成熟的意义。

行成年礼在有些民族中是与加入年龄团体共同完成的。年龄团体在这些民族中是使孩子获得社会成员身份的重要组织形式,一定的年龄团体被规定有承担生产、战斗等社会责任,年龄团体有时可以抗衡亲族群体,以保护自己伙伴的利益。年龄团体使其中的成员进入一定的年龄层次,但在没有年龄团体的民族中,每个人也自然地具有一定的年龄层次。[1] 通过对成年仪礼年龄规定的分析,有助于我们理解人的年龄层次与社会地位和角色的特殊关系。我国从古至今,在观念和制度上都非常看重不同年龄层次的人所应有的教养和身份地位,如孔子所说的"吾十有五而志于学,三十而立,四十而不惑,五十而知天命,六十而耳顺,七十而从心所欲,不逾矩"[2],被推为对世人的普遍期待。中国传统社会中的尊卑长幼秩序在跨出亲属辈分的情况下,年龄层次是决定一个人社会地位的重要标尺。

(二)成年仪礼的性别区分

成年仪礼分为男子成年礼和女子成年礼两种,在有的民族中,或者只有其中一种。分性别举行成年礼与在成年礼中进行性别教育有极大关系。人的性别和年龄一样,都是人主观无法改变的生理属性,但又是与生俱来的社会角色与位置,因此,成年仪礼的一项重要教育内容,是使青春期的孩子接受对性别社会价值规范的认识。在某些民族中,都实行将十几岁的年轻人带离家庭,并且按性别分开寄宿的制度,这既是限制

---

[1] [美]罗杰·M.基辛(Rober M.Keesing):《当代文化人类学概要》,北晨译,浙江人民出版社1986年版,第163~165页。
[2] 徐志刚译注:《论语通译》,人民文学出版社1997年版,第10页。

接触异性的手段,又是引导与一定范围的异性交往的必由途径。我国南方一些少数民族有供青年男女交往的"公房"设施,大约是这种隔离男女居住方式的一种变异现象。

性别教育更重要的内容,是传授只有同一性别的成年人才能有权知晓的秘密知识,这在原始部落成年礼中表现得特别突出,时常作为仪式的高潮。如南美火地岛锡克兰人的男子成年礼,要由德高望重的老人向那些已经通过严酷身体训练的青年讲授关于部落神话的秘密,谁要出卖这些秘密谁就将被处死,[1] 成年仪礼因此而具备了"秘密结社"的性质。成年礼通过这些手段来强化青年人对自己性别角色的认识,使他们从生理成熟进入社会价值观上的成熟。

(三) 成年仪礼中的考验

年轻人在任何社会中都要经受许许多多的磨炼和考验,而在原始的成年仪式,特别是男子成年礼中,要集中完成一系列规定的体能训练和受到相当痛苦的身心折磨。所经常采用的考验方法、手段有:1. 环境的突然改变,十几岁的年轻人要被带往远离父母与亲人的陌生地方;2. 置身于人为的艰苦生活当中,饮食、睡眠、说笑行为等受到严格限制;3. 从事沉重的体力劳动与耐力培养,如进行长距离行军等;4. 接受鞭打等肉体痛苦和施行损伤性手术,如割礼、文身、凿齿等;5. 制造恐怖场面,使年轻人受到惊吓。这些手段在不同民族的成年仪式中有不同的表现,如我国云南傣族有男子文身和女子染齿的习俗,这在《唐书·南蛮传》和《蛮书》中就有记载,至今仍流行。再如,瑶族男子的"度戒"仪式中,有"翻云台",即从一丈多高的台上跳下,和"上刀梯"、"踩火砖"、"捞油锅"等考验方式。

成年礼中的考验具有多重意义,比较明显的意义是使那些将承担社会责任的年轻人得到身心磨炼,从而具有迎接未来艰苦生活的能力。但从情绪感受的角度来看,年轻人在仪式中所遭受的痛苦越大,就越会强烈地意识到自身社会地位正发生急剧变化,同时加强他与现场周围人的连带感。此外,这些考验本身具有"死亡与再生"的象征意义,是社会使

---

[1] [德]利普斯(Julius E. Lips):《事物的起源》,汪宁生译,四川民族出版社 1982 年版,第 253~254 页。

年轻人从依赖父母的状态中分离出来的仪式。

（四）成熟标志

成年仪礼最终要使经过严格考验和训练的年轻人拥有正式社会成员的标志，如改变发式和服装、佩戴特殊装饰品、文身与凿齿等身体变形，新命的名字作为一种语言符号，也是表明年轻人身份发生变化的寻常标记。如我国汉族古代的"冠礼"、"笄礼"，彝族少女的"换裙礼"，哈尼族叶车人的"安角"，黎族妇女的"绣面"，上海松江一带男青年的"庆号"等仪式主要是集中在获得成年标志方面。几乎所有民族的服饰、发式等都有成年与未成年、男性与女性的区分，名字也如此，因此即使在没有成年礼的民族中，当一个人开始穿戴有性别区分的成人服饰、改变发式，或者有了成人的名字时，也同样标明他进入了成年人阶段，这些变化外观与名称的做法仍具有成年礼的意义。

三、成年仪礼发生变化的原因

我国古代的冠礼曾被视为"礼之始"，是"嘉事之重者"，[1]但后世日渐衰微或发生与其他仪礼相融合的变化，其社会文化历史的原因值得分析。

（一）农业社会组织形式的制约

我国后世婚礼将成年礼的内容包括了进来，这反映出后世把结婚当作人一生中的"头等大事"，认为只有婚配之后，才表明一个人真正成年，即成为所谓"成家立业之人"。

成年礼由独立而服从于婚礼，表明在农业社会中家庭成为基本细胞，先前全氏族集体男女分工的生产活动对成年组织的要求已不突出，因此与年龄等级制密切相关的成年仪礼，在婚礼面前便黯然失色。

（二）对教养过程的日渐重视

在比较复杂的文明社会中，成年礼的象征成分还分解到一个人成长过程的各个阶段之中，包括在儿童期、少年期、青年期，乃至壮年期和老死之后。"成熟"越来越具有相对的意义。在育儿习俗中就开始包含许多期

---

[1] 杨天宇：《礼记译注》，上海古籍出版社1997年版，第1050页。

盼孩子独立成人的象征性举动；少年接受教育，青年朝着某种职业特长发展，壮年时得到某种地位和荣誉的过程中，也都经常伴随某种含有"成熟"意义的仪式。如江南有的农村中，小孩子入学，要由舅舅买书包、文具并领孩子到学堂，见到同学们时要分送糖果给大家。这中间就带有小孩子脱离母亲进入同龄组织中的含义。又如某些行业的长时间学徒过程反映出考验的性质。

从民俗流变的观点看，现代社会中学校教育在很大意义上代替了传统的成年仪礼过程，即通过正规教育使青少年定型化，而且在形式上有脱离父母的入学仪式、转变过程的学习和考试阶段以及进入社会的毕业典礼等。所不同的是，现代学校教育并不像传统成年仪礼那样，只教育青少年遵守全社会的统一规范，认为个性具有破坏社会共同体秩序的危险，而是更重视个性的发展，以满足复杂分工的社会在多方面的需要。然而，教育时间的加长，又带来学校与社会容易脱节的倾向。

第四节 婚 姻 仪 礼

婚姻是维系人类自身繁衍和社会延续的最基本的制度和活动。早在原始社会时期，就"在原始民族中间存在着一套决定两性间相互关系的复杂的规矩"[1]。这些规矩不妨看做是最早的婚姻制度。从人类历史整体发展的眼光来看，婚姻制度不断演化，从原始群的乱婚和血缘群婚，进化为氏族社会的非血缘群婚和对偶婚，又进而固定为文明社会的一夫一妻制。不过，在世界各地的民族志中，尚未发现乱婚乃至群婚的确凿证据。[2] 我们在这里仅从多元文化的角度实际观察不同社会的婚姻制度及其变迁。

婚姻作为民俗现象，它的内容主要包括婚姻形态和婚姻仪礼两个方面。婚姻仪礼的举行以社会认可的婚配关系为前提，因此有必要结合婚

---

[1] [俄]普列汉诺夫（Георгий Валентинович Плеханов）：《论艺术》（又名"没有地址的信"），曹葆华译，生活·读书·新知三联书店1973年版，第115页。
[2] 参阅[美]罗伯特·F.墨菲（Robert F.Murphy）：《文化与社会人类学引论》，王卓君、吕酒基译，商务印书馆1991年版。

姻形态来观察婚姻仪礼。由于时代和地区的不同,我国汉族的婚姻形态、婚姻仪礼在传承中有一些不同的表现,至于各个民族之间就更具有一些明显的差异。这里,着重对汉族的婚姻形态与仪礼进行考察,同时适当涉及一些我国少数民族的婚姻习俗现象。

一、婚姻形态

男女双方通过结婚而组成一个新的家庭,必须得到社会的认可。表面上看,婚姻仪式是向社会公开并得到承认的男女结婚方式,但能否举行以及举行何种婚姻仪式则取决于一定社会中的婚姻制度及在其基础上变通的习惯。由于男女双方婚前关系、婚配条件、婚后居住及所有的权利、义务等有种种不同情况,便呈现为不同的婚姻形态。民众对这些婚姻形态往往有特别的解释,体现出他们的婚姻家庭观念。

(一)一般的婚姻形态

一夫一妻的婚姻制度形成得很早,从大汶口文化男女合葬墓址上可以看出,早在公元前 3000 年左右随着私有制的产生,这种婚制与父系家族制度便已出现。但"专偶制从一开始就具有了它的特殊的性质,使它成了只是对妇女而不是对男子的专偶制"[1]。

在择偶范围上,"同姓不婚"被作为规则,实际上这与通婚地域限制有关,是为了防止有父系血缘关系的婚配关系,相对而言,与母亲一方血缘关系的禁制则显得灵活。"门当户对"是一种择偶的理想标准,反映出社会等级地位观念。在择偶方式上,"父母之命,媒妁之言"是传统社会中必须通过的第一个婚姻程式,男女双方本人几乎没有经过自由恋爱而决定婚姻的权利。作为"终身大事"的婚姻,很大程度上要受到家庭、家族及其他社会关系的制约。因此,在一般农村、城镇,普通人皆重视婚礼程序的完整进行,实际上反映出"男娶女嫁"、婚后从夫居而建立新家庭的一整套社会文化规范。

(二)特殊的婚姻形态

民间亦存在一些特殊的婚姻形态,它们也被认为是合乎婚姻制度基

---

[1] [德]恩格斯:《家庭、私有制和国家的起源》,《马克思恩格斯选集》第 4 卷,人民出版社 1995 年版,第 60 页。

本规范的现象,只是根据家庭生活建立的实际条件和特别需要而加以变通而已。

1. 抢婚

中国古代社会存在着抢婚习俗。《周易·屯卦》爻辞中,"屯如邅如,乘马班如,匪寇婚媾",就是这一习俗的记录。直到现代社会,"抢亲"还是某些僻远或贫穷地区的婚姻形态之一。我国有些地区,直至今日,在举行婚礼时,还常常模拟"抢婚"的仪式,演出一番男方抢劫,女方抗争的场面,成为一种必不可少的婚俗节目,这是抢婚形态的遗俗。

2. 童养婚、指腹婚

这是中国封建社会中极端的包办婚姻形态。童养婚是抱养别家幼女为童养媳,待到一定年龄,即让童养媳与自家儿子"圆房"。被迫当童养媳的幼女,一般是家境贫寒,父母无力抚养,等于是把她卖到夫家。因此,到夫家后,童养媳的地位低下,相当于奴婢。

指腹婚是两个门户相当的人家,当主妇同时有孕时,由家长指腹为未出世的孩子(倘所生恰好一男一女)订婚。这种源于六朝、以严格的门阀观念为基础的婚姻俗制,在中国封建社会曾相当流行。有些少数民族也曾存在这一现象。类似的一种婚姻形态是襁褓婚,即两人家在孩子(各为男女)还在幼儿阶段,就为他们订婚。

童养婚、指腹婚、襁褓婚虽起因不同,但都具有强制性。这两种婚姻均不顾婚姻当事者的意愿,在他们尚幼小甚至未出世时就定下婚约。

3. 冥婚

《周礼·地官·媒氏》有关于"禁迁葬者与嫁殇者"的记载。所谓"嫁殇",即冥婚,也就是由双方家长做主,将两家已死的男女结为"鬼夫妻"。这种婚姻显然荒唐,但在中国古代,无论是上层统治者,还是下层民众之中,这一婚姻旧俗从未绝迹。因为它可给双方家长以某种心理安慰。

4. 入赘婚

民间习惯称之为"招女婿"。这种婚姻特征是女方不出嫁至男方,而是招男方入女家结为夫妻。采取这种婚姻形式,往往是因为女方家庭没有儿子,即没有男性继承人。招进女婿后,一则可为女方父母养老送终,二则生下孩子姓女方的姓,可继承女方家业。而从入赘的女婿来说,却往往因为家贫或单身在外而进入这种家庭。有些地方还要求女婿改姓女方的姓氏。

5. 转房婚

兄长亡故,小叔与嫂结为夫妻。这种叔嫂婚使财产、劳力、后代子女都不至于流失。与之情形相仿的,还有姨妹嫁与亡姐之夫,儿子与亡父之妾或后母婚配等。

在我国某些地区、某些民族的历史上,还曾有过"多妻"性质的叔嫂型婚姻。《史记·匈奴列传》载匈奴习俗:"父死,妻其后母,兄弟死,皆取其妻妻之。"《后汉书·乌桓鲜卑传》载:"其俗,妻后母;报寡嫂。"《隋书·突厥传》记:"父兄死,子弟妻其群母及嫂。"这种婚俗是把妇女本身看做一种财产,子、弟辈"妻母报嫂",继承亡父、亡兄这一份"遗产"便成为天经地义之举。

6. 典妻

这是最为典型的仅仅为繁衍后代而形成的婚俗。在这类婚姻中,女子仅被看做是生育的工具。有的家境富足的男子如婚后无子嗣,就可付出一笔钱,让贫困人家把妻子典当给他,等生育子女后,留下孩子,归还妇人。柔石的小说《为奴隶的母亲》中就描绘了这种不人道的婚姻形态。

7. 不落夫家

新娘出嫁后,只在夫家住几天便回娘家长住,与其夫则偶尔相会,直至怀孕临产才被接回夫家。生下孩子后,才能真正落脚到夫家。这种婚姻形态,叫做"不落夫家",又叫"长住娘家",主要存在于我国广东、广西、福建惠安一带及某些少数民族地区。

关于这种婚俗的形成原因,有多种说法。有的说它是母系社会向父系社会过渡的婚俗遗存,有的则认为此乃出于当地男子长年外出谋生的特殊需要。不论成因究竟如何,有个事实不容忽略,即在这类婚俗中,女子只有证明自己具有生育能力,才能获得长住夫家的权利,从而真正成为一名妻子。此外,这种婚姻方式与娘家依靠女儿的劳力也有关系。

8. 表亲婚

俗话说:"亲加亲,辈辈亲,打断骨头连着筋。"于是就有了"表亲婚"

这种以血缘联系为基础的婚姻形态。

表亲婚分为姑表(舅表)婚、姨表婚。这是指那些姑表或姨表关系的兄妹(或姐弟)之间结为夫妻的婚姻。在民间习俗中,"表哥"往往成为男朋友或未婚夫的隐指,可以说这与这种婚姻形态的存在不无关系。各地对表亲婚的规定有不同情况,如有的地方只限于姨表兄妹和舅家的女儿出嫁于姑家,讲究的是"血虽同、骨却异";而舅家的儿子不得娶姑家的女儿,认为那样会"倒娶骨血"。

上面我们只是以婚姻家庭观念的差异为依据,分类略举数种较为典型的婚姻形态作了介绍。这些婚姻形态,就其本质而言,有其相通之处,所以难免有所交叉重叠。除了真正由两情相悦、自由恋爱而发展成的婚姻以外,上述种种婚姻形态归根到底"起决定作用的是家世的利益,而决不是个人的意愿"[1]。

二、结婚仪礼程式

我国各地区、各民族的婚姻形态多种多样,贯穿于婚姻过程中的礼仪习俗更是花样迭出、繁琐而复杂。关于婚姻仪礼,中国古代有"六礼"之说,即纳采、问名、纳吉、纳征、请期、亲迎。实际上各地民间约定俗成的婚礼习俗并不完全为这"六礼"所限,特别是将相亲、订婚阶段的过程简化,如将请期(商定迎娶日期)并于纳吉(送礼订婚)或纳征(下聘礼),而亲迎之后的合卺(新郎新娘喝交杯酒)、闹新房和婚后的"回门"(回娘家)等仪礼过程也被重视。

下面分阶段介绍这些婚俗的文化内涵。

(一)相亲、订婚阶段:媒、帖、聘的含义

媒这一婚俗事象,在我国由来已久。《说文》曰:"媒,谋也,谋合二姓者也。"即谋合二姓以成婚。谋介婚姻之人,称为媒人。媒人是使婚事得以成立的关键人物。《礼记·曲礼》曰:"男女非有行媒,不相知名。"《礼记·坊记》曰:"男女无媒不交。"只有经过媒人的从中介绍,男女双方的家长才能进入议婚的阶段。故《诗经》中有这样的诗

---

[1] [德]恩格斯:《家庭、私有制和国家的起源》,《马克思恩格斯选集》第4卷,人民出版社1995年版,第76~77页。

句:"伐柯如之何,匪斧不克;娶妻如之何,匪媒不得。"[1](《豳风·伐柯》)"匪我愆期,子无良媒。"[2](《卫风·氓》)

中国古代社会中,媒人的职权很大。《周礼·地官·媒氏》云:"媒氏掌万民之判,凡男女自成名以上,皆书年、月、日、名焉,令男子三十而娶,女二十而嫁。"所谓"媒氏",即媒官,可见除民间的媒人外,此时还出现了"媒官"这种掌男女婚姻之官。

帖,《礼记·昏义》中问名、纳吉之礼,在民间俗称"下帖"。下帖的具体做法各有不同,基本步骤是:男家经媒人之手取得女方的生辰八字后,放在家中一个具有占卜意味的场所(压在香炉下或放在神像前等)三日,如其间家中人畜平安,即认为已取得神灵同意,占卜成功。如有意外发生(即使只是摔了一只碗),则把八字退还女方,议婚不成。也有的地区是拿到女方八字后,请卜卦者排比。如男女双方八字相合,则议婚告成。不论采取何种做法,总之含有占卜的意味。八字这一关通过后,男方即"下帖",用红纸把男女双方的姓名、生辰八字并排写好,送往女家。女家接下帖子,就表示答应这门亲事。取八字、下帖子目的在于"询察天意",这一婚俗行为暗寓着"婚姻天定"的观念。

聘,是婚礼前最后的也是最重要的环节。男方送财礼往妇家,表明聘定女方为妻。《礼记·内则》云:"聘则为妻"。下聘礼后,虽还未行婚礼,但女方名分已定,实质上夫妻关系已确定。《大戴礼·盛德》曰:"婚礼享聘者,所以别男女、明夫妇之义也。"以金钱财帛为聘,本身包含有一定的买卖意味。聘礼的一部分是具有象征意义的物品,如用大雁是古代早有的习惯,取它按时南北往来不失其节和专一于配偶的特别含义,所以聘礼当中以"奠雁"为重。民间各地的聘礼还有"鹅笼"、"酒海"、"龙凤喜饼"、"过年猪"等。

(二)迎娶阶段:祈求吉祥、多生贵子的祝愿

迎娶之前一段时间,女方家要准备嫁妆,以随新娘到男方家日后使用,多是成双成套的被褥、衣服、盆桶、橱柜等。在这期间,女家的亲戚朋友也帮助办嫁妆,送"添箱"礼。一般在迎娶前一天请亲友将嫁妆送往

---

[1] (宋)朱熹集注:《诗集传》,上海古籍出版社1980年版,第96页。
[2] (宋)朱熹集注:《诗集传》,上海古籍出版社1980年版,第37页。

男家。

新郎、新娘在结婚当天,于婚礼举行前的清晨,在各自的家中都要"上头",即挑选有福气的老者为之梳头,同时说一些吉利的话。新娘还要"开脸"(整眉光面)。各地做法虽有不同,但意思大致相似,即祝愿他们一切如意、多子多孙。如惠安一带新郎上头时,为之梳头的老者要拉着一小男孩的手,用梳子、虱篦分别在新郎头上梳三下,口念:"三下木梳、三下虱篦,生下子孙一大阵。"

新房里的便桶在婚礼那天要让一男童溺尿。新床上遍撒桂圆、莲心、花生、枣子等,利用这些果品名字的谐音,祝愿新人"早生贵子"、"多子多福"。

接亲多用花轿。花轿到女家村口,过各村和迎回男家村口时,放鞭炮。迎亲队伍中一般有乐队演奏,造成喜庆气氛。

当新郎领着花轿来到家门,有些地区的习俗要婆婆拉着媳妇走过场院中麻袋铺的路,身后的麻袋要人不断传到前面待踩,这叫"传种(宗)接袋(代)"。有的还要"跨火堆",这是为了避邪气,乞求吉祥。

当夫妇拜堂时,主持人口中要高声念诵祝辞。有的地方还穿插着吃子孙饽饽、喝和合汤等节目。

拜堂后要"闹新房"。此时不分长辈晚辈,闹得越厉害,越放肆,意味着新婚夫妇日后的生活越红火。整个婚礼贯穿着祝愿新人称心如意、家道发达兴旺的主题。

(三)婚礼后:姻亲关系的认可

《朱子家礼》记叙了南宋婚礼习俗,其中关于婚礼后的活动,古今大同小异。该书谓婚礼"明日夙兴,妇见于舅姑,舅姑礼之;妇见于诸尊长"。而结婚三日后,还有庙见的习俗,即主人以新妇见于祠堂。有些地区的庙见习俗是安排在新婚后第一个春节时进行。庙见的第三天,新郎还要同妻子去拜见岳父母(即所谓"三朝回门"),并会见妇党诸亲。经过这一系列活动,双方的姻亲关系才算正式确立,得到公认。

第五节 丧葬仪礼

《说文》曰:"死,澌也,人所离也。"段注云:"人尽曰死……形体与魂魄相离。"有的研究者进一步认为,"死"的原初字形,是将尸骨上半放在前,一人在左侧跪拜,"葬"则由"死"字而来。《说文》:"葬,臧也。从死在草中。"即将死者藏于草丛之中。由此可见,"死"与"葬"是紧紧联系在一起的。有"死"便有"葬";有"葬",也自然就有"丧葬仪礼"。

一、死——人生旅途的转换

在以往几千年的历史中,绝大部分人都不认为死是生命的终结,而把它看成是人生旅程的一种转换,即从"阳世"转换到了"阴世"(冥界)。因此,人从死去的这一刻起,也就意味着踏上了新旅途,开始了一种新的生活。从死亡到丧葬的仪礼,即以此种观念为出发点,葬礼被看做是将死者的灵魂送往死者世界必经的手续。

唐杜佑《通典》卷一三八(开元礼纂类三三)详细记载了自古相传至于当时的丧葬仪礼程序。兹具引如下,以见其名目之繁多:初终、复、设床、奠、沐浴、袭、含、赴阙、敕使吊、铭、重、陈小敛衣、奠、小敛、敛发、奠、陈大敛衣、奠、大敛、奠、庐次、成服、朝夕哭奠、宾吊、亲故哭、州县官长吊、刺史遣使吊、亲故遣使致赗、殷奠、卜宅兆、卜葬日、启殡、赠谥、亲宾致奠[1]。虽然这在当时主要适用于三品以上官员,但四品以下至于庶人也大体相同,只是稍简而已,并且一直到近现代,这些程序也无根本变化。下面我们对这些繁复的仪式作概括的介绍。

(一)初终

初终是指人弥留之际。此时首先要确定将死者是否已停止呼吸。检验方式有多种。"属纩",即把新绵置于口鼻前,视其是否有气,这是最常见的一种。当确知其已死,则围于四周的亲属一般都要号哭呼叫。也有的地方,此时即要上屋顶揭去一片瓦,以便于死者顺利地走上升天之道。

紧接着是招魂,古时称为"复"。有的地方有专司此职之人,也有的就由亲属中一人担任。招魂时有许多具体仪式,如竖招魂幡,高举寿衣,点"引魂香",高声诵念咒语等。

---

[1] (唐)杜佑:《通典》,中华书局2003年版。

（二）设床

招魂以后，即设床停尸。据《通典》卷一三八："设（尸）床于室户内之西，去脚，舒簟，设枕，施幄，去裙，迁尸于床，南首，复用敛衾，去死衣。"[1]

民间一般的规矩是不能让死者躺在原先的床上。南方往往是卸一块门板充作尸床，北方也要把死者抬下炕，放到用木板搭成的灵床上。据说是怕死者背着炕到阴间过于沉重。

（三）沐浴、更衣

这是对死者遗体的清洗装扮，以便其"上路"时顺利无碍。此过程被称为"小敛"，各地具体做法不尽相同，根据贫富条件，装扮有奢有简。但有些仪式是一定要进行的，如为死者换上寿衣，嘴里含饭（或含珠、含铜钱）。讲究的人家还要在死者胸口放上粮食或钱财，上盖棉被。有些地方的习俗要让死者左手拿干粮，右手执棒，以便过"叭狗山"和"恶狗村"时，对付那些恶狗。

（四）报丧

古时六品以上官死后，家人要"遣使赴于阙"，普通人家也要"报丧"。总之，死讯要及时报告给亲朋、邻居和有关部门。一般由死者晚辈充任外出报丧之职，同时就要准备吊客登门吊唁。

报丧有许多规矩。丧家使者一般只在门外报告死讯，不能进入别人家门，以免带去不吉利。有的地区则以敲锣吹哀号的形式告知邻里。现代则往往采用书面讣告的方式公布死讯。

（五）大敛

尸体入棺，这是丧葬活动中的重要一项，习俗讲究也特别多。从棺材的铺垫、棺内随葬品到尸体在棺内如何放法、棺材如何加盖等，每一项都围绕着祷祝死者升天或进入阴界后能过上舒服日子而进行。有些地区在棺材加盖前，要请和尚念经，以驱赶灵柩旁的鬼魂。棺材盖要钉牢，接缝要封严，有的还要在棺盖上加放钵、盆等，使死者不会受到鬼怪的侵扰。

---

[1]（唐）杜佑：《通典》，中华书局2003年版。

大敛后,多种祭奠仪式就开始了。如朝夕奠、朔望奠以及俗称的"做七"。所谓"做七",即自死者临终之日算起,每过七日设奠一次,直至"七七"结束。

（六）选择墓地及落葬日

这是死者落葬之前各项仪式的最后一步,古时称为"卜宅兆、卜葬日"。择定时间、地点后,即做好一切准备,将棺木下葬,所谓"入土为安"。

我国历代许多君王极端重视墓地的选择和建造。君王往往登基不久,就开始营建,如秦始皇就是如此。他们的迷信观念,使其相信这将决定他们在阴间生活的好坏及子孙万代的盛衰。君王如此,官吏直至普通百姓也有同样的观念。这是我国阴宅风水之说大盛的重要原因。

二、葬——灵魂不灭的幻想

以上所述是落葬前的习俗仪礼。进入落葬过程,还有一套繁复的规定。透过形形色色的落葬方式,可以清晰地看到灵魂不灭观念的顽强存在。不同的丧葬形态,实际上隐含着人们对于逝去的灵魂不同的处置方式。

（一）让死者回归大自然

属于此类的有土葬、水葬、天葬、树葬等。

1. 土葬

这是指尸体不入棺椁,而是将它直接埋入特意挖掘的土坑之中,再用土掩埋。更原始的方法则是仅在坑中铺些柴草,甚至让尸体暴露在墓坑中。

2. 水葬

水葬,以把尸体投入水中为葬。一般在此之前先用白布包裹尸身,然后投入江海,沿海地区也利用涨潮落潮将尸体冲带入海。

3. 天葬

天葬,主要流行于部分藏族地区:有专门的天葬场,并有专门以此为职业的天葬师。方法是人死后停尸数日,然后把尸体送往天葬场肢解,让鹫鹰吞食,以示灵魂升天。

4. 树葬

树葬,也称风葬,即置尸体于树上。有一次完成的,也有的地方还要举行二次葬,即等树上的尸体腐烂后,再拾骨安葬。

以上诸种丧葬方式的主导意识,可能是因为人们认为人的肉体和灵魂均来自自然万物,肉体停止呼吸之后,只有重新回归自然,成为大自然的一部分,才能使灵魂获得永生。

(二) 保存尸体,以求灵魂不死

1. 墓葬

这是我国历代较为普遍的一种丧葬方式。尸体入棺,然后葬入建造好的墓窟之中。死者地位越高、经济条件越好,棺木及墓室也就越是考究。帝王的陵墓犹如一座座地下宫殿。建造这样的陵墓,目的是想保存尸体,使之不腐烂,不变样,认为这样才能保证灵魂不死。墓葬中还放入种种随葬品,以便死者在墓室中享有生前一样的生活。平民百姓的墓葬鲜见有随葬品。

2. 塔葬

这是佛门为高僧施行的葬礼。将尸体脱水处理后,砌藏在塔中,永久保存。这样的塔也称为灵塔。

3. 悬棺葬

这种葬法是将装有死者的棺木放置在形势险峻的崖洞内。崖洞或为天然的,或为人工所凿。悬棺葬一般在水边山崖上,有让灵魂随水逝去之意。

无论是将尸体送回自然或想尽方法保存尸体,都基于这样的看法,即认为人的肉体和灵魂同一,既然期望灵魂不灭,对尸体的处置也就格外小心谨慎。

(三) 弃其朽肉,让灵魂脱离尸体而再生。

1. 火葬

火葬,即焚化尸体,取骨灰葬之。这一习俗于近世被日益广泛地采用,但其起源却很早。

2. 瓮葬

它也称"二次葬"、"拾骨葬",指待尸体腐烂后,拾骨装入瓦瓮,再行埋葬。

此类葬法反映的意识与前两种不同,是认为肉体与灵魂可分,人死之后,须将尸体焚毁或等其腐烂,灵魂才能脱离其原先的附着物,获得再生的机会。

我国古代无论官民均十分重视丧葬仪礼,之所以如此,除了普遍存在的灵魂不灭观念外,儒家孝道和先人荫庇后代之类思想也起了推波助澜的作用。丧礼是否办得隆重和符合旧规,既是衡量子孙尽孝与否的标志,又对能否获得祖先荫庇使家道昌隆具有重要意义。舆论、习俗的压力和免祸求福的动机,使丧葬礼仪有愈益复杂铺张的趋势。当然,我们不能一概否认在种种丧葬仪式中,也贯穿着死者亲属对死者的真诚怀念,以及与这种怀念混杂着的既恐惧又有所求的复杂情感。

历代有识之士向有简化丧事的主张。如范晔《后汉书》即载多例,该书《王堂传》:"年八十六卒,遗令薄敛,瓦棺以葬。"《樊宏传》:"卒,遗敕薄葬,一无所用。"此外,还见于郑弘、张霸、赵咨、赵岐等人的传中。三国时代大政治家曹操也是一个薄葬的提倡者,但是,真正对丧葬旧制实行改革还是在我国新中国成立之后。六十多年来,"厚养薄葬"、"丧事从简"的观念已越来越深入人心。在国家政府的指导下,各地做了很多移风易俗的工作,推动了丧葬制度的改革。

第七章　民俗信仰

　　民俗信仰,又称民间信仰,是在长期的历史发展过程中,在民众中产生和传承的一套神灵崇拜观念、行为习惯和相应的仪式制度。

　　民俗信仰的内容极其丰富,种类繁多。许多信仰成分发生比较早,流传也比较久远。巫觋信仰在其中占有突出的地位。巫觋信仰源远流长,有一个发生、发展和演化的过程。最早的巫觋是由氏族首领兼任的,后来才出现了专门的巫觋或萨满。他们没有特权,人人都可通神,平时也参加生产劳动。原生形态的巫觋信仰,具有自发、朴实、神秘的特点。在文明时代的初期,在多神信仰的基础上出现了主神,天神、祖先神也跃居主导地位,这时巫觋阶层发生了分化。大量的巫觋依旧在民间从事自然宗教活动,但是奴隶主阶级为了维护王权的统治,也借助于宗教力量,他们已不允许民间巫觋沟通天地,而由上层祭司专门通天,这就是《国语·楚语》所说的颛顼的"绝地天通",它改变了"民神杂糅"、"家为巫史"的局面。《周书·名刑》:"乃命重黎,绝地天通。"也就是由祭司垄断沟通天神的权力,一般的巫觋是无权通天的。祭司既主持重大的祭祀,又是王权的助手、重臣,有较大的政治权力,社会地位较高,并且掌握较多的原始科学文化知识。《史记·日者列传》引贾谊语:"吾闻古之圣人,不居朝廷,必在卜医之中。"这些"圣人"就是最早的知识分子。他们在文明起源的过程中起过积极的作用。进入文明时代之后,科学文化有相当的发展,人为宗教相继出现,当时的巫觋信仰发生两极分化,一般巫觋仍在民间活动,但是他们大多丧失了在科学文化领域的作用,有些巫觋则皈依道教,成为巫道的主事。《潜书·抑尊》:"蜀人之事神也必凭巫,谓巫为端公。"近代民间的端公、鬼公、土教师等,多为巫道的结合。他们既从事民俗宗教活动,又掌握一定的民间娱乐活动。

　　总之,巫觋是发展变化的,不同时期的巫觋,有不同的性质、特点和作用,我们必须历史地看待它。

民俗信仰具有一定的崇拜对象。它世代传承,拥有广泛的社会基础。它的内容主要包括灵魂、自然神、图腾、生育神、祖先神、行业神等。民间信仰不仅有特定的思想活动,还伴有行为方式,从事预知、祭祀、巫术等活动。人类为了信仰的目的,取得预期的效果,很早就有了信仰媒介——巫觋,但是不同时期的巫觋有不同的性质,它迎合历史的需要而产生,又随着历史的发展而变化。本章讲述三个问题:信仰对象、信仰媒介和信仰方式。

第一节 信仰对象

民俗信仰的对象古今掺杂、兼容并蓄、种类繁多。大略分之,有以下几种。

一、灵魂

人类最初的信仰是从自身开始的,如对梦境和死亡的不解,导致人们相信人是由肉体和灵魂组成的。肉体是具体的、摸得着的,灵魂是虚幻的、摸不着的。灵魂附在肉体上,做梦、生病则是灵魂暂时离开肉体的反映,一旦灵魂离开肉体不归,人就死了。但是,肉体虽然腐烂了,灵魂却能变成鬼或鬼魂。

起初,人们认为灵魂都归故乡,由祖先管理;后来,又认为由泰山神管理;佛教兴起以后,阎王又成为阴间地狱的主宰。"阎王"是梵文译音,意为地狱的统治者,号称"幽冥之王"。不过我国各民族的灵魂观念繁简不一,许多民族相信每个人只有一个灵魂,有些民族相信人有三个灵魂;哈尼族相信人有十二个灵魂,每种灵魂都有自己的作用。

在人们的意识中,最初的灵魂是有血缘、远近和亲疏之别的。《左传》僖公十年:"神不歆非类,民不祀非族。"民间认为,善始善终为正常死亡,属于善魂,被奉为祖灵,并进行祖先崇拜。中国的"三冥节"——清明、中元节和十月朔,就是祭祀祖先的节日。未成年人、未婚者、难产及非命而亡者的灵魂,则被视为怨魂,被认为这些灵魂在人世还没待够,过早夭折,会更强烈地留恋人间,不安于九泉,时常徘徊于人间,容易带来灾难。对此必须特殊料理,进行超度,如非命死者不能久停,不入墓地。黎族为凶死者出殡时,要转弯行走,进行俯身葬,并以木楔钉尸,压以巨石,目的是让死者迷途难返,不来作祟于活人。

灵魂信仰不限于人,也涉及自然神、图腾,包括人类自身役使的牛马和使用的器物。它们有些还被奉为神灵,有牛神、马神、鸡神、门神、宅神、井神、床神、灶神、仓神、船神等。这是万物有灵信仰的反映。

二、自然神

自然神是把自然现象视为神灵并加以崇拜。这也是一种最古老的信仰,并且在民间广为流行。但是并不是所有的自然现象都是神灵,而是与人类有密切关系的自然现象。自然神种类较多,出现早晚也不一。归纳起来约有四类。一类是天体,包括天神、日神、月神、星神,进入文明时代以后,天神地位与日俱增,成为诸神之首,将天神拟人化,认为天界为诸神所居,天帝为大,道教又将玉皇捧得至高无上。天神的崛起,显然与人为宗教的出现有关。一类是自然现象,包括风神、雨神、雷神、电神、火神。一类是无生物,包括山神、土地神、水神、石神、海神、潮神,其中的土地神,又称社神。《孝经援神契》:"社乃土地之主,封土以为社。"还有一类是生物,其中有两种,一种是动物神,如蛇神、熊神、鸟神、虎神,华北地区的"四大门"——狐狸、黄鼠狼、刺猬和蛇,是当地民间对四种动物神的总称。一种是植物神,如树神、草神、谷神、花神等。最初的自然神是具体的自然现象,视树为神,视谷为神,后来人类把自然神拟人化,如水神本指具体的江河之水,后来演变为二郎神,山神由自然的山的形象发展为人格化的五位岳神。海神原指海水,后来演变为妈祖等,从而使自然神具有人的属性,甚至有男有女,有妻儿老小了。

三、图腾

图腾是原始信仰之一,它原是北美印第安人鄂吉布瓦人的方言,是"他的亲族"的意思,认为人与某种动物、植物之间有一种特殊的血缘关系。每个氏族都起源于一个图腾,并以该图腾为保护神、徽号和象征。

在同一图腾内禁止通婚。图腾还有一定的祭祀和禁忌。图腾是氏族时代的产物,随着氏族的分化,图腾也有所变化。在我国,上古和近代各民族中流传许多感生神话,有些就与远古图腾信仰有关。汉族的百家姓,有些也与图腾信仰有关。古夜郎的竹图腾,仡佬族的葫芦图腾和彝族的虎图腾等,大都是图腾信仰的产物。由此观之,我国远古时期大概有过图腾信仰,至今在民间还多少残存着遗迹。不过图腾信仰与动植物崇拜容易混淆,这点是应该注意的。另外,远古氏族林立,图腾各异,这就决定了图腾的多样性。所以,远古时期不会有一个或两个统一的图腾。

四、祖先神

祖先神是人类把已故祖先加以神化的结果。由于相信灵魂不死,所以人们认为,祖先灵魂是氏族、家族、家庭的保护者,也是人死后的管理者。

祖先神包括不同层次:有远古祖先或始祖、氏族祖先、部落祖先、民族祖先、家族祖先。但是一般并不是所有已故亲长都是祖先,而是氏族长、部落首领、家族长、家长、继承人、有功的成员正常死亡的才能成为祖先。这是由其地位、年龄、辈分和历史作用决定的。最早的祖先是女始祖。如汉族的女娲、侗族的"沙麻"、苗族的"央母"、满族的佛托妈妈。后来出现了男性始祖,如伏羲等。家族祖先是个体家庭产生以后才兴起的。如同灵魂信仰一样,人对死者既敬畏又恐惧。前者是对其在世时恩惠的感激、留恋,后者是担心亡灵不满,把活人带到地狱。所以人死后,既要招魂、哀悼,也要尽快送走。祖先亡灵一般在坟地、在故乡,也在天堂或地狱,但是要经常祭祀。由于祖先亡灵在祠堂、在坟地,所以祭祖也在祠堂和墓地两处进行。通常在清明祭祖、扫墓;道教兴起后,也在三元节举行祭祖活动。苗族祭祖——"吃牯脏",仪式活动持续数年,其仪式之繁、巫术之多、耗费之大,在各民族的祭祖活动中都是很突出的。

五、生育神

生育神是主宰生育诸神的总称。它们大都起源于史前时代的女神。

我国红山文化出土有两种女神像,一种高大、庄重,可能是女祖先;另一种较小、残缺,可能与生育巫术有关。我国民间的生育女神很多,如女娲、西王母、碧霞元君、妈祖、送子娘娘、催生娘娘等。对她们要定期祭祀,其间有抱娃娃、掏子孙窑、生菜会、抢童子等活动。在女神信仰的同时,也崇拜女阴,民间的"感华池"、"陶壶"、"打儿窝"、"摸儿洞"、"阿央白"、石坑等都与女阴信仰有关。后来兴起男神,如伏羲、张仙、保生大帝等。至于男根的信仰也相当流行,有陶祖、石祖、木祖多种。此外,催生娘娘主宰生产,子孙娘娘保生子和保平安,胎神主司保胎,寿星和麻姑主司长寿等,也是生育神的范围。此外,民间的偷瓜送子、摸城门钉、扫帚打妇等巫术活动,也是传统生育信仰的组成部分。

六、行业神

行业神是指各行各业信奉的行业祖神和保护神。它起源于生产的发展。最初的行业神就是生产神,如猎神、渔神、蚕神、畜牧神,随着社会分工的扩大、手工业的出现,又出现了工匠神鲁班、酒神杜康、纺织神黄道婆、匠神太上老君、茶神陆羽。此外,巫觋也有自己的祖师爷,如巫咸就是古代巫觋之祖,近代各氏族保留的傩戏,每每举行傩仪,除傩公、傩母等祖先神外,必供师坛图,其上就绘有历代巫觋和端公的形象。其实,名觋成神者不乏其例,如妈祖、临水夫人、何仙姑等,都是由女巫演变为民间神的,在民俗中占有一定的地位。总之,三百六十行,行行有保护神。这些神,有些是该行业的开山鼻祖,如农神、蚕神;有些是某行业的革新能手,如酒神杜康、纺织神黄道婆;有些神对某些行业的发展起过保护作用,所以才为该行业所供奉。

第二节 信仰媒介

自史前时代开始,人类就处于虔诚的信仰之中。在这种思想的支配下,人们认为,世界除了自然界外,是由人和鬼神组成的,彼此存在于一个宇宙之中,但是人神异处,又有联系,人类为了取得与鬼神的密切联系,就必须有沟通人与鬼神的桥梁,于是出现一种媒介——巫觋或萨满。

许慎《说文》说:"巫,祝也,女能事无形,以舞降神者也。"所说"事无形",就是事鬼神,这是巫的原型。

一、灵媒

从信仰空间上说,鬼、神、人三者有不同的居住环境,但是有一个演变过程。

最初,人们认为,人与鬼神是混杂的,如同人的肉体与灵魂一样,有分有合,你中有我,我中有你,人与鬼神杂处。《国语·楚语》"民神杂糅"、"民神同位",除人类生存的环境外,还没有"第二世界"。

后来才将人与鬼神分开,出现两界说,也就是说,人生于人世,亡灵生于鬼世,或死人世界。北京山顶洞旧石器时代晚期遗址分上下两室,上室住人,下室埋尸。有些高山族在室内分为两处,一处住人,一处为墓地,这是两界信仰的反映。《论衡·解除》:"生属长安,死属泰山,死生异处。"已出现了阴阳两界。汉代长安为人世的首府,死人则归泰山神管辖。云南、四川有些少数民族在人死后,必须把灵魂送往西北故乡,与祖先生活在一起,这是比较原始的两界观念。随着阶级关系的发展,皇帝天子的出现,除人间、阴间外,又出现了天堂。《清稗类钞·风俗》:"萨满教又立三界:上界曰'巴尔蓝田尔查',即天堂也;下界曰'叶尔羌珠尔牙儿',即地狱也。上界为诸神所居,下界为鬼魔所居,中界尝为争地,今则人类繁殖于此。"由于人、鬼、神的分野,人类要经常求助于鬼神,因此曾有一个时期,人人为巫。后来由于宗教事务频繁,产生了一些专事通神的人,出现了人、鬼、神之间的媒介:这种人物,中原称巫觋,南方称灵子,北方称萨满。从民俗学看,最初的巫是女性,直到汉代还盛行女巫。《汉书·地理志》:"国中民家长女不得嫁,名曰'巫儿',为家主祠。嫁者不利其家。民至今以为俗。"[1]后来才有男巫。

二、巫的种类

人类刚刚有信仰时,还没有专门的执事人,当时人大多都会施巫。

---

[1] (汉)班固:《汉书》,中华书局1987年版,第1661页。

随着氏族的出现,信仰活动的增加,氏族长才较多承担宗教事务,后来连氏族长也难以兼管了,才出现了专门的巫。《说文》:"覡,能斋肃事神明者。在男曰覡。在女曰巫。"[1]徐锴注巫覡:"能见鬼神。"巫覡亦人亦神,二重身份,故有"又做师娘又做鬼"之谚。

（一）巫覡

巫覡被认为能通鬼神。具体有两种方式:一种是请神附体。请神附体有请神、探源、抓鬼和谢神四个步骤。《汉书·礼乐志》:"大祝迎神于庙门,奏嘉至,犹古降神之乐也。"[2]降神后,巫成为神的体现,代神言行。此时的巫或萨满往往处于昏迷状态,有些是运气,有些是服用麻醉品。另一种是过阴,即"灵魂出走"。也就是巫覡的灵魂可以离开肉体,到神鬼所在的地方。汉族称"走阴差"。《中华全国风俗志》写南京的巫师:"走阴差,俗云人必有阴差来引,而阴差非阳差领入不可。……人家有久病不愈者,每延请若辈,赴阴查察之,或睡于床,或坠于地,佯为死去,勿令动摇,一小时而后醒,谓之'还阳',睡时胡言乱语,代鬼神说话。"[3]汉族的问仙,苗族的"苗家稻",都是类似通神的形式。巫覡为了通神,必须借助一定的媒介,如树木、山峰、巨石、动物。布依族女巫请神时必扶一板凳,象征骑马运行。过去有一种说法,认为巫能请神,萨满只过阴,其实并不严格。中国绝大多数民族的巫既会请神,也会过阴,萨满也如此。随着巫职的扩大,巫或萨满往往有一两个助手,从事某些宗教活动,如占卜、预知、驱鬼、治病等。

（二）祭司

祭司是由巫覡发展来的,是一种高级的巫,即大巫,皆由男性担任。如商代的祝、彝族的毕摩、纳西族的东巴、水族的鬼师、布朗族的占布、佤族的窝郎、基诺族的寨公等均是。最初的祭司也能通鬼神,但主要从事较大的祭祀活动,如祭天、祭祖、掌握天文历法等。祭司有较高的社会地位,是国王的谋士、重臣。他们除祭祀外,还掌握较多的科学文化知识——天文、历法、医学、文学、历史、歌舞、绘画,掌握最早的文字,通晓

---

[1]　（汉）许慎撰,（清）段玉裁注:《说文解字注》,上海古籍出版社1981年版,第201、202页。
[2]　（汉）班固:《汉书》,中华书局1987年版,第1043页。
[3]　胡朴安:《中华全国风俗志》下册,河北人民出版社1986年版,第143页。

经典、教义、法器。祭司在古代文明形成中起过积极作用。

（三）术士

除巫觋、祭司外，后来还出现了一批术士，即专门巫师，主要包括山、医、命、卜。

山，指地理先生、阴阳先生、风水先生、堪舆师、看山先生。他们以阴阳五行为指导，为民间选择寺院地址、房基地，确定坟地。

医，指巫医，他们将巫术与医药疗法结合起来，为人治病。如台湾的青草仙、珞巴族的"汝郭布"、赫哲族的"修林摩萨满"等，都是典型的巫医。

命，指相命师，又称算命先生。其中可分几种，如相面师、看日师，前者根据每人的面相、手纹等形象测算人的命运，后者根据生辰八字测定命运好坏；有些还依据姓名推算人生前途。

卜，指占卜师。各民族都有不少占卜师，如汉族的算卦师、哈萨克族的"察依克"、达斡尔族的"阿嘎钦"、珞巴族的"汝郎布"、傣族的"摩踩腊"、苗族的"胜乃葬"、台湾的卜卦仙等。他们运用各种占卜工具和方法，占卜吉凶祸福。

这些是主要的术士。古代有一种专门求雨师，称巫尫。近代则由巫觋、鬼公求雨，送葬也有专门术士，古代称方相氏，近代改为和尚、道士和巫觋。普米族的"毕札"，是专门送葬的巫师。巫师有专门的面具、服装、巫具和乐器，多数祭司还掌握经典。

关于巫觋的传授，有神授和人授两种方式，但是必须经过训练，最后经过严格考核才能结业，成为一位巫师。

三、巫的职能

所谓巫觋具有通鬼神的性质，他们的职能，主要有五种。

第一，预测人的命运的好坏。在信仰者看来，人的命运和人们从事的各种活动，都是由鬼神或命运决定的。为了万事如意，事前总想预测一下前途好坏，以便采取行动与否，因此要请巫觋、术士进行预知法术。《明实录》卷一百二十八："龟筮者，所以通神明之意，断国家之事也。"主要有征兆、预言、占卜活动。这是巫觋最经常、最大量的工作。

第二,主持祭祀活动。民间信仰中的最大的安全感是有神灵保护:狩猎要请山神保佑,生孩子有娘娘神保佑,航海有妈祖保佑,为此必须经常举行祭神活动。古代有七祭,即祭祀文星神、土地、城门、道路、厉鬼、户神和灶神,皆由巫觋主持。比较大的祭祀是祭天、祭祖、祭农神、祭灶神等。旧时还将有些祭神列为国家祭典,这也是巫觋、祭司的主要活动。

第三,驱疫求吉巫术。对于善神要祭祀,对于不尽职的神,以及各种凶神、恶鬼则实行巫术。如求雨、驱疫、扫灾星,巫觋往往是这些巫术的执事人。他们为人治病也行巫术,如为病人招魂、驱鬼、冲傩还愿,其中也掌握一定的巫医知识。

第四,主持人生礼仪。一个人从生到死,有不少礼仪,如诞生礼、成年礼、婚礼、葬礼。有些仪式由家长主持,有些则由巫觋主持,特别是成年礼、婚礼和葬礼。佛教、道教兴起后,也请和尚、道士为死者诵经超度。

第五,主持神判,处理纠纷。民间出现财产、婚姻等纠纷时,除了从事调解和法律裁决外,有些地区请巫觋、鬼公代表神灵公断。方法是请神下凡,运用捞油锅、上刀梯、嚼米、舐铁铧、蒸猫等形式,进行神的裁判,以定是非曲直。同时巫觋也是民间习惯法的解释者和维护者。凉山氏族间打冤家和解时,必请毕摩主持"钻牛皮"、喝血酒仪式,以求和睦相处。

以上是巫觋的主要职司。他们在天文历法、医疗、歌舞等活动中也有举足轻重的地位。最后应该指出,宗教祭祀和战争在古代生活中占有头等地位。《左传》成公十三年:"国之大事,惟祀与戎。"祭祀是由巫觋主持的。他们在战争中也不示弱,往往与军事领袖并驾齐驱。战前是谋士;战时安定军心,施展巫术;战后为阵亡将士安葬。所以巫觋是古代战争的军师。

第三节 信仰表现方式

有信仰就有行动,这比任何教义都古老。"无论从历史上说还是从心理学上说,宗教的仪式先于教义。"[1]民间信仰方式很多,基本上可

---

[1] [德]恩斯特·卡西尔(Ernst Cassirer):《人论》,甘阳译,上海译文出版社1985年版,第101页。

分三大类:预知、祭祀和巫术。

一、预知

预知信仰是根据自然现象或人的行为表现,推测人物或事物将要发生的变化,以便探知神的态度,预卜吉凶、命运好坏。它又分三种。

一种是对预兆的信仰。预兆,又称征兆、征象、前兆,它是根据自然出现的异常现象,从中预知事物所要发生的结果。其种类较多。一为天体兆,如月食的发生、星辰的突变、气象的异样、地震等。二为动物兆,如喜鹊临门,为吉兆;鸡上房,母鸡啼鸣,乌鸦降宅,为凶兆。三为植物兆,如二树连理、嘉禾生、朱草现,主吉。四为人体兆,如耳鸣、眼跳、打喷嚏、做噩梦等,主凶。占卜师的释梦圆梦则是梦兆信仰的发展。

一种是预言。预言是巫觋和相面师常用的一种方式。他们根据当事人的体态特征,预知其人或其事的发展趋势或成败。某些预测具有古代文化的依据。

一种是占卜。占卜是人们借助某种手段,对未知事物进行预测的一种活动。商代有两种占卜方法。一种是占,利用龟壳或动物肩胛骨占卜;另一种是利用蓍草占卜,称筮。占卜方法很多。《史记·龟策列传》:"蛮夷氐羌虽无君臣之序,亦有决疑之卜。或以金石,或以草木,国不同俗。然皆可以战伐攻击,推兵求胜,各信其神,以知来事。"[1]这种占卜在现代民间依然存在,方式极多,有扶乩、云占、求签、拆字、数罗汉、鸡卜、羊卜、针卜、钱卜等。古卜有公开、秘密的两种,一般人都能进行,但是较复杂的占卜是由巫觋掌握的。

无论是哪种预知活动,都是用相应的方法探知未来,力图防患于未然,对厄运、灾异有所回避或防范,在心理上得到一定慰藉。

二、祭祀

祭祀是民众向神祇乞求福佑或驱避灾祸的一种行为惯制,它世代传承,具有相应的仪式制度。在祭祀活动中,经常运用法术,有时也使用一

---

[1] (汉)司马迁:《史记》,中华书局1985年版,第3223页。

些巫术,[1]以解决人们在现实生活中遇到的某些问题。

各种神灵大都是人们的祭祀对象。它最初起源于图腾和祖先祭祀,后来才发展为祭天、祭地、祭日月星辰等。近代民间祭祀已经大为减少,主要是祭祖、祭灶、祭月、祭土地神、祭财神、祭海神等。但是少数民族地区还有较大规模的祭典,如壮族的水神祭、畲族的盘瓠祭、瑶族的盘王祭、苗族的吃牯脏、藏族的山神祭、纳西族的天神祭、彝族的虎神祭,等等。

祭祀有几个因素。一是必有明确的祭祀对象。通常在供奉神灵的地方,如庙宇、寺院、祠堂、墓地及自然神所在地。二是有主祭人和参加祭祀的人群。当然小型祭祀(如家庭祭祀)由个别人即可,大都由家长主持,如祭灶、迎财神。大型祭祀是集体进行的,由巫师、祭司等主持。三是有一系列祭祀程序,包括请神、降临、叙述、祈求、送神谢神。四是进行奉献,主要为神提供衣食所需。后来出现血祭,即杀牲祭神,有牛、羊、猪"三牲",雁、鸳、雉"三牺",以及人祭。奉献不限于衣着、食品,还有歌舞。郑玄《诗谱》:"古代之巫,实以歌舞为职。"

祭祀的祈神活动,充满着神秘的宗教气氛。但是随着社会的进步,祭祀的宗教成分开始淡薄。这一点反映在两个方面:一是有些节日活动起源于祭祀,如二月二祭土地神,三月三祭伏羲,七月十五祭祖,八月十五中秋祭月,腊月二十三祭灶等。二是伴有经济活动,在祭祀中心形成庞大的庙会,将祈神、贸易、娱乐融于一体。如北京妙峰山庙会,天津的天后宫庙会,淮阳的人祖庙会,布依族的祭傩公、傩母会,苗族的祭龙会等。很多庙会祭祀已不是单纯的信仰活动了,而是将祭祀、交易和娱乐结合起来,成为民间社会生活的重要内容。

总之,祭祀是通神的主要手段,是祈神、谢神的基本形式,其用意在于防灾殃、求好运;同时,通过祭祀也能加强家族、氏族、部落内部的团结,提高战斗力。此外,祭祀时所保存的神话、传说、歌舞等活动,也起到了传播文化、进行社会教育的作用。

---

[1] 法术和巫术是两个概念,两者是有区别的。当然,作为民间信仰,它们也有一定的联系。本章中考虑目前学界的习惯说法,多用巫术,而且人们常说的这种"巫术"的含义范围也比较宽泛,包括了部分法术现象,故为了读者方便起见,以下暂用"巫术"。

三、巫术

巫术是企图借助超自然的神秘力量,对人或事物施加影响,以达到某种目的的手段。它是最古老,最普遍的信仰。巫术本来是准宗教现象,与鬼神无关。但是随着鬼神观念的发展和巫术形式的变化,巫术多掺入了鬼神观念。

巫术起源于世界上事物的同样重复,并表明联想或模拟的能动性的信仰。这是许多信仰的总和。施行巫术一般都有一定的功利目的,有一定巫辞和行为,并企图去改变客观事物。

民俗学的经典著作曾将巫术分为两类。一类是模仿或相似巫术,即以相似的事物代替当事人或事,作为施行巫术的对象。例如:摧毁对方的画像或姓名,就认为可以致对方于死命,等等。另一种是接触或感染巫术,认为两种事物接触时,彼此会产生一种长期的感应关系。例如接触岩石会坚硬、接触大树会长青,对对方的指甲、头发施加巫术,就可以挫败敌人等。在我国的农耕生产中,也存在着这类民俗信仰。例如,立春节,人们把抢来的春牛土撒到土地或畜栏内,认为可以获得农牧业丰收等。此外,还可以有其他分类方法,如从巫术的目划分,有白巫术与黑巫术。前者又称吉巫术或善巫术,如祈福、求子、催生、驱疫等巫术;后者又称恶巫术,以害人为目的,如放蛊、下毒、针刺偶人、转嫁、替身等巫术。也可按巫术方式划分,包括口头巫术,动口不动手,如祷告、誓言、诅骂等巫术。另一种为行为巫术,言行结合,如求偶巫术、生产巫术。此外,也可依巫术对象划分,如生产巫术、生育巫术、饮食巫术、出行巫术、战争巫术等。

现在举几种常见的巫术。

招魂巫术。招魂巫术比较复杂,形式颇多。一种是人刚死时,要进行"喊魂",目的是把刚刚走失的灵魂叫回来,使其复活。一种是小孩或成年人生病,认为这是灵魂暂时出走,丢了魂,必须把魂招回来,病才会好。另一种是祭祖时,也招祖先亡灵回来享祭,祭毕再把他送走。京族的赎魂,是一种招亡魂巫术。招魂不限于人,也可为动植物、建筑物等招魂,如苗族的招谷魂,佤族的叫房魂等,其目的是祈求农业丰收、家居平安。

驱疫巫术,又称驱鬼巫术。它是一种驱赶恶鬼、瘟疫、灾难的巫术,在生产、建房、修墓、生病中广泛应用。最早的逐疫,就是巫觋拿着工具、武器作驱打状,把恶鬼打走。后来形成一种打鬼仪式——傩。这是由专门巫师方相氏主持的,戴着面具。后来更发展为傩仪、傩戏。四川有一种嫁毛虫习俗,歌曰:"毛虫毛虫,黑耸黑耸,送到青山,绝种绝种。"老鼠、毛虫都是瘟疫的象征。又如汉族的退鬼、大送船,景颇族的赶枇杷鬼,基诺族的打火鬼,都具有驱疫巫术的性质。汉族民间有关钟馗的信仰也是在此基础上发展起来的。

放蛊巫术,这是以某种毒物害人的巫术,具有浓厚的神秘性和危害性。有金蚕蛊、疳蛊、癫蛊、泥鳅蛊、肿蛊、石头蛊、蛇蛊等。蛊多为妇女饲养,可能是妇女的发明。此与发明药物有密切关系。一旦中蛊,可采取药物和巫术解蛊。

神判巫术。这是假借神意裁决争讼是非的巫术形式,由巫师主持,通常请天神、雷神公决。仫佬族供的白马娘娘,则是专门决疑难、决是非之神。传说最古由一种神兽獬豸以其角触争讼双方,谁被触谁为败方。神判的方法很多,有捞油锅、捏鸡蛋、吃血酒、打鸡剁狗、捧铁铧、嚼米、蒸猫等。神判是人类早期的一种习惯法,对研究法律的起源有史料价值。

想药巫术。想药又名爱药,是青年男女用的恋爱巫术。在我国壮侗语族中较为流行。一种以动植物制成,把连理枝、风流草研为粉末,或者把三只刚出壳的燕子溺死,其中两只互缠在一起的,认为是一雄一雌,可烘干研末。施巫者在对方不备时将想药施入食品中,让其食之,事后他或她即失去理智,出现某种性冲动,主动追求意中人。另一种是请巫师念咒语,设法让对方服入咒符水,或者将咒符放在对方身上,同样被认为能达到上述目的。

辟邪巫术。辟邪巫术是利用一定物件防止鬼神来犯,这是比较流行的巫术。最初的辟邪物有的是生产工具、武器,如在门上悬挂弓箭、刀、枪,令鬼神望而生畏。后来才以神灵辟邪,如图腾、门神、钟馗等。最后发明了专门的辟邪物,如照妖镜、石敢当。民间信仰认为,辟邪物有一种神秘的威力,可以与鬼神对峙,抵御鬼神闯入,保佑家庭安全,这是一种比较消极的巫术,主要种类有建筑辟邪、器物辟邪、人体辟邪。如戴护身符、佩压胜钱、戴长命锁等。此外,有节日期间专门辟邪的巫术,如五月节插艾蒿、戴艾虎,九月九插茱萸等。

第四节　民俗信仰的基本特征

通过上述对民俗信仰对象、媒介和方式的分析,可见民俗信仰具有自己的一定特点。

第一,民俗信仰有突出的功利性。民俗信仰的所有活动,都是从民众的现实生活需要出发的,具有相应的功利目的。如与本人、本家、本族、本地的利益有密切的关系等。民俗信仰的实质是求吉、禳灾。无论是预知俗信、祭祀活动,还是形形色色的巫术,万变不离其宗,都是为了自身的生存利益。各种祭祀祈求神灵保佑,预知信仰是人们探知未来的吉凶祸福,以减少自己行为的差错。巫术不是祈求,就是驱赶,也是尽力增加自己的安全感,减少想象中鬼神等的危害。所以民众的信仰企图是趋福避祸,从而得到精神上的一种安慰。民俗信仰是他们的一种世界观,以解释人与自然的关系;又是他们的人生观,以解释人之生死,人与人的关系。

第二,民俗信仰有强烈的神秘性、保守性、封闭性。这一点,特别由民俗信仰活动的直接承担者和他们的传承活动体现出来。这些人的民俗信仰传承活动有两大特色:一是秘而不外传,或由母传女,或由父传子,或由师传徒,不公开传授,活动也不公开,所以给外界以神秘莫测之感。二是在其活动中,利用了神话,方式也多巫术色彩,如招魂术、送魂术、驱疫术、冲傩还愿,神判中也必夹杂着过火海、上刀梯等巫术,放蛊等黑巫术更是神秘。

第三,民俗信仰有较强的包容性。凡为我所用者,都被加以供奉,形成巫、道、佛互相包容的宗教信仰。民俗信仰虽然来自巫觋信仰,但是它在我国民俗信仰范围中并不是孤立的存在,它与其他信仰发生许多关联,一是巫与萨满的交流,二是后来又与道教、佛教、伊斯兰教等人为宗教发生了接触,尽管接触中也有过彼此排斥和斗争,结果还是能互相容纳,例如妈祖与观音同绘在一张神像上。民间年画有"万神图",农村有"万神庙"。至于寺院供道教神仙,道观供佛教神灵,也比比皆是。这是中国民俗信仰的突出特点,也是各民族文化信仰密切往来的结果。

第四,民俗信仰有较大的渗透性。自原始宗教产生以来,巫觋在社会活动中就起着重要作用。进入阶级社会以后,依然存在巫觋信仰的社会根源,以巫觋信仰为核心的民俗信仰在社会生活中还经常起着作用,并且渗透到各个领域,如生产、起居、行旅、饮食、衣饰、文化、艺术、娱乐,无不打上民俗信仰的烙印。可以说民俗信仰渗透到社会生活的各个角落。这一点也是其他任何宗教所不能比拟的。

第五,民俗信仰的俗信化趋势。民俗信仰尽管有较大的保守性,但也不是一成不变的。随着社会的发展、科学的进步、文化的提高,人们的鬼神观念日趋淡薄,信仰方式不断简化。为了迎合社会生活发展的需要,民俗信仰也不断顺应历史、完善自己、改变自己,即迷信成分越来越少,神秘色彩淡化,健康成分不断掺入,而且经常增加新的内容。这使一些纯粹迷信的东西从宗教的桎梏中解脱出来,变成一种比较健康的、无害的传统习惯,成为人们喜闻乐见的社会生活的重要内容。如观云测天,成为气象学研究的内容;观察动物异常,预测地震;拔火罐本出于驱除体内疫鬼,后来成为中医的重要疗法;放风筝原是除灵巫术,后来发展成为重要的民间娱乐。又如巫师上刀梯演变为杂技节目,门上挂桃符等演变为门楣装饰等,这些都是民俗信仰世俗化的反映,也说明中国众多民俗节日、俗信的由来与支柱。

民俗信仰是一种古老的信仰,但至今还在许多地区存在着,涉及领域之广,植根社会生活之深,是其他宗教所无法比拟的。这绝不是偶然的。除了民俗信仰有巨大的惰性和顽固性之外,就民俗信仰存在的社会根源而言,还有它赖以生存的土壤,所以还会在一定程度上存在下去。应该承认,民俗信仰是人类在特定的历史阶段中,为了满足生存与发展的需要,特别是心理安全的需要,所创造和传承的一种文化现象,在历史上曾产生过某些有益的作用。即使在今天,民俗信仰中的某些部分,如趋吉避凶的民俗心理,某些符合科学规律的禁忌、医疗方法等,还是应该肯定并进行研究、加以发扬的。从整体来看,古代社会遗留下来的民俗信仰,毕竟是人类社会在一定阶段中的产物,它反映了民众的世界观,具有自己的内在秩序,应该给予认真的研究。

第八章 民间科学技术

中国的传统科学技术源远流长,内涵丰富。它对本民族的生息繁衍以及人文经济、政治、军事、文化、娱乐等社会生活的各个方面,起着重大的历史作用,并在世界物质文明的进化中居于重要地位。就其渊源来说,传统科学技术多来自民间底层,例如,天文学是源自民间对天象的观察,青铜冶铸是源自制陶和对天然铜的加工制作。它们在此基础上得到发展、提高的官方科学技术,又常返回民间,为民间所应用,为民间所充实、丰富和再提高。例如,在世界上独树一帜的中医药学,我国的景泰蓝工艺等,便都是在这样的循环往复中不断得到发展的。这种互补作用使得许多传统科学技术至今仍在生产和日常活动中被使用和发生影响。它们的强大生命力正在于其深深扎根于民间底层。所以,可以这样理解民俗与科学技术的关系:首先,民间的许多科学技术活动,例如技艺传授、服饰制作等,本身即是民俗。其次,许多民俗含有科学技术内容,例如以堪舆术相宅并非纯属迷信,打制锡箔固然是为制作迷信用品,而其中却包含有丰富的科学道理与绝妙的技艺等。

正因如此,民间科学技术理应是民俗学研究的一个不可或缺的组成部分;或者说,如果离开了民间科学技术的调查研究,民俗学的研究就不能被认为是完整的。

在本章中,我们将简要论述中国的民间科学知识、民间工艺技术和民间医学。

第一节 民间科学知识

民间科学是一个历史概念。就广义来说,民间科学可被界定为曾存在于民间的传统科学。

中国传统科学中的部分学科如天文、算学、农学曾形成自己的体系。由于近现代西方科学的传入,中国传统科学的影响已大为减少,但某些科学思想和科学认识仍留在民间,为叙述方便起见,本节仍按学科分述,但并不是说民间科学还存在这种完整的体系。另一方面,现存于民间的传统科学内涵,自然也远非本节所述能全部涵盖的。

一、算学知识

中国传统算学的特点首先是其应用性。西汉学者刘歆说:"夫推历、生律、制器、规圆、矩方、权重、衡平、准绳、嘉量、探赜索隐、钩深致远、莫不用焉。"度长短者不失毫厘,量多少者不失圭撮,权轻重者不失黍絫。其次是独特的筹算记数法。最后是以算术、代数为主,几何学不发达。传统算学中的许多算法至今仍保留在工匠中间,下面简述几个方面的民间算学知识。

七巧板 它也称"七巧图"、"智慧板",是汉族民间流传的智力玩具。它是由唐代的燕几演变而来,原为文人的一种室内游戏,后在民间演变为拼图板玩具。据清陆以湉《冷庐杂识》说:"宋黄伯思燕几图,以方几七,长短相参,衍为二十五体,变为六十八名。明严澂蝶几谱,则又变通其制,以勾股之形,作三角相错形,如蝶翅。其式三、其制六、其数十有三,其变化之式,凡一百有余。近又有七巧图,其式五,其数七,其变化之式多至千余。体物肖形,随手变幻,盖游戏之具,足以排闷破寂,故世俗皆喜为之。"现在七巧板系由一块正方形切割为五个小勾股形,将其拼凑成各种事物图形,如人物、动植物、房亭楼阁、车轿船桥等。可一人玩,也可多人进行比赛。利用七巧板可以阐明若干重要的几何关系,其原理便是古算中的"出入相补原理"。

纵横图(亦称幻方) 所谓纵横图,是把 1 到 n^2 的连续自然数放在自有 n^2 个小方格的正方形里,使同一行、同一列或同一对角线上几个数的和都是 $\frac{1}{2}n(n^2+1)$。如"九宫图"便是三行、三列及主对角线上三数之和都等于 15。它的制作口诀是:"九子斜排,上下对易,左右相更,四维挺出,戴九履一、左三右七、二四为肩,六八为足,五居中央。"又如"花十六图",其做法是:"以十六子依次作四行排列。先以外四角对换;一换十六,四换十三,以后内四角对换;六换十一、七换十,横直上下斜角皆三十四数。"类似的还有"五五图"、"六六图"、"衍数图"、"易数图"、"九九图"和"百子图"等。

九连环 这也是汉族民间传统智力玩具,用九个圆环相连成串,以解开为胜。《红楼梦》中就有"解九连环为戏"的故事。九连环采用金属丝制成圆形,小环九枚、九环相连,套在条形横板或各式框架上,其框柄有剑形、如意形、蝴蝶形、梅花形等,各环均以铜杆与之相接。玩时,依法使九环全部连贯于铜圈上,或经过穿套全部解下。其解法多种多样,可合可分,变化多端,中以九环连在一起,最为著称。徐珂《清稗类钞》记有解法:"欲使九环同贯于柱上,则先上第一环,再上第二环,再下其第一环,更上第三环,而下其第一二环,再上第四环,如是更迭上下,凡八十一次,而九环毕上矣。解之之法,先下其第一环,次下其第三环,更上第一环,而并下其第一二环,又下其第三环,如是更迭上下,凡八十一次,而九环毕下矣。"[1]

韩信点兵 亦称"孙子算"、"鬼谷算"、"隔墙算"、"翦管术"和"秦王暗点兵",褚人获《坚瓠集》载有歌诀:"《挑灯集异》有隔壁算诀,三人逢零七十稀(每三作一数,三数之余,或余一则作七十,余二则作一百四十,如无余不必论),五马沿盘廿一奇(一作五人折桂廿一枝;每五作一数,五数之余,或余一则作廿一,余二则作四十二,余仿此),七星约在元宵里(每七作一数,七数之余,或余一则作十五),一百零五定为除(盖前后总积数若干,这一百零五或二百一十即除去,余所存数即其手中所握之数也)。"

这就是现代数学中的一次同余式组解法,西方人也称之为"中国剩余定理"。

二、物理学知识

中国传统的物理知识没有形成一个完整的体系,它零碎地分布在各种经济生活和文化生活之中。重心与平衡知识,便运用于杂技百戏中的

---

[1] (清)徐珂编撰:《清稗类钞》,中华书局1984年版,第6063~6064页。

走钢丝、单臂撑、顶竿;建筑中的燕子窝楼、开宝寺斜塔;器具中的"酒胡子"(俗称"不倒翁")、石磬等。运动知识体现在儿童玩具陀螺、空竹中。被中香炉、火笼、灯球、香球等的设计,则运用回转运动原理,与现代科学中的万向支架有异曲同工之妙。简单机械知识方面,如杠杆与桔槔、衡器运用的是杠杆原理,辘轳应用的是定滑轮省力原理,"大木为车"运用的是滚动摩擦原理,弹弓、锁、镊子等运用的是弹力原理。人们将杠杆、滑轮、尖劈、轴承、齿轮以及连杆、曲柄等联合使用,从而创制了复杂的机械如水力鼓风机、水转大纺车和水转砻磨等。运用浮力原理的事例也比较多,如皮筏子、竹筏(排)和浮桥等。又如用浮船打捞沉落水中之物:即将船装满土,船下沉至一定程度,再将绳纤一端系在船上,另一端系在所打捞物上,然后挑走船上的土,船便浮起而带起打捞物。有关物体比重知识方面,民间常用鸡蛋、莲子和桃仁测试液体如盐卤的浓度,这是因为鸡蛋、莲子和桃仁的外形都不是正圆形,当它们的比重与待测液体的比重相近时,它们在水中呈直立悬浮状态;当它们的比重比液体小、甚至小很多时,它们几乎全浮在液面上,又因其形状与重心的关系,使它们在液面上取横躺形式;当它们的比重比液体大时,它们就沉没在容器底部。气体知识在民间也有运用。如船和车上的风帆,为了更多更好地利用各种方向的风,帆在数量上从少到多,从小到大,帆的安装方式从适应正向风力而发展到适应一切方向的风力,即从帆的正装置到不对称的斜立装置等。也有的地方使用风车(与帆车不同),犹如儿童所玩风车形式。

民间还有放风筝和点孔明灯的风俗。风筝,亦称"纸鸢"、"纸鹞"和"鹞子",其结构有硬翅、半硬翅、拍子、软翅、伞形、桶形和长串形等,一般是用细竹或竹片扎成骨架,模仿蝴蝶、蜈蚣、凤凰等禽、鸟、虫形状或人物形象,糊上绵纸或薄绢,上画彩色图案。放飞时,在风筝的拉力中心拴上提线,再与放线联结,借助风力,飞上天空。风筝在空中受到三种力作用:重力、空气动力和拉线张力。稍有气流作用,风筝就上升,当风力微弱或无风时,风筝因重力而下降。放风筝者常拉紧线跑动,借相对气流运动而使风筝飘浮或升空。此时,风筝沿一大圆弧运动,拉线之长即为其运动轨道的半径。

孔明灯,是一种在节日或欢乐聚会时在夜间燃放的灯。其制作方法是:用有韧性的构皮纸84张,糊成一个直径达数米的球,下留一孔。孔之周围垂四条数米长的粗绳,绳端系一篾圈。先由多人将纸球张开,用柴火在孔外熏之。数分钟后球便膨胀,产生升力。然后将一个缠着浸透生油白布的十字木架引燃,把木架绑在篾圈上。一放手,球便载着一团火冉冉上升,进入天空。球下之火可燃烧10多小时。待油尽火灭后,球仍可完整落下。这是运用冷热空气质量(比重)不同的原理而制成的,热空气质量小,比重轻,故上升。

民间乐器常运用弦线振动、管振动和板振动的振动知识。弦线振动知识主要集中在各种弦线乐器上,管振动知识集中在吹奏乐器上,而板振动知识则集中在打击乐器上。

民间使用木燧、石燧和金属燧取火,包含有热力学知识。服罩(藏语称"米热")和金燧,则包含有光学知识。指南针、吸铁石的使用,反映的是磁学知识。

三、天文学知识

中国传统天文学包括天象观测和历法制定两个部分。民间观测天象的目的是用天象的变化预卜人间的祸福,即占星术。历法的制定,一是为了安排农业生产,一是为了祭祀活动。

占星术仍遗存于民间。古人认为:天变是人事顺逆、吉凶的表象,所谓"政失于此,则变见于彼"。人们将星空分为中宫(拱极宫)、东宫(苍龙)、北宫(玄武)、西宫(白虎)、南宫(朱雀)。各星宿所主之事不同。如中宫中北斗七星,"第一曰正星,主阳德,天子之象也。二曰法星,主阴刑、女主之位也。三曰令星,主中祸。四曰伐星,主天理,伐无道。五曰杀星,主中央,助四旁,杀有罪。六曰危星,主天仓五谷。七曰部星,亦曰应星,主兵"。其他四宫各有七宿,如东宫七宿为角、亢、氐、房、心、尾、箕。每一宿至少由两颗星组成,如角宿有两颗星,而南宫的翼宿有22颗星。每宿所管的事情不一样,如东宫房宿四星为明堂,即天子布政之官。此宿"四表"的中间称作"天衢",为黄道之所经,日、月、五星经由天衢,则天下太平;经由阳道(天衢之南)则旱、丧;经由阴道(天衢之北)

则水、兵。房星明,主王者明;房星离,主民流离。又如此宫斗宿,共六星为"天庙",象征丞相、太宰之位,主褒贤进士,禀爵授禄。天子有事占于斗,斗星盛明,王道平和,爵禄行。再如西宫奎宿,共有星16颗,象征天的武库,主"以兵禁暴",又主农田水利。西南大星称作"大将",当以明为吉。星象团圆则兵起,若开阖无常,则有白衣之士称命于山谷。南宫的鬼宿五星为天目,主视,明察奸谋。五星之中,东北星主积马,东南星主积兵,西南星主积布帛,西北星主积金玉,中央星为积尸,主死丧祠祀。鬼四星大而明亮主丰收;中央星忽忽不明为吉,明亮则兵起,大臣诛。这种将星象与人事相连的思维是极其虚妄的,但是由于占星的需要,人们认识星的数星、亮度、颜色、分布、运动等自然属性,则有一定的科学价值。

历法是根据太阳、月亮的运动变化制定计时方式的方法。不同的民族有不同的历法,如回历、傣历、藏历。而同一民族在不同的时代,也有不同的历法。如汉族曾经用过太初历、四分历、乾象历等。现在世界上通行的是西方的公历(即格雷果里历 Gregorian Calendar),中国用的则是阴阳合历。中国传统历法的基本元素是日、气、朔三点。"日"就是一昼一夜,古代采用干支纪日,从甲子到癸亥,六十干支日名循环使用。"气"分"中气"和"节气"两种。人们确定从冬至点开始到下一个冬至点为一回归年。一回归年中有二十四"气"。从冬至开始,每隔一个气,如大寒、雨水、春分、谷雨、小满、夏至、大暑、处暑、秋分、霜降、小雪、冬至等十二气为"中气"。而小寒、立春、惊蛰、清明、立夏、芒种、小暑、立秋、白露、寒露、立冬、大雪等十二气为"节气"。"朔"是日、月的黄道经度相同的时刻。每两朔之间的时间称为一个"朔望月",十二个朔望月即为一个历年。它的时间长度与回归年有一个差数,不到三年便相差达一个月。为了不使其与回归年脱节,必须在历年内增加一个月,这个月就叫"闰月"。这就是阴历年(农历)与阳历年(公历)的时间不相同的原因。元旦为阳历年之始,春节(正月初一)为阴历年之始。

民间还流传着不同的计时制度和器具。如十二时辰,即以太阳南中作为正中点。一昼夜分为十二等分,每时辰为两小时。夜半子、鸡鸣丑、平旦寅、日出卯、食时辰、隅中巳、日中午、日昳未、哺时申、日入酉,黄昏戌、人定亥。每辰的起点叫"某时初"或"某初",正中点叫"某时正"、"某正"或"某半"。计时器具有漏壶、香篆等。所谓漏壶,即用一固定尺寸的铜壶盛水,在壶壁上刻画时刻的标记,当里面的水外滴时,水面高度降低,这样便在壶壁上读出对应的时刻来。还有的是将一根刻画有时刻标记的木条或竹竿插在壶内,看壶内水面浸淹的部位,根据木条或竹竿上的时刻标志读出时刻。根据相同原理设计的还有秤漏、盂漏和沙漏等。"香篆"是将更香做成篆字形状,点燃后,燃烧点沿着篆字的笔画推进,燃完为一整天。也有用蜡烛和烟来计时的。

四、地学知识

地学知识主要集中在气象、气候、水文、地貌和矿物等几个方面。气象、气候知识具有较强的地域性。不同的地区认识气象的角度不一样,它的表现形式便是"谚语"。《诗经》中便有"上天同云,雨雪纷纷"的记载。《道德经》中也有"飘风不终朝,骤雨不终日"[1]的古谚,意思是说:大风急雨不会维持一整天。《论衡·变动篇》中有据物象测天的谚语:"故天且雨,蝼蚁徙,丘蚓出,琴弦缓,固疾发。"[2]《齐民要术》中则有"天雨初晴、北风寒切,是夜必霜"的佳谚。人们曾将这些谚语收集起来,如托名东汉崔寔的《农家谚》,[3]元娄元礼的《田家五行》,清梁章钜的《农候杂占》等。但更大量的谚语,仍流传于民间。

气象、气候谚语有多方面的内容:(1)揭示气候分布和变化的规律,如"清明断雪,谷雨断霜"、"四月八,冻死鸭"、"三月三,九月九,无事不到江边走"等。(2)解释或描述各种天气现象,如"春风不入皮","夏雨隔田埂"、"雹打一条线"、"霜前冷,雪后寒"等。(3)预测未来天气状况,如有预测晴雨的:"见雪会晴"、"早雨当日晴"、"早晨堡状云、午后雨淋淋"等;有预测冷暖的:"春雷十日寒"、"立春暖一日,惊蛰冷三天"等;有预测霜冻的:"秋寒霜来早,秋暖霜来迟"、"立夏杏花开,寒霜不再来"

---

[1] (春秋)老聃著,冯达甫译注:《老子译注》,上海古籍出版社1991年版,第54页。
[2] (东汉)王充著,袁华忠、方家常译注:《论衡全译》,贵州人民出版社1993年版,第907页。
[3] 此书是后人伪托之作,但其资料大都有根据,可以使用。

等;有预测旱涝的:"发尽桃花水,必是旱黄梅"、"春寒夏涝,春暖夏旱"等;有预测台风的:"夏雷压台,秋雷引台"、"六月一雷打九台,七月一雷九台来"等;有预测冰雹的:"黑云黄边子,必定下雹子"、"腊月热过头,来年冷子流"等;有预测寒潮的:"一朝赤膊,三日头缩"、"一日南风三日曝,三日南风狗进灶"等。(4)预测农业丰歉,如"小雪雪花飞,来岁定丰年"、"端阳有雨是丰年"、"清明吹南风,一年好收成"等。(5)预测单一农作物收成的,如"立秋漏,有荞豆"、"九尽一场霜,麦子豌豆一包糠"、"秋前南风有好天,秋后南风生虫害"等。

民间流传着各种预测年成丰歉、气候变化、水旱程度的方法。有的以岁时节日的阴、晴、雨、雪以及各种天象的变化,占卜年成的好坏,如湖南等地,以农历正月初一的气候好坏,预卜一年之收成。俗传此日温和无雨则谷丰价贱,民无瘟疫;此日降雪则主旱;以阴天为佳。谚语说:"岁朝已黑四边天、大雪纷纷是旱年。"陕西等地,于冬至日看巴山雪,预卜来年丰歉,谓积雪厚,来年收成一定好;积雪薄或无雪,来年将有灾荒。青海河湟地区,每年农历十二月初八清晨,人们从山泉中汲水盛于碗中,置于院落中心的中宫处,观察结冰晶体中什么形状的颗粒多:如碎粒状物居多,则来年油菜收成好;如圆形颗粒状多,则豆类作物收成必好。有的以动植物的生长状态或异常反映,来预测天气的变化。如"树叶翻背摇,大雨淹过桥"、"河里鱼跳,风雨之兆"、"旱天蚯蚓出洞,有雨必凶"等。

风水术是一种以地理知识为基础,吸收阴阳五行、天人感应,以及龙脉、望气、三才、生气等思想而创造的一种相地术,主要为建宅、造墓服务,现今仍流传于民间。其操作过程有觅龙、察砂、观水和点穴等。"龙者何? 山之脉也……土乃龙之肉,石乃龙之骨,草乃龙之毛。"为什么要觅龙? 因为"气不自成,必依脉而立,盖脉则有迹,而气本无形。所以,乘气之法又以认脉为先"。所谓"砂",是指主龙周围的小山、高地或隆起之处,因方位不同而被分别称作"侍砂"、"卫砂"、"迎砂"、"朝砂"等。它与龙之间是主仆、上下和尊卑的关系。在众多的护砂中,位于穴位左侧的称龙砂(上砂),位于右侧的称虎砂(下砂),此二砂对于"收气挡风落头结构"关系重大,尤为风水先生所注重。"观水"就是寻找"水口"、

"三分水"。水口在平原地区多为河口,在山区多为山口,它是地势最低点,为消纳众水的去处,也是阴、阳宅所在的小封闭环境的入口。"点穴"就是具体确定屋基或葬坑(金井)。其要素有"化生脑"、"八字水"、"圆球"、"蝉翼"、"明肩"、"葬口"、"太极晕"和"明堂"。由于风水术要研究地形、地质及其环境状况,所以不自觉地产生出许多较科学的东西如"三大龙说",便是将中国地形大势概括成北龙(黄河、鸭绿江之间)、中龙(长江、黄河之间)和南龙(长江以南),其起点都是昆仑山。风水术中将平原地形分成三级:第一级有平洋地、水地和海潮地;第二级有山阳、平阳、平冈和平洋;第三级有坪、平地和洲。选穴时,对地下水有详细的分析:泉水有嘉泉、泥水泉、汤红泉(矿泉)、铜泉(胆泉)、涌泉、溅泉、没泉、黄泉、漏泉、冷泉和龙湫泉等。关于水味也有分析,水色碧,水味甘,水汽香,主上贵;水色白,水味清,水汽温,主中贵;水色淡,水味辛,水汽烈,主下贵。若水酸涩,发馊,不足论。选穴还有小气候上的论述,外山环抱者,风无所入,而内气聚。外山亏疏者,风有所入,而内气散。气聚者暖,气散者冷。风水先生还将土壤分为青土、黑土、赤土、黄土、白土(即五色土)、白墡土、青黎土、塘泥、砂石杂土、乌土、鸡眼土、马肝土、青羔土、猪肝土、灰杂土、死黄土、肉红土、干垎土、乌沙土、枯焦土和稀软泥等。风水先生还知道用指示植物探矿。如《相宅全书》中说:"冈生野葱,下有银丝。若生野韭,金据其中。野姜生处,厥土多铜。中埋玉石,草木不蓬。黄草白莠,下有金守,黄莠白茎,银之所有。大树忽死,或偏而枯,随枝所指,宝藏之区。草茎苍赤,短短而疏,掘下十尺,瓦石与俱。草枯而黑,下通泉脉。若有铜铅,蕉萎无泽。"

五、生物学知识

民间的生物知识极为分散,有各个地区对于动、植物的不同认识和利用,也有因此而形成的固定风俗习惯。

封山育林。我国林区的生产风俗。它是一种利用树木自然繁殖能力以恢复森林的方法。通常是将荒山或残林划界封禁,限制开垦、樵采和放牧,禁绝山火,利用树木的天然下种及根株和根部萌芽以育成森林。青海海东地区及门源、共和等地区,则在每年农历四月青苗会上,按传统民约规定即日封山。凡水地、川堡、护坡、公私树林、田地阡陌等一律封禁,禁止上山砍伐树木、放牧牲畜等。

禁山会。汉、畲等族建立的一种保护山林庄稼的社会组织,流行于浙江、四川等地。在川西丘陵边缘地区,端午节一过,玉米开始挂红须授粉结实时,群众便自发地组织起来,防偷、防猴。畲族地区油茶山比较多,油茶采摘前,便规定采茶时间(一般在霜降前三天),不许提前,禁止私自采摘。这样,一方面防止未到采摘时间而毁了茶,另一方面也防止偷盗。

掘冬笋。汉族的一种生产风俗,流行于湖南安化县境内。当地民约,每年冬至前,无论何人何地都可以任意掘取冬笋,不得干涉。冬至后,一概不许掘取冬笋。这是因为民众认为:冬至前生笋最多,如不适时掘取,会妨碍竹笋生长。冬至过后,竹笋生长缓慢,如果掘取,便会使竹笋受到损伤。

动植物的活动或生长与季节有很大的关系,所以许多民族根据这一特征制定自然历(又称物候历)。如傈僳族、鄂伦春族和珞巴族等。傈僳族的物候历,是一种周年为十个季节月的历法,其月份称为"花开月"(相当于农历三月)、"鸟叫月"(四月)、"烧山月"(五月)、"饥饿月"(六月)、"采集月"(七、八月)、"收获月"(九、十月)、"酒醉月"(十一月)、"狩猎月"(十二月)、"过年月"(一月)、"盖房月"(二月)。"采集月"与"收获月"较长,"饥饿月"的长短则视前一年丰歉的情况而定。

鄂伦春族的物候历,是根据鹿的生活规律来划分季节,即鹿胎期、红圈期(又称鹿茸期)、鹿交尾期和鹿打细毛期。

珞巴族的物候历,则是以花鸟虫鱼等的周期变化编制的。一月桃树开花,吓衣亚崩花开,波基绰波鸟叫,布却更鸟叫;二月达加树开花,劣耕加另开花,略耕基略鸟叫,巴戈鸟叫;三月辛基树开花,混恩树开花,牙尼虫叫,兵贞鸟叫;四月过朵树开花,雪济亚尼花开,尼洋亚尼虫叫,却却济鸟叫;五月达戈果熟,宁崩果熟,雅亚亚英虫叫;六月鲁姑花开,泽鲁布花开,杜都亚亚虫叫,亚德工虫叫;七月多哇藤出花蕾,埃竹笋破土,辛德达叶虫叫;八月兰札毕拉树果壳裂开,多业藤开花,兵贞、八角、尼白德德等鸟往南飞;九月达希果熟,富冬达基草开花,玛富鸟叫,金冬达鲁基虫叫;

十月色纳树开花,达济树开花,虫停止鸣叫,多数鸟飞走;十一月达毕花落,巴郎木树叶落,高山顶的水道变成雪;十二月老鼠入洞,难于猎获。由于地区不同和海拔差异,即使在相同部落里的不同村庄,物候也有所变化。上述物候历适用于居住在西巴霞曲上游的自称"崩尼"的珞巴族人中。

第二节 民间工艺技术

一、民间工艺技术的形成与发展

中国幅员辽阔、历史悠久、人口众多,地处东亚大陆,兼容寒、温、热三带,资源、物产均称丰饶。这些特点加上广大民众长时期的生产实践,使得传统的工艺技术极为丰富多彩,具有独特的风格,自成体系。

中国人素以勤勉和心灵手巧著称于世。史前时期的木、石、骨、角、陶、玉各类制品,诸如琢磨精细的石刀、石斧,制作精巧的骨针、骨簪,古朴美观的彩陶、印纹陶,精美绝伦的玉玦、玉琮,无不出自无名氏之手,而成为人类文化的瑰宝。进入历史时期之后,以金属工艺为例,历经夏、商、周三代的青铜时代,是以青铜冶铸技术为其物质基础的。这一时期大量的礼、乐、兵、车等类青铜器件,和青铜手工工具与农具,以其形制的精美,纹饰的精细,制作的精湛,造就了极为灿烂辉煌的青铜文化。所使用的陶范铸造、金属范铸造、失蜡铸造、锻造、焊接、错铜、错金银、鎏金、刻纹等工艺技术,多出自民间。有的虽可能出自官营手工作坊,当其流入民间后,又有创新发展,成为民间工艺技术甚至现代科学技术的一部分。例如失蜡铸造是以蜡为模,成型后,将蜡熔出,于空腔中灌注金属液,即可获得形状高度复杂的铸件。经近年研究证实,迄今发现的我国最早失蜡铸件为河南省浙川县楚国墓地出土的春秋晚期的铜禁。这一器件体形硕大、繁复,工艺技术业已相当成熟,它的最早起源当可上溯至西周或更早时期。稍晚于铜禁的有湖北省随县曾侯乙墓出土的战国初期的青铜尊。它们由于纹饰镂空和技艺高超,被学者们公认为商周铜器的珍品中的珍品。在汉、唐时期,失蜡法被广泛用来铸作铸像、铜镜和饰品。经历代传授,衍生出多种风格与工艺措施,民间称之为"拨蜡"、

"失蜡",用以铸印、铸炉等。及至明代,无论宫廷铸宣德炉还是民间仿制的鼎炉,都是采用这种方法,并一直流传至今。在近代这一民间技艺由欧美学者、工程师引用于工业生产,制作齿轮与假牙。第二次世界大战期间,进一步采用现代科学技术手段与材质予以改造,成为新型的熔模铸造工艺,用以制作喷气机引擎叶片和整体涡轮盘。它在战后迅速得到推广,发展为规模宏大的高度机械化、自动化的精密铸造行业,成为工业生产中推陈出新、古为今用的典范。1980年,为复制曾侯乙编钟,有关单位延请广东佛山老艺人唐煊用传统的失蜡法铸作楚王镈获得成功,充分表明了民间技艺的生命力及其巨大的科学价值与文化价值,一时传为美谈。类似的例子还有层叠铸造(一称叠铸)。这种工艺是用形制完全相同的多件铸型叠合装配后,从同一浇道满注金属液,从而获得众多规格相同的成型铸件。这种工艺,由于在制作、装配时具有互换性,所以成品规格齐整,质量良好,非常适合于小型铸件的大批量生产,在现代工业生产中得到广泛应用。我国的叠铸工艺,就目前所知,可能起源于春秋时期齐国地区的铸钱业,现存的齐刀叠铸钱范即其佐证。春秋战国之后,历经两汉与魏晋南北朝,叠铸工艺被广泛应用于钱币、车马器件的铸造,而从未见诸文献记载。直至20世纪60年代,始有学者从出土文物中发现这一工艺的历史存在。而在民间,这一工艺是一直延续着的。如广东省佛山市历来即以此法铸造镇头饰物等小型铸件,民间传说传自宋代。到近代,又引用于工业生产,用来铸造纺织机械和缝纫机的零件,以其价廉质优,得到用户欢迎而沿用至今。

上述实例表明,在民间技术与官方技术、传统技术与现代技术之间,存在着由此及彼的历史的内在联系。对于民间工艺技术的调查研究,无论是金属工艺还是制陶、制瓷、纺织印染、营造、食品制作、酿造、造纸、印刷等,对于民俗学、考古学、民族学、科技史以至现代科学技术,都具有重要的价值,应当引起我们的高度重视。

以上列举的这些门类,我们以为,都可归属于民间技术的范畴。它们的特点是侧重于各类用品、工具等成品的制作,同时又往往具有一定的艺术性,即便是手工工具如刀、斧、凿、锯等,民间制品也大都具有功能要求与艺术性相统一的特点。

另一类，我们以为，可称之为民间工艺的，诸如风筝制作、牙雕、面塑、剪纸等等，同样是名目繁多，手艺高超，具有鲜明的民族特色，因而为广大民众所爱好。这些民间工艺的特点是侧重于通过产品制作，达到特定的观赏、娱乐等文化艺术的美学功能。同时，在工艺制作中往往包含着丰富的科学技术内容。例如，风筝制作须符合空气动力学的要求，竹蜻蜓即是直升飞机的原型，走马灯隐含燃气轮机的原理，等等。

民间技术和民间工艺既有联系又有区别，有时不是很好区别，可概称之为民间工艺技术。它们都是民俗学调查研究和论述的对象。

二、民间工艺技术的门类

现存民间工艺技术的门类、品别，尚无完整和系统的调查材料。据《当代中国的工艺美术》[1]附录二"全国工艺美术主要产品品种分布"所罗列的内容，略去其中明显地不属于民间工艺技术的产品不计，共有千余种，可分成织绣、雕塑、陶瓷、编织、漆器、家具、金属工艺、玩具、人造花与工艺画和其他（伞、扇、料器、鼻烟壶、烟花爆竹、灯彩、戏具、装裱、祭祀用品等）共计十大类。以下择要介绍若干主要类别的技术特征与产品功能。

（一）织绣

这是民间纺织与刺绣工艺技术及其产品的总称。就纺织工艺来说，有棉、麻、丝、毛等各类织物及其印染产品。以织锦为例，著名的有四川蜀锦、南京云锦、苏州宋锦、漳绒、杭州织锦，少数民族地区的壮锦、瑶锦、苗锦、侗锦等。大型织机有复杂的机件和提花结构，需多人操作，代表了历史上手工织机的最高水平。自古流传的工艺，图案十分华丽。1954年，在政府扶植下，这一工艺得以在苏州复兴，后并成立缂丝厂，复制了宋代莲塘乳鸭图等珍品。19世纪80年代又创造异纬织造法，具有正反两面的不同形象，是推陈出新的创举。

抽纱花边为大宗的工艺美术产品。这一品种系从欧洲传入，又吸收了传统刺绣的长处，花样翻新，深受欢迎，盛产于山东烟台、广东汕头、浙

---

[1] 邓力群、马洪、武衡主编：《当代中国的工艺美术》，中国社会科学出版社1984年版。

江萧山等地区。

地毯在我国已有约三千年的历史。现有23个省、直辖市、自治区能生产。主要产地有天津、北京、宁夏、内蒙古、新疆等。1974年天津所织宽10米、高5米的大型艺术挂毯"长城",赠送给联合国,在世界上引起轰动。

再如刺绣工艺,著名的有四川蜀绣,江南的顾绣、苏绣,湖南湘绣,以及温州瓯绣,陕西秦绣,福建榕绣,山东鲁绣,广东潮绣,河南汴绣等,均以其不同的手法、花色博得好评和行销国内外。以苏绣为例,针法多样,有齐针、抢针等九类43种,技术特点可概括为"平、齐、细、密、匀、顺、和、光"八个字。著名的双面绣"小猫"和"金鱼"即是其名牌产品,深受欢迎,历久不衰。

(二) 雕塑

有玉器、象牙雕刻、骨刻、石雕、木雕、竹刻、砚刻等类。玉器主要产自北京、上海和广州等地。玉石器中有翡翠、和田碧玉、绿松石、岫岩玉、玛瑙、水晶、珊瑚等。1978年,广州所产18层的玉球,由整块玉料琢成,获全国科技大会奖。甘肃酒泉所产夜光杯流传两千余年,是旅游者喜爱的工艺品。

象牙雕刻品在商代即已出现。目前主要产自北京、广州、上海,尤以多层次、可转动自如的象牙球为著称。早在1915年,这一产品即在巴拿马博览会上获奖。其创始者为清乾隆年间著名艺人翁五章。目前,他的第四代传人翁荣标已能镂雕多达15层的象牙球。

木雕主要分布在浙江、福建、江苏、广东等省。浙江东阳木雕始于北京,闻名全国,目前从业人员达数千名,有两千七百多种花色、品种。技法以浮雕为主,多数产品既可供实用,又可观赏,因而有很旺盛的市场竞争力。广东金漆木雕,也是很有特色的木雕制品,早在明清时期已达很高水平。它是精选优质樟木,凿出粗坯后,再精雕细刻,又经磨光,层层髹漆,最后贴以金箔而成。所得制品金碧辉煌,光彩夺目。大型制品《大观园》长14米、高49米,包括13座楼阁亭台,百余名人物,充分体现了这一工艺品种的精华。

竹刻有翻黄、留青、竹根雕等品种,产地以浙江、江苏、上海、湖南、四川、广东等地为主。竹刻产品格调典雅,技法精湛。江苏常州著名竹刻艺人白土凤、徐秉方等的制品,曾参加1983年在纽约举办的中国竹刻展览。广东南雄的竹雕帆船,风格清新,具有独特的民间色彩。

石雕著名产地有浙江青田、福建福州和惠安、山东掖县、辽宁海城、湖南浏阳、河北曲阳、云南大理等,多是就地取材,因材施技,发展成为各有特色的传统制品。如青田石雕以镂刻见著,依据不同对象,运用凿、戳、铲、戗、镂、雕、刻、刮、锉、磨等技法,获得相应的艺术效果。曲阳汉白玉雕刻始于汉代,著名的天安门、人民英雄纪念碑等建筑装饰,即来自曲阳艺人之手。石砚雕刻以端砚、歙砚、洮砚、鲁砚、澄泥砚为最著称,是文房四宝中的上品。

(三) 陶瓷

陶瓷制品也是大宗的工艺美术产品。其中的精品有很高艺术价值,为海内外人士珍视和收藏。

瓷器主要产自江西景德镇、湖南醴陵、山东淄博、河北唐山等地。此外,磁州窑、辉州窑、钧窑、定窑、新泉窑等古代名窑,这些年来也不同程度地得到恢复和发展。

瓷都景德镇的传统彩绘有釉下青花、釉里红、釉上古彩、粉彩等。近年又恢复了元代的青花装饰。薄胎瓷器的胎体薄如纸张,呈半透明态,技艺水平很高。

广州织金彩瓷简称广彩。它是在白瓷胎上用釉上彩和金色描绘,色彩鲜艳,对比强烈,富有南国情调。自清初至今,已有三百多年历史。特别在同治年后,民间艺人采用西洋进口的珐琅料和液态金料,吸收中国工笔画和西洋绘画技法,使构图层次丰富,受到广泛欢迎。

淄博瓷器中最有特色的是宝石瓷。它属于细炻器类。用当地原料配制,色泽米黄偏灰,含蓄大方、质地坚实,主要用作日用瓷器。

钧瓷产自河南禹县神垕镇,为宋代名瓷。近些年来,钧瓷艺人反复探索窑变奥秘,使这一烧成工艺重放异彩。含有铜质的釉在焙烧过程中产生化学变化,导致色彩和组成的变异,呈现海棠红、朱砂红、鸡血红、葡萄紫、天蓝、鱼肚白等釉色,并且相互渗化,相映生辉,蔚为奇观。

汝瓷产自河南汝县,始于隋代,北宋时成为官窑。所制粉青、灰蓝、豆绿、虾青等釉色,明亮莹润,含水欲滴。它的另一制作特点,是在坯胎上以锋利铁笔刻画图案,具有特殊艺术风格。目前,经著名艺人郭遂等的努力,在釉料配方和烧成工艺上继承传统做法,得到很大成功。

传统陶器以江苏宜兴、广东石湾为最著称。宜兴紫砂闻名遐迩。著名艺人朱可心、顾景洲、蒋蓉、吴云根等的制品,工艺精湛、各具风格,为海内外收藏家所珍视。广东石湾在陈设性和具有独特风格的陶塑制品上取得很大成就。其制品题材广泛,传统的人物陶塑,形象古朴、神态生动,充分发挥坯料和釉料不同质地的特点。动物陶塑也有很高艺术水平。著名艺术家有刘传、庄稼等。

唐三彩创自唐代。以马、骆驼、仕女、乐伎、武士等为主要品类,近年改进原料配方,提高烧成温度,在传统基础上焕发新的光彩,著名艺人有高松茂等。

(四)金属工艺

金属工艺品是民间工艺技术中的大宗,且品种和技术门类繁多,成就很高。上文已举失蜡铸造和叠铸为例。在铸造方面,还可以提到的如苏州地区传统泥范铸造鼎、炉等产品。河北泊头镇在历史上也是重要的冶铸业中心,一些铜像、铁狮等即出自该地。

在锻制工艺品方面,著称的有浙江龙泉宝剑,安徽铁画,南京等地的金箔、锡箔等。以芜湖铁画为例,已有三百多年历史。它以铁为墨,以砧为砚,以锤代笔,制品独具风格。1956年由老艺人储炎庆成立铁画小组,使这一传统工艺得以恢复。大型铁画"迎客松"长4.5米、宽2.5米,悬挂于人民大会堂的安徽厅,受到高度评价。

北京景泰蓝又称掐丝珐琅,因创制于明景泰年间而得名,1904年在芝加哥博览会获一等奖。目前从业人员达四千余人,规格、品类达千种以上,广销国内外。

花丝工艺又称"细金",以北京、成都为上。它是用金、银材质镶嵌珍珠宝石,或由金、银丝编织而成。其技法有锤锻、错镶、堆垒、编织、皱、錾、烧焊、酸洗、烧蓝、镀金、银等,是多种工艺结合的制品。北京花丝行业著名艺人有毕尚斌、翟德寿等。

云南斑铜始于明崇祯年间。采用优质铜,经烧斑(再结晶)、组合、焊接等工艺制成。因表层呈现斑斓色彩与结构而得名,是一种珍贵的金属工艺品。

云南的锡都个旧,则以锡制工艺品闻名于世。其产品光泽似银,造型优美,并可防潮、保温、耐蚀,历来用作酒器、茶壶、餐具、烛台等,在民间曾广为使用。山东烟台则有锡镶茶具,在明末已甚流行。它是以锡为材料,经锻、錾等技法,按器皿不同形制和要求,制成图案,钻嵌在青瓷、紫砂等类茶具上,锡的白色和陶瓷器皿的色彩相映生辉,高雅中见古朴。

第三节 民 间 医 学

一、传统医学的基本特征

（一）医学体系的形成与发展

医学在古代被视为是"方技"的组成部分。根据《汉书·艺文志》的记载,当时"方技"的构成包括"医经"（医学理论）、"经方"（治疗方法）、"神仙"（长生不死之术）与"房中"（性技术）四大部分。其共同特点在于"方技者,皆生生之具"——是求得健康长寿、延续生命的"技艺"。随着历史的发展,"神仙"与"房中"这类方术色彩较浓的内容,逐渐与道教融合,脱离了医学的体系,"医经"与"经方"则逐渐形成了传统医学的主体。可以说,整个中国传统医学的理论体系在两汉时期基本定型,至今未见有重大改变。此间出现了许多重要的医学经典著作,例如以医学理论为主的《素问》、以针刺疗法为主的《灵枢》（后世习惯于将这两部著作合在一起,称为《黄帝内经》）、药物学专著《神农本草经》,以及《难经》、《伤寒杂病论》等。这些著作的共同特点是汇集了前人和民间的经验与论述,构筑起中国传统医学的基础理论体系。

在诊断技术方面,当时已采用"四诊"的方法,即望、闻、问、切。特别是切脉方法的应用,使得医生可以更多地了解人体内部变化的信息。这种诊断方法的使用与传播,与先秦著名医家扁鹊有极大关系。在他的脉学理论中可以看到有关人体"脉气"循环的描述,并有各种脉象变化与疾病关系的记载。

汉代以后,历代医家在实际治疗中,对医学理论、治疗方法、药物及其加工等不断进行研究,使得中国传统医学的内容不断丰富。六朝时期出现了一批就某一专题进行发挥而形成的经典著作。例如西晋太医令王叔和编撰的《脉经》,是脉诊法规范化的嚆矢。《脉经》虽由官府所属太医编著,它的源头则在民间和前人千百年来的医疗实践积累。西晋皇甫谧所著《针灸甲乙经》,则可称为针灸学的第一部专著。南朝著名道教人物陶弘景补充修订《神农本草经》,将原有的365种药物扩充到730种等。隋、唐时期孙思邈、王焘等人编撰的大型方书《千金方》《千金翼方》《外台秘要》均是巨型方书之作,代表了临床治疗方剂的空前盛况。

宋、金、元时期,医学出现了许多新的流派。如以刘完素为代表的"寒凉派",以张从正为代表的"攻邪派",由李杲首创的"补土派"和朱震亨的"滋阴派"等。宋代成书的《洗冤录》是中国、也是世界上较早的法医专书。该书在中国沿用六百多年之久,成为后世各种法医著作的主要参考书,并且广传海外,被译成多种外语文本。作为法医著作,自是为官府所用,但其中许多知识与鉴别方法来源于民间,并同样为民间所习用是无疑的。

明清时期的主要医学成就,表现在人痘接种法的产生和温病学派的出现。由于天花病的流行,中国至迟在16世纪中叶,开始使用人痘接种的方法来预防天花。人痘接种法的发明,是免疫治疗方法的重大成就,在世界医学史上占有重要的地位,并对18世纪英国医生贞纳发明牛痘接种法有极重要的启发作用。由于人口密度的加大,各种传染性疾患蔓延,明清两代医家不断探索新的治疗方法,终于在继承前人经验的基础上,提出了一套新的理论、治疗方法与预防措施,写成了不少专门著作,形成了新的理论学说。其中最具代表性的是吴有性提出的"戾气"病源说。他认为自然界存在着各种可以诱发人或动物患病的"戾气",且认为其传播途径是由口、鼻而入。因"戾气"性质之不同,故患病亦有不同。

传统的医学理论,直到西方近代科学传入,才受到一定的非难,但其确切的治疗效果始终为中外人士所首肯。

(二)医学经验与理论的互补

中国古代的医家,大抵可以分为"官医"与"草泽医"(民间医生)两大类。两者间虽有进退出入,即草泽之医可受征召而跻身官府,官医亦有因厌倦名利浮华而复归草泽者,但总体说来,两者间的差别仍是十分明显的。官医在建立我国古代医疗保健制度、发挥集体力量从事文献编纂整理、兴办学校式的医学教育等方面,均发挥了极其重要的作用。但是,医学的理论化却不是官方医学的特征。也就是说,不论是处于较低阶段的简单治疗经验,还是抽象成为理论的体系化总结,均是由广大的民间医生完成的。医学的经验与理论,始终是处于相辅相成的地位。医学理论的形成,一是来源于对于临床治疗经验的归纳,例如早期对于各种动植物药的认识,只有具体作用的记载,而没有诸如"补养"、"清热"等抽象概念的功能描述。当人们对于这些动植物治疗共性有所认识时,才产生出药物功能的理论概念。在这种情况下,每一种药物均不再是局限地针对某一种具体的疾患,而是可以根据对于药物与疾病两方面的抽象概念,选择相应的治疗方法。例如,凡是属于"热"性的疾患,不论其表现如何千差万别,大都可选用具有寒凉性质的药物进行治疗。

另一方面,医学理论的产生与整个文化背景有极为密切的关系。例如阴阳学说、五行学说、宋明理学等,均对医学理论的形成与发展具有极为深刻的影响。然而医学理论体系的建立,并不意味着低级水准的经验医学的终结。经验,始终是第一性的,并不断地在医学发展的不同阶段,以不同形式出现,成为医学中必不可少的组成部分。当理论体系建立起来之后,各种理论还必须接受经验的检验,许多经不起实践检验的理论逐渐销声匿迹;另一方面,新的经验积累又促使智者将其总结归纳上升成为理论。医学,恰是在这种错综复杂的关系中逐渐发展起来的。

二、中国传统医学的基础理论

(一)脏腑学说

"脏"原作"藏",后写作"臟",取藏字之义,包括心、肝、脾、肺、肾等五个实质性内脏器官,称之为"五脏"。"腑",原作"府",后写作"腑",取府字之义,包括胃、大肠、小肠、膀胱、胆、三焦等六个空腔性器官。

有关六腑功能的描述,基本建立在古代粗浅解剖的直观认识之下。但有关五脏功能的描述,却因没有重量、生化的知识而不可能产生正确的认识,形成了完全脱离解剖形态的"脏象学说"。象,即形象。五脏在体内,但其形象、功能却表现在外。换言之,一切外在表现与变化,均隶属于五脏的形态与功能。在这个体系中,五行学说起到了一定的作用,即通过五行配属,将五脏、五官、五色、五味、五音、七情等联系在一起。另一方面,临床经验亦相当重要,如肝开窍于目、肾开窍于耳、肺开窍于鼻等配合关系,均客观地反映了人体外部器官与内脏间存在的某种联系。因而当代编撰的《中医学基础》等教材,总是反复说明,脏腑在中医学里,不单纯是一个解剖学概念,更重要的是一个生理或病理学方面的概念。

(二)经脉学说

经脉学说,是中医学基础理论的重要组成部分。与草药治病,以及放血、热敷等世界古代医学普遍具有的组成内容不同,经脉学说唯见于中国的传统医学中,而不见于其他地区的古代医学。

有关人体经脉的最早记述,见于墓葬年代为公元前168年的马王堆墓出土帛书。其后,在《灵枢·经脉》中形成了完整的体系。其内容主要包括以下部分。

1. 十二经脉。在经脉学说中,将形如主干的"脉"称之为"经",包括分属五脏六腑的"十二正经"和无脏腑配属关系的"奇经八脉"。十二正经相互衔接,形成一个如环无端的循环圈。

2. 奇经八脉。它是任、督、冲、带、阳维、阴维、阳跷、阴跷等八脉的总称。奇经不连属脏腑,故称之为"奇"。系统提出这一概念的,是成书于东汉时期的《难经》,其用意在于更加完善天人的配合关系。因为十二正经被化作河流,故设立奇经八脉以喻湖泊,当正经气血有余时,就像江河之水溢入湖泊一样地流入奇经之中。

3. 十二经别。它是十二正经离合出入的支路,起到加强脏腑间联系的作用。

4. 十二经筋。它是十二经脉之气结、聚、散、络于筋肉关节的体系。亦即将全身的肌肉分为隶属于十二经脉的十二个部分。

5. 十二皮部。即将人体外表依各经脉循行的路径分为十二个部分。

6. 十五络脉。它自经脉别出,横向联系,故称之为"络"。除十五络脉外,周身布满了众多细小的络脉,称之为浮络、孙络、血络等。

由于经脉学说中包含有经和络两大部分,故一般称之为"经络",但其本质均是脉。通过经络的联系,形成了人体外表、肌肉、内脏之间密不可分的联系,及各部分间的特定关系,以此作为依据和治疗的途径,这就是经脉学说在临床的具体运用。

除了脏腑、经脉学说外,中医基础理论中还包括阴阳五行学说的运用、运气学说、病机理论、病因理论等,但均不如脏腑、经脉学说重要。

三、独特的针灸疗法

针灸疗法是中国传统医学创立的一种治疗方法,现已广泛地应用于世界各地。自古以来,"神农尝百草,伏羲制九针"的传说为众人所知,故许多人认为中国传统医学可以概分为两大体系:一是"神农——草药"的药物治疗体系,一是"伏羲、黄帝——针砭"的针灸学治疗体系,足见针灸治疗学的重要地位。

一般认为,针灸疗法起源于原始的放血与热敷手段,因而,其应用历史可追溯至远古人类。但历史资料并不支持这种推测。在西汉马王堆墓出土的医学帛书中,尚只有灸法,而不涉针法;经脉的记载中亦没有"穴位"。因而只能认为是经脉学说的出现,诱发了针灸治疗方法的成立。另外,砭石(锋利的石器,作为一种医疗用具)主要是作为外科器械,用于切开排脓、割治疮疡等。因而尽管在考古发掘中可见石器时代的骨针、石锥等物存在,但并不能认为这些物品是医疗用具,特别是不能作为针灸疗法的用具。

针刺与灸法是两种不同的治疗方法,之所以能够具有紧密的内在联系,之所以不同于一般的物理性加热、刺激,就在于这两种治疗手段是在经脉说的理论指导下发挥治疗作用的,因而才构成了针灸疗法的固有定义。针灸疗法与经脉学说联系紧密程度,远远高于药物疗法的原因在于:对于针灸疗法来说,只要确定了某一病症归属某一经脉,即可施以直接的治疗;而药物疗法则以"病症—药物"为最直接的认识途径。在针灸治疗法发展到一定阶段,供针刺或针灸的"穴位"逐渐增多,人们反而不太重视经脉理论了,往往是像选用药物治病一样,只记忆住某个穴位对治疗某种疾患有较好的作用,这似乎是理论医学向经验医学的倒退,但这又是临床治疗所必需的。

四、本草学的成立

中国古代的药物学著作,多称"本草",因而可以说"本草"之学,亦即中国古代的药物学。其内容为记述各种药物之名称、性状、功能、主治、产地,以及采取、保存、加工等各方面的知识。在后世的本草学著作中,除药物知识外,还附载着许多配合应用的范例,称之为"本草附方"。

本草之学的成立,与药物起源及应用是不同的概念。药物的使用渊源甚早,有关药物知识的文字记载亦可追溯到先秦。但直至西汉中期,在医学界乃至整个社会文化层中,尚没有将药物学视为一个独立的医学分支。直到西汉末期,才有"本草"之词出现。从这时起,中国传统医学中的药物学,始具有自身独立的地位。东汉时期出现了现知的最早专著——《神农本草经》。此后,本草之学发展迅速,六朝时以陶弘景的《本草经集注》,为划时代的代表作品;唐代朝廷颁布《新修本草》,有"药典"之称;宋代官方多次修订本草,其中以《证类本草》最为知名;明代大医学家李时珍耗尽毕生精力,完成了《本草纲目》,被后人称之为药物学方面的百科全书。

这些具有代表意义的本草巨著,虽然成于某些人之手,但其中所记载的知识,却是广大民众在日常生活中日积月累所得。中国传统医学中,丰富的药物治疗经验,最能说明这种医学体系所具备的坚实的民众基础。官方医学源自民间医学,二者合而为中国传统医学,因而中国传统医学亦是整个中华民族传统文化的重要组成部分。

五、咒禁疗法

咒禁疗法的本质是一种巫术行为。它与医学中其他科学技艺的根本区别在于:只有当选择的"作用力"是客观存在的"自然之力",并确实能够被有效地加以利用时,才能形成医学的技艺;如果"作用力"与作用途径的任何一方为虚幻,即只能形成巫术的治疗方法——伪技艺。

巫术的理论,有如人们对于事物的科学认识一样,具有自身的体系,只不过这个体系未能正确地反映客观世界的"真",故被称之为"伪科学"。由于构成巫术的各种具体法术,均是由其发明者运用自己的智慧创造而成,因而被称之为"伪技艺"。巫术的理论并非创造者必须遵循的指导原则,而是研究者通过探索各种法术的共性,归纳总结出的抽象原理,其本质乃是人类某些基本思维方式的概括总结。所以这些理论就不可能仅仅是法术的思维原则,同样也是某些被今人称之为古代科技文明赖以创立的抽象原理,由此构成了巫术与科学间界定的困难性。例如,"相似律"与"接触律"(类比与联想的应用)这两条最基本的巫术原理,不仅是各种法术构思的基础,而且也在医学技艺中得到了广泛的应用。

先看相似律。通过毁坏敌人的偶像,或针刺写有某人姓名、生辰的纸人,以期达到令对方遭厄的愿望,是此种巫术原理的表现形式。在咒禁疗法中有以一块圆石代替"疟鬼"投于水中,而期愈病的法术(晋·葛洪《肘后备急方》卷三)。这种法术的基本思想是认为相同原因(或形式)必然导致相同效果,而其在医学中的运用,简直多到不胜枚举的地步。各种"禁忌",多是由此而生,例如兔唇的病因被认为是妊娠时食兔。《神农本草经》根据钟乳石的形态而言其功用为"下乳汁",李时珍认为"铳楔"可治难产,显然不对,但用梳子梳乳房周围的方法确实有助于通乳。在今人看来,这种方法的效用来源于物理作用,但在古人的思维意识中却是立足于将梳子的"梳通"作用转移到乳房上。食用动物的某一器官即可补养人体的相应器官(生物化学证明其化学构成的确相似)。诸如此类,或正确、或谬误,但均是建立在相似律的原理之上。

再看接触律。在全世界许多地方都认为胞衣的处理方式,将影响这个孩子将来的命运。汉墓出土的《胎产书》绘有如何埋胞衣的方位图,正是此意。接触律的基本概念,是认为事物一旦有所接触,即可不受时间、空间的制约而保留某种联系。在医学领域中,最值得注意的"成功用例"是人痘接种法的发明!这种方法是将患天花病愈者的疮痂,转移到未患此病的人身上,以实现"引胎毒外出"的目的。于是一种没有任何病毒学、免疫学理论作基础的免疫方法就这样产生了,成为造福人类的一大发明。

较为具体的咒禁疗法，一般是指以咒语、画符为治疗手段的法术。在施行这种法术时，往往可以看到唾、喷（气）的行为。这种"作用力"与转移能量的方式，最初可能来源于人们认为口舌之中含有某种"毒"。例如，秦代法律文献《封诊式》中有检验口舌之毒的案例。汉代王充《论衡·言毒》说："巫咸能以祝延人之疾、愈人之祸者，生于江南，含烈气也。"[1]"楚越之人，促急捷疾，与人谈言，口唾射人，则人脣胎肿而为创。"晋代葛洪则以人身固有之"气"解释之："善行气者，内以养身，外以却恶，然百姓日用而不知焉。"至唐代，"气"的应用更加医学化，形成了"咒禁六法"之一的"气道禁"，如遇冷病，可先呵以热气；若是热病，则先吹以冷气。

　　念诵咒语的目的首先是为了威吓致病物，其后发展到祈求神灵之力。一般认为，咒语具有心理治疗作用，这没有道理。因为咒语的对象不是患者本身，不是要影响患者的精神活动，亦不考虑任何的"社会心理因素"，治疗对象大多并不是精神疾患者，由此构成了与心理治疗的本质区别。咒语中有相当一部分只要求施术者道出为害之物的姓名即可实现"禁"的目的，"但知其物名，则不能为害也"（《抱朴子·登涉》）。这是因为古人认为"名"具有"几"（控制）的作用，《春秋繁露·深察名号》云："名者，……其几通于天地矣。"[2]在研究古代文化科学发展史时，"几"是不可忽视的重要内容。由于语言最基本的功能是表达思想，因而其对象理应是限定在"能够理解语言"——即可以接受语言信息的范围之内。又因为在不同的历史时期，人们对于这个范围的认识是不同的，所以祝咒之文的应用范围与对象均不相同。在西汉墓出土的马王堆医书中，咒语的对象主要是动物病因，如蛇、蝎、狐等。伴随着文化的进步，虚幻的神灵越来越多，力量越来越大，施术者逐渐成为神灵与疾病间的媒介，他的语言对象主要是能够理解语言的神灵，而不再是致病物。施术者以包括语言在内的种种方式"借助"到神力后，通过刀、水、唾等方式转移到受术对象上，实现治疗目的。因此在这种情况下，咒禁之术的治疗范围可以无限地扩大，不必限界在"能够接受语

---

[1]（东汉）王充，袁华忠、方家常译注：《论衡全译》，贵州人民出版社1993年版，第1403页。
[2]（汉）董仲舒：《春秋繁露》，上海古籍出版社1989年版，第59页。

言信息"的范围之内了。

不论中外,咒禁疗法均是古代医学的重要组成部分。这主要是因为在近代自然科学产生之前,自然与超自然的概念并不清楚。一旦法术无验,被否定的仅仅是这一具体技艺本身,而不是整个思维体系。在我国古代医学中,咒禁疗法始终占有一席之地。与宗教的本质区别在于,任何咒禁之术,都是要役使神灵为施术者的目的服务,而不是像宗教那样秉承神灵的旨意行事。

第九章　民间口头文学（上）

民间口头文学是民众精神文化的重要组成部分。在漫长的阶级社会里，民间口头文学流行于广大人民之中，反映着他们的物质生产、物质生活和思想感情。但是，由于它自身的特点，以及过去统治阶级为了了解民情、进行教化的需要，它也常常被朝廷文化机构采集，并为一些上层社会的人们所关注。

民间口头文学是人民大众的语言艺术。它运用口头语言，充分发挥其丰富的表现功能和概括能力，创造各种艺术形象，展示瑰丽的想象，表现高尚的审美趣味和深刻的理性认识，这是民间口头文学区别于其他民俗事象的艺术特性。

从远古时代起，民间口头文学就伴随着人民的生产劳动、宗教和其他民俗活动而产生和发展，并成为人民生活中各种知识的宝库、进行教育和文化娱乐的重要形式。原始时代的口头文学是整个民族文艺的源头，在以后的时代里，民间口头文学继续滋养着历代文人作家文艺的成长，促进其更新。历代文人作家在保存和发展民间口头文学方面，也起到很大作用。

民间口头文学一直是民俗学研究的对象。现在，民间口头文学的研究在我国虽然已经发展为独立的民间文艺学，但是，由于口头文学历来密切联系着各种民俗事象，渗透到各种民俗活动之中，成为多种民俗文化的载体，因而它仍然是民俗学不可缺少的重要组成部分。

民间口头文学按文体可以分为三大类：散文的口头叙事文学，包括神话、传说和各种民间故事；韵文的民间诗歌（抒情的和叙事的长诗、各种歌谣）、谚语、谜语；综合叙事、抒情、歌舞，具有较多表演成分的民间说唱、民间戏曲。本书有关各章对谚语、谜语、民间说唱、民间戏曲多有涉及，为了减少重复，本章只论述民间口头散文叙事文学和民间诗歌。

第一节　口头散文叙事文学的体裁和分类

民间口头叙事文学,在长期历史发展中形成各种体裁。这些体裁都有故事情节和人物形象(统称口头故事或口承故事)。除此之外,各个体裁还各有自己的特点,并互相联系。

一、神话的种类分析

神话是一种古老的故事体裁,主要产生于原始社会和阶级社会初期。它是当时人们在原始思维基础上不自觉地把自然和社会生活加以形象化而形成的一种幻想神奇的故事。当时社会生产力还很低下,人们只能从事采集和渔猎活动,后来才有了畜牧业和农业生产。生产力的低下,既限制了人同自然斗争的能力,也限制了人的意识和思维的发展。初期,人类甚至不能在观念上把自己同周围的世界分开,也不能很好地认识自己和氏族集体的差别。于是,他们就通过类比的方式,把人类自身具有的知觉、意志、感情等特性加之于一切自然物,并在这种原始认识的基础上把自然人格化,创造出种种独具特色的故事。

神话最主要的特质,是对自然现象和社会文化现象起源的解释。这种对起源的解释不仅指示出世界在时间意义上的"开始",而且指示着现存世界秩序所以如此的"根据"与"前提"。正如鲍亚士(Franz Boas)所说:"神话的观念便是对世界的构成及起源的基本见解。"[1]这种见解在它产生的那个时代占有支配的地位,甚至被认为是神圣的。

神话是整个原始文化的重要组成部分,它的内容广泛,涉及宗教、哲学、科学知识、社会制度、习俗、历史、心理等。它不仅以语言创作的形式存在,在各种早期艺术形式中也得到表现。因此,只有从多种学术角度进行探讨,才能全面了解神话的意义和价值。

从语言艺术创作方面来看,神话不仅其征服自然的理想和探求自然和社会的奥秘的精神是积极的,其想象的宏伟与超拔也具有很大的魅

---

[1] [美]鲍亚士 Franz Boas:《神话与民俗》,《民俗》第1卷第4期,中山大学1942年出版。

力。它所创造的一些神与英雄的形象和丰富的神话意象,一直活在文学艺术和民俗生活之中,对民族文化传统的形成与发展起着重要的作用。

根据这一体裁的特点和内容,神话可分为下列几类。

(1)天地开辟和人类起源神话。这类神话是古人对宇宙和人类来源的探索,相对而言,天地开辟神话的发生晚于人类来源的神话。各民族天地开辟的神话有不同类型。盘古神话除在汉族中流传外,在苗、瑶、侗、黎、白等族中也有流传。很多民族还有自己的创世神(如满族的阿布凯恩都里、瑶族的密洛陀)。人类源于神用泥土造成之说比较流行,彝族和傣族的神话叙述人类的起源和发展,曾经经过几个不同的阶段和时期。

(2)自然起源神话。自然神话中流传最广的是关于日、月的神话,神话中大多把日、月人格化,古代有帝俊之妻羲和生十日、常羲生十二月的记载,现代壮族中流传的《太阳、月亮和星星》把这些天体说成是一家人。古代传说钟山之神烛阴"视为昼,瞑为夜,吹为冬,呼为夏"。彝族有动植物和人类都是由雪变成的雪子十二支神话。一部分关于自然的神话表现出人与自然的斗争。

(3)洪水和人类再繁衍神话。繁衍子嗣是这类神话的基本母题。在神话中,洪水是人类诞生后的一次重大灾难,经过这次灾难之后,人类社会才真正延续下来。我国南方许多少数民族大都流传着洪水过后兄妹结婚的神话,并认为本族及相邻民族便是这对兄妹的遗民。在不同民族中,洪水遗民除兄妹外,还有夫妻、母女以及单独一个男子与天女结婚等不同类型。

(4)图腾神话。有的学者认为图腾神话产生最早,它主要讲述图腾物与氏族的亲缘关系。见于古代文献的盘瓠神话,在一些少数民族中至今流传。比较原始的图腾神话由图腾物与男人或女人通婚,成为本氏族祖先,或谓由图腾物直接生人(如葫芦生人、巨石生人)。社会进一步发展,图腾物渐被视为保护神,出现虚拟的图腾神物如龙、凤之类,一些半人半兽的神祇有的也具有了图腾的性质。

(5)神和神性英雄神话。在不同民族中或在不同社会发展阶段上,神话的主角有时是动物,有时是半人半兽,比较多的神的形象是自然力的化身,它们在发展中逐渐成为人神,被奉为民族的始祖神。这些神各有自己的神奇事迹,如关于他们神奇的诞生、成长及征战等。稍晚产生的一类神话形象是具有一定神性的英雄人物,他们的主要功绩是为人类除害或和天神斗争,如汉族神话中的羿、彝族神话中的支格阿龙、壮族神话中的布伯等。在文化创造方面有显著成绩的神又被称为"文化英雄"。

(6)文化起源神话。关于人类社会早期文化现象的起源,神话大多归功于动物,其中鸟取火种和狗取谷种的故事在一些少数民族中比较常见。此外,神话中各种生产工具及文字等的发明,常常受到自然现象的启发(如"太昊师蜘蛛而结网"等),或由某位古神不辞劳苦所造成(如神农尝百草发明医药)。文化创制的神话大多集中在少数祖先神身上,伏羲和黄帝是我国文化创制最多的人物。[1]

传说也是产生很早的一种故事体裁。马克思在《摩尔根〈古代社会〉一书摘要》中,讲到野蛮时代低级阶段时就提到"开始于此时产生神话、传奇和传说等未记载的文学"[2]。远古时期传说与神话很难截然分开。传说的突出特点是它与特定的自然或社会事物相关联,以明确的"这一个"人物、地方、史事、风俗、自然物或人工物等为对象,借以创造多种多样的故事。传说不像神话那样只以原始思维为基础,随着社会文化的发展和人类思维的进步,一些古代神话在流传过程中往往发生种种变化,新的神话的产生也渐渐减少,以至消失。传说在原始时期以后继续繁荣发展,直至现代仍然有新的创作出现。

二、传说的种类分析

传说主要是关于特定的人、地、事、物的口头故事。根据其关联和解释的对象,可分为以下几类。

---

[1] 齐思和:《黄帝之制器故事》,见吕思勉、童书业编:《古史辨》第7册中编;顾颉刚:《论〈易系辞传〉中观象制器的故事》,见顾颉刚编:《古史辨》第3册,上海古籍出版社1981年版;另外,陈留美《炎黄始祖功盖世,开创中华古文明》中关于炎黄帝对中华古文明发明创造的文献记载也作了详述,见中华炎黄文化研究会等编:《黄帝故里——新郑》,河南科学技术出版社1993年版。

[2] [德]马克思:《摩尔根〈古代社会〉一书摘要》,人民出版社1965年版,第55页。

（1）人物传说。这类传说的主人公大多是历代实有其人的各种著名人物（如著名帝王、清官、佞臣、民族英雄、起义领袖，以及文化科学方面的名人、各行各业的祖师等）。当然也不排除有部分虚拟人物，如某些菩萨、神仙之类。

（2）地方传说。地方传说，是关于各地特定山、河、泉、石、名胜古迹的特点，以及某些地名由来的、带有解释性的故事。故事本身常常涉及古代神祇、历史名人、能工巧匠，或普通劳动人民的生活遗迹等。

（3）史事传说。史事传说是关于重大历史事件的传说群，如历代农民起义传说，某些地方性事件的传说等。其中有些作品偏重于叙述事件始末，也有许多作品是事件中特定人物的故事，与人物传说交叉。

（4）动植物和某些自然现象的传说。这类传说的基本模式，是讲述者大多相信某种动植物或自然现象系由现实的人幻化而成。如古代蜀国望帝化为杜鹃鸟的传说、现代朝鲜族金达莱花的传说、赫哲族关于北斗七星的传说等。

（5）关于各种风俗、土特产品、民间工艺等的传说。这类传说大多着重解释传说对象及其特点形成的原因，具有丰富的知识性，其故事广泛涉及历史、地理、传统审美观点等文化内容。

三、民间故事及笑话的种类分析

神话传说所述故事较为严肃，民间故事所讲的内容则多带娱乐性，是虚构性故事体裁的总称。民间故事不以特定的人、地、事、物为对象。它所讲的事件、人物大多不具有确定性，常常以"从前"、"某地方"、"有这么一家子"将故事中所讲述的人物、时间、地点一带而过。其中的人物或者没有名字，或者虚拟一个本民族中常用的名字。在讲述过程中，也不像传说那样努力造成事件真实可信的感觉，而是尽力暗示其普遍性和虚构性，很多民族民间称此种故事为"瞎话"。

民间故事因其题材、形象、风格的不同，细分为以下几种体裁。

1. 动物故事

这类故事以现实动物为主角。这些动物没有神奇的能力，但都可以开口说话，并具有一定的性格特征。一些动物的性格相对稳定，如狐狸的狡猾、熊的蠢笨、兔子的聪明、狮虎的凶暴等,但在有的故事里它们的性格也会变化。动物故事表现动物之间的纠葛,此种纠葛常对人民生活有一定象征和暗示的意义。其中教训意义明显的故事,和寓言十分接近,二者不易区分,很多寓言就是由动物故事发展而成的。在寓言中,故事情节与寓意的结合并不固定。有些动物故事,常常附带对动物的形体特征或某种习性有所解释,这种解释的作用主要是加强故事的幽默情趣。

动物故事以动物为主角。它的部分作品与寓言相近,根据其主角的不同情况,两个体裁分为以下几类。

（1）野兽和鱼鸟的故事。这类故事大多表现动物的不同性格和弱小动物战胜强大凶猛的动物(如《兔杀狮》)。此外,比较常见的还有关于动物争王位、比赛、借物,以及弱小动物巧妙脱险等内容的故事。作品大多富有幽默的情趣。

（2）家畜的故事。它们包括家畜和野兽的故事,其中情节比较曲折动人的是《羊吓跑狼》类型的故事。此外,《老虎向猫学本领》、十二生肖的故事、《龙向鸡借角》等,都较有我国民族文化的特色。

（3）人和动物的故事。这类故事有的人和动物一起活动,如《怕漏》,有的着重表现人和动物的斗争,如水族《房子的故事》、苗族《狗找主子》,文化背景比较古老。另有一些故事,如《鹬蚌相争》、《朝三暮四》等,很早就寓言化了。

（4）以动物为主角的寓言。这类寓言在我国少数民族中较多。故事所暗示的经验教训,常明确指出,如傈僳族《猴子扳包谷》末尾说:"因为有这个故事,所以傈僳人常称那些这山望着那山高的人为'猴子扳包谷'"。有的动物故事可以因其寓意视为寓言,也可以利用它进行讽刺,当作笑话。我国冯梦龙在《笑府》中则借蝙蝠的特点讽刺世上那些不禽不兽之徒。

（5）以人为主角的寓言。先秦时期这类寓言记载较多,《刻舟求剑》《拔苗助长》《守株待兔》《画蛇添足》等,一直脍炙人口。这类寓言在其后仍有产生,如《愚公移山》《铁杵磨针》《踏破瓮》等。

2. 幻想故事

幻想故事也称神奇故事、魔法故事、民间童话。它是民间故事中的重要体裁,它将神奇的幻想成分(神魔鬼怪等超自然形象、奇异的变化、神奇的境界、各种宝物等)同现实生活交织在一起,反映主人公生活境遇由匮乏到满足的变化,或表现他的冒险经历与奇遇等。这种故事的情节,常在重复过程中发展,或把两个或多个简单故事结合为情节复杂的故事。作品的结构也较多样,有的按主人公生活史的顺序安排故事的开端、发展、高潮、结尾;有的在不同性格对比中展开故事;有的采取故事中又套故事的方式等,它是各类口头故事中艺术性最强的体裁。

幻想故事的主人公多是普通劳动者,有些则是陷于某种困境或遇上某种难题的王子或公主。故事中经常出现幻想的超自然因素。根据这些超自然因素的情况,结合故事内容,分为以下几类。

(1)超自然形象的故事。幻想故事中经常出现的超自然形象有妖魔、仙女、奇异动物及其他神奇人物。随着作品主题的不同,这些超自然的形象所扮演的角色各不相同,有的和主人公敌对,反映人同自然斗争的内容;有的是主人公的助手,是主人公的超自然的妻子,表现主人公获得美好生活的曲折经历。此外,还有一种超自然的形象,他们是作品的主人公。这类人物可以统称为"怪孩子"。因为他们的出生都很奇异,有的是母亲切掉的手指变成的"拇指儿",有的是个青蛙,有的是人和熊所生的英雄。这些神奇人物各有不同的传奇故事。

(2)神奇宝物的故事。幻想故事的主人公常常掌握着某种宝物,如英雄借降魔宝剑完成自己的任务,穷人得到可以满足他任何需要的宝葫芦等。此外,还有一些围绕宝物展开情节的故事类型,如关于猫狗成仇的故事、《三件宝器》等。这类故事多按主人公得宝、失宝、宝物复归的顺序进行。故事中的宝物,一般只帮助穷苦、善良的人。宝物到了坏人或贪得无厌的人手中,不是失去灵性,就是使之遭殃。

(3)"难题"和法术的故事。这类故事经常从主人公遇到某种异乎寻常的"难题"开始。这些难题或者是主人公世世代代贫穷不堪,或者身为王妃,所生子女却被人换成猫狗,或者孤女被后母砍去双手,或者主人公的父亲年过花甲,而本地却流行杀老人的习俗,等等。另有一种被称为"难题求婚"一类故事,求婚青年必须完成女方提出的困难任务方可成婚,否则要被杀头;或者女方父亲提出种种难题,有的难题只有掌握法术才能完成(如变形隐身)。有不少故事叙述青年男女逃走时,常向身后抛出梳子(变成森林)、镜子(变成湖泊)一类物件,以阻止父亲追赶。这也是一种法术。有的学者称这种逃走方式为"魔遁"。此外,还有一些专门讲法术和斗法的故事,如藏族《尸语故事》开头的魔术师斗法、古代《板桥三娘子》的故事,现代民间偶尔还可见到这类故事。

(4)鬼狐精怪故事。鬼、狐及其他精怪,是另外一种超自然形象。在一些保存原始文化成分较多的民族中,鬼、神、怪没有太大分别。文化比较发达的民族,把神和鬼、怪区分开来,但不少人至今仍然相信(或不能彻底否认)鬼狐精怪的存在,甚至崇拜狐、蛇、黄鼠狼、刺猬等物,从而使得一部分这类故事带有传说色彩,它们常常被当作讲述者自己或其他人的"亲身经历"来讲。鬼故事以承认鬼的存在为前提,但故事中的鬼,并不都使人恐惧,有的令人觉得亲切,有的被人藐视和嘲弄,其中比较有意义的作品大多在鬼的活动中反映出某些人情世态。有人把鬼的故事分为:途中见鬼型、凶宅闹鬼型、报冤报德型、显形兆示型、人鬼婚恋型、不怕鬼型。[1] 其他人也有类似的分类,如宋孟寅分为人鬼情型、还阳型、找替身型、申冤复仇型、不怕鬼型、鬼推磨型、恐怖型、因果报应型。[2] 关于狐仙和其他精怪的故事,民间多讲其成精作怪,或与人交往。有人把这类故事分为滑稽戏耍类、作祟害人类、报恩报怨类、友谊爱情类、助人成事类、惩恶扬善类、拜月炼丹类、衔书读书类、凡人捉狐类等。[3]

3. 生活故事

这类故事一般没有幻想故事中那些神奇的成分,它主要是依据现实生活虚构而成,有的学者称之为"写实主义故事"。生活故事的故事情节多用巧合、误会、夸张、对比、猜谜等手法构成,大多洋溢着乐观欢快的气氛。有些生活故事常把人们的聪明智慧、巧言善辩等性格特征,集中

---

[1] 参阅赖亚生:《神秘的鬼魂世界》,人民中国出版社1993年版。
[2] 宋孟寅:《从耿村鬼故事看燕赵民间灵魂观念的心理特征》,《民间文学论坛》1991年第6期。
[3] 参阅山民:《狐鼬崇拜初探》,《民间文学论坛》1993年第2期。

在某个实有的或虚拟的人物身上,借这类人物的言行嘲弄压迫者,有时也把这类人物的恶作剧行为作为生活中的趣事来说。

生活故事广泛涉及社会生活各个方面,各种生产活动和劳动经验、勤俭持家、交友之道、经商学艺,以及市井偷儿的狡计、江湖好汉的绝技、医卜星相的活动等,都有所反映。其中在人民群众中流传比较广的有以下几类。

(1) 长工和地主的故事;
(2) 巧女和呆子的故事;
(3) 爱情婚姻和家庭内部矛盾的故事;
(4) 机智人物的故事。

笑话,是和生活故事接近而篇幅特别短小的一种故事体裁。它大多截取人物生活的一个片断,是口头叙事文学中专门进行讽刺和嘲笑否定性言行和现象的故事。笑话的情节主要用来描述讽刺对象的言行,在结尾处突然揭示此种言行的内在矛盾,造成出人意料、引人发笑的效果。笑话是讽刺性故事,可根据其讽刺对象进行分类,其中较有思想和教育意义的作品有以下几类。

(1) 讽刺封建官吏的笑话;
(2) 讽刺贪婪和迷信的笑话;
(3) 讽刺迂腐无知和虚伪狡诈的笑话;
(4) 讽刺思想性格怪谬的笑话。

此外,民间还流传一些仅供娱乐消遣的笑话,其中常含有一些粗俗的东西。

各种故事体裁的特点大体如上。根据这些特点,我们基本上可以把它们区别开来。但是这种区别只是相对的,各种体裁作品的特征常常在流传过程中发生变化。如神话在后世流传时,有的被历史化为历史传说,或被地方化为地方传说。有些传说在流传中失去其特定的人名、地名,逐渐泛化为具有普遍性的民间故事;相反,有的民间故事也可以依附在某个历史人物的名下,或落脚在某个地方或民族中成为传说,如很多地方流传的"天鹅处女型"故事,在哈萨克族中就作为民族起源传说来讲;"云中落绣鞋"(妖洞救公主)故事,在清代《墨馀录》中也作为实有其事的传说来记载。

此外,一些古老的文化成分,如神话中常见的神、魔形象、人物的神奇诞生、变形、复活、鬼魂复归、人兽通婚等,在传说和幻想故事中也都有所表现。这些古老的文化成分在神话、传说、幻想故事中保持其固有的形态,具有神奇的性能,但在较晚出现的生活故事中,它们有的则成为被嘲弄的对象,如一些愚蠢的妖魔和神怪之类。不同体裁故事的主题和内容有一些也存在着联系,像征服自然和赞美自然、歌颂英雄和历史上的杰出人物、褒扬劳动和智慧、表现各种形式的阶级斗争、讽刺贪婪和腐败落后现象等。在不同体裁故事中经常结合各自体裁特点反复出现。这就启发我们,对各种体裁故事的观察,既要看到它们各自独具的特征,又要注意各体裁间的联系,才能更好地认识其全面情况。

第二节　口头散文叙事文学的流传和演变

一、口头散文叙事文学传播的方式及途径

在人民群众中流传,是各种口头故事的一个根本特征。口头故事保存在人民的记忆之中,以口头的形式发表,它只有通过上一代向下一代的传承和自甲地向乙地的传播,才能表明它的存活。讲故事是人民群众的一种生活习俗。故事在这种习俗活动中传播开来,并在传播过程中被加工、修改,或产生新的作品。流传,又是群众进行集体创作和故事不断更新、发展的一种独特方式。因此,随着世界各民族故事记录数量的不断增加,各民族文化交流的日益频繁,故事的流传问题越来越引起人们的重视。在过去一百多年故事学史上继起的各个学派,虽然各有自己研究的重点和学术主张,但都不否认故事传播的现象,而且先后产生两个专门研究故事流传的学派:流传学派和历史地理学派。

口头故事流传涉及民族文化形成的问题,在这方面应该看到,各民族的文化首先是该族人民自己在历史发展过程中创造的;其次,各民族文化同时又是在和其他民族文化相互交流过程中发展的。文化的交流,包括不同民族和地区口头故事的交流,是人类文化发展中的正常现象。正如高尔基在谈到民间故事流传问题时所说:"借用并非任何时候都会

发生歪曲,有时它会使好的民间故事锦上添花。古代民间故事的借用和用每一个种族、每一个民族、每一个阶级的特点加以补充的过程,在理性文化和民间创作的发展中曾经起过重大的作用,这一点大概是毋庸怀疑的。"[1]

口头故事在不同国家和民族间流传,总是和文化的其他方面的交流关联着。在历史上,中国和印度有过长期的文化交流,随着佛教传入中国和两国僧人长期交往,佛经中的故事和其他印度故事不断传入我国,很多作品进入我国文人创作和在人民口头传播。有的日本学者在研究日本故事的起源时,特别把故事的流传和日本整个文化的发展联系起来考虑,重新检讨了该国过去流行的民俗学理论。他说:"已成为我国基层文化核心的稻作文化,先行于它的杂谷农耕文化,被认为在古代国家形成中与稻作同为重要基础的金属文化,以及各种文化都曾从海外传到我国,唯独要把故事与传说纳入'一国民俗学'的框框之内,而来谈论其起源如何如何,从一开始就有了局限,这个道理是不言而喻的。"[2]

和故事流传关系最为直接的是人口的移动。在世界范围内,15世纪开始空前规模的民族迁移,欧洲人进入非洲和新发现的美洲,使旧大陆的民间故事传入这些地区。我国和邻近的日本、朝鲜、越南,以及东南亚各国,有长期交往的历史,随着人员往来和华人侨居这些地区,我国民间故事(包括某些少数民族的故事)有很多流入这些地区。20世纪30年代钟敬文就探讨过发源于中国的"老水獭稚子型"故事在朝鲜、越南等地流传的问题。

近年来有的学者也指出,明清时代福建一带人民入居日本时带去妈祖信仰与传说。[3] 在国内,由于历史上的民族分化与融合,各民族错杂居住在一起,以及由于战乱、饥荒、南北人口多次大规模迁移,加上日常各地人民的交往和商贸流通等原因,使得许多故事、传说、神话在全国各

---

[1] [苏]高尔基(Maksim Gorky):《论民间故事——〈一千零一夜〉俄译本序》,《光明日报》1962年2月20日。
[2] [日]伊藤清司:《故事、传说的源流——东亚的比较故事、传说学代序》,《民间文学论坛》1992年第1期。
[3] 宋兆麟:《中国妈祖神与日本姊妹神》,《民俗研究》1993年第3期。

地广泛流传。其中既有原为某个少数民族的故事,逐渐在汉族和其他少数民族中流传开来,如盘古神话;也有汉族的传说故事流入各少数民族的情况。故事不只在口头上流传,书面文献的流通同样对故事传播有很大作用。如我国先秦诸子著作《山海经》、《淮南子》、《笑林》、《搜神记》、《述异记》、《酉阳杂俎》,以及众多历史、地理著作和其他笔记杂著、戏曲中的故事,有许多至今仍活在人民之中。

　　从理论上说,故事传播总有个出发点。芬兰学派研究各个类型的故事,任务之一即找出它的发生地。但是该派学者经过若干实例的探讨之后,也深感要找出每个广泛流传的故事的发源地是很困难的。汤普森(Stith Thompson)在谈到神奇境界的故事时说:"许多这样的故事都来自于东方,还有一些故事流传太广,以至无法找寻其发源地。"[1]阿尔奈(Antti Aarne)也说:"找到发明故事的地点并不总是可能的,在多数情况下能够期待的倒是某种一般化的指示,如像西南亚、巴尔干半岛、北非、小亚细亚,如此之类。尤其是童话(不像地方传说),它很少涉及确定的地点,因而实有的文本可能不会对探索其发源地有太多帮助。"[2]阿尔奈所以说故事的发源地经常只能指出一个具有相当范围的地区,这是因为任何故事产生后总要在人们口头流传。从来未经口头流传的故事不成其为民间故事,而故事最初产生的机遇极少可能被研究者碰上,采录者也很少提供出来。因此在很多情况下,只能把流传比较集中的地区视为其发源地,而这类地方往往也就是所谓"传播中心"。所以阿尔奈在说了上述的话之后,又说:"更好的证据,是对故事传播中心的探求,这需要顾及在一定地区之内故事的整个地理分布,而特别是它的出现频率和普及性。"对于故事的传播中心,日本柳田国男在谈到传说的特点时也提到:"传说有其中心点。……传说的核心,必有纪念物。无论是楼台庙宇、寺社庵观,也无论是陵丘墓冢、宅门户院,总有个灵光的圣址,信仰的靶子,也可谓之传说的花坛发源的故地,成为一个中心。"[3]这种情况在传说中相当普遍。关于故事由中心地向外传播的情况,芬兰学派也积累了带有一定普遍性的认识,这些认识归纳起来有以下几点。

---

[1][2]　[美]斯蒂·汤普森:《世界民间故事分类学》,上海文艺出版社1991年版,第286页。
[3]　[日]柳田国男:《传说论》,中国民间文艺出版社1985年版,第26页。

（1）故事在它们的发源地附近通常得到最好的保留，也就是说它们更完整。

（2）当故事离开发源地更远些时，它就会与其他故事混合到一起，形成地方性的发展形式。

（3）故事传播开去，有时其原始形态在中心地反而少见，在它传播最遥远的边缘地区却可以发现某些最古老的情节特点。

（4）有的学者提出，故事传播像水的波浪那样，向邻近地区一步一步地传开；但故事并不都这样有秩序地传播，更多的情况是散漫自发地进行，有时也会超越一些中间地带，在更远的地区传播，这大多是受故事携带者远距离移居或旅行的影响。书面文献的传播也常超越一些地区，跳跃到更远的地方。

（5）关于故事流传的范围，芬兰学派的学者在研究个别故事时都具体标示出其流传路线和地点，此外，在总体上他们把世界民间故事区分为"区域性民间故事"和"流行性民间故事"，认为前者的数量远比后者要大。他们的这种区分大体上是：在欧洲范围以内流传的、特别是在几国相邻地区内流传的故事为"区域性"故事，这种故事也称为"由各国繁衍出来"的或"只在一个地区流行和从来不离老家远传"的故事；而超出欧洲范围，在整个西方世界或"遍布全球"并为"全世界普遍熟悉"的，为"流行性"故事。[1] 按照这种区分方法，像中国这样历史悠久、民族众多、地域广大的国家，其故事可以从宏观上区分为：流传于各民族、各地区的地方性故事；在全国大多数地区广泛流传的故事；在邻近国家及世界其他地区共同流传的故事。这种区分的意义在于承认故事的地区性和民族性的特点，从而从流传的角度反映出故事既是各民族、各地区、各国人民自己繁衍、创作出来的，又是在同其他民族、地区相互交流，从它们那里接受、借鉴的过程中发展起来的。

二、口头散文叙事文学变异的成因及样式

故事的流传经常伴随着变异。变异不仅有简单的形式变化，还涉及

---

[1] 上述五点，分别见于[美]詹姆森（R.D. Jameson）：《比较民俗学方法论》，《中国民俗学三讲》，上海文艺出版社1995年版。

新的故事文本的产生、适应接受者的文化传统,以及故事的创作方式等问题。阿尔奈曾经举出故事流传中的15种变异[1],按其产生原因、性质和意义大略可分为三种情况。

第一,15种变异中有一些是因为故事口头流传而经常发生的变异,大多不影响故事主题和基本情节,如第1、2、4、6种变异属于细节的失落、增添、变换,第8至第11种变异属于各种角色的变换,其中动物和人互换,有的可能影响作品体裁的性质,如动物故事变成生活故事或相反。在传说中,同一故事常常在流传中归到不同人物名下,也是一种角色变换。

第二,变异涉及故事创作方式和新作品的产生。第3种变异是将两个或更多个故事串联在一起,这种变异的结果,常常使简单故事变为复杂故事或复合形式的故事。如把《老虎外婆》与《蛇郎》故事连接成一个故事。第5种变异是重复一个原故事中只出现一次的事件,这种变异也常是产生新的异文的一种方式。如我国吉林省流传的《好心的和尚》,通过三个事件(有的人"一针不图拐银走,烈女拉着情郎手,出家和尚偷吃肉"),表现"世上好人哪里有"的主题。山东故事家宋宗科讲述这个类型的故事《学好人》时,增讲了同样假充好人的五个事件,最后又讲了一个真正好人做的三件好事,把原来世上好人难寻的主题,改为肯定世上有真正做好事的好人。[2] 第7种变异是改换故事结尾的素材,有的不影响整个故事的面貌,改动较大就和第3种变异接近。第12种变异是改变故事的叙述人称,第13种变异是一种成分的变化促使其他成分也发生变化,以保持其连贯性。这两种变化大多发生在优秀故事讲述者的讲述中,他们比较自觉地注意故事的连贯性和统一性。至于把第三人称的故事变为第一人称,更是少数故事家才能做到,我国目前大概只有湖北省的刘德培有这种故事。[3]

---

[1] [美]斯蒂·汤普森:《世界民间故事分类学》,上海文艺出版社1991年版。
[2] 《好心的和尚》,见钟敬文主编:《中国民间故事集成·吉林卷》,中国文联出版公司1992年版;《学好人》,见宋宗科:《宋宗科故事集》,中国民间文艺出版社1990年版。
[3] 刘德培个人经历故事见《新笑府》中《舂米甩匀》、《两天团才》、《背脚佬和草鞋》、《五升米》、《不服你管》、《深姑娘》、《你是自讨的》、《摸手不唱戏》、《反咬狗子》、《改诗》,上海文艺出版社1989年版,第450~468页。

第三,阿尔奈提到的第 14 种变化是故事在传播中为了适应新的环境,使人们陌生的习俗或器物可能被熟悉的代替。这种变异主要发生在不同文化传统的地区或民族之间,如《灰姑娘》类型的故事在日本流传时,没有女主人公失鞋、试鞋的细节,因为古代日本妇女不穿鞋子。这个故事的欧洲文本中都有女主人公参加舞会的活动,我国这个故事的女主人公则多为赶庙会、看戏走亲戚,或参加歌圩之类。因文化不同而发生的变异,不只是习俗或器物的简单替换,接受者常常要对传入的故事的某些成分有所抛弃,并进行再创作,如我国龙王、龙女的故事接受印度那伽(蛇)故事影响的过程就是如此。[1] 故事的接受与改造还常涉及民族心理、民族性格等文化的深层结构。如汉族梁祝故事传入壮族后,壮族人民按本族妇女从小参加劳动的传统,把汉族祝英台这个富家小姐塑造成吃苦耐劳、性格大胆泼辣的壮族姑娘。关于这个问题,日本研究东亚故事圈的学者也指出:"东亚不容易接受西方典型民间故事,即使接受了,在相当多的场合也是变质的。"[2] 阿尔奈的第 15 种变异是过时的特征可能由现代的代替,属于故事因传播时间不同所生的变异,这就和故事在历史传承过程中发展变化的问题有关了。

口头叙事文学的各种体裁虽然各有自己的特点,但作为意识形态,它们归根结底都是社会生活的反映。它们的发展也都要受社会生产、习俗、制度以及其他意识形态的影响。在这方面,过去国外某些学者认为民间文学"世代因循,向来如此:讲的是同一故事,唱的是同一支歌"[3],这是不符合实际的。各种口头故事是一种流动的文学,它不断地伴随着社会历史的发展而发展,像原始社会由母系制度向父系制度的转变,当时婚姻家庭形式的变化,以及原始宗教由自然崇拜、图腾崇拜到祖先崇拜的嬗变等,在神话中都留有明显的痕迹,神话本身也在这过程

---

[1] 阎云翔:《论印度那伽故事对中国龙王龙女故事的影响》,《民间文艺季刊》1987 年第 1~3 期。
[2] [日]斧原孝守:《关于东亚民间故事比较研究问题》,《民族文学研究》1993 年第 4 期。
[3] 俄国布斯拉耶夫语,转引自刘魁立:《欧洲民间文学研究中的第一个流派——神话学派》第九节,见《民间文艺集刊》第 3 集,上海文艺出版社 1982 年版。

中有所发展。这种发展或者表现为神话形象由动物向半人半兽和人形神的变化，或者表现为各种神话故事由独立、分散流传向某个神话人物的故事逐渐集中，甚至整个民族神话的体系化等。

古代神话在原始社会解体和进入阶级社会后，随着社会思想的发展，人们在传承古代神话时，往往使其中某些野蛮因素"合理化"。因而相当一批神话被历史化，一些神话人物被奉为部落和民族始祖，古史上"三皇"、"五帝"大体上是这样产生的。此外，还有一种情况，即随着神仙思想的发展和道教的流行，一些古代神话又被"仙话化"，很多古神被拉入仙人的行列，黄帝和西王母就是明显的例子。特别是西王母，她由古代"豹尾虎齿"、"司天之厉及五残"的刑神，逐渐演化为女仙领袖、王母娘娘，在后世新的神圣界继续发挥作用。在历史传承过程中，不只部分古代神话经历这种演变，其他故事体裁的作品，有的因其反映人民生活的某些基本方面，或因其构成模式新颖，也受到各个时代人民的喜爱，不断被加工、修改和补充，发生种种变化。这种变化常见的还有以下五种形式。

（1）主人公性格基本定型，在长期流传过程中，故事数量不断增加，流传地域不断扩大。如鲁班传说，从春秋末期开始，鲁班就是一个著名的巧匠，以后关于他的传说日益增多，他由历史人物渐渐变成一个"箭垛式"的传说人物，很多著名的建造都归到他的名下。于是，他的故事不只在广大汉族地区流传，在许多少数民族中也有鲁班故事，云南蒙古族中还有"鲁班节"。[1]

（2）故事主题或主人公性格在历史传承过程中发生重大转变。如白蛇传说，在唐代《白蛇记》和宋代《西湖三塔记》中还是一个蛇精害人的故事，以后渐变为肯定白蛇女追求美满婚姻的传说。孟姜女传说，经过北齐、北周大修长城的活动，促使古代杞梁妻故事转变为孟姜女哭长城传说，人物和主题都发生了根本性变化，仅与杞梁妻保持了一点历史的因由。

（3）故事的中心母题不变，在传承中各种成分不断变化。如识宝传

---

[1] 许钰:《鲁班传说的产生和发展》,《民间文艺季刊》1986年第1期。

说,唐代以前主要表现波斯贾胡在中国识宝、购宝活动;唐代以后发展为中国"南方蛮子"或江西人采宝,持有宝物的人由上层人物变为普通百姓,宝物也多为民间习见之物;到了近代,又演变为"洋毛子盗宝",成为中国人民反对帝国主义分子掠夺的故事。[1]

(4) 在传承中不断吸收其他故事的情节和母题。如《牛郎织女》传说,在魏晋南北朝时形成牛女婚后一年一度相会的模式,此后吸收了"两兄弟"和"天鹅处女"故事的一些情节,作品的风貌更接近幻想故事。又如盘古神话,现代河南桐柏地区流传的文本,除了讲盘古开辟天地、造大山之外,又吸收了洪水和兄妹结婚、生八子、死后葬于八子山,以及泥土造人、盘古山和盘古庙等传说。[2]

(5) 故事流传后,在原来基础上又增续新的内容,使故事情节进一步发展。如田螺娘故事,《搜神后记》中的《白水素女》,男主人公发现田螺女后,她即离去。后来唐代《原化记》中的《吴堪》(见《太平广记》所载)增续了吴堪与田螺女结婚的内容,婚后二人又和县令反复进行斗争,成为这个类型故事现代流传的基本模式。又如天鹅处女型故事,《搜神记》中的《毛衣女》,叙男主人公与变形为鸟的女子结婚,生三女,后鸟女得毛衣而去,不久把三女也接走。唐五代时勾道兴本《搜神记》中的《田昆仑》故事,叙白鹤仙女生子田章,仙女离去后,田章寻母,此后又续了田章从天界返回人间,应皇帝之诏,连续辨识世间罕见之物的内容等。

第三节　口头散文叙事文学的讲述和功能

一、口头散文叙事文学讲述的特点及主体

口头散文叙事文学的各种体裁都是用口头语言讲述、口头语言传承与传播,也是用口头语言进行创作的,这种情况使得它和用文字创作的散文体创作有很多不同的特点。在这方面,口头讲述是中心环节。它是口头故事本原的表现形式和传播形式。根据口头讲述所作的文字记录,

---

[1] 程蔷:《中国识宝传说研究》,上海文艺出版社1985年版。
[2] 《盘古开天》,《民间文学》1986年第1期。

是由口头形式派生的一种传播方式。这种传播方式有其重要性,但书面记录往往很难全面反映口头故事讲述的特点。

故事讲述所用的口头语言和文字形式的书面语言,两者有很大差异。口头语言诉诸人们的听觉,是一种"耳治的语言",它必须有交际的对象在面前。因此,爱德华·泰勒把说法、悦耳的韵律、语调、姿势、面部表情、情感声调、强调、力度、速度以及元音辅音的组成物等都列为"口头语言的各种成分"。[1] 现代学者把爱德华·泰勒所说各种口头语言的成分区分为人际交流的语言系统和非语言系统。其中属于非语言系统的语音、语调、姿势、表情等,固然是口头语言特有的东西,就是语言本身,口头语言也有其特点。群众口头语言的语汇一般比较生动、形象,富有生活气息;口头语言的句子形式,除了主谓结构齐全的"整句",还有没有主谓形式的"零句"。在一般有准备的谈话中(如讲故事),"整句"是主要的,但"零句"也常用,而在口语中两种句子的形式都比较短。[2] 另外,在口头语言中感叹句、感叹词、象声词等,也很丰富,它们和特定的语调、姿势等相配合,往往起着渲染情绪、补充或强调语言系统的作用。故事大多数用散文讲述,但也常常穿插着韵语、诗歌、歌曲、谜语等,这就使得讲述时更加便于发挥口头语言两个系统的功能,在口述故事内容的同时,辅以种种表演的成分。特别是某些少数民族的神话全部是诗歌体,它们是用演唱或吟诵的方式来讲的。还有西藏的故事,"不但是讲的,而且是唱的,边讲边唱,故事好,再加上曲子好,听过一次真的好久好久也不会忘记"。[3] 这种情况,很多听过优秀讲述者口头讲述的人都不同程度地经历过,它和单纯阅读书面记录所得的印象是很不相同的。

口头故事的讲述活动有广泛的群众性,但也不是人人都能讲得生动、活泼、娓娓动听的。只有那些堪称故事讲述家的人,才是故事的积极的传承者。我国近年在民间故事普查中发现了许多故事家,他们的情况

---

[1] [英]爱德华·泰勒(Edwavd Burnett Tylor):《原始文化》,上海文艺出版社1992年版,第170页。

[2] 赵元任:《汉语口语语法》,商务印书馆1979年版。

[3] 雪康·土登尼玛:《西藏民间故事》第1集前言,西藏人民出版社1982年版。

既有差别,也有许多共同之处。从共同的方面来看,他们都十分热爱民间故事,都有较强的记忆力,一般口头表达的能力很强。作为故事家,他们都掌握了大量的故事(50则、几百则不等)。因此,群众称他们为"故事篓子""瞎话大王""X大能讲",他们在群众中有相当影响,被称之为"家"。这些故事家的讲述大都有较高的水平,即所谓"比较的见识多,说话巧,能够使人听下去,懂明白,并且觉得有趣"。[1]

民间故事讲述家在故事发展上所起的作用,约略讲来,可分三点。第一,他们每个人都是一个故事的集散点。他们从家族成员或在社会活动中听来许多故事,又不断地把这些故事传讲出去。在故事纵向传承与横向传播的链条上,他们是重要的一个环节,并为集中保存故事遗产作出贡献。第二,他们对故事稳定性和完整性的形成与保持起着重要作用。故事家多次听别人讲述,大量故事积聚在他们的头脑中,他们自然会自觉不自觉地修正某些粗心讲述者讲述中的差错,或补充其遗漏,在不同的细节中选取最适宜的说法等等,使故事在不断讲述中形成相对稳定的格局,具有逻辑的和审美的一致性。有的学者把善讲故事者的这种作用称为故事"自我修正法则"。[2] 第三,某些故事家在讲述中还常对原故事有所补充,或自觉做一些必要的强调与改动,或有特殊的传承来源,从而对故事传统的更新与发展也起着一定的作用。

我国目前发现的故事讲述家,大多数人在上述前两方面有所贡献,其中有的人长期过着封闭式生活,又不识字,其故事大多完整地保持着传统的面貌,属于这种情况的故事家如山东的尹宝兰、河南的曹衍玉、辽宁的李马氏(以上三人为女性)、谭振山、山西的尹泽等。另有一些人并不严格遵守故事固有的格局,而是在民间故事传统中表现出一定的创造性,如黑龙江五常县的金德顺。[3] 其中有的人参与解放后的社会活动,在讲述中自觉不自觉地渗入新的思想意识和新语汇,或从说唱艺术中吸取营养,如河北耿村的靳景祥、靳正新。有的人生活经历比较复杂,在长

---

[1] 鲁迅:《门外文谈》,《鲁迅全集》第6卷,人民文学出版社1958年版。
[2] [美]斯蒂·汤普森:《世界民间故事分类学》,上海文艺出版社1991年版。
[3] 金德顺讲述,裴永镇整理:《朝鲜族民间故事讲述家金德顺故事集》,上海文艺出版社1983年版。

期讲述活动中形成了自己的一套讲述经验和讲述特色,如湖北省五峰县的刘德培。[1] 还有少数人传统民间文化知识较为丰富,其故事具有较多个性特征,如山东的宋宗科,黑龙江的傅英仁等。

口头故事讲述活动的另一个必不可少的条件是听众。在讲述活动中,听众在很大程度上决定着讲述者故事的选择;听众在现场的反应、情绪状态、即兴插话等,也对讲述者有所影响。尤其重要的是,故事讲述以群众为对象,它不能不适应一般群众民俗文化生活的要求与传统。只有这样,故事讲述才能实现其功能。

二、口头散文叙事文学讲述的作用和意义

口头故事的讲述活动和它的内容,广泛联系着民俗文化生活的许多方面,特别是在原始民族中,口头故事的作用更为重要。马林诺夫斯基(Bronislaw Kaspar Malinowski)在谈到新几内亚超卜连兹岛神话时说:"神话的出现,乃是在仪式、礼数、社会或道德规则要求理论根据,要求加以保障的时候。"又说:"神话在原始文化中有必不可少的功用,那就是将信仰表现出来,提高了而且加以制定;给道德以保障而加以执行;证明仪式的功效而有实用的规律以指导人群,所以神话乃是人类文明中一项重要的成分;不是闲话,而是吃苦的积极力量,不是理智的解说或艺术的想象,而是原始信仰与道德智慧上实用的特许证书。"[2]因此,很多民族神话的讲述多选在特定的节日或仪礼活动中进行。例如在澳大利亚土著民族的入社仪式上,由长老讲述本民族图腾神话,使新入社的成员树立图腾观念,明了图腾禁忌。我国畲族男子实行"醮名"(成年礼)时,也要悬挂祖图,使行礼者了解民族起源的神话传说。云南佤族不但在"作砍牛尾巴鬼"的宗教活动中,由大魔头讲《司岗里》神话,而且头人在为族人解决纠纷时,也讲唱《司岗里》。与这种场合下神话的讲唱活动相适应,讲述者也多为头人、酋长,或巫师、长老一类人。他们在这类

---

[1] 刘德培讲述,王作栋整理:《新笑府:民间故事讲述家刘德培故事集》,上海文艺出版社1989年版。
[2] [英]马林诺夫斯基(Bronislaw Malinowski):《巫术科学宗教与神话》,商务印书馆1936年版,第131页。

民族中是最有知识的人,有的还被认为能够通神。他们是神话最重要的传承人,有些神话只为他们所掌握。如国外某些原始民族的神话分为"秘密的神话"和"公开的神话",前者"并非整个团体所有,仅被教士酋长等小集团守护着"。[1] 我国阿昌族神话史诗《遮帕麻和遮米麻》也带有秘密性质。当汉族采录者请求巫师赵安贤讲唱史诗时,他先向神请示是否可以向外族客人讲唱。[2]

如果说许多神话的功能主要是规范人们的信仰和道德,指导人们的行为和保障社会制度的实行,那么某些传说则主要是揭开历史的帷幕,使人看到它的庄严和伟大,具有激励人民希望和传播历史知识的作用。当然,在科学家看来,传说中的历史虽不足征信,但这不妨碍传说传播过去人民生活和民族历史的作用。因为人类对历史真相的认识是历史地发展的;传说的故事情节尽管有虚构成分,但其主人公生活的时代和历史背景、他们的基本性格、社会地位、人物间的关系等,则经常是符合历史真实的;少数传说的内容有时比书面记载更为真实可信。因此,过去老百姓大多相信它的真实性(特别是故事产生地的人更是如此),这种态度对传说的历史功能也起着强化的作用。我国历史上许多杰出人物在民族形成、文化科学发展、抵御外族侵略等方面的贡献,传说中大多有所反映。它对鼓舞人民群众的爱国主义思想和民族自豪感,有着极为重要的作用。在历代农民起义和近代革命斗争中,有关传说故事在当时就起着传播革命信息、鼓舞人民斗志、瓦解敌人意志的功用,这种传说常常给人留下深刻印象,事后仍然广为流传。传说中还有大量关于地方和风俗、习惯等的作品。它们或者解释地方风习的特点和由来,或者说明某种风习的历史内涵和文化意义,这些都在群众中起着维护传统民俗文化、加强民俗文化约束力量的作用。特别是在某些处于历史发展早期的民族中,这种作用更为显著,吉卡里拉印第安人常用"你的祖母没有给

---

[1] [美]鲍亚士:《神话与民俗》,《民俗》第1卷第4期,中山大学1942年版。该文中还提到:在英属哥伦比亚亚伯拉古拉人中有一种"家传传说","他们把这种传说,看做家族的秘密财产。其实构成传说的材料与邻近的部族所有者并无不同"。
[2] 阿南:《关于阿昌族史诗的报告》,《民间文学论坛》1985年第5期。

你讲故事吗?"这句话为理由来阻止某种背离社会传统习俗的行为。[1]

各种民间故事都具有较强的娱乐性。对于它的娱乐性的来源,不同学者有不同看法。赵景深曾根据人类学派观点,认为童话(幻想故事)是由神话发展而来,是"神话的最后形式",所以他在给童话下定义时说:"童话是原始民族信以为真而现代人视为娱乐的故事。"[2]马林诺夫斯基调查的超卜连兹岛民中,同时流传着童话、传说、神话三种体裁的故事,三者功能各异,在讲述上各有不同的要求。在那里,童话是在11月末湿季来临时讲述。这时上一季的收获工作刚完,岛民比较空闲,天气不好,他们就在家里傍晚时讲故事。关于这种故事活动,岛民有一种模糊的信念,以为讲述故事可使新播种的植物收成好一些。但讲故事主要为了引人发笑,能讲的人有说有唱,常把讲述变成"表演",因而每一个故事都有特定的讲主,只有他才能讲(当然,他可以教给别人如何讲述)。相对来讲,岛民的传说则没有一定季节、一定讲述形式和表演的要求,也没有巫术作用。[3]汤普森也提到:"在某些原始民族中,故事的种类为适应某种特殊场合,而被细致地加以区分。某种故事是妇女们讲的,而某种故事只能由男人讲,某种故事的讲述者是经过正式仪式加入会社的人。"[4]在一些民族中还有专门讲笑话和幽默故事的习俗,如刚果和中南美洲一些国家,都在丧事最初的悲伤之后讲笑话一类故事,以安慰死者家属,使葬礼最后兴高采烈地结束。保加利亚布罗沃市每两年举行一次"讽刺幽默节",节日里进行妙语马拉松和笑话比赛。[5]

近代我国各地,不论北方还是南方,都有在家里或旅店里夜晚讲故事的习俗,城镇中的茶馆也常有说唱艺人讲唱。在农村冬闲时,一些老人常在避风的地方或身倚柴堆,一边晒太阳,一边讲古论今。夏秋季节,

---

[1] [美]阿兰·邓迪斯编:《世界民俗学》,陈建宪、彭海斌译,上海文艺出版社1990年版,第414页。
[2] 赵景深:《童话学ABC》,世界书局1929年版。
[3] [英]马林诺夫斯基:《巫术科学宗教与神话》,李安宅译,中国民间文艺出版社1985年版。
[4] [美]斯蒂·汤普森:《世界民间故事分类学》,郑海等译,上海文艺出版社1991年版。
[5] 段宝林:《笑话的喜剧艺术》,北京大学出版社1991年版。

农村里人们则常在打谷场院或田间地头,在劳动间歇或不太繁重的劳动过程中讲故事。过去农村平时缺少娱乐活动,讲故事、聊闲天成了最方便的休息和文娱活动形式,人们都乐于参加,沈阳郊区故事家李占春弟兄几个都是讲故事的能手,他家人口多,村里称为"李家大院",有时村邻听说"李家大院"讲故事,许多人自动去听,人多的时候达到五六十人。[1] 各种场合下讲故事都是一种群众性集体活动,或为老人借故事向后辈进行教育,所讲故事一般因听众和讲述者而定,不限于狭义的民间故事。但不论什么故事,其内容大多比较健康(某些含有猥亵内容和仅有调笑作用的故事,只在少数特殊场合下讲出)。因而,许多传统民间故事、传说中那些表现美好生活的理想、鼓励被压迫者同敌人斗争,以及惩恶扬善、崇尚勤劳智慧、尊老爱幼、敬重忠臣义士、肯定知恩必报、爱情忠贞、疾恶如仇等观念,都对听众的精神起到安慰和潜移默化的教育与思想导向的作用。一些讽刺性的故事和笑话,则在笑声中达到抨击反动、腐朽社会现象的目的,它们和那些宣扬民族传统美德、歌颂优秀历史人物和神话英雄的作品,在人民故事文化的总体上是互相配合的。

---

[1] 郑友群、李晓星关于故事家李占春的调查报告,见沈阳民间文学集成办公室 1988 年 3 月编印的《李占春故事选》。

第十章　民间口头文学(下)

民间诗歌,指民间口头韵文创作中除谚语、谜语以外的作品,包括短篇抒情性的民间歌谣和民间长篇诗歌(简称民间长诗)。

第一节　民间诗歌的起源与传播

民歌的起源,曾有多说。从客观着眼的有:劳动说、巫术宗教说、劳动与宗教说、性引诱之需说等。从主观着眼的有:自发天籁说、模仿说、节奏中介说、心理说、性欲化装说等。从出现先后着眼的有:歌、舞、乐始为一体,后分流独立说;劳动、音乐、诗歌三位一体,前者为核心要素,后二者为附加说;歌词先于音乐说;作品由散文向韵文形式转化说;由韵文退化为散文形式说等。从作者着眼的有:群体共创说、个体创作说、个人与群体合作说等。

以上各说,出自不同角度,各有其或多或少的合理因素,但都不够完整。民间诗歌应起源于物质生产与人自身繁衍的人类求生存的实践活动。而作品的产生,则还需作者源于客观生活的、主观内在的、叙事抒情的要求,以及音调节奏感等中间环节起作用。其产生的条件,具有先天的生物学性和社会活动属性的双重性质。

有关发生学的言论,我国历代诗人、学者零星有所论及,如,"在心为志,发言为诗,情动于中而形于言"(《毛诗序》);"感于哀乐,缘事而发"(《汉书·艺文志》);"男女有所怨恨,相从而歌,饥者歌其食,劳者歌其事"(《春秋公羊传》)……

晋宋《大子夜歌》云:"不知歌谣妙,声势出口心。"与此相类似的民间歌学也不少。仅就歌谣发生学而言,就有:"裁衣要从衣襟起,唱歌要从心里来"(四川);"种田郎辛苦唱山歌"(江苏);"口唱山歌心快活",

"心中不服要唱歌"(湖南);"句句唱来解心忧"(福建);还有安徽的"寡条汉子瞌睡多,唱个山歌当老婆"……

就不同内容各类歌谣的产生来说,劳动歌、仪式歌应是早起的。情歌起源于两性之间相互吸引与爱慕之情。时政歌谣主要是阶级社会的产物。儿歌、生活歌,伴随人们从出生到死亡的一生。

民歌具有相当强的传承力。人在童年时期,民歌的传承者主要是母亲、祖母、外祖母等。而长大后最能被人们所牢记的儿歌,具普遍性的,有"拉大锯、扯大锯","月亮光、照地堂","月亮走,我也走"之类。[1] 这说明炕上团坐或夏夜乘凉,都是传播儿歌的环境。

民歌主要是通过民间的口耳相传,书面记录也是保存和传播民歌的一种途径。我国收集民歌的工作历史悠久。主要有两种情况:一种是官方派专人或设专门机构采风,如春秋时"天子听政、使公卿至于列士献诗,瞽献曲……百工谏,庶人传语……"[2],战国《礼记·王制》记有"命太师陈诗以观民风",汉代何休记:"男年六十,女年五十无子者,官衣食之,使之民间求诗。"汉孝武帝则"立乐府而采歌谣……以观风俗,知厚薄云"[3]。这类采风,主要目的是应施政之需。

另一种是文人学士出于对社会关注与个人的喜爱而编制采集,如宋代郭茂倩编《乐府诗集》,元陶宗仪采《醉太平》小令,明杨慎的《古今风谣》、《古今谚》,清杜文澜的《古谣谚》等。有的直接采录汇编当代口头活态民歌成集,如冯梦龙的《挂枝儿》、《山歌》,清乾隆年间刊本《万花小曲》(1743)、《霓裳续谱》(郭自德选辑、王廷昭编订),还有年华广生辑的《白雪遗音》,郑旭旦的《天籁集》,悟痴生的《广天籁集》,范寅的《越谚》等。特别是吴淇等四人以及李调元的采录、出版少数民族情歌专辑《粤风续九》与《粤风》,这是对前人采录《越人歌》、巴人竹枝词等工作的极有意义的继承与发扬。

到现代,日益增强的具有歌谣学学科自觉意识的采风,不论采录的

---

[1] 根据作者在1987年于衡阳(173人)、唐山(138人)两个函授站学员所作的问卷调查,学员全为中学语文教师。
[2] (春秋)左丘明:《国语·周语》,上海古籍出版社1978年版。
[3] (汉)班固:《汉书·艺文志》,中华书局1964年版。

理论建设、组织领导、人员组成以及采录的目的、地域范围、记录整理方法和所采作品的内容与形式,都有新的变化或大的突破。当代更有长足的发展。已出版的书刊和资料集有:《西南采风录》、《广西特种部族歌谣集》、《花儿集》、《陕北民歌选》、《信天游》、《东蒙民歌选》、《白族民歌集》、《爬山歌》(一、二、三)、《河曲民歌采访专集》、《红旗歌谣》、《中国民歌选》(一、二)等,20世纪八九十年代,更有大量的各民族民歌集出版。规模浩大的"中国民间歌曲集成"与"中国歌谣集成"两套集成的系统工程,也正在进行中。

独特地伴随着历史的民歌,也随生活的变化而产生变异。特别是在社会生活变动急剧时期,易于出现"旧瓶装新酒"、"旧曲谱新声"类的作品,如利用"十送"调的套式,创作出革命情歌《十送红军》等。

第二节 民间诗歌的类别与特征

一、民间诗歌的类别与特征

"歌"、"谣"分称,最早见于《诗经·园有桃》:"心之忧矣,我歌且谣。"歌因配乐和受曲调制约,一般节奏比较徐缓。谣不配乐,没有曲调,取吟诵方式,章句格式比较自由,节奏一般比较紧促。"歌"与"谣",也常统称之为"歌谣"。"民间歌谣"常简称为民歌。它篇幅短,抒情性强,为其主要特征。按内容和作用,可分为六类:劳动歌、仪礼歌、生活歌、时政歌、情歌、儿歌。

劳动歌,有狭义、广义之分。狭义的专指号子。它以与劳动动作相配合的强烈声音节奏和直接促进劳动的功用为基本特征。汉《淮南鸿烈·道应训》:"今举大木者,前呼邪许,后亦应之。"这是有关劳动号子的早期记载。劳动歌多取一领众和形式,可分为仅有"咳"、"嗬"等劳动呼喊声,或者还有具体歌词两种。广义的还可包括在劳动中唱的与劳动生活有关的歌,如《采采苤苢》等。广义劳动歌,有时也可归入生活歌中。随着劳动方式的现代化,古老的劳动歌正处于日渐消失中。

仪礼歌,伴随民间祈年庆节、贺喜禳灾、祭祖吊丧等仪式,以及日常迎亲送友等习俗活动而吟诵演唱。大致有诀术、仪式、礼俗三类。诀术歌,是被认为具有法术作用的民间歌诀咒语,多由巫师唱诵,但也有老百姓自诵的。至今仍可见于街头、电线杆上的"天皇皇,地皇皇,我家有个夜哭郎,过路君子念三遍,一觉睡到大天光"即属此类。仪式歌,是与节令、祝庆或各种祭祀等仪式相结合而诵唱的歌。其中重大祭祀庆典如春播秋收祭、渔猎祭、祭祖招魂等吟唱的祈神、谢神歌,歌词一般比较程式化。在长期演变中,有的脱离仪式而成为节日活动中娱乐性的生活歌,如《春牛歌》和某些《经歌》等。礼俗歌,用于生子、嫁娶、祝寿、送葬、造房等红白喜事及日常迎宾待客场合,如短篇的哭嫁歌、撒帐歌、祝寿歌、上梁歌、各种酒歌、席宴曲等。这是仪礼歌中数量居多、文学价值也较高的部分。其中尤以婚礼歌为突出。《诗经》中早有记录的歌词,在今日汉族、土家族等的婚礼歌中仍有流传。

生活歌,主要指反映人民日常劳动生活和一般家庭社会生活的歌。最引人注目的是妇女生活歌和农民歌。妇女生活歌,大部分出自民间妇女之口。女性从一出生即受歧视的童年,到像货物一样被买卖的出嫁,从备受虐待摧残的小媳妇生活,到苦熬成婆后仍无幸福可言的毕生痛苦遭遇,歌中都有反映。童养媳、望郎媳和寡妇的歌,苦情更为深重。在大量苦情歌中,又常蕴含对美好生活的憧憬。广泛流传的《十二月长工歌》,常以对比手法,集中反映了农民和地主的矛盾。从这类歌的多种异文结尾处,真实可见农民觉醒程度和抗争方法的大不相同。在资本主义兴起后的近代歌谣中,愤懑不平的反抗呼声有所增强,矿工歌中谣体甚多。兵歌有其特有的内容和特色,小调不少。讴歌新生活的歌,一改过去悲怨的基调,主旋律高昂、欢快。

时政歌,主要反映人民群众对某些政治事件、措施、人物及有关形势的认识和态度,是旧时官方采风关注的重点。古代的这类歌谣不少是以童谣形式出现的,其书面记录较多见于历代史书的《五行志》中。歌谣内容有美有刺,既是匕首、投枪,也是治病良药。以揭露讽刺反动统治的数量居多,如《不平歌》、《昏天黑地》等,也有赞颂清官良将的。农民起义歌谣属斗争性最强的部分。新社会的时政歌,除赞歌外,以解决人民内部矛盾为主旨的批评、讽刺性歌谣也不少。古今时政歌谣中,不乏出于知识分子之口或手,后传入民间者。有些历史传说歌也可归入本类。

情歌,是民间歌谣中数量最多,也更加脍炙人口的一种。在历代人民,特别是少数民族人民的爱情生活中,占有不可或缺的地位。它大致可分以下几类:① 倾诉互相爱恋之情和表明选择爱人标准的,如《丝线牵桥妹敢过》、《金银不是如意郎》;② 抒发离愁别绪的,如《把你画在眼珠上》、《和来捏作一个人》;③ 表达誓不分离的坚贞爱情的,如《情愿挨打不丢郎》、《出了衙门手牵手》;④ 告诫和批评的怨情歌,如《莫学灯笼千只眼》、《小妹情多乱了心》;⑤ 为数甚多的"家花不如野花香"之类的偷情歌,它们虽含某些不健康的思想、感情,但往往也表现了被剥夺正常爱情生活的人们对幸福生活的向往与追求。新情歌中的不少作品,爱情与革命战争、生产劳动、学习科学文化紧密结合,体现出新的精神境界,如《十送红军》、《妹在学习不敢喊》等。

儿歌,古代称"童谣"或"孺子歌"、"小儿谣"、"歌仔"等。儿歌有狭义儿歌、广义儿歌之分。狭义的专指由儿童自己顺口而出或虽由大人教唱但内容符合儿童生理心理特征,并能被儿童理解的歌。广义的还包括反映大人特别是妇女的生活情感,虽由奶奶、妈妈教唱却由儿童传唱开来的歌。儿歌按其功用,大致可分为:① 游戏儿歌,如《拉大锯》、《翻饼烙饼》等;② 教诲儿歌,如不少问答体歌、数数歌、颠倒歌、谜语歌等;③ 训练语言能力的歌,如绕口令(又叫急口令、拗口令)等。

二、民间长诗的特征与类别

民间长诗,可分民间叙事诗与民间抒情长诗两类。

(一)民间叙事诗的特征与分类

民间叙事诗,是民间口头创作和流传的、篇幅较长的韵文或韵散结合的作品,以有完整的故事情节和注意塑造形象为其基本特征。按内容主要可分三类:原始性叙事诗,或称原始性史诗;英雄叙事诗,其中部分可称英雄史诗;世俗生活叙事诗。

1. 原始性叙事诗的特征与分类

其特征主要有三点。

① 往往以群体的创世过程及迁徙繁衍为中心线索,连缀古代开天辟地、人类与万物来源等神话,以及氏族、部落、部族等的迁徙和生产生

活习俗等带神性的传说为主要内容,主要反映人与自然力的斗争。

② 主要创世英雄均为神性形象,但开天辟地的巨人已初步显示出对神力量的否定,萌动着人的自我意识的觉醒。女性和男性创世神的形象,常被作为文化英雄及本群体的始祖神和保护神来歌颂。

③ 作品与原始宗教互为依存,不少作品主要在原始宗教祭祀活动中演唱,靠祭司、巫师与经典保存。原始宗教活动愈居主导地位的地区,作品保存愈完好。但也有部分作品是录自民众之口或来自民间手抄本,这当是比较后起的。

就作品内容,可分以下四类。

① 神话叙事诗。它也可称韵文神话,主要只以某一个创世神话为内容,一般数百行。如瑶族的《盘瓠歌》、侗族的《祖源歌》、布依族的《十二个太阳》、藏族的《什巴开天辟地歌》等。

② 神话组合型叙事诗。它也可称原型创世史诗,往往由几个或多个创世神话经系统化组合而成。就现有资料来看,以一千多行到二千行左右的居多。如纳西族的《创世纪》、阿昌族的《遮帕麻和遮米麻》等。

③ 神话传说混合型叙事诗。它也可称发展型创世史诗,除以创世神话为主干外,还汇入了带神性的历史传说及纪实性的古老生产生活内容,多缀连在作品的后半部。篇幅由几千行到万多行不等,如黔东南的《苗族古歌》、《苗族史诗》,彝族的《勒俄特依》、《梅葛》,布努瑶的《密洛陀》(一万四千多行的版本),傣族的《巴塔麻嘎棒尚罗》等。民众中对其又有"根谱"、"古史歌"等之称,是已出版的原始性叙事诗中,数量最多的一类。

④ 迁徙叙事诗。它也可称韵文迁徙传说,以追述祖先率众迁徙为内容,多写实性的叙唱。如哈尼族的《哈尼祖先过江来》等。这是原始性叙事诗向英雄叙事诗过渡的模糊地带的作品,也可视为前一类创世史诗的片断。

同名的作品,收集出版愈靠后,一般内容就愈复杂,篇幅也愈长。如《密洛陀》,就有八百余行、两千多行、三千多行、一万四千多行等不同版本。所据版本不同,归类也自有别。

2. 英雄叙事诗的特征与分类

英雄叙事诗。它是主要表现英雄征战事迹的叙事诗,可分古代与近世两类。

(1) 古代英雄叙事诗的基本特征

① 以历史上重大事件和英雄传说为题材,以氏族、部落、部族、民族之间(也有内部之争)的征战为主要内容。征战除统一战、保卫战外,也有属"春秋无义战"性质的相互复仇掠夺战。作品涉及的生活面较原始性叙事诗广,堪称古文化的总汇、古代社会百科全书。

② 主人公不论确有其人抑或虚构,均为人间英雄,但又有不同程度的神格化。征战是英雄一生事迹的核心;勇武与战功,是衡量英雄的主要标尺;赛马、射箭、摔跤,是考验英雄最常见的手段。作为代表历史转折期新兴社会力量的英雄,多为部落首领或新兴奴隶主等的先进代表,其征战行为符合人民要求和平与幸福的愿望,从而体现民族精神。

③ 为婚事而征斗的内容常见。虽大多非作品主线,却塑造了不少美丽、聪明、能干的女性形象,有些还有神奇本领,有的折射出了女萨满备受崇拜的历史影子。反映原始社会解体期及其后来生活的作品,真实地再现了女性社会地位的下降和一夫多妻等婚姻习俗。

④ 败于英雄的妖魔,除象征险恶自然力和征战对手外,有时也象征异教徒。与原始性叙事诗的富神话色彩不同,作品突出的是历史性与世俗性,但仍含相当分量的宗教信仰内容。除有后来人为宗教影响的融入外,不少民间口传本中,突出的仍是原始宗教的影响。

就我国已出版的作品看,根据篇幅的短长和情节的简繁,可归为单一型与复合型两类。

单一型英雄叙事诗,也可称雏形英雄叙事诗,主要表现勇士一次重大的征战过程。原因有的仅为婚事;更多的是既为婚事,也为抢掠劳力与财富。这类情节完整、形象集中、自成篇章的作品,线索单纯,很少或没有插话,篇幅以 2 000—4 000 行为多见(也有不足 1 000 行的如《勇士古那干》等),如蒙古族的《智勇王子喜热图》、维吾尔族的《乌古斯传》、哈萨克的《阿勒帕米斯》、赫哲族的《满都莫日根》、鄂伦春族的《英雄格帕欠》、羌族的《羌戈大战》等。

复合型英雄叙事诗,也可称组合式英雄叙事诗或英雄史诗。作品以一个英雄为主的众多英雄一生的多次征战事迹为主要内容。我国最引国际学界注目的是三大英雄史诗:藏族的《格萨尔》、柯尔克孜族的《玛纳斯》、蒙古族的《江格尔》。它们以篇幅长和至今仍活在人民口头上为世界所罕见。

《格萨尔》,由格萨尔为统一康藏高原而进行的几十次的征战故事所汇成。搜集整理工作仍在进行中。就已有的文字定本近八十部计,约1 600万字以上。《玛纳斯》,共八部,二十余万行,是由玛纳斯及其子孙八代人的征战故事纵向串联而成,全文正陆续整理翻译出版中。《江格尔》,是由虚构主人公江格尔为中心的12名雄狮大将和6 000勇士的征战故事滚雪球式地组成。十多万行的六卷本《江格尔》正在陆续问世。

(2) 近世英雄叙事诗的基本特征

近世英雄叙事诗,也叫近世英雄叙事歌,主要作品有《钟九闹漕》(汉族)、《嘎达梅林》(蒙古族)、《张秀眉之歌》(苗族)等。其共同基本特征:都以真人真事为创作基础,且往往由怀念英雄的抒情短歌发展而成;主要集中唱叙起义斗争的事迹,重在表现英雄为民族、人民利益不惜牺牲的献身精神;采取现实主义创作方法,很少幻想成分;几乎都是悲剧性的结局。

3. 世俗生活叙事诗的类别及特点

世俗生活叙事诗,源远流长。早在《诗经》中已可见其雏形,如《氓》、《七月》、《静女》等。后经汉乐府的《陌上桑》、《孤儿行》、《十五从军征》等发展到汉乐府民歌《孔雀东南飞》,再到北朝乐府民歌《木兰诗》问世,标志着这类叙事诗的成熟。以后,除这种传统的纯韵文叙事诗继续发展外,又产生了新型的说唱体叙事诗,二者一直并行发展,互相促进。20世纪50年代出版的《阿诗玛》,[1]影响甚大。20世纪80年代,是叙事诗出版的丰收期。多民族的作品纷相争艳,汉族吴语区、傣族、哈萨克族,还出现了这类叙事诗的作品群。

世俗生活叙事诗,依其内容可分为爱情婚姻叙事诗和爱情政治叙事

---

[1] 云南省人民文工团圭山工作组搜集,黄铁、杨知勇、刘绮、公刘整理:《阿诗玛》,云南人民出版社1954年版。中国作家协会昆明分会重新整理:《阿诗玛》,人民文学出版社1960年版。

诗两类。

（1）爱情婚姻叙事诗。作品数量最多，主要叙唱青年男女的婚恋故事。主要作品除已述及的外，还有维吾尔族的《艾里甫与赛乃姆》、哈萨克族的《萨里哈与萨曼》、土族的《拉仁布与且门索》、傣族的《娥并与桑洛》、汉族的《双合莲》和《五姑娘》等。

20世纪80年代收录出版的吴歌叙事诗群，富有商品经济发达地区的特色。主要体现为男主人公多为商人、货郎、店伙计、手工业者等，而非传统的农民；女主人公也多商人、阔老板等的女儿，且往往敢于主动向男方示爱，甚至敢于在公堂上发出质问：皇上官家都可有私情，为何我们不能有？而结局又往往是喜剧性的。

（2）爱情政治叙事诗。以男女婚恋生活为情节线索，主要反映上层统治者之间的矛盾。多见于傣族地区，如《召树屯》、《松帕敏和嘎西娜》、《月罕佐与冒弄养》、《相勐》、《线秀》、《郎鲸布》、《缅桂花》等。作品主人公多为国王、王后、王子、公主之类，情节常融有幻想色彩，婚姻与政治常相关联，悲剧性作品不少。这与当时傣族地区的社会背景有关。如：封建领主间政治性婚姻联盟的需要；领主可以占有民间美女且不许其结婚的"吃花酒"陋俗；恋爱自由，结婚不自由。而特别是与佛教文化影响分不开，如全民信佛的社会，改编佛经故事为长诗用以赕佛的习俗，多数爱情长诗由佛经故事改编而来，故事中主人公国王、王子、公主形象多见等。

（二）民间抒情长诗的特征与分类

民间抒情长诗，是民间口头创作流传的篇幅较长的韵文作品。虽有些也含叙事成分，但无完整故事情节，也不塑造人物形象。主要在于抒唱民众的情感和愿望，结构也较叙事诗自由灵活。按内容可分反映爱情婚姻的歌和反映婚丧等习俗的歌两类。

（1）反映爱情婚姻的歌。主要反映青年对自由美好爱情的向往与追求，对包办婚姻悲剧的揭露与诅咒。以第一人称的口吻抒情是其最常见的表达方式。男女对唱的形式也不少。主要作品如彝族的《我的幺表妹》，回族的《马五哥与尕豆妹》，傈僳族的《逃婚调》、《重逢调》、《生产调》，纳西族更为含蓄的《相会调》，如《蜂花相会》、《鱼水相会》等。

有多种异文的《游悲》歌中,关于理想王国——"玉龙第三国"的艺术性甚高的描述,对爱情遭破坏而又被愚昧所作弄的热恋男女来说,颇具诱惑力。

(2)反映婚丧生活习俗的歌。多由可相对独立的众多短歌连缀而成。如土家族等的长篇《哭嫁歌》、上海南汇等地的《哭丧歌》等。长篇《哭嫁歌》是按出嫁礼俗过程,由十几乃至二十多个仪式环节的歌连缀而成。也可脱离仪式单章地抒唱,且可即兴创作,随意插入。成套的《哭嫁歌》以新娘唱的为主要部分,其中哭爹娘、哭哥嫂、骂媒人是最重要、也往往是最精彩的部分。新时代的哭嫁习俗实际内涵有所变化,哭嫁歌具有"哭在脸上、乐在心里"的新特色,其娱乐性功能也有愈来愈强化的趋势。

民间长诗中,还有难以归入前述各类的作品,如寓言体的《仰阿莎》(苗族)、《成吉思汗的两匹骏马》(蒙古族)、《鹿的传说》(鄂伦春歌)等。

三、民间长诗的产生形成与传播

在我国各少数民族中有许多民间长诗流传。1942—1944年,光未然(张光年)率先收集整理了《阿细的先鸡》(先鸡即歌之意,由李公朴组织出版)。新中国成立后,这类工作受到了前所未有的重视。除《格萨尔》、《玛纳斯》、《江格尔》三大英雄史诗的各部陆续付印外,还出版了《阿诗玛》等作品数十部,且有《中国民间长诗选》(一、二)及《江南十大民间叙事诗》等问世。

民间叙事长诗,较之短歌谣,其产生形成与流传变异,情况要复杂得多。我国三大英雄史诗大约都产生于原始氏族社会末期、奴隶社会初期。爱情叙事诗的产生,古、近、现代各有不同。

民间长诗的形成,一般都需经相当长的演化过程。如英雄叙事诗的形成,大致要经以下阶段。

(1)英雄传说阶段。由真人真事附会、演义或虚构而形成。如柯尔克孜族的传说《阿勒普玛纳什》、哈萨克族的传说《阿勒帕米斯》等。

(2)单一型叙事诗(即雏型史诗)阶段。如英雄史诗《玛纳斯》,其居八部之首的第一部——《玛纳斯》,就是在《阿勒普玛纳什》传说基础上,又融入神话《四十个姑娘》和托西吐克的传说以及挽歌、婚歌等而形成。又如《阿勒帕米斯》的传说,8—10世纪已形成,而同名称的英雄叙事诗则在1899年才首次出版,其间相距长达千年。

(3)复合型叙事诗阶段。由单部的《玛纳斯》,到长达八部的《玛纳斯》,除原单部《玛纳斯》经历了横向枝蔓丛生的发展外,更重要的是又纵向串联了歌唱其后七代子孙英雄业绩的篇章。又如《江格尔》的不少"章"后来扩展成了"部",《格萨尔·霍岭大战》,则由一部扩展成上、中、下三部等。

叙事诗在其流传过程中,获得书面记录的机会愈早,作品的原始形态保留得就越多。如解放后才大量收集出版的原始性叙事诗中,解放前尚处于原始解体期的基诺、德昂、苦聪等族,其作品,较之解放前已进入奴隶乃至封建社会的彝、苗、瑶、傣等族的,就明显地保留有更多的原型成分,特显古朴的特色。

只要有本族文字的民族,各类民间叙事诗的流传,大都有口头、书面两种途径。而民间的传抄本或由民间歌手口头演唱的作品,一般比记录于经书又主要由神职人员在祭仪中演唱的作品,变异要大,异文也多。至于由著名的演唱者仲肯、玛纳斯奇、江格尔奇等,于草原帐篷中自由演唱的英雄史诗,其变异就可能更大些。一般说来,变异的大小,往往与演唱者创造才能的高下及其受神权控制的强弱程度有关。

同一内容的作品,常有韵文体、韵散结合体、散文体三种体式并行流传于民间。究竟何者在先,须视具体作品而定。据说哈萨克的《阿勒帕米斯》,是由散文体传说发展为韵文体叙事诗的,而赫哲族的故事《满斗莫日根》,则是由韵文诗体转化而成散文体故事的。

通观我国民间长诗,原始性叙事诗多见于南方,英雄叙事诗多见于北方,而爱情长诗则在吴语区和傣族、哈萨克族等中出现了诗群。究其原因,虽各有不同,但从以下几方面去考察,则带有共同规律性,即地理环境的适宜;社会现实提供了题材;体式有内部自在的文化积累;受思想信仰文化的影响;有关歌唱习俗等的促进;歌手的重要作用等。

第三节 民间诗歌的体式、表现手法与功能

一、民间诗歌的体式

我国民间诗歌,从《弹歌》的两言体,到十五国风的四言体,到《孔雀东南飞》、《木兰诗》的相继出现,标志着五言四句体的日趋成熟。孕育于南北朝的七言四句体,发展到唐代,已成为山歌的主导体式。此后,除这种体式整齐的单章歌体继续发展外,始于唐代敦煌曲子词的五更转、十二时等联章体,也得到迅速的发展。句式长短不一的自由体式,经元代散曲小令到明代,有了被称誉为"明一绝"的"桐城歌"、"挂枝儿"等"人人喜听"、"人人习之"的时调小曲。

从现在民间流传的作品看,形式比较固定的单章体歌谣体式,除唐代即已成熟的七言四句体至今仍习见外,还有皖、豫、湘鄂西、陕南等地末句为"歌眼"的七言五句体,广西客家歌中多见的三七七七言四句体,西北多民族中流传的河湟花儿的九八九八言四句体,及其变式"两担水"的九四八九四八言六句体,洮岷花儿七七七言的三句体"单套子"、每句七言的六句体"双套子",等等。体式比较自由的有每句字数长短不拘的两句体的信天游、爬山歌、山曲以及众多形式各异的俗曲小调、劳动号子等。多段体的章法结构,以按数字顺序的联章、联曲体最多见,如四季歌、五更调、八段景、十叹、十二月调等。特殊的如头尾句相同的鲤鱼衔尾体式等。

我国五十多个少数民族民间诗歌的体式各显特色,这里,各举数例。在句式方面,纳西族、彝族民歌、苗族古歌,几乎全是五言句。水族的歌多为前句三言、后句四言的特殊复式句。壮族有十言句的"丝体",瑶族常用联珠格的杂言五句歌体"彭诺",京族最流行六八言相间的"唱六八"等。

在章段结构方面,藏族"鲁"体歌,多三至五句成章,三章成首,且句子间很讲究对应。"谐"体歌虽多四句成首,但也有六、八句或更多句的。壮族"师"体歌则两句成首。傈僳族民歌,两句体的,上下句必需对仗,基诺族、鄂温克族等也讲究对仗。蒙古、土、裕固族也多对偶句。土

族的赞歌,则取每段一句或二句、三句的体式。白族有独句体民歌。最引人注目的是壮族的勒脚歌,有单勒欢与双勒欢等多种。以其十二行的双勒欢为例,十二行分为三节,每节四行,是以第一节的一、二行为第二节的三、四行,又以第一节的三、四行为第三节的三、四行。依此结构全章,以达反复咏唱,突出主题的效果。

　　民间长诗的体式,既有《双合莲》、《钟九闹漕》、《五姑娘》等这类运用当地流行的五句子山歌或吴歌联章而成的纯韵文体式,也有散韵结合的说唱体式,如《格萨尔》、《嘎达梅林》等。英雄叙事诗多说唱体,中外皆然,这与说唱体具有既利于自由叙唱故事、塑造人物、抒发情感,又便于记忆和口头传唱、富于表现力的长处分不开。这种短歌的整齐体式与自由体式、长歌的韵文体式与散韵结合体式的并流发展,体现了民间诗歌体式是在歌诗与韵诗相互影响、相互转化的过程中发展,在格律化与散文化对立统一中发展的规律。

二、民间诗歌的表现手法

　　民间诗歌的韵法复杂多样。除最常见的如汉族、仫佬族、土家族、畲族等喜在句末用尾韵外,还有喜头韵的,如蒙古族、哈萨克族、达斡尔族、鄂伦春族等。常用腰韵的,如傈僳族、佤族等。常头尾都押韵的,如侗族、土族、锡伯族、鄂温克族、朝鲜族等。首尾连环押韵的,如黎族、布依族、水族及傣族的赞哈调等。腰尾韵的如毛南族、佤族、水族及壮族的"欢"等。壮族的勒脚歌,则为单数句的尾与双数句的首或颈或腰押韵的首、颈、腰、尾混合韵。此外,还有辅音相押的,如锡伯族、哈萨克族等,押调的如傈僳族、拉祜族、苦聪人、黔东南苗族以及瑶族的"勉"体歌等。

　　句与句之间押韵的具体方法,更是百花齐放。以多民族创作的"花儿"为例。两大系列花儿,都大量采用句句相押、一韵到底的通韵法,以及单句不押、双句相押一韵到底的间韵法,还有虚词前面的实词相押的复韵法。河湟花儿中还大量运用单句与单句、双句与双句相押的交韵法,洮岷花儿常用两句一换韵、同韵两句均相押的随韵法。上述各种押韵法,其传承历史都较悠久。在今天的一般民歌中,除通韵、间韵常见外,交韵、随韵、复韵法已不多见。

民间诗歌的表现手法丰富多彩。《诗经》中即有运用的比兴、夸张、重叠、对比、谐音双关、拟人等，一直为历来民间诗歌所传承，极富生命力。谐音双关多见于吴歌、粤歌和客家、纳西族等的歌，特别是其情歌中。十二月长工歌的运用对比手法，最富典型性。揭露、抨击性的时政歌谣，喜用谐音、隐语。拟人化手法，儿歌中运用较多。纳西族的相会调，除大量运用谐音外，通篇以蜂与花、鱼与水的相会，比喻男女间的爱情，很有特色。

叙事长诗除传承运用以上手法外，叙事与抒情结合，是其最具普遍性的艺术特色。一般多第三人称的叙唱。对唱在各类叙事诗歌中都有运用。特别在爱情叙事诗中，盘歌对唱形式，突出体现了它那宜于表述爱情故事、抒发男女主人公情感的功能特色。

幻想性手法，在原始性叙事诗中最常见。它于幻想与现实交织中塑造人物，为古英雄叙事诗的重要特色。它不以故事的惊险曲折引入，而是借助语言韵律、节奏来对人物作抒情性描绘和铺叙，是口头英雄叙事诗的传统手法。箭垛法、滚雪球法、多层粘连法，为长篇英雄叙事诗塑造人物、结构全篇所常用。一般说来，单一型作品的英雄形象多类型化，复合型作品中的英雄形象，个性比较鲜明。

"歌中套歌"，是抒情性强的叙事诗经常用以结构全篇的方法之一，如《梁祝歌》的被套用入《挖土锣鼓歌》、《伴嫁歌》、《夜歌子》等长歌中。这既说明歌手对传统民歌的熟悉以及熟能生巧、信手拈来的能力，也说明一般非专业歌手，在艺术加工的时间与精力，以及驾驭融汇全篇的艺术技巧方面，存在难以避免的局限。

民间诗歌处于口头演唱的活形态时，艺术形式更显多姿异彩。如整齐的七言四句头吴歌，因唱中加衬字、衬句、嵌字、嵌句，或者更多回环繁复的叠句，而成"乱山歌"。有时一首可长达二十多句或更多，一句的字数可多达几十乃至百余。四川、湖南等地滚板山歌的形成与此相类似。又如整齐的七言五句子，在中间加入连念带唱的朗诵词"赶句"，就成了十多句的"赶五句"，若以五句头为主的歌词作叶子，配上作为号子的梗子歌句，与之穿插着唱，就成了别具一格的"穿五句"等等。

民间诗歌的演唱形式,主要有独唱、对唱、三人唱、众人和以及如侗族大歌的集体吟唱等。起于远古劳动歌的一唱众和形式,传承历史悠久。汉薛综的《西京赋注》、梁沈约的《宋书·乐志》、宋沈括的《梦溪笔谈》、郭茂倩的《乐府诗集》等中均有记载。唐代竹枝词即依其和声"竹枝"而得名。这种一唱众和的歌唱习俗,在有些少数民族的民歌演唱中仍可常见,如水族的双歌、阿昌族的舞歌"窝罗"和"则勒扎"、哈尼人的酒歌"哈尔惹"、纳西族的"唠喂曲"等。

民间长诗因篇幅长,一般群众难以掌握,多由专业或半专业歌手、艺人来演唱。原始性叙事诗,多在节庆等祀祭仪式上,由专职巫师演唱。唱者严肃,听者虔诚。英雄叙事诗,则主要由半职业或职业歌手演唱,也带神圣感。有的唱前还有仪式。如演唱《格萨尔》前,有的要戴专门的"演唱帽",并焚香祈祷。演唱《江格尔》前要祭江格尔汗等。其他长诗的演唱者,有专业的,也有业余的。傣族的则多由几乎村村皆有的半职业歌手——赞哈来传唱。这种种演唱,有的有乐器伴奏,有的没有,都是个人演唱或对唱、轮唱,一般无和声。

三、民间诗歌的功能

民间诗歌,生于民间,长于民间。它是民众自我表现、自我教育、自我欣赏、自我娱乐的文化工具,具有最直接的人民性,并有多方面的功能。

第一,宣泄与补偿功能。他们讲述想讲述的事,抒发想抒发的情,以求得情感的满足和心理的平衡。如《十二月长工歌》、《十八大姐九岁郎》、《寡妇苦》、《哭嫁歌》及大量的长短情歌,尽情倾诉着人们甜酸苦辣的复杂情感。时政歌的美与刺,抒发了人民的政见与爱憎。"唱个山歌当老婆"、《游悲》中玉龙第三国美妙情景的描绘,使现实中未得到的在想象中得到补偿。

第二,教化、模塑与规范功能。教诲、游戏、语言训练等儿歌,通过寓教于乐,起着重要的教化、规范作用。不少祭祖祀神的仪式歌,特别是原始性叙事歌和各种民俗节日习俗歌,发挥了"照祖先与神说的做"的规范模塑功能。"我们有共同祖先"的深层传统民俗心理,在群体中能产生很大的凝聚向心力。以本教为主要信仰内涵的早期《格萨尔》，唱者庄严神圣，听者虔诚深信，英雄的民族精神鼓舞着人们。后来的演唱，神秘性有所减弱，但在人民生活中，仍能发挥其"生活大百科全书"式的教化、教养作用。现代革命诗歌这方面的功能，就特别明显突出。

第三，最为直接的社会实用功能。劳动歌《薅草锣鼓》等，起着直接指挥生产、协调动作、鼓舞斗志、解除疲劳的作用。瑶族的石牌话、侗族的款词、苗族的理词等，履行着法律和民间习惯法的职能。在不少民族地区，情歌不仅是自由恋爱的工具，而且会唱情歌还是求得爱人的必备条件；不会唱"哭嫁歌"的姑娘，在有些地方就嫁不出去。革命诗歌在战争中，有时能起到教育人民、瓦解敌人的作用。

第四，特殊的认识功能。口传民间诗歌，独特地伴随着人们的历史与多方面的民俗生活，具有重要认识价值。特别对过去没有民族文字，或有文字民族的史前史来说，就更显得珍贵。有些原始性叙事诗，被称为民族的"古根"、"根谱"、"口传历史教科书"等。而融语言、历史、民俗、宗教、音乐等于一体的长篇英雄叙事诗，则获得了"民族生活大百科全书性质"的美誉。

第五，各类活态民间诗歌，在分别体现以上功能的同时，几乎都具有强弱不同的娱乐性功能。如风行水上的天籁之音，其优美动人的旋律，富于韵律的语言节奏，都能给人以美感。而那种演唱时所获得的生理、特别是心理上的满足等，更能给人带来一种调节性的休息与享受。即使是目的在于娱神的祭歌、丧葬期间的歌舞、以哭调唱的"哭嫁歌"，也都蕴含娱乐的功能，而且随人们现代生活的发展日益强化。

同时，不同种类或同一种类而处于不同社会文化环境中的民间诗歌，其功能的侧重点可能不同。不少作品的社会功能，还常常显示出某些综合性的特征。

作为民俗文艺重要类别的民间诗歌，不但在人们生活中的位置十分显著，而且在中国文化史上的地位，也很重要。民间诗歌，是诗歌和文学的始祖，作家和诗人的创作源泉之一。它从内容到形式，从作品到歌唱习俗，都给了作家文学以重要影响。中国的四言诗、五言诗、七言诗与词、曲，大都起源于民间。楚辞和楚国等地的民歌，建安文学和两汉乐府,唐代诗歌和南北朝民歌,宋词与唐以来的竹枝词、元散曲、杂剧唱词与宋、金俗谣小曲,明代民歌及清代的小曲山歌与近代"我手写我口"的诗界革命都有着深刻的渊源关系。总之,学习民间诗歌,是促进作家诗歌大众化、民族化的必由途径之一。

当然,楚辞骚体,两汉南北朝的文人乐府,以杜甫、李白、白居易为代表的唐诗与刘禹锡等的竹枝词,辛弃疾、苏轼、岳飞等的宋词,关汉卿等的散曲,乃至明清时已不居于文坛主位的诗词,以及近代以来的诗歌,也都对民歌的提高有过积极影响。在《阿细的先鸡》、《阿诗玛》等众多民间叙事诗和篇幅浩大的《格萨尔》、《江格尔》、《玛纳斯》三大英雄叙事诗的搜集整理工作中,不少专业文艺工作者、诗人更是作出了巨大贡献。

正是这种民间诗歌与作家诗歌的相互促进,谱写了我国诗歌发展史上一页又一页的新篇章。

第四节 歌节、歌俗、歌手

一、歌节、歌俗的类型和演变过程

多民族的我国,因唱歌活动而形成的歌节很多。传承至今,以歌舞为活动中心内容的广义歌节,以歌唱活动和场地命名的狭义歌节都仍不少。如果结合人类社会发展史和婚姻发展史加以考察,可以大致形成以下看法。

为生产丰收而祷神酬神,应是群众歌会的最早成因。其形式当是歌、舞、乐三位一体,后才逐渐演化为歌舞分开。祭神日期的选择,必与狩猎、农业生产的季节有关。如春耕前、秋收后或其他农闲之时。劳动生产之需,就是歌节出现的基础。后来,随氏族内婚向族外婚演进,与族外青年男女求偶相欢的需要,则强化了歌节产生的可能性。以结果实为目的的感染巫术观念,使祈神祭祖以保生产丰收,与男欢女爱为繁衍子孙这两种愿望相汇合,从而推动了融这两方面功能为一体的歌节的形成与发展。

从古籍记载和现在尚可见的歌节活动来看,大致可分以下几种类型。

（1）有庄严的祭仪,以群歌共舞的形式,祭祀分管生产的神灵,意在保生产丰收而娱神。如重要农事、狩猎季节时的歌舞以祭农神、山神的活动。清道光《钦州志》卷一,记广西钦州一带中秋节前后壮族有"跳岭头"的歌舞活动。届时,"巫者花衣裙,戴鬼脸壳,击两头鼓（蜂鼓）……狂歌跳跃于神前,村男妇于坛戏歌,互相唱和"。且"因而淫乐,遂假夫妻,而父母兄弟恬不为怪",并认为"不如此则年不丰稔"。又如壮族正月初一到月底要过古老的蚂蚜节,人们唱蚂蚜歌,跳蚂蚜舞,祭埋蚂蚜神,以求风调雨顺,五谷丰登。

（2）有庄严的祭仪与祀神活动,祭后,男女才共歌舞（或歌与舞分离）,活动已趋歌化。它体现发展生产与求偶繁殖的双重功能,既娱神,也娱人。如傈僳族正月初二到十四日的汤泉歌会,祭拜山神、沐浴洁身后,男女高唱汤泉恋歌,颇似《诗经·溱洧》祓禊之后的男女同游共欢之俗。又如瑶族春节"耍歌堂",老人在忙于祭祖时,年轻男女则于村外三五成群地集体对歌。若互相看中,夜晚小伙子可独自去姑娘家对歌谈情。宋周去非《岭外代答》卷十所载瑶族十月祭都贝大王时的"踏摇",也属此类型。而纳西族农历七月廿五的"海坡节",人们祭于泸沽湖畔,祈求狮子山生育女神赐福,男女载歌载舞,通宵达旦,则其繁衍子孙的功能更显突出。

（3）祭仪简化或无祭仪,只是以唱祭歌开个头,然后就是男女对唱情歌,或同欢共舞。主要体现男女之间的情爱,由重在娱神转向重在娱人。如云南富宁壮族二到四月的"陇端节"（汉族称之为"赶风流街"）,体现的是"婚姻以歌唱私合,始通父母"的习俗（《广南府志》）。西北的花儿会,主要是情歌对唱,但也可偶闻寺庙颂歌,与之相类似。清代《苗俗记》、《黔南识略》、《滇黔土司婚礼记》中有关于南方不少少数民族的"跳月"记载。如"立标于野,大会男女,讴歌互答,有洽于心即奔之",娱人求偶功能明显。哈萨克族七月到八月间十天左右的"阿肯弹唱会",首先以庄重的冬不拉曲《贵巴斯》为序曲,又有"姑娘追"等体育项目的参与,这应是由娱神向娱人过渡中的后期形态。

（4）歌唱活动与祭礼礼仪、祭祀内容完全脱离,突出体现人为主体、"视唱歌为人生之切要"（刘锡蕃《岭表纪蛮》）的审美观念,反映人们日益广泛的文化生活的需求。

（5）新的歌节。具有群众性游乐节目特色和经济文化交流的新功能。地点往往不是传统的乡间野地而是中心乡镇、县城；日期有的还与新的节日合一，如国庆节，青年节的大型山歌比赛活动等，内容往往还有其他多种文化形式的参与，且与物质交流的发展圩场经济相结合；规模一般比较大，且多国际友人的观光，具有国际文化交流性质。如广西柳州近年来的中秋山歌会等。

其他特殊类式如京族农历正月、六月或八月的过"唱哈节"，哈事祭神后的聚众饮宴听"唱哈"，等级森严，女性只能旁立而听，不能入席，所听内容有《邓平杨成结义》、白居易《琵琶行》、苏轼《念奴娇》等。

由以上一至五类型的歌节，大致可见歌节的演化过程。概言之，可分为三个大阶段。

第一阶段，以祓禊、丰收、求子为主要目的，后来由重在娱神，向神人共娱过渡。

第二阶段，突出的是男欢女爱的求偶需求。

第三阶段，群众性娱乐活动和经济文化交流相结合，文化、经济功能日趋强化。

除大型歌节活动外，还有许多小型的歌唱习俗活动。如不少民族的丧葬礼仪过程，常伴以歌舞。在一些少数民族及部分汉族中，高寿老人正常谢世，被认为是喜事，葬礼期间，吊唁的亲友邻居，夜间要尽情欢舞歌唱。这里既有对死者的追念和哀悼，也给青年男女的社交活动提供了机会。如湖南有些地方的守灵之夜，所唱"夜歌子"，既有悲悼逝者的"哭丧歌"，也有历史传说歌和情歌，灵堂也是歌堂。其他还有结婚、盖新房、庆寿、请客等伴随仪式而唱的各种习俗歌以及有关的歌唱活动等。特别是出于谈情说爱目的的日常性的歌唱习俗，更是不胜枚举。如侗族的"行歌坐月"、"玩山"，苗族的"游方"，广西南丹瑶族的"玩表"、唱细话歌，布依族的"赶表"等。

信仰佛教的傣族，有一种特殊的与唱歌密切相关的习俗——"赕坦"。即老百姓为了积功德，常自己抄写经书，自己或请人编写叙述佛陀生平的叙事诗，改编本生经故事为叙事诗，将其献给佛寺以赕佛。如云南潞西县遮放区一本赕佛的叙事诗,末尾写:"为了祈求永久的平安吉祥,特献上这部《金岩羊阿銮》书,以便所有对佛祖虔诚的人,后世能进入宝石黄金之地——勐历版。遮放坝帕鹰寨相宪奉献。"

二、歌手的形成及表演

这种种歌节活动和有关习俗,为歌手的成长创造了条件。民众中最早的歌手,应为女巫。远古社会,沟通神人意志的巫,往往是集部落首领、祭师、歌手于一身的最受崇敬的人。有的还兼巫医之职。至原始社会晚期,巫师与氏族首领相分离。在后来的发展中,在经济落后,又缺少文化教育的地方,作为较高级的巫师——祭司,仍要兼医生、歌手、教师等职。至今有些民族的非专职的民间神职人员,仍是掌握本民族传统文化特别是信仰文化最有知识的人,如彝族的毕摩、纳西族的东巴、土家族的梯玛、基诺族的白腊泡、佤族的魔巴、景颇族的斋瓦、满族的萨满等。

在长期阶级社会中,巫师地位的升降,往往与统治者对其重视的程度和民众神权观念的强弱成正比。他们诵唱各种祈福避祸的仪式歌、行医的诀术歌、祭礼唱原始性叙事诗乃至英雄叙事诗等。他们对民族原始性叙事诗的创作和传承,贡献甚大。如布努瑶师公唱《密洛陀》,阿昌族活袍唱《遮帕麻和遮米麻》,纳西族东巴唱《创世纪》、《东巴祭天古歌》,彝族毕摩唱《勒俄特依》、《指路经》等,这些正是他们作为民族诗人歌手的主要内涵所定。

更多的民间歌手是从丰富多样的歌舞节日活动和其他民众文化生活中培育出来的,歌仙刘三姐就是历史悠久的壮族歌圩培育出的一位传说中的典型。历史上众多的民间歌手,往往出身低微,他们一般不能掌握文字工具,旧时代文人又难以克服自身局限深入民众,因此,也就无人为他们做宣传,而任其在民间自生自灭。当然,也并非全无所录。如《宋书·乐志》,就提到了有些古代歌手的名字,如秦青、薛谈、韦娥、王豹、绵驹、虞公等。其他还有传说为名歌手的晋朝子夜、唐以来的刘三妹等。至于唐宋以来,随说唱艺术的发展而成长的扎根民间的说唱艺人歌手,被录入各种笔记小说中的,就更多些。

20世纪五六十年代出现了一批著名歌手,如汉族诗人歌手王老九、韩起祥、姜秀珍,蒙古族的爬杰、毛依罕,傣族的康朗英、康朗甩,土家族的田茂忠,壮族的黄三弟,赫哲族的葛长胜、吴连贵、花儿王朱仲录等。20世纪80年代,又陆续发现了一批有才华的民间歌手,如柯尔克孜族的居素甫·玛玛依,藏族的扎巴、玉梅,吴语歌手陆阿妹、钱阿福、陆瑞英等。

民间诗人歌手长期生活在基层劳动民众中,即使演唱长篇民间叙事诗的歌手,也多数不脱离劳动,只有少数才以演唱叙事长歌为其主要生活来源。极少数被贵族领主看中,则成为专职的御前歌手。优秀民歌手,一般都酷爱乡土艺术、记忆力惊人、口才好、语词丰富。擅长演唱的往往还有一副好嗓子。不论家承、师传或自学,都深受环境熏陶,好学强记,刻苦勤奋,有长期的积累。不少人还见多识广,富有创造性。但创作特点不同于作家诗人,由于主要是口耳相传,且在集体场合演唱,其创作的自觉意识、个人意识,比诗人一般要弱得多。创作中的集体传承因素往往大于独创因素,创作个性受到集体性的制约,地方特色很显著。相比而言,由整理者投入了更多劳动的民间叙事诗,特别是复合型的英雄叙事诗,以及著名的仲肯(藏)、江格尔奇(蒙古)、玛纳斯奇(柯尔克孜)、赞哈勐(傣)、阿肯(哈萨克)、山歌头(汉)等,通过他们的演唱而形成的各种变体,其个性特色较之一般则要鲜明些。

民间歌手对一个地区、民族、国家歌唱民俗文化的形成发展影响甚大。"生活中没有歌手,就像吃饭没有盐巴"的民谚,有力地反映了歌手在人们心目中的位置。

第十一章　民　间　语　言

语言民俗是民俗事象的一大门类。英国班恩的《民俗学手册》将民俗学的研究对象分为三类：信仰与行为，习俗，故事、歌谣与俗语。日本民俗学创始人柳田国男也提出三分法：习惯（生活技术），口碑（语言艺术），感情、观念、信仰（心意现象）。他们都把语言民俗作为一大门类，指听得见的口传形式的民俗事象，包括民间语言与民间文学两部分，我们把它当作广义的语言民俗；狭义的语言民俗，仅指民间语言部分，不包括故事、歌谣等成篇的民间文学作品。

第一节　民间语言的性质

一、民间语言的概念

作为民俗学研究对象的民间语言，指广大民众用来表达思想并承载着民间文化的口头习用语，其主要部分是民众集体传承的俗话套语。它自然生长于民众丰厚的生活土壤，通俗易懂，生动活泼，是广大民众世代相传的集体智慧和经验的结晶，传达和反映着民众的思想、感情和习俗。

从使用群体的角度看，民间语言是各行各业的广大民众惯用的话语，它以其鲜明的生活化和质朴性的特点区别于上层社会的语言。语言作为人类最重要的交际和思维工具，一方面具有全民性，一视同仁地为各个社会群体服务，其基本语汇和语法体系是为全社会共同使用的；另一方面它具有社会分化性，不同的社会群体之间处于相对隔绝状态，拥有不同的文化，也就有不同的用语，有彼此相异的习惯用语和表达方式，形成不同的"社会方言"。法国学者拉法格（Paul Lafargue）在《革命前后的法国语言》一书中，记述了17、18世纪的法国贵族阶层如何创造和使用自己专用的"优雅"语言。他们集中生活于国君周围,和别的阶层几乎完全隔离,并在服饰、举止和语言方面树立贵族风范,他们敌视商贩、裁缝、理发匠、洗衣妇、赌徒、女仆等下层人民的粗话俚语,也排斥各种行业的技术用词,于是从通俗语言里精选少量日常交往必需的词语,按他们的标准创造具有"高贵品格"的贵族语言。[1] 这是语言的阶层分化比较典型的例子。汉语也照样存在社会分化现象。在传统京剧中,官员秀才、小姐贵妇操一种半文半白、带南方口音的官话道白,而差役仆人的道白却是地道的北京土话,二者在口音用词上都有分别,这是实际生活中的语言分化在艺术里的反映。我国传统笑话里讲,有一位靠捐纳而得官职的人不懂官话,到任后谒见上司,上司问"贵地百姓如何?"他回答:"白杏只有两棵,红杏不少。"上司说:"我问的是黎庶。"他答:"梨树甚多,结果子甚小。"这则笑话生动地说明了民间语言与上层语言的差异。今天这种差异仍然存在,比如一件事情不能马上做出决定,官员常说再"研究研究",或向上级"打个报告",百姓则说再"捉摸捉摸",或回家"合计合计"。近些年在农村常见到刷在墙上的一则标语:"生产搞上去,人口降下来。"这是政府方面根据国情提出的口号。而同一时期我们也可以听到农民口头上流传的谚语:"狗咬炕,人烟旺",说的是民间供奉灶王爷时,画像上面的小狗要头朝炕的方向,而不能朝向屋门,反映了民间多子多福的传统观念。

从语体角度说,民间语言是一种口头语言。它是在民众口头流传的活的语言,通俗明快,轻松活泼,与文雅庄重的书面语言有显著差别。同样的意思,口语和书面语可分别有不同的词语来表达。口语词"蔫巴"、"熊包"、"眼馋",对应于书面语的"枯萎"、"怯懦"、"艳羡";民间谚语"不怕不识货,就怕货比货",对应于书面成语"相形见绌";口头惯用语"老掉牙"、"穿连裆裤",对应于书面成语"明日黄花"、"狼狈为奸"。口头语与书面语,在许多情况下都有两套不同的语汇。在阶级社会里,书面语主要为上层社会受过良好教育的人们所掌握和使用,而下层民众没有或很少有接受文字教育的机会,其语言主要是口头传承的,口语化或

---

[1] 参见[法]拉法格(Paul Lafargue):《革命前后的法国语言》,罗大冈译,商务印书馆1964年版,第9~11页。

俚俗性成为民间语言区别于上流社会语言的重要特征。在学校教育不发达的社会里,民间语言长期沿袭着比较纯粹的口语传统,很少受到书面语的影响,即使受到一些影响,也只是造成偶然的和零星的变异,不致改变其根本的口语特征;官方语言则受到较大的书面语影响,而且往往有意识地避开俚俗语言以示郑重,这样就造成两种语言的语体差异。在现代社会,广大民众有了较好的接受学校教育的机会,一般都能不同程度地掌握文字并能听懂、读懂部分书面语言,其用语受到书面的影响比过去要多些,但是到今天为止,民间语言仍然主要沿袭着口语传统。需要注意的是,口语性也是一个历史性的概念,古代的口语到现在可能成为文言。三国时曹丕在《典论·论文》里谈到文人相轻现象时拿谚语来佐证:"里语曰:'家有敝帚,享之千金'。"[1]这句当时的俚语就不能当作今天的民间语言来用。还有一种较为少见的情况,文人的语句由于通俗上口而在民众中流传开来,渐渐地人们也不再管它出自何处,只当作自己的口头语来说,这样的语句就可以看作民间语言的成分了,比如杜甫《前出塞》中的诗句:"擒贼先擒王",现已成为群众口头流传的成语。

在存在形态上,就全国范围来看,民间语言由于各地方言、民族语的差别呈现着丰富多彩的面貌。可以说,民间语言更加具体、生动的形式,普遍存在于一方之言(方言、民族语)和一方之俗(方俗、族俗)的交织之中。

就汉语的情况而言,汉族人口众多,地理分布辽阔,方言品种丰富多彩,可分为七大方言区:北方方言、吴方言、湘方言、赣方言,客家方言、粤方言和闽方言,每一大的方言区内又有许多次方言。众多的方言差异显示出民间语言的多姿多彩。比如我国各地普遍流行着婚后几日内新娘要回娘家住几天,或带新郎到娘家认亲的习俗,一般叫"回门",同时并存着其他名称,反映出各地婚俗的差异。陕西韩城回门在婚后第十天,称为"叫十天"。山东回门一般在婚后第三天;也有当日即回的,叫"小三天";德州地区是由新娘的父亲来将女儿接回住九天,叫"住单九",再由母亲将女儿送回婆家。山西平遥县是在婚后十天回娘家,叫"住十日"。天津多在第四天,称"回四"。武汉地区回门,有单双之分:婚后第

---

[1] 郭绍虞主编:《中国历代文论选》第1册,上海古籍出版社1982年版,第158页。

二天上午,新郎带礼物到女方家谢亲,叫"单回门";第三天上午,娘家来人接新郎新娘,称"双回门"。

中国是一个多民族国家,除汉族外,尚有五十五个少数民族,使用汉藏、阿尔泰、南亚、南岛和印欧等五个语系的八十多种语言。这些语言又分作成百上千种方言。千姿百态的民族语言,映射着乡风土俗的奇光异彩,承载着千态万状的民族习俗。由于历史的原因,少数民族大多居住在偏远的边疆或内地山林丛杂、交通阻塞之地。有些民族较为集中地居住在某些狭小而偏僻的地带,他们浓厚地保留着传统的固有存在方式,自成一体,各谋生计,鲜有频繁的社会交往,因而其语言习俗在流布上也有很强的地域封闭性。大兴安岭北部游猎区的鄂温克族,长久缺乏时间和方位的综合概念,而习惯参照太阳、物候等变化确定指称。他们称春季为"打鹿胎的时候"、夏季为"打鹿茸的时候"、冬季为"打灰鼠的时候";指称距离常用"小搬家"、"大搬家"表示,前者为一天路程,后者为两天路程,分别为5至10公里。在如此封闭的民族之乡,一宗语俗事象有时只覆盖某县某乡,甚至小至某村寨。这种限于特定区域的民俗语言,在另外的地区很难找到相同的说法。这种现象是与当地民众特定的生活方式或奇异的习俗密切联系着的。

二、民间语言是一种民俗现象

民俗学对民间语言的考察,不是把语言当作孤立的对象去分析它的语音形式、语法规律、词汇构造等,而是把民间语言看作民众习俗的一部分、民间文化的一种,将它放到民众生活的沃土中去考察。比如祈祷是祭祀习俗的组成部分,念咒语是民间巫术的重要环节。这种语言现象是一种民俗活动,民俗学者对这种民间语言的考察是无法脱离民众的实际生活而单纯分析其语言形式的。

如前所述,民间语言是相对于上层社会语言而说的。我们所认定的这种民众集体传承的俗话套语主要是社会中下层群众的惯用语,在内容、风格和功能上都有鲜明的民间性。它是民众出于生活需要而约定俗成并长期享用的文化,它作为模式化的口头表达习惯规范着和服务于民众的生活。当民众在生产劳动或人际交往中体悟到某种经验,就用精练生动的谚语来概括,并用它来帮助说理或教育后人。民众普遍希望自己的生活更加富足美满,就用吉祥语来表达这种愿望并向别人表示自己的良好祝愿,特别是在节日庆典时,吉祥语的广泛使用给人们带来了浓重的喜庆氛围;并且民间在不同程度上认为,吉祥语不仅仅能增加喜庆氛围,而且它具有给人带来幸福的实际效力,这就是传统的语言灵力信仰。这种求福避邪的语言习俗的极端表现,就是祈祷语和咒语的使用。民间语言与民众生活的密不可分是它与上层社会的语言有着显著差别的重要原因。

民间语言为民众长期传承和沿用,使民间文化得以顺利传袭。它具有较强的稳定性。但这并不意味着民间语言是一成不变的。从一个较长的历史时段来看,民间语言的传承过程是稳固性和变异性的统一体,两方面的交互作用使民间语言的演变具有渐变性。如华北农村用于交通的畜力最常见的是牛与驴,驴相对于牛来说更为轻快些。当农民最初看到邮递员骑着轻便型摩托来乡间送信时,他们沿袭着传统的语言习惯称摩托车为"电驴子"。近年来,农民逐渐富裕,许多家庭有了买摩托车的经济实力,开始还说"买个电驴子",逐渐便都说"买摩托"了,现在"电驴子"的说法已很少见。

三、民间语言是民俗的重要载体

民间语言不仅自身就是一种民俗,而且它还记载和传承着其他民俗事象。

索绪尔指出:"一个民族的风俗习惯常会在它的语言中有所反映,另一方面,在很大程度上,构成民族的也正是语言。"[1]民俗的各个门类都在民间语言中有不同程度的体现。首先,民间语言承载着大量的物质生活民俗。比如,"骑调皮马,打猎时受罪;娶泼妇为妻,一辈子懊悔",显示出草原上蒙古民族骑马狩猎的生活。"肥水不落外人田","好狗不咬鸡,好汉不打妻",表现的是平原地区农民浇地种田、养狗喂鸡的农耕生活。在无锡,人们习惯称长得胖的青少年为"大阿福",这是一种当地出产的外形胖乎乎、笑嘻嘻的泥人名称,这样给人起的绰号道出了

---

[1] [瑞士]费尔迪南·德·索绪尔(Ferdinand de Saussure):《普通语言学教程》,高名凯译,商务印书馆 1980 年版,第 43 页。

一种民俗物品。民间语言就是这样贴近民众的生活,人们习惯了拿周围常见的事物来表达思想,就使他们的语言很自然地体现出其生活风貌。其次,民间语言反映着民间组织、制度层面的习俗和一些民俗活动。比如,"国有国法,家有家规",表现的是传统的严苛的家族制度;"现上轿,现扎耳朵眼"、"老太太踢足球——尖端技术",体现出业已消失的古旧习俗;"请神饺子送神面",则是北方农村还在盛行的春节时请神祭祖的习俗。第三,民间语言记载着民众的经验、信仰、伦理等精神民俗。"桃三杏四梨五年,枣树当年就还钱",表现了农民种植果树的经验。"太岁头上动土""正月十五卖门神——晚半个月了",透射出民间的俗神信仰。"嫁出去的女儿,泼出去的水"、"自己的儿女中女儿最亲,别人的孩子中女婿最亲",代表了两种虽然对立却并存于民间的传统伦理观念。至于民间文学,更要以民间语言作为传播媒介。

　　语言素称"风俗化石"。民间语言不但承载着正在流传的民俗,还滞留着大量已经消亡的旧俗,比如含有"坐轿"、"裹脚"等字眼的俗语尚为数不少。

　　那么,语言是怎样充当其他民俗的载体呢?不外四种承载方式。

　　(1)语言单位概括指称民俗事象。语言材料作为民俗事象的名称,专语专用,语、俗完全相应。如"打平伙"、"打牙祭",是来自民间的两种古旧食俗的名称,前者指民间聚众会餐,与餐者各自均摊费用或食物,合在一起享用,既改善生活,又增进交往;后者指平素多进蔬食的人们,隔若干时日食肉一次,以改善饮食。"迎大纸马"、"十三马街会"作为狭小地域流行的民俗活动的专名,分别流行于浙江磐安墨林、河南宝丰马街与陕西延安。再如,景颇族的"崩杜"(山上的主人,山官),黎族的"翁堂沃工"(大伙做工)的"合亩"(共耕组织),瑶族的"石牌大过天",以及傈僳、独龙、基诺等族专供未婚男女谈情说爱的场所"公房",这几种专名,指称的是到20世纪40年代还在一些少数民族作为原始公社制残余的习俗惯制,带着悠远时代的鲜明印记。

　　(2)语言单位具体陈述民俗事象。一个词、短语,或一两句话,直接道出民俗事象的具体内容。如讲节俗的"腊月八,把猪杀"、讲婚俗的"闹房三日无大小"、讲葬俗的"孝子不抬丧"、讲宴俗的"主不吃,客不饮"、讲农俗的"插秧酒,打谷饭,吃破烂"、讲出行习俗的"七不出,八不归"(四川)等,都直接陈述民俗事象的内容。

(3) 语言单位旁涉夹带民俗事象。有些定型的短语或句子,其中心意思并非交代民俗事象,但中间夹带表示民俗事象的词语,如"出殡忘了抬棺材,好大意",意指"粗心大意",其中"出殡"、"抬棺材"却旁涉葬俗。"乳名都是父母起的,坏名都是自己惹的"意为"自毁其名",而其中夹带的民俗词语旁涉父母给婴幼儿"起乳名"之俗。再如"宁为房上鸟,不作屋中妾"、"隔着锅台上炕",前者的"妾",语涉旧时"纳妾"之俗,后者的"炕",语涉搭炕取暖之俗。这些民俗词语,有如一颗颗宝石,镶嵌在语言单位中熠熠闪光,使表述更富生活气息。

(4) 语言单位折光反射民俗风貌。民间语言虽不直接陈述民俗事象,但其内容与民众生活紧密相关,反映出民众的生活状况与价值观念,凝聚着民众的智慧和经验。透过这些内容,可洞见彼时彼地的文化风尚、世俗人情,从而领悟若干民俗的惯制和风采。语言反映民俗的这一方式,是蕴藉的,却又是经常的、大量的、普遍的,如"药补不如食补"、"原汤化原食",表现民众的生活经验;"虱多不咬,债多不愁",表现过去穷人的艰难日子与旷达精神;"当面教子,背后教妻",表现父权制社会的治家方略,也可从中看出妇女的低下地位;"龙生龙,凤生凤,老鼠生来会打洞",表现的是民间俗信。也有一些语句虽不涉及具体民俗事象,却表述人们的民俗观,如"一方一俗"、"入乡随俗"、"十里不同风,百里不同俗"等。

四、民间语言与其他民俗需要交叉研究

研究其他民俗离不开民间语言,研究民间语言也离不开其他民俗。民俗事象遍布语言海洋的各个角落,某些早已消亡的旧习古俗,也还深藏语海之中。研究民间语言而不问其他民俗的内容,往往仅知其表,难详其里;或仅知其今,难详其昔。同样,研究民俗而不关心语言因素,也会遇到困难。为了从民间语言考究其他民俗,同时又从其他民俗考究民间语言,就需要建立一门语言学和民俗学相互交叉的边缘学科——语言民俗学。

一门新学科的建立,需经过艰难的探索与论争。历史上一些语言学

派认为,语言是游离于文化之外的独立形式,与诸如风俗、习惯、心理等社会集团现象毫不相干。他们否认语言是社会文化实体,无视对语言文化内容的研究。现代语言学派的理论研究大有进境,认为语言是长期相沿的社会习惯的产物,"语言的内容,不用说,是和文化有密切关系的","语言的词汇多多少少忠实地反映出它所服务的文化。从这种意义上说,语言史和文化史沿着平行的路线前进,是完全正确的。"[1] 20世纪20年代,北京大学研究所成立方言调查会,通过歌谣和民俗考订方言,又用方言来探讨民俗,提高了人们对语言调查在民俗学研究上的作用的认识。时至当代,更多的语言学家彻底跨越传统的藩篱,终于把语言学和包括民俗学在内的文化科学的研究,有机地结合起来,放手地去探索民间语言与其他民俗之间自古而然的经常而普遍的规律性关系,从而实现民间语言与其他民俗交叉研究的飞跃性进展。

语言民俗学从语音、语汇、语法、修辞,及其记录符号文字,以至手势、眼神之类副语言行为等各方面展开研究,给语言学和民俗学双双注入旺盛的活力,为人们拓开了一重熟悉而又新奇的学术天地。

可供探讨的语言民俗材料是极其丰富、广泛的,其中的主要部分是民间熟语。

"熟语"是现代汉语语言学的一个借词,原指语言中所有固定词组的总和;也指研究固定词组的一门学科,即所谓"熟语学"。20世纪上半期,熟语学兴起于苏联。在中国,关于"熟语"的特点、源流和运用的各种研究,也已开展半个多世纪。研究之初,不少人受外来体系影响,把熟语归入"特殊语汇"的范畴,主张从词汇学角度去研究,有如研究语义学、修辞学那样。熟语研究曾蹜躅于漫无统纪的状态之中。随着研究的不断深入,学者逐步在崭新的基点上,对于"熟语"的概念达成了较为一致的共识:熟语当指"语言中定型的词组或句子。使用时一般不能任意改变其形式。包括惯用语、成语、谚语、格言、歇后语等",有时甚至还可广而言之,泛指"常用的话语"。[2]

---

[1] [美]艾德华·萨丕尔(Edward Sapir):《语言论》,陆单元译,商务印书馆1964年版,第196页。

[2] 罗竹风主编:《汉语大词典》第7卷,汉语大词典出版社1991年版,第246页。

我们所说的"民间熟语"即是一个外延广泛的概念,指人民大众长期习用、熟悉定型的民间语汇,是在民众口头流传,具有民俗文化内涵的通俗性语句。它与语言学界的"熟语"概念略有不同,一是不包括有特定作者的格言和部分书面语色彩很强的成语,二是其范围较宽,不仅有定型化的短语和句子,而且有部分民间词汇,如行业词、称谓词、避讳词等。

根据使用群体和场合的广泛程度,可将民间熟语分为两类:常用型和特用型,下面从这两方面来探讨。

第二节 常用型民间熟语

常用型民间熟语,指在民众中普遍流传的日常生活习用语,它使用率高,流行面广,是民间语言中最基本、最丰富、最常用的部分,包括俗语、谚语、歇后语、称谓语、流行语等。

一、俗语

俗语是源起最早的民间熟语之一。在历史上,"俗语"常取广义,别称甚多,诸如俗话、俗言、常言、鄙语、俚语、野语、鄙谚、谚语等。它没有严格的概念限定,范围宽泛,包容了各种民间通俗语汇:谚语、歇后语、口头性成语、惯用语、方言词等。在这里,我们所说的俗语,指民间口头上常用的短小定型的形容性短语,如"半斤八两"、"土里土气"、"二百五"、"背黑锅"、"张家长,李家短"、"白刀子进,红刀子出"等。这个概念,不包括在内容和结构上有不同特点的谚语和歇后语;也不包括非短语形式的方言词。

俗语的特点,一是在内容上没有完整的意思,只能在表达上起形容作用,不像谚语、歇后语那样能够传达出某种较独立完整的思想;二是在结构上是不成句的定型短语,它是词的固定组合,在使用上常做句子的某一部分,一般不独立构成句子,而谚语、歇后语是完备的句子形式,这一点也将俗语与方言词区分开来,因为方言词是单词形态,不是短语;三是在风格上通俗易懂,生动活泼。它来自群众口语,像"断编残简"、"浮生若梦"、"擢发难数"这样来自书面语系统的成语,是不会出现在普通群众口头的;它出于民众生活的土壤,用词具有浓郁的生活气息,生动形象,常用比喻、借代、摹状等手法。

俗语的"俗"这个语素,既有"通俗"之义,又具"习俗"内涵。其习俗内涵,或涉民俗心理,如"打肿脸充胖子"、"刀钝怪肉老";或涉民俗惯制,如"换汤不换药"、"哪头炕热往哪头钻"。它"俗"字当头,直接或间接反映着民俗;它浩如烟海,渗透社会生活各个角落。它是民俗语言第一大类。

二、谚语

谚语的源起不晚于俗语,古时常与"俗语"交错混称,如俗话、俗谚、常言、俚谚等。由于概念含混,使用自由,历来界说纷纭。时至当代,谚语的独特概念才日趋明晰,普遍认为,"谚语是民间集体创造、广为口传、言简意赅并较为定型的艺术语句,是民众丰富智慧和普遍经验的规律性总结"。[1] 其内容,富有经验性、哲理性,部分谚条还有阶级性、时代性;其形式,具有口语性、精练性、艺术性,以至民族性;其使用,具有实践性(实用性)、俗传性(群众性)、讽劝性和训诫性。

根据谚语的内容,可将它分为三大类。[2]

(1) 认识自然和总结生产经验的谚语,如"长虫过道,大雨要到","东北有三宝:人参、貂皮、乌拉草","深耪棉花浅耪瓜,不深不浅耪芝麻"。

(2) 认识社会和总结社会活动经验的谚语,如"官不贪财,狗不吃屎","人敬富的,狗咬破的","放虎归山,必有后患"。

(3) 总结一般生活经验的谚语,如"寒从脚起,病从口入","早晨起得早,八十不觉老","吃不穷,喝不穷,算计不到才受穷"。

更为细致的分类,如《中国谚语集成编辑细则》分了八类:时政类、事理类、修养类、社交类、生活类、自然类、生产类、其他。

谚语生动地、大量地反映出民俗的内容,如"三亩好地一头牛,老婆

---

[1] 马学良主编:《中国谚语集成·宁夏卷》总序,中国民间文艺出版社1990年版。
[2] 钟敬文主编:《民间文学概论》,上海文艺出版社1980年版,第314~320页。

孩子热炕头","钱官司,纸道场","女大一,不是妻;女大三,抱金砖","好饭不过高粱酒"等,或直道民俗事象,或寄寓民俗心理,或旁嵌民俗语词,广而囊括社会生活各个侧面。谚海,简直就是俗海。

三、歇后语

歇后语,又称俏皮话,是由喻体、解体连缀而成的较为定型的趣味性语句。喻体为假托语,有比喻、引子的功能,近似谜面;解体为目的语,起说明、注解作用,近似谜底。运用时,借前面的喻体,以引或"歇"后面的解体;通常两体并存,如"外甥打灯笼——照舅(旧)";也可只示喻体,而隐解体,如讲"正月十五贴门神",而隐去"过了时节"。歇后语的解体部分还常借助音同或音近现象,构成谐音双关,如"老鼠啃碟子——满嘴是词(瓷)儿","老太太上鸡窝——笨(奔)蛋"。

歇后语是民间最为喜闻乐见的语言形式之一,它轻松活泼,幽默俏皮,表现了民众旷达乐观的精神风貌。同时由于歇后语大多是群众在比较随便的场合所说的玩笑话,追求心理上的放松和愉悦,往往直言无忌,因而其中有一部分破除了往常的语言忌讳,出现从某个角度看来"庸俗无聊"或在较为正式的社交场合难以启齿的内容,如用人的生理现象或生理缺陷构成的歇后语:"老太太打哈欠——一望无涯(牙)","麻子敲门——坑人到家","放屁扭腰——寸劲儿"。

四、称谓语

称谓语,是说话人在称呼或指代某人时根据双方之间的关系以及对方的身份、职业等因素而对他使用的指称用语,其类别有亲属称谓、人名称谓、职务称谓等。民间称谓使用较多的是亲属称谓与人名称谓。称谓语也可从其他角度予以分类和考察,如从不同的角度可分为面称与背称,自称与他称,敬称、通称与谦称等。一个地方的称谓语系统可以鲜明地反映出此地的社会文化,包括传统习俗、伦理观、价值观、政治背景等。而称谓语的变化,又能及时地体现社会的变革与习俗的演变。

(一)亲属称谓

它是以人们之间的血亲关系和姻亲关系为基础形成的称谓,分为父系称谓、母系称谓、姻系称谓。与其他语言相比,汉语的称谓系统是比较繁复的,而且运用得较为频繁广泛。不仅具有实质的亲属关系的人们之间使用它,而且在非官方的大多数交际场合,人们都习惯于对非亲属关系的社交对象使用亲属称谓,朋友同学之间称兄、弟、师兄、师姐、学兄等,对年龄大的人称爷爷、奶奶、伯父、伯母、叔叔、阿姨。在农村,一个村落的所有人都按亲属关系排定辈分,矮辈(小辈)对高辈(长辈)讲话都要使用亲属称谓作为尊称,否则便被视为无礼。亲属称谓的发达,表现出我国传统文化中有浓重的宗族伦理观念,因而特别注重人际的亲疏长幼关系。

亲属称谓有很强的地域性和时代性。同样的人际关系在不同的地方、不同的时代往往有不同的称谓,并且这种差异往往反映出不同的文化内涵。比如在河北农村,女婿称岳父岳母为"大爷"、"大娘"或"大叔"、"婶子",而媳妇在婆家则随夫称,这种称呼法反映出父系社会的从夫居制度和男女地位的差异;而在北京,女婿对岳父母的面称为"爸"、"妈",是随妻称的,这表示现代社会从夫居的色彩趋于淡化,男女之间较为平等了。再如夫妻之间的面称,老派的夫妻往往没有特定的称呼语,或用"孩子他爸"、"二子他妈"代称,或用"哎"、"喂"、"我说"等称呼;新派的夫妻之间往往直接称名,或称"老王"、"小刘",也有用"亲爱的"等带洋味的爱称的,也有称"老公"、"老婆"的。新旧时代的夫妻称谓代表着不同的观念做派。

(二)人名称谓

现在民间的人名称谓主要有三种形式:小名、大名、绰号。人小时称小名,成年后称大名,非正式场合有时戏称绰号。

小名,又叫乳名、奶名、幼名,是成年以前所用的非正式名称,成年后一般不再使用,但也有在长辈和同辈的口语中沿用的现象。从前民间取乳名常以贱、丑为原则,如以动物为名,如"阿狗"、"狗剩"、"小猪"、"小牛"、"二虎";或以常见的无生物为名,如"石头"、"铁蛋"、"锁柱(与'住'同音)"、"茅缸"、"粪堆"。这样起名的原因是人们认为孩子以这些低贱常见的东西为名好养活,或者不易引起阎王爷的注意。也有用女性化的名称作为男孩乳名的,反映了传统社会中以女性为贱的观念。有的父母希望自己的孩子聪明、漂亮,却给孩子取名为"憨头"、"二呆"、

"小丑",这是反本意而名之。也有不少乳名从正面反映人们的信仰或愿望,如让孩子乳名姓张,即随民间俗神张王爷的姓,以得到他的保佑;[1]或起名为"铁柱"、"有根",是希望孩子将来能顶门立户,家族后继有人;或取名为"招弟"、"换弟",是希望下一个孩子为男孩。近年来随着户口登记制度的实行及文化心理的变化,起乳名的习俗趋于消亡,即使起了乳名也有"叫不起来"的现象,并普遍有以正式名称中的最后一个字的重叠式代替乳名的现象,如大名为"张乐",就呼为"乐乐"。

大名,又称学名,是人在社会上使用的正式名称,过去在人上学时起大名,现在婴儿出生不久即取大名,主要是为孩子上户口。在民间,人们在成年之后互相之间常以大名相称,或在姓前加"老"、"小"作为较随便的称呼,也可取三字姓名中的后两字为称呼以示亲近。传统的大名一般为三字,其中第二字是在家谱中早已定好的,同一宗族的相同辈分的人使用同一个字作为姓名的第二字,这样同族人们的辈分关系在大名中体现得严整有序,听名即知。如今这种取名习俗已难以为继,因为大部分人家的家谱已经失传,并且许多人已不重视辈分字,而只想取新颖好听或能表现某种思想、有较强时代感的名字。

绰号,又叫外号、诨名,指在人的本名之外,他人据其特征为之另起的名号。绰号多含亲昵、憎恶或玩笑的意味。起绰号是中国传统社交的一俗。绰号有恶称也有美称,恶称多以人的生理缺陷或恶劣行径、不良习惯为号,如"二秃子"、"王麻子",或"南霸天"、"张邈遏";美称多以人的相貌优点或好的品行特征为号,如"美髯公"、"李大个儿",或"活菩萨"、"包青天"。小说《水浒传》所写梁山一百零八将,人人都有绰号。这些五花八门的绰号,既揭示了人物的秉性、身世,又展现了宋代的许多民俗风姿。如史进"刺着一身青龙",因号"九纹龙",从而展现了当时的"锦体"之俗;张横在浔阳江剪径谋生,因号"船火儿",由此可窥彼时彼地的"稳善"之风;孙二娘号"母夜叉",阮小七号"活阎罗",以及鲍旭号"丧门神"等等,则通过揭示人物秉性,反射出了当时民间的俗信。

民间称谓除了亲属称谓、人名称谓之外,还有职务称谓、行业称谓等

---

[1] 张王爷,又称张仙,民间信仰中的生育神兼幼儿保护神,持弓挟弹为人驱散灾疫并能打跑吃小儿的天狗,传为蜀地的张远霄或后蜀君主孟昶。

形式。有些地方有用其他名词作为人际称谓的,如吴语区的川沙方言里用"死人"、"浮尸"作为亲昵的称呼,相当于英语里的 My darling 或 My dear。男人之间称"浮尸":"嗨,浮尸,好久没看见,发福啦!"女子之间则称"死人":"啊呀,死人,我一直在找你,有话跟你讲。"[1]

五、流行语

流行语,指在民间流行的反映新近世风的时尚性词语,如"侃大山"、"套磁"、"大款"、"土得掉渣儿"等。流行语中有词、短语,也有熟语化的句子。

流行语是总在急剧变化中的社会潮流和风尚的产物,有着鲜明的时代气息和趋新性。具体的流行语总是属于某个特定的时期,在一段时期内广泛流行,过了一段时间又为新的词语所代替。其使用期一般较短,最短的可为几月,长者几年,十几年,最长不过二三十年。以北京话里表示赞赏的流行语为例:

20 世纪 40 年代流行"帅"、"棒",五六十年代流行"份儿",七八十年代流行"盖了帽了"、"没治了",90 年代又流行"潮"、"野"、"够派"、"真火"、"爽"。

民间流行语通常首先流行于喜欢追新求异的青少年群体,然后逐渐传播到其他年龄层面的社会群体。流行语以方言俗语和当地风土民情为基础,其来源有多种。有的源于隐语甚至黑话,如源于个体户商业隐语的"一分(一元人民币)"、"一张(十元)"、"一颗(一百元)"、"一堆儿(一千元)"、"一方(一万元)",源于流氓团伙黑话的"折了(进公安局了)"、"底儿潮(有前科)"、"放血(用刀捅人)"。[2] 有的源于旧有的方言俗语,如近年流行的"侃",早在元代王实甫的《西厢记》中已有:"你那隔墙酬和都胡侃,证果的是今番这一简"(三本二折[煞尾])。[3] 有的源于文学作品、电影、电视剧或流行歌曲,如"玩心跳"、"过把瘾"、"潇洒

---

[1] 参见卫志强:《川沙方言里男女在语言使用上的某些差别》,载语言应用研究所编:《语言·社会·文化》,语文出版社 1991 年版,第 231 页。

[2] 胡明扬、张莹:《70—80 年代北京青少年流行语》,《语文建设》1990 年第 1 期。

[3] 周一民:《北京现代流行语》前言,北京燕山出版社 1992 年版。

走一回"等。

流行语像一面镜子,及时映照着社会时尚和风习。如产生于改革开放后的社会生活的"傍家儿"一词,意为相好的、情人,本源于近年来盛行的"搓麻运动",按常规"搓麻"要四人参加,多出来的人便"加傍"一方,称为"傍家儿",后来又把"傍大款"的女子称为"傍家儿",最后演化为"情人"之意。"傍家儿"是经济体制改革初期出现的流行语,反映的是社会生活的消极面,随着社会文明的进步,相应的社会现象将会消失或不再这样突出,这个产生于特定时期的流行语也会悄然消失。

第三节 特用型民间熟语

特用型民间熟语,指专用于某种特定的群体或场合的较为定型的词语。它在使用范围上有较强的局限性,但具有特殊的功用,是民间语言中极有特色的组成部分,包括行话、黑话、暗语、吉祥语、忌讳语、咒语、绕口令等。

一、行话

行话,又叫行业语、同行语,是各行业为适应本行特需而创造的专门用语。人们通常所说的行话分为两类:一是行业术语,指行业内部使用的不带保密性的行话,如木匠把刨木工具分为"小刨"、"粗刨"、"双把刨"、"沟刨"、"剜刨"、"钩刨"等;二是行业隐语,指行业内部使用的带有保密性质的行话,如山西南部有一套过去流传下来、现在仍在使用的唢呐艺人的行话,称"吹唢呐"为"熬呼子","脸"为"盘儿","好看"为"亮","富人"为"肥牛","穷人"为"瘦牛","打架"为"扁瓜子","肚子饿"为"仓里空"。[1] 行业术语的产生是由于在全民共同语里找不到相应的表达法,而一旦它被外界所熟知并广泛使用,就成为共同语中的成分,行业内部也无需再为此重造新词,如戏曲行术语"行头";行业隐语的产生是由于行业内部交流的保密性,共同语中本有相应的词语,却另创一套说法,使外人听来不明其意,这种秘密语一旦为外人识破,就要另

---

[1] 潘家懿:《山西晋南的秘密语——"言子话"》,《语言·社会·文化》第141页。

创新的表达法来代替它。我们这里所说的"行话"指"行业术语",而把"行业隐语"归入下文的"暗语"类。

行话的形式可以是上面举出的词或短语,也可以是语句,如脚行抬物时所用行谚"峣峣坡,慢慢梭","丁字拐,二面甩",前者讲如何下坡,后者讲如何转弯,简洁而形象地指挥脚夫们的步调动作。

行话既是民间社会行业习俗的重要组成部分,又反映出各行各业的其他习俗:行规、行帮、技艺、工具等。有些古旧行话,记载了早已消泯的行俗,如"信行靠的两肩驮,报坊靠的一面锣",其中"信行"指旧时民间邮行,"报坊"指旧时向中榜升官者报喜讨钱的民间机构;这些早已失传的邮役、道喜习俗,藏于旧时行话,而依然见于现代谚海之中。

二、黑话与暗语

黑话与暗语,同属隐语或秘密语,只是使用者的性质不同。

黑话,是危害公众利益的盗贼土匪、反动帮会、流氓团伙等黑社会集团所使用的秘密语。它是从使用者活动隐蔽的特点出发,在本集团或同类团伙中约定而成的,对内不对外。旧时我国东北三省的土匪就有成套的黑话,如见面问贵姓称"报报蔓",答姓王为"虎头蔓",姓刘为"顺水蔓";入伙称"挂柱",退伙称"拔香头子",抓人质称"绑票",等等。近年北京有非法倒卖外汇的团伙,其内部有成套的黑话,如"切汇",指在外汇交易中,从对方应得的款项中扣下一部分钱,"面瓜"指换汇的生手,"油子"指换汇有经验的主顾,"醒"指"抽张"时主顾发觉了,"炸"指主顾急眼、发作起来,"雷子"指警察、公安人员。[1]

暗语,指某些社会群体、行业集团或秘密组织出于隐蔽行为的特需而约定的秘密交际语。它的使用者不是黑话流行的黑社会,而是违法犯罪团伙之外的各种群体。过去革命党常用暗语作为接头时辨认对方的手段。民间也有接头暗语,但较简单,通常为一两个词语或短句。如男女约会,一问"几时",一答"鸡不叫";再问"哪",答"无脚楼";双方即知"半夜"去"船上"赴约。在民间的社会生活中,暗语常被用作在某些场

---

[1] 周一民:《北京现代流行语》,北京燕山出版社1992年版。

合有共同利益的双方悄悄交流信息的手段,如打牌时的对家、打麻将时的同伙,用暗语告知对方自己有什么牌,或需要什么牌。暗语在行业集团内部有较为广泛而显著的功用。同行人经常需要在外人面前隐秘地交流意见,以维护经济利益,于是就约定暗语。拿从一到十的数字来说,各行业有许多不同的隐语表示法。广东佛山的理发业有一首隐语歌,巧妙地暗示出十个数目:"百万军中无白旗(一),夫子无人问仲尼(二),霸王失了擎天柱(三),骂到将军无马骑(四),吾今不用多开口(五),滚滚江河脱水衣(六),皂子时常挂了白(七),分瓜不用把刀持(八),丸中失去灵丹药(九),千里送君终一离(十)。"[1]有些行业群体的暗语还能形成一个繁复的体系,山西理发社群的行业暗语在这方面很有代表性。据调查,直到20世纪50年代,山西的理发从业人员多来自本省南长子县,形成一个有排外性的同乡行帮,而行业暗语在其中占有很重要的地位,它不仅是同行之间秘密交流意见的工具,而且还是正规从师学过艺的标志,因而学习行话成为学徒的一门正式的初级功课。其行话涉及理发的各环节和各种工具名称,以及各类主顾身份的表示法,甚至日常生活中饮食、服装、居住等方面的常用语也有相应的暗语。比如"苗儿"指头发,"磨茬儿"指理发,"扯茬儿"指剃光头,"清儿"指剃头刀,"水条儿"指湿毛巾,"总份儿"指掌柜的,"泥捏的"指官吏,"水上漂"指茶叶,"臭窑儿"指厕所。[2]

　　黑话与暗语有一个共同的别称:切口。它是过去创制秘密语的主要方法之一,是用语音的反切构成隐语。如把"伙计"说成"胡果古诣",即"胡果"拼为"伙","古诣"拼为"计"。还有更为婉曲的反切语,如把"伙计"说成"果胡诣古",切音时先要把"果胡"倒为"胡果"再反切,把"诣古"倒成"古诣"再反切。[3]

三、吉祥语

　　吉祥语,又称"吉利话"、"口彩",是民间在逢年过节、结婚祝寿、乔迁

---

[1] 刘志文主编:《广东民俗大观》,广东旅游出版社1993年版,第41页。
[2] 侯精一:《山西理发社群行话的研究报告》,《中国语文》1988年第2期。
[3] 刘志文主编:《广东民俗大观》,广东旅游出版社1993年版,第64页。

开张等喜庆日子或隆重场合使用的,认为能给人带来好运的词语,如过年时张贴"福"以图吉利,或将"福"字倒贴以讨"福到了"的口彩。吉祥语表达了民众对美好富足生活的希望和祈求,并为节日庆典增添了喜庆气氛。

吉祥语的形式有语素或词、短语、句子等。常用的吉祥语素或吉祥词如"福"、"禄"、"寿"、"喜"、"财"、"吉",它们可单独张贴,也可与其他语言成分组成吉祥词语,如带"喜"字的"喜酒"、"喜烟"、"有喜"、"抬头见喜"、"双喜临门"等。定型的吉祥短语中以四字格居多,如"吉祥如意"、"恭喜发财"、"招财进宝"、"开门大吉"、"寿比南山"、"福如东海"等。句子形式的,如"一把栗子一把枣,小的跟着大的跑",是在结婚场合,边撒栗子、枣、花生时边说的,取"早立子"、"花着生"(男女孩双全)之意。

吉祥语的运用,可以采取直接张贴或说出的方式,也可采取以实物或图画形象谐音的方式。实物方式,如以实物的橘子、筷子、生菜、石榴象征"吉利"、"快子"、"生财"、"多子(籽)"的祝愿。图画方式,比如清代瓷画上出现的图案,有"五福捧寿图":画四只蝙蝠环绕寿桃,寿桃上又有一只蝙蝠;有"报喜图":画一只豹子一只喜鹊;有"喜上眉梢图":画梅花梢头站一只喜鹊。[1]

民间吉祥语丰富多彩,并与各地节庆民俗活动融汇在一起,其历史由来已久,且方兴未艾。至于这种语俗的形成原因,则可追溯到古代的语言灵力信仰和语言巫术。

四、忌讳语

由于风习、俗信或个人缘由,某些言语被认为不吉祥或不体面,而代之以别的话语,经久成习,便为忌讳语。它包括两方面的内容:一是禁止说出的词语,二是替代性说法,即委婉语。

根据忌讳现象产生的心理原因和忌讳的内容,可把忌讳语分为三类。

(一)对畏惧事物的忌讳

人们普遍畏惧疾病、贫穷、灾祸、死亡等,因而认为直述这些事物的

---

[1] 李炳泽:《吉利话》,河北人民出版社1997年版,第47页。

词语是不吉利的,当作禁忌语,需要表达这些概念时就用其他委婉语词来替代。如对"死",民间有多种替代语:"老了"、"不在了"、"过去了"、"走了"、"升天了"、"进土了"、"没了"等。船家忌"翻"而称"帆"为"篷",商家忌"折本"、"折财"的"折",进而忌"舌",把"猪舌"称作"猪招财",把"牛舌"说成"牛招财"。

(二)对敬重事物的忌讳

出于敬重,人们对神灵、图腾、祖先、长辈等的名字或其他有关的事物不直接说出,而是采用委婉说法以避讳。

早期的人类和现在的某些民族认为名字是人本身的一个重要部分,是与肉体、灵魂三位一体的。叫名字就等于叫灵魂,就有灵魂出窍的危险。所以原始人把自己的名字看得特别珍贵,轻易不肯告诉别人,特别是不能让敌人知道。《西游记》第三十四、三十五回写孙悟空在妖魔叫"者行孙"时贸然答应,被吸进了宝葫芦,即是名字与灵魂合一观念的体现。《礼记·内则》记载了父亲为孩子取名之后,要把名字连同生辰写好藏起来的习俗。由于有这样的观念,古来即有对名字的忌讳。古人在名之外要取字或别号,通常称字称号不称名。如今对名字的神秘观念已经淡化,但对于祖先和长辈的名字仍不能随便说出,而要代之以亲属称谓等,已成为一种礼貌。也有些地方的习俗,以称呼成年男子的姓名为礼貌,而以其乳名为忌讳(父母及长辈亲属除外),但这些地方也并存着不能直呼长辈名字的习俗。

一些民族奉某种动物为自己的祖先,这些图腾的名称是不能直呼的,而要以带崇奉意味的亲属称谓来替代。鄂伦春人与鄂温克人皆尊奉熊图腾,前者称公熊和母熊为"雅亚"(祖父)、"太贴"(祖母),后者称"合克"(祖父)、"额我"(祖母)。黎族人则禁止直呼猫名,而以"猫祖父"、"猫祖母"代之。[1] 除图腾崇拜外,其他形式的动物崇拜也忌讳直呼其名,如称老虎为"大虫"、"山大王",称狐狸为"狐仙"、"大仙"、"仙姑"、"花老太"等,对这种动物一般是由畏而敬,进而产生忌讳。

有些地方或行业有植物崇拜,对植物的本名也是忌讳的。如采菇人

---

[1] 宋全:《少数民族民间禁忌》,中央民族大学出版社 1994 年版,第 73 页。

称香菇为"香老",挖参人称人参为"棒槌",伐木工称坟地上的树为"祖宗树"或"阴阳树",庙宇、祠堂的树为"风水树"或"神灵树",屯口路边的树为"保佑树",都是不许砍伐的。[1]

不仅崇拜对象的本名不能直称,与之有关的其他事情的说法也是有讲究的。买财神像不能说"买",要说"请";卖者不能说"卖",要说"送"。鄂温克人打熊不能说"打熊",要说"我们去做客",猎枪不能叫"枪",要说"吹火筒",打死熊,不能说"熊死了",要说"熊睡了"。[2]

(三)对嫌恶或不体面的事物的忌讳

人或动物的某些生理器官、排泄行为、排泄物、排泄场所的名称,易引起不洁的联想,人们认为这些直露的词语是"脏词",持嫌恶态度,而以委婉语代替,如称鸡尾股为"鸡后",称厕所为"1号"、"洗手间",称上厕所为"方便"、"大号"、"小号"。与性有关的器官、行为的名称,人们认为直说出来是有失体面的,也用各种委婉语来代替。

有关人的生理缺陷的词语,也是为当事者所嫌恶的,也要代以委婉语,所谓"当着矬人不说矮话"。如称瘸、瞎为"腿脚不方便"、"眼睛不好使",胖叫"富态",瘦叫"苗条"等。

五、咒语

咒语,指僧、道、方士、巫师等所用法术口诀或套语。它是原始人对语言神秘力量的信仰的延伸和发展,妄称"神灵的语言",有通神、降妖、克敌、祛邪、治病以至赐福之功。咒语多由施术者在迷信活动中念诵或哼唱,有意让人似懂非懂,常笼罩着玄妙莫测的神秘色彩。施术者还用红或黑笔在黄纸上画似字非字的图形,称符箓,常作为咒语的伴随物。

根据咒语的内容和功用,可将咒语分为两类:一是善意的祝辞,通过念诵口诀来为自己或他人祈福避邪,消弭灾祸。如《礼记·郊特牲》记载的农事咒:"土反其宅,水归其壑,昆虫毋作,草木归其泽。"民间过年送财神时念诵:"财门大打开,财气四方来。日进千家宝,月招万里财",是希望以语言通达财神,使自家财运亨通。义和团拳民冲向敌阵时,当

---

[1] 陈来生:《无形的锁链——神秘的中国禁忌文化》,上海三联书店1993年版,第191页。
[2] 陈来生:《无形的锁链——神秘的中国禁忌文化》,上海三联书店1993年版,第189页。

胸贴符咒"我为冷云佛,火神在前,太上老君在后",口中念念有词,意在招来神助,以保刀枪不入,同时也为自己树威壮胆。另一类咒语是恶意的诅辞,通过念诵口诀降灾祸于仇敌,加害于人。如咒仇家"红炮子穿心","沟死沟埋,路死路埋"。据《隋书·庶人秀》记载,太子杨广为了陷害蜀王杨秀,在华山下埋两个木偶人,上面分别写上隋文帝杨坚与皇子杨谅的名字,并附咒语,然后向杨坚诬告此事是杨秀所为,杨秀因此被贬为庶人。诅咒杨谅的咒语是:"请西岳华山慈父圣母,神兵九亿万骑,收杨谅魂神,闭在华山下,勿令散荡。"[1]

现在随着科学技术的进步和原始信仰的淡化以至消失,咒语已很少有用武之地。运用广泛的是祝愿语与咒骂语,它们发源于原始的语言法术,但已无原始信仰的神秘色彩,只是用语言来表达美好愿望或发泄怨怒的方式,超出了咒语范围。

六、绕口令

绕口令,又称拗口令、急口令,是用声、韵、调极易混同的字交叉重叠编成句子,要求一口气急速念出的游戏语。如流行在山西忻州的一首绕口令:"董村有个孙粗腿,孙村有个董腿粗,董村的孙粗腿和孙村的董腿粗比腿粗,到底看谁腿粗。"[2] 其中,"董"、"孙"、"村"是同韵词(在山西忻州方言中,"董"音[tuəy],"孙"音[suəy],"村"音[ts'uəy]),"村"与"粗"是声母相同的词,"粗腿"与"腿粗"语序颠倒,这些词语在绕口令中反复交错出现,读来十分拗口,很容易出错。再如流传在山西大同地区的一首绕口令:"红凤凰,粉凤凰,粉红凤凰黄凤凰,粉凤凰,黄凤凰,粉黄凤凰红凤凰。"[3] 念来也饶有趣味。

绕口令在民间很受孩子们欢迎,它可使儿童练习发音,锻炼说话能力,在念的过程中往往由于念错而哈哈大笑,构成民间生活中很有情趣的一幕。

---

[1] 刘晓明:《中国符咒文化大观》,百花洲文艺出版社 1995 年版,第 565 页。
[2] 温端政:《忻州方言志》,语文出版社 1985 年版,第 141 页。
[3] 马文忠、梁述中:《大同方言志》,语文出版社 1986 年版,第 117 页。

第十二章 民间艺术

民间艺术是在社会中、下层民众中广泛流行的音乐、舞蹈、美术、戏曲等艺术创造活动。中国地域辽阔、人口众多,不同地区、不同民族的广大民众,在漫长的历史发展过程中创造出多种多样、异彩纷呈的民间艺术,为丰富和发展中国文化作出了巨大的贡献。

民间艺术是各种民俗活动的形象载体,其本身便是复杂纷纭的民俗事象。各种民间艺术都有自身古老的传承渊源。在社会发生阶级分化以前,原始的艺术是全民性的艺术。在长期的生产劳动实践中,先民掌握了韵律、节奏、对称、均衡等艺术形式美的规律,产生了艺术审美的形式感。生产劳动是原始艺术最基本的题材和内容,艺术创造活动与生产劳动实践紧密地联系在一起,或者就是生产劳动实践不可缺少的组成部分。物质生产是艺术发生的主要动因。

艺术发生与物质生产有着十分密切的关系,人类的精神生产对于艺术的发生也具有重要的意义。巫术和原始宗教活动往往结合艺术的创造,音乐、舞蹈和美术往往成为巫术和原始宗教活动的重要表现方式,或成为实现巫术和原始宗教活动的重要手段。这种艺术发生于原始人物质生产和精神生产的事实,使民间艺术与物质生产和原始信仰有着难以分割的联系。

进入阶级社会以后,艺术逐渐脱离了物质生产和巫术、宗教等活动,成为社会生活中的一个独立部门,同时有了社会上层艺术与民间艺术的区别。如同社会上层的艺术随着时代的发展而不断变化一样,民间艺术也在沿着自己的道路前进。各种民间音乐、民间舞蹈、民间美术和民间戏曲,继续在物质生产劳动中,在饮食、服饰与居住等日常生活中,在岁时节日、人生仪礼和民间信仰活动中发挥着不可替代的作用。直到现在,民间艺术还以其深蕴的文化传统,吸引着许多艺术专门家,并受到他们的重视与珍爱。

下面，对几种主要的民间艺术分别加以介绍。

第一节　民　间　音　乐

民间音乐，由广大民众自己创造、并广泛传播于民间。民间歌曲、民间歌舞、说唱、戏曲、民间器乐等在内的诸类音乐，统称民间音乐。

民间音乐与宗教祭祀音乐、宫廷音乐、文人雅士音乐共同构成中国传统音乐。四类音乐有密切的内在联系，但在传播环境范围、社会阶层及社会功用方面有诸多区别。宗教祭祀音乐多见于寺庙道观间，文人雅士之乐限于书斋雅集内，宫廷音乐演播于皇宫宴飨，庆典，祭祀祖宗活动中。而民间音乐从它萌发之时就拥有极其广阔的传播天地：从农、牧、渔业体力劳作到婚、丧、喜、庆诸种礼俗；从山乡田野到城镇舞台；从农、牧、渔民到市民等社会阶层，都有它的传播场所。就相互关系而言，民间音乐历来是其他三类音乐的来源和基础。

民间音乐是一种口耳相传的艺术。在口耳相传中，它又以不断的变异求新保持其绵延不绝的生命力。那些历代不见经传的歌手、乐手、常常随兴所至，尽情发挥，留下他们美妙的乐思。古人或者称它们是"风"，或谓之"天籁"，以此赞誉它天然无饰的特色。

民间音乐是功能性很强的艺术。在有些场合，它纯粹是"自娱"的，创作、表演、欣赏者三位一体，自我娱乐、自我陶冶；在另一些场景，它转为"娱人"，由一些职业、半职业艺人参与表演，听众通过他们的表演而获得美感、受到熏陶；有些民间音乐体裁可以起到组织劳动、把握节奏、调节情绪的作用（如劳动号子）；有些则与民俗活动相结合，体现出民间习俗的某些规程（如哭嫁、哭丧）；有的用来抒发情爱；有的用于叙述历史，发挥"移风易俗"、"陶冶情性"的社会功能。总之，在适应不同的社会生活、民众心理的需求过程中，不同的民间音乐体裁担负了各自的特殊功用。

在数千年的积累和发展过程中，中国各民族的民间音乐先后形成了民歌、歌舞、说唱、戏曲、器乐等五大门类。它们各有其产生、流行的社会、历史环境，也有各具特色的体裁类别特征，更有内部的分类系统。

一、民间歌曲

在五大门类中,由唱词(文学)和曲调(音乐)相结合而构成的民歌,历史最为久远。从远古直到近代,民歌伴随着民众经历了人类社会的每个历史阶段,所以,马克思称它是各民族的"编年史"。

在不同的环境和生产方式的影响下,民歌在传播中形成了一系列体裁形式。其中主要有"号子"、"山歌"、"田歌"、"小调"四大类。"号子"产生并使用于各种集体劳动场合,如搬运、建筑、打渔、行船、农事、伐木、放排、拉纤等。号子的唱词,有历史传说、人物故事,也有即兴编就的生活内容。同时加入大量的虚词衬字,使音乐具有强烈的节奏感。号子的曲调,受到劳动的方式、节奏、速度的支配,大多具有鲜明、激奋、简洁的风格特征。古人云:"今夫举大木者,前呼'邪许',后亦应之,此举重劝力之歌也。"这是古代的抬木头号子。"举重劝力"一语,精辟地概括了劳动号子的特殊功能。事实上,任何一种号子,都具有统一劳动节奏,协调劳动动作,鼓动劳动者情绪的作用。在歌唱方式上,号子大多采用"一领众合"(或"众领众合")形式,由此形成此起彼伏,交错重叠的歌唱。如依劳动环境划分,号子可以分成:海洋号子、江河号子、森林号子、建筑号子、码头号子、农事号子、工矿号子等。如依劳动者的身份及劳动方式、工具划分,则可分作:渔民号子、船工号子、夯号、喊号、榫枷号、挖煤号、推大车号、伐木号、放排号等。几乎每一种集体协作的劳动都离不开"号子"相助。

山歌,即山野之歌。它的传播环境主要是山区、高原及草原,也在劳动生活中咏唱,多出现在砍柴、放牧、赶路之类个体劳动生活中。由于不受特定劳动节奏的制约,山歌具有悠长、自由、奔放的体裁特征。歌者兴起而歌、兴尽而止,表现出极大的随意性。山歌体裁依劳动场合可分作农歌、牧歌、渔歌、樵歌、茶歌、赶脚歌等;如依唱法可分作高腔、平腔、矮腔等。流行于北方草原的牧歌,虽然环境不同,功用亦异,但在音乐性格上与山歌并无二致,故它也归属于山歌体裁。山歌体裁的最突出的特征是它鲜明的地域性。每一个具有相对独立性的高原山地几乎都有它们代表性的山歌歌种,如陕北有"信天游",晋西北有"山曲""烂席片",内蒙古西部有"爬山调",甘、青、宁交界处有"花儿",陕南有"茅歌子""通山歌",川北有"揹二歌",川南有"神歌",大别山区有"挣颈红""慢赶牛",粤、闽、赣交汇处有"客家山歌"等。西南各少数民族地区有"飞歌"(苗)、"大歌"(侗、布依)、"欢"、"比"(壮、毛南)等,皆采用二声部形态,但仍保持着山歌的民族地域特色。

田歌,是流传于长江、汉水流域广大稻作区的一种特殊的民歌体裁。在整体特征方面,它介于号子与山歌之间。即在歌唱形式上,它运用"领合"手段,但音乐性格却十分自由,不受种田劳动动作的制约。歌者不参与劳动,常常站在地头田边,一面敲锣打鼓,一面分节而歌,成为一种半职业性的歌手。由于这些属性,田歌体裁内的各"歌种"常以"薅草锣鼓"、"车水锣鼓"、"锄山鼓"、"扯草歌"、"耥稻歌"等统称之。如果要强调地域性,则再加上地名,如"青浦田歌"、"长阳薅草锣鼓"、"远安花锣鼓"等。在体式方面,号子、山歌多为短歌,二句、四句即可成篇,分节咏唱。而田歌的功用,是从早到晚一直与田间劳动相伴,其篇幅长大,一般用"套曲"结构。一套"锣鼓"有时可以包括十几段乃至几十段,咏唱时间可以长达一两小时。至于歌唱内容,则也由于结构体式而变得十分广泛。传说、历史故事、人物传记均可入篇。20世纪60年代在湖北长阳采录的"薅草锣鼓",共包括27首曲牌,演唱时间长达60分钟。

小调,与上述三种体裁不同,是一种完全脱离了劳动,而主要在城镇市民社会生活中流传的民歌。而且,它也不再完全是"自娱"的艺术,常常由职业、半职业歌者在茶楼、酒肆、书场等处向听众演唱。正是由于环境、功能的改变,小调在艺术上有明显的加工修饰痕迹,追求结构的匀整对称、旋律的婉转典雅和内容的世俗情调。在形式上,分节歌唱的现象十分普遍,常见的有"五更"、"四季"、"十二月"、"对花"、"绣荷包"、"放风筝"、"踏走"、"观灯"等体式。另有一些则是明清俗曲的遗绪,如"泗州调"、"湖广调"、"耍孩儿"、"寄生草"、"银纽丝"、"铺地景"等。它们借职业歌手或水陆交通散播于全国各地,并同各地的方言习俗相结合,形成不同的变体。同一首"茉莉花"、"孟姜女"、"绣荷包",可以有十几种乃至几十种变体。同一首"五更调"可以演变为"盼五更"、"相思五更"、"五更鼓"、"叹五更"、"五更鸟"等。这是小调体裁流传变化的一个突出特征。

民间歌曲与自然、历史、社会及劳动、民间礼仪、爱情生活的广泛联系,使它成为包容广大的大众社会"百科全书";它在艺术表现上所积累的一系列简洁、精练的手法,给其他各类音乐以丰润的滋养;它所体现的中华民族审美原则和思维逻辑,也成为传统艺术理论遗产的瑰宝。所以,有人将民歌比作音乐文化的"母亲",有人赞誉它为民间艺术的"晶体"。

二、民间歌舞

民间歌曲与舞蹈相结合,构成"民间歌舞"。这种由歌、舞、乐相互交融的艺术形式同样经历了漫长岁月的发展。远古时代著名的"六代乐舞",一向被视为歌舞艺术的滥觞。汉唐以降,它又广泛使用于宫廷宴飨、庆典活动。与此同时,以社会底层为土壤的民间歌舞,也在始终不断地开拓着自己的发展天地。特别是明、清以来,在节日喜庆活动中形成的各地各族民间歌舞,更是丰富多彩,久盛不衰。

中国各族的民间歌舞,大多是载歌载舞,歌舞并重。例如,遍布汉民族各居住地区的"秧歌"、"灯调",藏族的"堆谢"、"囊玛"、"弦子",蒙古族的"安代",土族的"安召",彝族的"高斯比",朝鲜族的"长鼓舞",高山族的"杵舞",瑶族的"长鼓舞",壮族的"蜂鼓舞",傣族的"象脚鼓舞",景颇族的"刀舞",都具有各自的深厚传统和艺术特色。其中,歌(音乐)作为一个有机组成部分,常常起到强化这种传统和特色的作用。它是伴随着特定的舞蹈发展起来的,因此具有一定的依附性。一些依附性较强的音乐往往变成"专曲专用",很难将它们与舞蹈分开。但另一类音乐是可以"变通"使用的,即根据舞蹈的需要,套用一首或多首民歌,使之入舞。如果歌舞内容有所改变,则可以另外选择新曲。这在民间歌舞的表演活动中,是相当普遍的。

三、民间器乐

民间器乐,即用民间乐器演奏的音乐。它是民间音乐中唯一不直接与文学(唱的)相结合,仅通过乐器作为演奏工具构成的特殊类别。

民间器乐广泛应用于民间生活。新年和节日民众敲锣打鼓以示庆贺;在婚礼和祝寿以及丧葬仪式上,人们都要演奏各种器乐来抒发欢乐或悲痛之情。在各种民间信仰和宗教活动中,器乐演奏也必不可少。

中国的传统乐器,如果从近年在河南舞阳贾湖村发掘的骨笛铙算起,已有近八千年的历史。在如此漫长的年代中,曾经使用过及现在还存留的各民族乐器,有四五百种。这些乐器中,既有中华本土创造的,如琴、筝、瑟、笙、阮、钟、磬、铙等;也有由外域传入后经历代艺术家加工创造而中国化的乐器,如琵琶、筚篥等。经过千百年的实践,民间器乐终于形成了吹、打、拉、弹四个大类。吹奏乐器如笙、管、唢呐、笛、箫、埙、巴乌、喉管、葫芦丝。打击乐器如鼓、锣、钹、板、钟、磬等。拉弦乐器如二胡、板胡、京胡、马胡、坠胡、四胡、高胡、马头琴、艾捷克、萨它尔、牛腿琴等。弹拨乐器如筝、琴、琵琶、扬琴、柳琴、阮、月琴、三弦、热瓦甫、冬不拉、弹拨尔、考姆兹、扎木聂等。另有介于吹、弹之间的各种"口弦"。这些乐器,可以进行各种不同的组合,并形成各类不同规模的民间乐队。

民间器乐的表现形式,可以分成独奏和合奏两种。独奏形式大多是自娱性的,即自己演奏、自我消遣。合奏形式用途则十分广阔,常见的有三种。一种是为婚、丧、节日喜庆活动助兴。如丧葬过程中的笙管演奏(以管子为主),婚礼过程中的鼓吹乐(以唢呐为主)等。它们具有很强的地域性,并已成为婚、丧礼俗的不可或缺的部分,二者相互融合,形成特定的程序和仪规。另一种是为曲艺、戏曲伴奏的乐队。曲艺的伴奏乐队较单一,仅二三件乐器即可。如"京韵大鼓"用三弦、四胡和一面书鼓,"评弹"用琵琶和小三弦。戏曲乐队较为复杂,必须包括"文"、"武"两个乐队:"文场"有拉弦、弹拨、吹管乐器;"武场"须有锣、鼓(板)、钹等打击乐器。二者各尽其能,各具特色,为推进戏曲内容的矛盾冲突,发挥着各自的功能。第三种是"雅集"型乐队。即没有特别明确的功利目的,只是同好间自愿结合,在茶馆酒楼或家中作不定期的演奏。

由于乐队组合、传承曲目、演奏风格及社会功用的差异,民间器乐艺术逐渐形成了许多有地方特色的"乐种"。这些乐种不仅有相对稳定、代代传承的乐社组织,同时还有各自的代表性曲目及较固定的传播范围,集中地反映出某种民间器乐所达到的艺术水准。各地区具代表性的"乐种",有"苏南十番锣鼓"、"浙东锣鼓"、"潮州锣鼓"、"弦特"、"客家汉乐"、"山西八大套"、"冀中笙管乐"、"辽南鼓吹"、"鲁西南鼓吹"、"福建南音"、"西安鼓乐"、"广东音乐"、"江南丝竹"等。

此外，民间器乐中许多乐曲都有与内容相关的标题，如《十面埋伏》和《大浪淘沙》(琵琶)、《百鸟朝凤》(唢呐)、《高山流水》(古筝)、《雨打芭蕉》(广东音乐)等，这些标题形象地表现出乐曲内容，并给人以艺术想象的余地。

四、民间说唱音乐

与上述三类音乐艺术相比，民间说唱具有更多的综合性。它融文学（说、念白）、音乐（唱腔、伴奏）、戏剧（表情、动作）于一体，"讲述故事、描写人物、状物写景、抒发感情"，成为一种独具中国传统文化特色的民间艺术。

在民间说唱中，音乐居于最重要的地位。除了少数以"说"为基本表达手段的曲种外，绝大多数曲种都离不开音乐。从唱腔、伴奏到念白，借助音乐的各种手法，完成故事叙述和人物塑造。在数百年的实践中，民间说唱音乐，同样形成了自身的分类体系和丰富多样的风格特色。

从基本表现手段的角度，一般分为以说为主和以唱为主两个大类。在以唱为主的曲种中又依伴奏乐器、唱腔结构、表演方法、民族、地域等因素分成若干类。以下是各大类的归属状况：

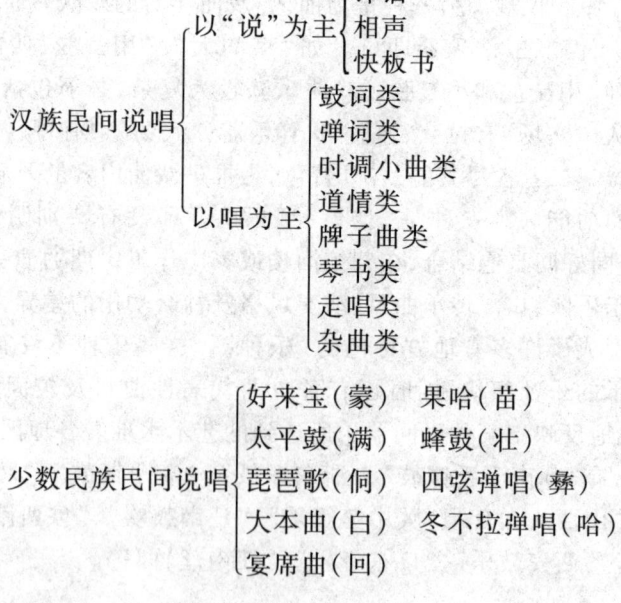

民间说唱音乐的结构,可以分成三大类,即曲牌体、板腔体和单曲体。每个曲种基本采用一种结构原则。但有时也根据表现的需要,而辅以另外的结构方法。所谓曲牌体,即指由一个个相对独立的曲牌联套而成的唱腔体系。在一般情形下,开头、结尾处称"曲头"、"曲尾",中间部分(也是唱腔的主体),则灵活使用若干曲牌。曲牌的选择,主要是依据唱说的内容和感情的需要而定。在民间艺人的安排下,这些各具个性的曲牌音乐往往能联成一体,集中表现唱段的主题。采用曲牌体的代表性曲种,主要有"单弦"、"四川清音"、"大调曲子"、"扬州清曲"、"天津时调"等。所谓板腔体,即指以一个"基本腔"为基础作板眼变化的唱腔体系。大多数"板腔体"的基本唱腔,由一对上、下句构成,然后作"板"(节拍)的扩展或紧缩。基本板有一板三眼、一板一眼、有板无眼、散唱等。与曲牌体相比,板腔体的音乐更具有动力性和对比性,因而也更具有戏剧性。采用板腔体的曲种有"京韵大鼓"、"梅花大鼓"、"西河大鼓"、"山东大鼓"、"河南坠子"、"广东南音"等。单曲体也称基本曲调反复结构,即从头到尾仅使用一个曲调。而实际上,每次反复都可能因唱词、情绪的变化而有所不同。广西"渔鼓"、安徽"四句推子"皆采用这种结构。

民间说唱的另一突出特征是它的专业化趋向。民间说唱的从艺者大半是职业或半职业的民间艺术家,他们的表演活动主要在专门场合(舞台、书场、堂会)进行。从而一般民间音乐的即兴性、随意性特点相对减弱,而规范性、程式性及艺术表现的稳定性却随之加强。

专业化趋向带来的另一个结果是流派纷呈。在专业性的传承过程中,各曲种的风格特色日趋稳定而鲜明,民间艺人往往在保持本曲种特色的同时,根据个人的条件及审美情趣,去开掘该曲种音乐的新的层面,于是便自然地出现了同一曲种呈现诸多流派的艺术现象。同为"苏州弹词",在长期的表演实践中,形成"马调"、"蒋调"、"琴调"、"丽调"、"徐调"、"侯调"等十余个流派。同是"京韵大鼓",20世纪先后出现了刘(宝全)、张(小轩)、白(云鹏)及其后的"小白"(凤鸣)和"骆"(玉笙)等派别,充分反映出民间说唱音乐的多样化的发展态势。

五、民间戏曲音乐

民间戏曲音乐,即中国传统戏曲中的唱腔和伴奏音乐。在中国民间音乐艺术的历史发展中,戏曲代表了它的最高阶段。这是因为这一品种是文学、音乐、舞蹈、杂技、武术、美术等类别高度融合的产物。从原始乐舞中的歌、舞简单混合到宋元以来以诗、歌、舞为代表的各门艺术的高度综合,经历了数千年的历史。而在这个综合过程中,音乐始终占有突出的位置,并发挥了最重要的作用。在民间戏曲中,唱腔、伴奏音乐不仅是塑造人物、推动情节的主要手段,而且还是区别不同地方剧种、声腔的根本标志。戏曲如果脱离了音乐,它的中国化的特色也就不复存在。当然,戏曲音乐的产生、形成,又同民歌、歌舞、说唱、器乐有十分密切的关系,绝大多数地方戏音乐几乎都源于上述几类体裁的民间音乐,所以说,民歌等是戏曲音乐的源头和基础,而戏曲音乐则是它们的合理的继承和新的综合发展。

第二节 民间舞蹈

舞蹈艺术伴随着人类历史的发生而起。从人类的童年开始,它便是氏族和部落不可或缺的集群活动。在长期的社会发展过程中,舞蹈艺术得到逐步完善与发展。

民间舞蹈,属于大众"自娱性"的艺术,在舞蹈艺术中所占比重最大。它与宫廷贵族所欣赏的乐舞以及现代舞台上属"表演性"的舞蹈相比较,随意性强,它在自娱中体现人类的自我生命价值,沟通人际间的纯真情感。它表演时可以不受场地、人数、乃至礼数的局限与束缚,以民众的审美习性即兴发挥,自由活泼地抒发内心的喜悦,表现出毫无矫揉造作的潇洒气度,这正是它具有强大生命力并得以传承延续的原因。

千百年来,人们对于舞蹈艺术不仅喜闻乐见,而且更重要的是自身参与,通过连贯的人体动态,传达丰富的心理情感,涵盖人与人、人与自然、人与社会之间的纷繁复杂关系,表达出人们的欲望、意志与理想。

研究中国民间舞蹈,应了解它产生的文化背景,舞蹈的分布概貌,在特定的生态环境中所形成的表现特征,它的社会功能,以及人们对这一形体艺术在审美上,人的情感宣泄上的需求。

一、民间舞蹈的产生背景

汉族占中国人口的90%以上，主要生活在以黄河、长江为中心的农业文化区内。对以农为业的民族来说最重要的莫过于农业丰收。传统的心理机制及农业劳动的习惯性生理动态，自然地映射在舞蹈艺术之中。汉族民间舞蹈多俯首弯腰、含胸屈膝，重下肢动律，动作幅度小；手指与手腕的动作灵巧，眼神含蓄内在；感情深沉，具有东方农业舞蹈文化的特征。汉族民众中广泛流行的民间舞蹈"秧歌"、"花鼓"和"花灯"，与广泛种植水稻的农业生产相关。

汉族舞蹈中，有关"扭"的动律来源，主要有以下三种说法。有的说，人们在行距齐整的稻田中劳作，绕着秧苗右上左下地呈规律性地走"十字步"，在蹚水时，因避免踩伤秧苗及防止泥水溅身而必须贴着地面走。民间舞蹈模拟这一动态，脚踏右上左下的十字步时，腰与胯很自然地出现"扭"的动律。也有人说"扭"是因为人踩着高跷容易跌倒，踩跷的脚必须前后左右来回挪动，再配合胳膊的前后甩摆才可稳住身体的重心、保持平衡。一旦去掉木跷，脚踏在地面重复此动作时，就是地道的秧歌中的"扭"。在流传秧歌的河北、东北、陕北以及流传花灯的云南等广大民间，则流传说"扭"与以前妇女缠足相关。一双"三寸金莲"，要负荷起成人的体重，只有不停地挪动两只脚，以保持重心，小脚在艰难的左右前后挪动中，呈现出送腰出胯、款款移步的"扭"态。

由于两千多年封建统治的影响，以往人们受到"好男不玩灯，好女不看灯"的礼教约束，妇女更是为封建意识所制约，很少出现在大庭广众之间。民间舞蹈中的旦角是由男扮女装。封建统治者对民间舞蹈的偏见由来已久。然而民间舞蹈在封建意识的压制下自强不息，流传不衰。它不仅使人们享受美感，自身参与时还可一展情怀。民间舞蹈没有全都受封建意识拘泥刻板的影响，它顽强地表达出人们追求生存、渴望幸福的意愿，充分体现来自生活底层的内在意蕴、民族的纯朴精神，人们在舞蹈表演中显得自由洒脱、生机勃勃。

二、民间舞蹈的分布

汉族民间舞蹈受地域、气候等诸多因素的影响，形成南方与北方不同的风貌,南北又因自然生态的迥异而出现种种繁复的现象。南方有花鼓、花灯、采茶;北方有以四大秧歌为主的各路秧歌。

(一)花鼓、花灯与采茶

具有江南风采的各类花鼓、花灯与采茶,同北方的秧歌原本是同出一辙而分道扬镳的。花鼓不仅在湖南、江苏有,邻近的省区也有,采茶更遍传我国产茶地区。

花鼓、花灯与采茶,名称各异,表演形式也有所不同,但表演班子都由旦(女)、丑(男女都有)、生(男)组成,载歌载舞,曲调优雅。歌词多颂赞江南的秀丽景色、美好的爱情生活或与农业相关的事宜等。

(1)湖南地花鼓。又称地花鼓、花鼓、花灯、花鼓戏。盛行于湘中、湘北、湘西等地区。春节至元宵节,它与龙灯、狮灯及其他民间艺术一起活跃于乡镇。艺人在历代的传演中,总结出规范的演技手法,后来发展为专业的花鼓戏。它是在民间舞的基础上,由歌、舞与情节相结合而独立成戏的。

(2)云南花灯与四川秀山花灯。云、贵、川的花灯各树一帜,但它们毕竟同出一源。在优雅的民歌声中出场,舞蹈韵律中透出依山傍水、优美富饶的田园情致。秀山花灯的舞蹈术语更是体现这一内涵。如"水漩莲花"、"风摆柳"、"黄莺展翅"等。舞时,演员随着急如风的锣鼓节奏快步前行,又在猛刹车似的锣鼓中收势,突然来一个闪身,尤显表演者的机智灵敏。载歌载舞的云南花灯,在强弱起伏的曲调中表演攀高、过桥、转身时腰部柔和摆动,作挑担行路状时,胯部自然地模拟挑担行路时的"崴",手势有如风摆柳,优美轻盈的风韵,是"崴"动时形成的"S"形,成为云南舞蹈的突出特征。

(3)江苏花鼓。江苏花鼓以地名冠其称呼,如"扬州花鼓"、"江都花鼓"、"泰兴花鼓"……另有因道具而冠其名的"莲湘花鼓"、"洛子花鼓"、"高跷花鼓"等。舞时,演员手持轻便灵巧的小道具,按当地的山歌小调即兴编词。

(4)安徽花鼓灯。它体现出皖北淮河两岸人民纯朴、开朗、乐观的性格。在春节、庙会及农闲时竞演。

(5)采茶。中国茶叶著称于世,南方地区广泛种茶。采茶舞由演员载歌载舞,四至八名手持工艺精巧茶篮的少女,在优雅委婉的舞曲中踏步出场,表演柔和、纤细、轻快、灵活的采茶动作。歌词描述春光明媚的采茶季节,诗情画意的江南茶园。徐缓而悠然的神态,将观者带入温馨的采茶舞蹈意境之中。

(二) 北方秧歌

山东秧歌、东北秧歌、陕北秧歌与河北秧歌则是北方地区各领风骚的四大秧歌。

(1) 山东的三大秧歌(鼓子、海阳、胶州),有着齐鲁古风,是山东民众刚直、豁达的性格象征。鼓子秧歌,由伞、鼓、棒、花四种角色组成,角色成双,各类角色比掌伞者多一倍。海阳秧歌,分行进中与广场上的两种表演,前者以两路纵队,队形变化少,对舞前行,先慢后快;后者,整体的场面变化虽不多,而各单元组可以自成画面。"药大夫"为整体表演与队形变换的总指挥。花鼓由四至十二人不等,肩上斜挎一中宽两头细的鼓,甩摆击打时将鼓托起。"货郎"左手持长竿扇形货架,下端插入腰间,右手持扇,与翠花对舞。"翠花"(又称腊花)持扇表演,人数与"货郎"相等,一般为二至四人。胶州秧歌,有大场、小场之分,大场是在演小戏前的大跑场,小场是演小戏或有情节的歌舞。扮中年人或老生,称"鼓子",挎鼓表演;扮青年人,如小生、武生,持双棒表演,也称"捧槌";扮类似戏曲中的青衣,称"翠花",持合着的扇、帕起舞;扮旦角的"扇女",舞打开的扇与帕;伶俐活泼的少女,持团扇与帕而舞;持伞与串铃的"膏药客",专行插科打诨之事。

(2) 东北秧歌。东北气候寒冷,农闲季节相应要比南方长,稀落的村镇尤显空旷,秧歌的强劲动作,使扭秧歌的人浑身发热,秧歌的强烈音响,使村镇热闹非凡。

以往秧歌艺人多活跃于春节期间,活跃于众多的庙会,平时则组班去近村远镇流动演出,丰富了东北农村的文化生活。

吹响唢呐、敲起大鼓,扮"上装"(女)、"下装"(男)的演员舞活了的扇、帕,总让人看不够。正像艺人们所说:"两个人逗在一起,要能随机应变,手脚灵活,上装上什么相,下装配什么相,不能现相,现相就脱板了(脱离节奏),两人一问一答,心心相印。要舞得稳中浪(活泼)、浪中俏、俏中哏。"

（3）陕北秧歌。主要流行在陕北的榆林和延安大部分地区。给人以深刻影响的是"扭"、"唱"、"场图"的艺术效果。

陕北秧歌的场图曲直交错、结构严谨，图案精致优美、队形丰富多变，拥有三百多个图案，表现内容有民间祭祀、人情风物、古代军事阵图、飞禽走兽、自然景观。舞队从头至尾无断缺，图案无一重复，点线分明、层次清晰、图像准确、流畅通顺、浑然一体，使观者一目了然。

（4）河北秧歌。流传于河北东部唐山一带。表演"过街"和"打场"，人数少则十几人，多则上百人，走完队形后，即兴组合动作，由单套（即双人，一丑一妞）、三人（丑、妞、扛）、四人（丑、妞、生、扛）表演，灵活多变地进行演出。舞蹈动作强调肩、胯、膝、腕四个部位的有机配合。

丰富多变的"扇花"是由手腕的转、翻和手指控制，使扇子在周身上下团团飞舞。有代表性的扇舞：一是昌黎、卢龙等县的，讲究"情"和"逗"，扇花丰富，颈、胯、肩动得活；二是乐亭县的，以走队形为主，讲究声势大、变化多，群体意识强；三是平县的"平秧歌"，讲究"抬腿亮腕"，刚柔并济。

三、民间舞蹈的表演特征

舞蹈并非语言、文字、图画、音响或其他手段所表现的艺术形式，它是将思想情感通过面部表情、肢体造型、动作韵律表现出来的人体语言艺术，是一种"舞之蹈之"，给人以视觉美享受的形象艺术。

民间舞蹈总是与音乐或歌曲相结合，很少无伴奏、伴唱的，人们习惯将歌与舞联在一起称作"歌舞"。

与歌相结合的，又分以歌伴舞（舞者不唱，由歌队伴唱）、载歌载舞（舞者自唱自舞）、歌舞相间（舞者唱一段，舞一段，即舞时不唱，唱时不舞）三种。

民间舞蹈演员用道具来渲染艺术效果、塑造形象，以表情达意，是汉族民众托物寄情的艺术手法。舞摺扇可以拟蝶、拟蜂、拟花、拟物；舞长绸可以拟云、拟水、拟火、拟风；舞瑞狮象征民族的剽悍无畏、威武不屈；舞巨龙象征风调雨顺、国泰民安；击鼓震撼山河，再现古代军旅鏖战疆场、力挽狂澜的英武风姿……舞蹈中道具用以延伸动作、夸张形象、寓意其中、抒发情感、增添气氛、加强艺术效果,实为汉族民众独特的艺术妙想。

不论是北方的秧歌,还是南方的花鼓或花灯,舞的动态是"扭"。扭时,以腰为轴,腰是动作的启动点。一般为一拍子扭动一次,清晰地呈现出人的身体在扭动中的曲线美。动作重对称,摆动右臂时,必定出左脚,不可顺拐。实际上,这种动作是腰在承上启下时自然发散的一种"扭"的动律。

汉族民间舞蹈注重"线"与"圆"的呈现,一条长绸可舞出行云流水;一行舞队走串弯弯曲曲的黄河九曲阵,队形以线相衔接、流畅通顺、清晰优美。遍于民间的舞龙,也无不以活动着的"线"上下起伏、左右翻腾。

舞蹈中从点到线,又落到原来的起点上,成为"圆"与"弧"(圆的一部分)。戏曲舞蹈中的"小云手"与"大云手"是圆的组合;"拉山膀"是弧的表现。山东鼓子秧歌"手臂走弧线,掏手8(两个圆的结合)字挽",是提醒初学者掌握要领的口诀。山东胶州秧歌队,花灯队常是大圈套小圈,圆圈绕正方的"天圆地方"。山东海阳沿海的南路大架秧歌,当双队圆场时,交错对舞,形成多中心,在总动律中犹如太阳系中的各星体,自转中有围转,围转中有绕转。这种成圆成方、循规守矩的场位构图,乃遵循"没有规矩,难成方圆"的传统观念所构设。

北方平原多,视野开阔,气候寒冷,元宵节前后,人在室外舞蹈,难以抵挡隆冬的严寒。舞蹈时只有激烈地跳、快速地转,强劲的动作产生的热量可抵御凛冽的风寒。

南方山多地窄、人口密集,很大程度上压缩了人的活动空间。气候潮热,人们跳舞时动作柔和,舞步轻盈,正与北方人舞蹈时的潇洒、豪迈、大线条、大幅度不同。南方舞蹈动作流畅、线条明晰、从不到达顶点,好像不多使力气。这与狭小的空间、潮热的气温息息相关,总不似北方舞蹈粗犷激烈,勇猛矫健。

四、民间舞蹈的社会功能

以文娱活动辞旧迎新是民间舞蹈最广泛的社会功能。在年节时扭秧歌、耍花灯、男女老少尾随舞队，人们既是舞队的观赏者，又是舞队的助兴者，人越集越多，舞越演越欢。白天是阵容庞大的秧歌队，晚上则为气势宏伟的花灯队。管弦乐、打击乐、鞭炮声响成一片。人们在沸腾的欢声笑语中，游街走巷、过村串场，与民间杂耍、武术、地方戏相结合，不受时间与空间的限制，自由洒脱地热闹数天。汉族民众视这一节日为一年中最快乐的吉庆佳节，男女老少都沉浸于这舞蹈节日的欢欣中。民间舞蹈有着很强的娱乐作用，以满足民众审美和情感宣泄的需要。

民间舞蹈还有着传授生产、生活经验的功能。我国景颇族的民间舞蹈《布滚戈》，是在丧葬仪式中再现死者生前刀耕火种时观察地形、砍山、烧山、播种、踩土、收获、舂新米、生火、抬锅以及纺线、织筒裙等的一系列技能。建房时则表演平房基、立房柱、架房屋、放横条、安竹墙、盖房草等全部程序的舞蹈。以前人们用舞蹈向后代人传授技能，今天人们重复这种舞蹈，多数场合中是由于纪念先祖，不忘民族的需要；同时又是助兴及自娱自乐的需要。

江西永新县民众世代有习武之俗，他们以盾牌舞锻炼男子好胜善斗、豪爽直率、英武剽悍、坚定勇敢的性格。舞中有对垒破阵、又攻又守、能伸能缩的阵式厮杀与军事演练。传至近代乃有江西出"男儿兵"的称誉。

舞蹈还有传授人类自身生产的知识，激起两性之间情感交流的功能，最初产生于增殖人口以战胜大自然和敌对部族的需要。

汉族民众历来重视"子孙繁昌"，历史上的"春社"，在春天"聚社会饮"的狂欢古俗，有可能是传承至今的"社火"的滥觞。"桑林"、"郊梅"及"郊棠"之祭，是古代汉族民众春天的野合节日。至今仍流传于河南淮阳的舞蹈"担经挑"存留有群婚期血缘亲伏羲与女娲兄妹成婚的神话内容，舞中赤裸裸地表现"铁锁链"、"蛇蜕皮"等性媾动作，表现出直接的性的生理本能活动。进入文明社会后，年年重演这一舞蹈，不仅是纪念"始祖"的必要，更现实的是激发情欲，繁衍后代。汉族民间舞蹈处处可见表现男欢女爱的内容。但汉族民众所跳的情爱舞，只扮演舞中角色，本人并不通过舞蹈进行恋爱，而是激发人们的两性情爱。

民间舞蹈从远古时代的巫舞发展到现代以娱乐性为主的舞蹈活动，

广泛地出现在各种民俗活动之中。实用的功能逐渐减弱,表达情感和满足审美需要的要求越来越强烈,成为今天民间舞蹈的主要社会功能。

第三节 民间戏曲

一、民间戏曲的发生与流变

民间戏曲是民间文学、音乐、舞蹈、美术、杂技等多种艺术因素的有机综合。它熔唱、做、念、舞于一炉,以歌舞演故事是其基本的特征。民间戏曲是多源的艺术,民间歌舞、说唱和滑稽表演是其主要来源。这些艺术因素的聚合和向戏剧的转化,正是在中国特殊的民间生活环境中完成的。

远在先秦时代,民间就流行着"傩"与"蜡"等既有宗教性、又具有生产性的习俗。以驱鬼除疫为目的的傩仪和岁末举行的庆祝丰收和酬谢神祇的蜡祭,都有人物装扮,歌舞表演,并且有简单的情节,可以说都包含了戏剧性因素。傩与蜡的主要表演者是巫觋。巫觋以歌舞降神为职业,他们是民间戏曲的最初一代培育者。

春秋战国时代,各诸侯国巫风流行,而以楚国为盛。《楚辞·九歌》便是楚国巫觋迎神送神时所唱的歌辞。从中可以想象巫觋盛装出场,演出动人的歌舞,表达神与人或神与神之间的感情交流的情景,透露出戏剧的萌芽。

秦汉以后,我国民间诸般技艺有了一种汇合的趋向。歌舞、杂技等经常在一起表演,统称之为"散乐"、"百戏"或"角抵"。汉代三辅地区(今陕西关中一带)的民间艺人们,为炫奇斗艳的"百戏"提供了一个叫做《东海黄公》的节目。这个节目表演一个完整的故事,有规定的情景,有角色装扮,有人虎相斗、黄公作法、黄公之死等情节。所以,有的戏剧理论家认为《东海黄公》是"我国戏剧形成一项独立艺术的开端"。

东汉以后,佛教的寺院和道教的宫观在宗教性的节日中都组织丰富多彩的游乐,相沿成俗。到魏晋南北朝时期,寺庙已经成了与市井游艺场所并立的大众化游乐场,宗教性的节日则成了事实上的群众艺术节。据当时成书的《洛阳伽蓝记》记载,洛阳长秋寺每年四月八日浴佛节,佛像出巡,还有昭仪尼寺在"六斋"之日,女乐歌舞等,可以看出宗教节日活动中多种技艺表演已具综合性,它是民间戏曲赖以形成的基础。

南北朝以来,民间不断有精彩的小戏出现。影响较大的,如以滑稽讽刺为特色的"参军戏",载歌载舞的《踏摇娘》,戴假面以歌舞表演故事的《拨头》《代面》等。这类歌舞小戏在隋唐时代不仅流行于市井寺庙,而且进入了宫廷。

隋唐以后,日渐发达的叙事文学为戏曲的形成开拓了更加宽阔的道路。当时,市坊间的"俳优小说"活跃,常和杂技歌舞等一起表演。唐代的寺庙里流行讲唱,僧侣们吸收民间通俗歌曲的调子,用韵白相间的说唱形式讲唱宗教故事和世俗故事,艺术性地向群众灌输宗教意识。

寺庙里讲唱"变文"作为一个新品种,为中国戏曲展开了说说唱唱的基本格式,并且提供了可以登台使用的脚本。敦煌变文中有不少篇章可以分角色演唱。在民间隆重的宗教节日——七月十五日佛教的"盂兰盆会"(道教称"中元节")期间,涌现了以目连变文为基础的目连戏。直至当代,目连戏也还是民间戏曲中的一个颇为特殊的传统节目。

宋代以来,城市勾栏瓦舍的日常营业和城乡宗教节日活动中演剧已成习俗。它们或称"院本",或称"杂剧",共同的特点都是以歌舞演故事。此后的宋元南戏和元杂剧互相吸收,又形成了明清时代流行四五百年的戏曲剧种——传奇。

传奇艺术在文人的手中不断地"雅"化,渐渐失去民间戏曲的特色,失去以士农工商为对象的广大观众,到清代中叶以后逐渐衰落。与此同时,民间艺人则在歌舞与说唱的基础上不断地创造出戏曲新品种,各地区的民间小戏蓬勃发生。它们的名称不一,如梆子腔、乱弹腔、二簧调、啰啰腔……当时与以昆曲为代表的"雅部"戏曲相对,统称之为"花部"。

"花部"戏曲从内容到形式都展现了民间艺术朴素生动的特色,受到民众的欢迎,表现了强大的生命力。正如清人焦循《花部农谭·序》所云:"其事多忠孝节义,足以动人;其词直质,虽妇孺亦能解;其音慷慨,血气为之动荡。郭外各村,于二、八月间,递相演唱,农叟渔父,聚以为欢,由来久矣。"[1]有些花部戏曲由农村进入城市,在戏馆茶楼演

---

[1]《续修四库全书》第 1759 册,上海古籍出版社 1995 年版,第 83 页。

唱。有的到近代发展成为有全国影响的大剧种,如梆子、皮黄等。京剧便是在吸收南北各地不少民间戏曲营养的基础上形成。有的则一直以民间小戏的姿态活跃在广大城乡。

二、民间小戏的类型

现代尚存的民间小戏因其来源、样式和分布流传区域的不同,大致上可分为这样几个类型。

（一）宗教戏剧类

属于此类的剧种如西藏的各路藏戏,贵州的地戏和各路傩戏,广西的师公戏,湖南的各路傩堂戏,侗家傩戏,土家族傩戏,四川的端公戏,江西的孟戏,皖南贵池傩戏,江苏南通香火童子戏,浙江醒感戏,闽南打城戏,广东紫金花朝戏,晋北赛戏,晋南锣鼓杂戏,晋南曲沃扇鼓傩戏等。

这类戏曲都是在宗教性节日习俗中产生和发展的,有着鲜明的娱神特色。其内容多为宗教故事,有的也表演世俗故事如孟姜女等。一般是在宗教性活动中演出,和请神、还愿、除灾纳吉的宗教仪式密切结合,表演者往往是世袭的,剧目内容也是代代传承。有些剧种至今保持着极为原始的面貌,如贵州威宁县板底乡高山密林的裸戛村的"撮泰吉"(彝语),有着极简单的情节,演出时要举行神秘的"扫火星"仪式。有的则发展为比较成熟的载歌载舞的小戏,如湖南、贵州等地的傩堂戏,多是在"还傩愿"的民俗活动中演出。傩戏表演因为有古傩的传统,角色多戴假面(称"脸子"或"神面"),但是现代广西的师公戏表演已经由木面、纸面而衍变为油彩化妆了。

（二）花鼓、采茶类

此类戏曲流行于长江流域,有花鼓戏、采茶戏、灯戏、杨花柳等不同的名称。它们是在民间歌舞如采茶歌、采茶灯、打花鼓等的表演基础上形成的,多数与民间元宵节和收茶季节的游乐活动有关。这类戏曲在清代中叶已经出现,如清嘉庆年间刊刻的《浏阳县志》载,当地元宵节"以童子装丑旦剧唱,金鼓喧阗",自初旬起至是夜止。由于各地方言不同,民歌基础不同,形成不同的支派。湖北有黄梅采茶戏、天沔花鼓、巴东堂戏等;湖南有长沙花鼓、常德花鼓、岳阳花鼓、零陵花鼓等;江西有赣南采茶戏、萍乡采茶戏、景德镇采茶戏、武宁采茶戏、九江采茶戏等；云南有昆明花灯、呈贡花灯、玉溪花灯等；四川有灯戏，安徽有皖南花鼓戏等。由花鼓、花灯、采茶等不同名目的民间小戏组成了一个遍布长江流域的戏曲大家族。

起初，这类小戏多为一丑一旦表演，渐渐发展为一丑一旦一生的"三小戏"。表演时大多采用花鼓、花灯的舞蹈动作，灵活运用舞蹈步法和手法，有耍扇、耍手帕等技艺。早期多表演一些农村生活小节目，如《打猪草》、《观灯》、《拜年》、《放风筝》、《卖杂货》等，后来剧目渐渐丰富，艺人有"三十六大本，七十二折子"的说法。

（三）秧歌类

在黄河流域的山西、陕西、内蒙古、河北、山东等地，每年正月民间有"社火"表演，也叫"闹秧歌"、"扭秧歌"。其节目有地秧歌、高脚秧歌、武秧歌等，有的秧歌唱故事、演故事，渐渐发展成载歌载舞的小戏。和采茶、花鼓相似，秧歌戏最初也多为一丑一旦的"对对戏"，表演《绣花灯》、《拐磨子》等"耍耍戏"。后来渐渐创作出较大的剧目。各地秧歌多以地区命名，如山西有祁太秧歌、太原秧歌、朔县秧歌等，河北有定县秧歌、隆尧秧歌、蔚县秧歌、怀来秧歌等，陕西有韩城秧歌、陕北秧歌等。

（四）说唱类

南北各地民间都有丰富多彩的说唱艺术。有些地方的艺人将坐唱故事演化为化装表演，从而形成剧种。如"道情戏"，至迟在南宋时，道士在民间布道时就有以渔鼓、简板为伴奏的说唱，称作"道情"。清代晚期，流行于陕西、山西、甘肃、河南、山东等地的道情，以"耍孩儿"、"清江引"等曲调为唱腔，吸收了梆子戏的一些乐器、唱腔和表演技巧等，逐步形成表演故事的道情戏。其内容多取材于道教故事，以劝善布道为目的，也演一些民间生活小戏和历史公案戏。按其流布地区，山西有晋北道情、临县道情、洪洞道情、永济道情等，陕西有陕南道情、关中道情、陕北道情等，甘肃有陇东道情，山东有渔鼓戏、八仙戏等。道情戏早期多以皮影表演或坐班清唱，20世纪50年代起陆续搬上舞台，如陇东道情由皮影而发展为陇剧。

除道情戏外，由民间曲艺说唱发展而成的戏曲剧种还有很多。如由山东琴书化装表演而成的吕剧,由滩簧发展而成的锡剧、苏剧、沪剧、甬剧等,由河南鼓子曲发展成河南曲剧,由"落地唱书"发展成越剧等。这类剧种都经历了由叙述体的曲艺说唱而分角色演唱,由清唱而化装表演,由坐唱而舞台演出的过程。其规模由小到大,风格因地而异。有的则历史比较长,有的则很年轻。

(五)傀儡、影戏类

中国傀儡戏历史悠久。其来源是古代丧葬礼俗的俑人,考古发现的春秋战国和汉代墓葬中的木俑可以证实。河南信阳楚墓女俑已装假发,手腕可转动。山东莱西西汉墓的悬丝傀儡已可由人操作。到唐代,傀儡已能演出完整的故事。唐代《封氏闻见记》记载,大历中太原节度使辛景云葬日,祭盘上有"刻木为尉迟鄂公与突厥斗将之戏,机关动作,不异于生"[1]。祭祀中又"设项羽与汉高祖会鸿门之像,良久乃毕"[2],可知唐代的傀儡表演仍与丧葬习俗紧密相关。

宋代,傀儡戏进入全盛时代。在当时民间瓦舍勾栏的多种技艺中,傀儡戏占有重要的地位。不仅有日常的营业演出,而且每逢元宵节有规模盛大的傀儡舞队。据《武林旧事》等书记载,宋代的傀儡戏已有"悬丝、杖头、药发、肉傀儡、水傀儡"等不同的种类。[3] 后来,傀儡戏主要以提线、杖头、布袋等形式演传各地。随着戏曲艺术的成熟,各地木偶艺人多采用当地戏曲声腔或京剧声腔表演故事。当代许多省、市有傀儡剧团。泉州的提线木偶、漳州的布袋戏、西安的杖头木偶等,都以高超的技巧而蜚声海内外。

影戏起源也很早。据说汉代方士招魂便有类似后代影戏的表演。唐代寺院中的俗讲僧曾用影人作为死者的"灵魂",进行荐亡超度。可知影戏的产生也和丧葬习俗有关。宋代影戏正式形成。宋人高承《事物纪原》[4]记述:"仁宗时,市人有能谈三国事者,或采其说加缘饰作影

---

[1] (唐)封演撰,赵贞信校注:《封氏闻见记校注》,中华书局2005年版,第61页。
[2] (唐)封演撰,赵贞信校注:《封氏闻见记校注》,中华书局2005年版,第61页。
[3] (南宋)周密:《武林旧事》,西湖书社1981年版,第111页。
[4] (宋)高承撰,(明)李果订,金圆、许沛藻点校:《事物纪原》,中华书局1989年版。

人,始为魏、蜀、吴三分战事之象,至今传焉。"《都城纪胜》[1]说:"凡影戏乃京师人初以素纸雕镂,后用彩色皮为之,其话本与讲史书者颇同。"宋代的影戏也是"京瓦伎艺"中的重要种类,当时以讲史为主要内容。经宋、元、明、清各代,影戏已发展许多支派。

现存的影戏因其影人所用材料和造型种类流布区域不同,而有不同称谓。如山西纸窗影,陕西牛皮娃娃影、八步景,湖南影子戏,青海灯影戏,河南驴皮影,广东纸影戏,江浙羊皮影,福建抽皮猴,甘肃兰州影,黑龙江皮影戏,北京蒲团影,河北滦州影等,都有独特的雕镂技艺和操纵方法,不同的表演形式和唱腔曲调,流行于广大农村和中小城镇,极受群众欢迎。

影戏的表演中产生过许多技艺精湛的操杆高手。有些地方的影戏已发展为舞台表演的地方剧种,如陕西的"碗碗腔"、"阿宫腔"、"商洛道情"等,就是由影戏发展而成的。

三、民间戏曲与岁节礼俗

丰富多彩的民间戏曲活跃在南北城乡,经历了不同的历史发展过程。究其来源、视其成长,可以发现一个共同的特点,即民间戏曲与岁节礼俗的关系至为密切。

岁时节日演戏至今仍为南北各地普遍传承的习惯。无论是宗教性节日、生产性节日、年节或其他文娱性节日,几乎都少不了演戏。这种演出一方面是娱神,更重要的是娱人,而且与集市贸易相联系。我国历代下层民众曾创造了名目众多的神。无论佛教、道教还是其他民间宗教的神,他们大多有与人一样的品格,也像人一样有生日诞辰。每逢"神诞"日,寺庙多有庙会。另外,在一些生产性的节日,也常有"庙会"。演戏是庙会活动的重要内容。

各地庙会演戏的名目繁多,择其要者,如立春前一日有"迎春戏"、正月十五有"上元戏"(有的地方称"游神戏")、二月初二搭草台演"土地戏"、二三月间为祈年而演"春台戏"、清明节有"踏青戏"、三月三日有

---

[1] (宋)耐得翁:《都城纪胜》,上海古籍出版社1956年版。

北帝诞辰戏、三月十六日有山神庙会戏、三月二十二有天祀诞辰戏、三月二十八有东岳诞辰戏、四月初八有浴佛戏、四月十八有娘娘庙会戏、四月二十八有药王庙会戏、五月初五有龙舟戏、五月十三有关帝庙会戏、六月初六有普贤菩萨戏（天贶戏）、六月二十三火星诞辰有火神庙会戏、六月二十四雷神诞辰有雷斋戏。七月初七有王母娘娘庙会戏，专演《天河配》。七月十五，中元节演出目连戏，有的地方称"施孤戏"。八月十五演出中秋戏，九月十七有财神庙会戏，九月二十八有华光诞辰戏……庙会其实可以称为宗教戏剧节。

除了庙会演戏，民间还有各种各样民俗宗教性的戏曲演出，如开光戏、求雨戏、火烧戏、丰收戏、麦报子戏、米花节戏、还愿戏、谢神戏等。

有些民间戏剧剧种，如各地的傩戏，则完全靠宗教习俗而存在，在民俗宗教信仰习俗中缓慢地发展。有些剧种尽管本身并非宗教性戏曲，但其艺人往往兼巫师或其他神职。如湖南花鼓戏的一些老艺人，亦优亦巫。他们本身就是"师公子"，既会演戏，也会行傩。湘南的师公还傩愿，常分"内堂"（巫师）和"外堂"（艺人），湘西则称"内教"和"外教"，活动时二者合一。

一年四季岁时节日及某些宗教性活动，为民间戏曲组织了最为广大的观众群，其广泛性超过了城市的各种职业性娱乐。

民间戏曲与人生礼仪也密切相关。旧中国各地有宗族祠堂。开堂祭祖或修订族谱，或遇族人高中、升迁、荣归、祖钱、赐匾、立坊等，皆迎班演戏。我国各大城镇、水陆商埠，七十二行都曾有"行会"，如木匠的鲁班庙，钱业的财神庙等；又有各种商民的同乡会，如江西的万寿宫、福建的天后宫、江苏的三元宫等。每逢新春团拜或祖师诞日，以及重大交涉，必定要演戏宴客。官绅巨室喜庆及公私集会，也往往招戏班至府宅或酒楼演"堂会戏"。婚嫁喜庆要演戏庆祝，如遇丧葬，居丧之家也要唱戏，谓之"孝戏"。

各地的民间戏曲在发展过程中也形成了自己独特的习俗。明清时代行业性的民间信仰十分发达，各行艺人都奉祀本行的祖师。戏曲艺人也推举出本行的祖师爷来。宋元时代南戏活跃的江西、福建、广东等地，民间戏曲艺人普遍奉祀田元帅，昆山腔和皮黄艺人则奉祀唐明皇，梆子腔艺人则奉祀唐庄宗,广西师公戏奉祀"三元",彩调戏艺人奉祀"九天玄女"、"花姑娘娘"等。旧中国戏班演出的后台,都设一小神龛。内供祖师爷神位。戏神之祭的严肃认真不减于佛道两教,且更多具有巫仪色彩。

旧时民间戏班演出时,还有各种宗教性的仪式相沿成俗。如福建梨园戏开演前,为求演出成功全班平安,例有"献棚"仪式。侗族戏班演出前要"请师傅"。广西师公戏开脸前要"唱三元"。南北各地戏台落成时,为驱邪祈祥,都举行"破台"仪式等。

民间戏曲艺人有过许多禁忌,如山东某些戏班认为,每逢农历初五、十四、二十三,是"杨公忌日",不宜出门和起戏。广东潮剧班的"田元帅",每月也有三个禁忌的日子。民间戏曲的习俗禁忌具有很强的民族特色和地域特色。

民间戏曲是在民族土壤上萌生滋长的艺术。作为老百姓的艺术创造,民间戏曲一直保持其质朴生动的特色,为民众所喜闻乐见,与民众的生活思想息息相关。民间戏曲所表现的内容,除歌颂忠孝节义者外,更常见的是违背封建礼教的男欢女爱的题材。这类小戏最易普及,"地方男妇,耳濡目染,皆能模仿声容,互相传习,一个唱出,全巷皆闻,兄弟姊妹,初无顾忌"。[1] 其社会影响力是巨大的。俗云:"滩簧小戏演十出,十个寡妇九改节。"因此,被封建卫道士视为洪水猛兽,以为教化的大敌,加以"淫戏"的罪名而大加挞伐。元明清各代,从中央到地方各级官府以及乡约,常常公布对民间戏曲的禁令,一些土生土长的民间小戏成了被扼杀的对象。但是,民间戏曲的艺人们以顽强的斗争精神,借助于民俗的传承性和稳定性的巨大力量,在封建高压统治下艰难地存活下来,得以延续其生命。

如今民间戏曲已成为戏曲花园中引人注目的山花,受到了扶植,得到了革新。不少地方小戏如黄梅戏、越剧、吕剧、湖南花鼓等,已经由流行一隅的小戏发展而成具有广大影响的大剧种。有些剧种是20世纪50年代后,才在民间歌舞、说唱的基础上成长起来的新品种,如吉林的吉剧,内蒙古的漫瀚剧,云南的彝剧、傣剧,湖南的苗歌剧,陕西的碗碗腔

---

[1] (清)余治:《得一录》卷十一《禁止花鼓串客戏议》。

等。各种民间戏曲都以精彩的新老剧目和风格独具的表演艺术,受到人民群众的欢迎,成为现代民众生活中不可缺少的重要内容。

第四节 民间工艺美术

民间工艺美术,指在宫廷美术、宗教美术和文人美术以外,由广大民众自发创造、享用并传承的美术。在中国漫长的封建社会历史中,民间工艺美术主要是农民和手工匠人的艺术。到了封建社会后期,民间美术中渗入越来越多的市民成分。在今天,民间美术是相对于专家创作的艺术,是城乡广大民众自己创造、自己享用的艺术。

民间工艺美术的创造有着很大的自发性。在生产劳动和日常生活中,广大民众根据实际的需要,创作出各种民间美术品。民间美术创作大多数是民众业余的活动,创作者没有经过专门学校的训练,技艺多以家族或个体方式沿袭传承。民间艺人使用简单的工具和材料进行创作,主要受到传统程式规范的约束,但是,也有个人艺术创造的发挥。由于这种非专业的、素朴的性质,民间美术品的表现技巧似乎不如宫廷美术、宗教美术和文人美术那样精湛圆熟,而呈现出某种稚拙的艺术风貌。但这些风貌稚拙的作品,却反映出广阔的社会生活,表达着广大民众的心声,因而有着较强的艺术生命力。

大多数民间美术品多具有自作、自用和自娱的性质,一部分美术品并不过多地追求商品的价值,它们是传统自然经济的产物。在中国社会由传统走向现代的今天,民间美术也受到时代变革潮流的巨大冲击。如何保存和发展传统民间美术,如何在新的历史条件下实现创造性的转换,创作出新时代的民间美术品,这是我们今后要注意研究的问题。

一、民间工艺美术源于民众的物质生活需要

民众物质生活和精神生活的需要,是民间美术品产生的根本动因。人们的物质劳动和精神劳动,创造出众多精美的民间美术品。

衣、食、住、行是人们最基本的生活需要。人们从事生产劳动,首要目的是为了解决维持个体和种族生存的物质需要。在众多的民间工艺

美术品类当中,有民间服饰、民间建筑和民间饮食花样、交通运输工具,以及各种家具、陶瓷器皿、竹编、草编器物……民众制作它们时,首先是为了满足物质生活的需要。

远古时代初民穴处巢居,以躲避风雨和野兽的袭击,从而形成了南北不同的建筑方式。在漫长的历史发展过程中,我国的建筑技术有了迅速进步,形成了独具特色的建筑体系,民间建筑更具有特殊的风貌。如今南北各地有着种种不同样式的民间建筑,尤其是民居建筑数量最大,像北京的四合院民居和北方的大宅院民居、东北的火炕式民居和林区的"木刻楞"房屋、黄土高原上的窑洞、江南水乡的宅楼民居、南方山地的"吊脚楼"、云南的"一颗印",以及福建、广东等地的"土楼"和"围屋"……不同的民居建筑有着不同的样式结构,就地取材,适应当地的自然条件和居住环境,有着很强的实用功能。

家具是民居建筑室内最主要的陈设。民间家具样式繁多,品种逾万。大致可分为坐具,包括墩、条凳、春凳、圈椅等;承具,包括炕桌、条桌、香几、茶几等;庋具,包括衣箱、坐柜、躺柜、书格、碗橱等;卧具,包括铺板床、凉床、榻、睡篮等;架具,包括巾架、盆架、镜架、衣架、灯架、火盆架等;屏具,包括座屏、围屏、挂屏等。其他还有脚踏、老式冰箱等民间家具。

民间家具因地制宜,就地取材。材料使用广泛,除采用木、竹、藤、树根等材料制作外,用陶、汉白玉、大理石、花岗石等材料制作的家具也很常见。民间家具多以简洁、质朴的造型取胜,不追求烦琐、华丽的装饰。家具外表处理,既有保持质材原貌的"白茬",也有刷油、烫蜡等方式。髹漆多用中国大漆,一些名贵家具则采用彩漆、金漆、镶嵌等方式处理。

陶瓷器皿,是民众生活中使用最为普遍的物品。各种餐具,酒具,茶具,如杯、壶、碗、盆、罐、缸、坛、钵,以及花瓶、花盆等,都以陶瓷制品最多。走进民众的家庭,举目可见的,是大大小小的坛坛罐罐,多为土陶粗瓷,主要用来盛水,盛米,盛油,酱醋之类,质朴粗犷,具有生活美的韵味。

我国的陶瓷技术历史悠久,人们称中国为"陶瓷之国"。在距今五六千年的原始时代,先民便会烧制精美的彩陶和黑陶器物。商、周奴隶制时代已经有了原始的瓷器。到了汉代,我国的制瓷技术有了较大发展。从魏、晋、南北朝直至唐、宋、元、明、清各代,我国的制瓷技术有如盛开的鲜花,绚丽灿烂,南北各地出现许多著名的窑区,其中不乏民间窑。如宋代的磁州窑、耀州窑、吉州窑,都生产出大量实用美观的民用瓷器。江苏宜兴至今被称为"陶都"。宜兴紫砂陶茶具,用优质紫砂土烧成,具有较好的透气性,能保存茶叶的清香,并能使茶汁不变质。典雅精美的壶、杯造型,更使紫砂茶具增添异彩。"瓷都"景德镇名扬天下,生产的各种瓷器受到广大民众的喜爱。"青花"瓷器是景德镇瓷器中代表性产品。"青花"瓷器是先在瓷坯上用钴料描绘纹饰,再上无色透明釉,然后高温烧制而成。"青花"瓷器颜色稳定,永不褪脱,纹饰明丽雅致,形成了鲜明的民族艺术风格。明、清以来,"青花"瓷器成为制瓷生产的大宗,对民间瓷器产生了较大影响。民间青花瓷器的纹饰,有着浓厚的民间绘画特色,大胆泼辣,粗放不羁,清新朴素,自然流畅。这种简洁的"写意"式的艺术作风,与官办瓷窑制品工整板滞的僵硬面貌迥然有别,显得神完气足,生机盎然。南北各地都有许多优秀的民间青花瓷器,如到处可见的"青花鱼盘",在民众节日礼仪饮宴上便经常使用。白底蓝花,线条飞舞,给人以强烈的审美感受。

  民间美术品大量是民众的日常生活用品,民间艺人制作它们,虽然主要是为了满足民众的物质需要,同时,他们采用多种多样的艺术手法,进行美化和加工,以表达民众的精神愿望。如民间建筑的结构造型和装饰,不仅具有实用功能,还具有丰富的艺术审美作用和特殊的精神含义。民居建筑的门窗、槅扇、梁柱等构件都经过了精心处理。民众注重建筑物的大门修建和装饰。门楼高大华美,有的还雕、画、悬挂各种巫术辟邪含义的美术品。如北方民居大门屋的墀头、门簪、门口的抱鼓石等处,均施加雕饰。南方有的大型民居还在大门上,用水磨青砖仿制斗拱作为匾额装饰,门簪雕刻卷草纹样。有的在屋脊上用陶塑、灰塑、琉璃或镶嵌瓷片作为装饰。一些大型民居建筑的门窗、槅扇的棂格用木条拼成方格纹、井字纹、回纹、藤纹、锦纹等纹样,有的还雕刻出人物花鸟。一些木质梁、柱雕刻精致的图案,石质柱础上雕出花纹。有的建筑物还用彩漆描画。这些建筑雕刻和绘画,除装饰变化的作用以外,还具有种种吉祥的精神寓意。

二、民间工艺美术是民众精神需求的产物

民间美术品源自民众的物质需要,为民众日常生活的实用需要服务。同时,也起到美化民众生活的作用,并且反映出民众丰富的精神生活。此外,更有相当多的民间美术品并非来自民众的物质需要,也不是生活中的实用物品。它们与原始宗教和巫术活动有着密切联系,祝福祈祥、镇恶辟邪、生殖崇拜成为这类民间美术品的重要内涵。

年画是中国各地普遍流行的民间美术品,广泛应用于年节驱邪纳福活动。民间年画大都采用木版刻制印刷的方法。古代中国人发明了造纸术和印刷术,从而为民间年画的发展提供了物质条件和技术基础。最早的年画,主要用于巫术和宗教活动。直到近代,符咒、神像、冥票、纸马、神祃仍然是年画作坊的重要产品。逢年过节,城乡民众张贴年画,将房屋内外打扮得五彩缤纷。大门和窗户贴上窗花、门笺、拂尘纸;在祭祀天、地、神灵、祖先的供桌贴上桌围画;在灯彩贴上灯画……人们在美化环境的同时,也显露出巫术心理根深蒂固的影响。

由于传统建筑的封闭特点,大门有着重要的护卫作用,门神很早便成了人们祭祀的对象。最早的门神祭祀与原始自然崇拜有关。门神尚没有形成鲜明具体的艺术形象。神荼、郁垒是传说中最早的门神,宋代以前,民间习俗还多画鸡、虎,钉桃木符板以驱邪,少见具体的门神人物形象。此时的门神,还不能称是年画,至多是年画的萌芽形式。唐、宋以后,门神的样式越来越丰富,武将型的门神大量出现,传说中善于捉鬼的钟馗也被人们当作门神崇拜。门神画与年节活动更加紧密地结合起来,年画大量制作并在市场售卖。据宋人孟元老《东京梦华录》[1]记述,北宋时国都汴京"迎岁节,市井皆印卖门神、钟馗、桃符,及财门钝驴、回头鹿马、天行帖子"。宋人周密《武林旧事》[2]记载,南宋时,国都临安"自十月以来,朝大门外,竞售锦装新历,诸般大小门神、桃符、钟馗、狻猊、虎头及金彩镂花春帖、幡胜之类,为市甚胜"。吴自牧《梦粱录》亦载南宋时代的风俗,岁终"画门神桃符迎春牌儿,纸马铺印钟馗财马回头马等,

---

[1] (宋)孟元老撰,邓之诚注:《东京梦华录注》,中华书局1982年版。
[2] (南宋)周密:《武林旧事》,浙江人民出版社1984年版。

馈与主顾"[1]。除门画以外,春联、门笺等也开始流行,张贴门户,交相辉映,巫术辟邪的心理逐渐被节日喜庆的气氛所淡化。

到了明、清时代,民众更加注重民间艺术品的审美作用。城市经济的繁华促使市民文艺兴起,通俗文艺大为流行。一些著名的通俗小说,如《三国演义》、《水浒传》、《西游记》、《封神演义》、《隋唐演义》、《杨家将》等,尽人皆知,家喻户晓。各种戏曲、传奇迅速传播,各个剧种日趋完善与成熟。小说、戏曲影响了年画艺术,小说戏曲中的人物故事成为民间年画的重要内容。至今见到最多的门神秦琼、尉迟恭,便屡见于杂纂小说、口头传说,以及《三教搜神大全》等书。众多样式的门神,有老有少,有文有武,有忠有奸,有白脸、有花脸,有的持物坐骑,有的侍立相向⋯⋯,民众可以根据自己的喜好来选择。近代,门神不再是不可侵犯的镇宅神物,在民间小戏中有不少调侃、嘲弄门神的题材,装饰门户的作用增强,迷信色彩愈加淡薄。

明、清以来由于市民意识的影响,门神画由以往的驱邪纳福,越来越趋向吉祥喜庆,并增添了招财进宝、赏赐功名利禄的职能。民众把传说中的财神张贴在内室,专事祈福,叫做"门官"。有的门官身边还有五个拿着各种吉祥器物的童子,象征"五子登科"。还有一类贴在内室或后门上的"门童",主要以儿童形象出现,如《麒麟送子》、《金玉满堂》、《平安富贵》、《龙凤呈祥》等,穿插珊瑚、元宝、如意、金瓶、鲤鱼、红蝠、大橘等吉庆物件,以及狮子、麒麟、金鹿、彩凤、孔雀、大象等珍禽瑞兽,或谐音,或寓意,寄托着民众对于新春幸福、来年祥瑞的期望。

纸马又叫"神马"、"甲马",有的地方称为"禄马"、"贵人"、"符禄"、"案子"、"马子"等,是民间祭祀活动焚烧的神像画。以往南北各地生产年画时,都要印制大量纸马,随年画销往各地。由于纸马的需求量很大,更多的纸马则由民众自己刻印。这些民众业余制作的民间美术品,往往急就而成,刀法稚拙,用色简单,纸张粗糙,比起作坊印制的年画,又别有一番情趣。

在民众生活中,纸马用途很广。节日喜庆、婚礼丧葬、治病消灾以及

---

[1]《笔记小说大观》第 7 册,江苏广陵古籍刻印社 1983 年版,第 263 页。

种种祭祀活动,都要焚烧纸马。新年有灶王马、财神马、星神马、天地马;端午节有印着朱红色钟馗像的"朱炮判儿";中秋节有月光马;婚礼要用喜神马;寿礼用寿星马;亲属将客死他乡的人的灵柩运回家乡安葬,途中要祭祀桥神、城隍,还要持道士开出的"路引",都有种种不同的纸马;儿童急症出痘要供"痘疹娘娘"、"痘哥哥"、"痘姐姐"纸马;儿童遭受惊吓,昏睡不醒,家人焚香叩拜招魂,要用"白马先锋"纸马;各行各业祭祀祖师,要焚化行业神纸马……

和民间年画一样,剪纸也是历史悠久、流行广泛的民间美术品。中国是发明造纸的国度。纸的发明为剪纸艺术提供了制作材料。1959年考古工作者曾在新疆吐鲁番古墓发现了一千多年以前的剪纸"对鹿"、"对猴"和几何形团花,这是目前见到的最早的剪纸遗物。从其剪纸制作精美的程度推测,在此之前应当还有一段历史发展过程。宋代民间剪纸艺术已经广泛流行。据《唐宋遗纪》载:"江淮南北,五日钗头彩胜之制,备极奇巧,凡以缯、绡剪制艾叶,或攒绣仙佛、禽鸟、虫鱼、百兽之形、八宝群花之类,绉纱蜘蛛、绮縠凤麟、茧虎绒蛇、排草蜥蜴,又螳螂蝉蝎,又葫芦瓜果,色色逼真。"[1]周密在《志雅堂杂钞》中,还记录了当时艺人在繁华都市的大街上剪出各种纸花纸字售卖的事迹:"向旧都(指北宋国都汴京)大街(又作天街)有剪诸色花样者,极精妙,随所欲而成。"明、清时剪纸大量在人们日常生活中出现。清代小说《红楼梦》描述刘姥姥来到大观园,见到各式各样的小面果子,拣了一个牡丹花样的笑道:"我们乡里最巧的姐儿们,剪子也铰不出这么个纸的来!我又爱吃,又舍不得吃,包下家去,给他们做花样子倒好。"明清时代印染、织染工艺发展,小件的刺绣品往往要用剪纸花样起稿,这些花样多出自妇女之手。为了满足印染、织绣作坊的需要,民间剪纸还可以批量生产。

剪纸和年画一样,最早因民众驱邪纳福的心理需要而产生。在魏、晋时代便有采艾叶剪成人形或虎形悬挂门上,或者剪彩为虎,上粘艾叶,做成"艾虎"随身佩戴的习俗。新疆吐鲁番古墓里曾经发现唐代的招魂剪纸。明人刘侗、于奕正在《帝京景物略》[2]书中有京师除夕日"门窗

---

[1] 《续修四库全书》,上海古籍出版社1995年版,第756页。
[2] (明)刘侗、于奕正撰,孙小力校注:《帝京景物略》,北京古籍出版社2000年版。

贴红纸葫芦,曰收瘟鬼"的记载。《帝京岁时纪胜》[1]书中记述明、清时北京端午习俗:"家家悬朱符,插蒲龙、艾虎,窗牖上贴红纸吉祥葫芦。幼女剪彩叠福,用软帛缉缝老健人、角黍、蒜头、五毒、老虎等式,抽作大红朱雄葫芦,小儿佩之,宜夏避恶。"北方一些地方如今在农历"二月二""龙抬头"日,人们要剪龙、蛇(俗称"小龙")贴在屋内外各处。南北各地有端午剪"宝葫芦收五毒"、"宝剑"、"剪刀铰蝎子"等图形张贴的习俗。山东民间以往遇灾病流行,人们纷纷用黄表纸剪牛、桃、手持剪刀的猴(孙悟空)等,张贴在迎街的门上,以驱除病魔。"抓髻娃娃"是黄河流域各地民间常见的巫术剪纸。人们用"抓髻娃娃"剪纸祛病招魂、消灾、免祸、止雨祈晴,相信剪纸有着广大的法力。

---

[1] (清)潘荣陛:《帝京岁时纪胜》,北京古籍出版社2001年版。

第十三章　民间游戏娱乐

民间游戏娱乐,是以消遣休闲、调剂身心为主要目的,而又有一定模式的民俗活动。它是人类在具备起码的物质生存条件的基础上,为满足精神的需求而进行的文化创造。它从简单易行、随意性较强的游戏,到技艺精巧、有严格规则的竞技;从因时因地、自由灵便的嬉耍,到配合岁时节令的社火表演,都属于娱乐游戏的范畴。这些活动,可使劳作后的人们得到休息,助益于个人的体能、心理情绪、创造力和道德感。

第一节　民间游戏娱乐的起源、特征、功能与分类

一、民间游戏娱乐的起源

民间游戏娱乐密切地联系着人类生活的实践,娱乐游戏萌发的原因,主要有下列几个方面。

（一）起源于宗教

黑格尔认为,从客体或对象方面来看,艺术的起源与宗教的联系最密切。鲁迅在《中国小说的历史变迁》里说得更为具体:"原始氏族对于神明,渐因畏惧而生敬仰,于是歌颂其威灵,赞叹其功烈。"原始初民由于对自然界缺乏知识,认为一切存在物和自然现象中都具有一种神秘的属性,即"万物有灵"。在此基础上产生了多神崇拜,并有各种各样的祭祀活动。随着社会的发展,人类自信力日益增强,宗教观念渐趋淡漠,祭祀活动也日益失去其严肃性,由娱神向娱人过渡,最终演变为民间娱乐项目。"社火"起源于古老的土地崇拜。"社",指土神,在祭祀土地神的"社日",举行的歌舞娱乐活动,俗称闹社火。社火活动中最富有民族特色、最令人振奋的是"龙舞",它源于民众的崇龙心理,常常与"求雨"相联系,这是因为以农为业的中华民族,旱涝灾害时常威胁着人们

的生存,与农业的丰收关系至为密切。舞龙的目的虽在取悦神灵,但是这种活动已包含了音乐、舞蹈等因素。山西南部的"中黄高台"即高台社火,相传最早用于祭神祈祷。人们集中在神庙里,装扮成各种神,在音乐伴奏下表演。后来又走出神庙,串街表演,因观众太多,十分拥挤,看不清楚,就逼出了"中黄高台",即把各种神的扮演者请在木板上,抬起来表演,使之由祭神娱神的活动,逐渐演变为以娱人为主的社火节目。

（二）起源于巫术

严格地说,巫术属于原始宗教的范畴,二者的区别在于:宗教是通过祈祷祭祀,祈求自然与外界事物的恩赐;巫术则是操纵虚构的"超自然力量",企图驾驭自然与社会,实现施行者的非人力所能实现的意图。巫术是在科学尚不昌明时代,人们认识物质世界与精神世界的实用手段,不少娱乐项目与之相关。我国江南水乡的端午节"划龙船",最早源于"竞渡禳灾"的信仰。明人杨嗣昌《武陵竞渡略·竞渡考》曾经论及。许多地区最早都把五月五日视为"恶月"、"恶日",这一天要进行驱邪避瘟的活动,借以达到除邪恶、求平安的目的。到了汉末魏晋,龙舟竞渡与爱国诗人屈原的事迹粘连,成为具有纪念意义的娱乐活动。放风筝,本是一种禳灾的巫术行为,某人得了病,把病状涂到风筝上,引线放到天空,再剪断拉线,俗谓病会脱离病人,随风筝飘飞而去,后来演变成今天的游戏项目。上刀山、爬刀梯的竞技,最初旨在增强人类自身的信念,鼓起战胜鬼魅邪恶的勇气。随着岁月的流逝,巫术性减弱,娱乐性增强,演变为惊险动人的杂艺表演。

（三）起源于劳动

"劳动",广义地理解,包括人类战胜自然、发展自身的一切生产活动,它是大量娱乐游戏项目得以萌发的源头活水。人类在狩猎时代,由于长期与各种动物打交道,对其习性、特点有了较深的了解,出发之前,模拟人猎获野兽的场景,预祝狩猎成功。归家之后,载歌载舞,庆祝猎获的丰收。后世节日社火中的模拟禽兽表演,大都脱胎于这种模拟的艺术形式。后世的许多游戏娱乐项目如投掷、射箭、骑马等都是狩猎生产的再现。我国南方的秧歌舞、采茶舞以及佤族的"春臼"、台湾高山族的"杵舞",都是人们对自己熟悉的农耕生产劳动的模拟,是渗透着主体审美体验的、富有象征性的娱乐活动。

（四）起源于兵事

"寓武于娱"的竞技项目的形成,大多与军队训练相关。摔跤,汉代称为角抵,传说与黄帝战蚩尤有关。北宋时就有的"相扑",是当时军事训练的重要项目。击鞠是指骑马持杖击球,互相攻守,以攻球入门为胜的竞技。自汉代列入兵家,用于练兵,迄宋一直如此。这种团体性活动,除了可以锻炼身体之外,还可以培养合作精神及严守规则的纪律观念,是一项颇具意义的体能活动。据晋张华《博物志》载,围棋、象棋是尧或舜的发明。其实,从其局制、道具、攻守之法来看,深具战术思想,无疑源于兵家。明代刘基《赠弈棋相子先序》说："吾尝读《孙子》十三编,而知古人制敌之术,意弈棋必出于兵家。自天下为战国,而司马穰苴、孙武、吴起之徒公然以兵为教,于是学战阵者不必寓于物以求之,而棋遂为娱乐工具。"他认为弈棋的起源应归诸兵家。东汉桓谭的《新论》也有相同的看法。《隋书》"经籍志"也将围棋列入兵家。拔河,原名施钩,据说为公输子创制。荆楚是江湖沼泽地区,传说公输子教士兵习水战,乘舟操练于水上,学习拖钩拉缆,终于打败了越军。到了南北朝,施钩才由水师操练项目,转变为民间寒食节的游戏项目,流传到唐代始唤为"拔河"。

二、民间游戏娱乐的特征

民间游戏娱乐作为民俗文化中的一项内容,在民众生活系统中占有较为重要的位置。民间游戏娱乐同其他诸种民俗事象一样,既具人类的共通性,又有自身的特性,归纳起来有如下三个基本特征。

（一）娱乐性与竞技性

娱乐性与竞技性是民间游戏的基本特质,它们是游戏成立的前提。

1. 娱乐性

游戏竞技最根本的性质是它的娱乐性。游戏在其发生之初,可能具有宗教的、军事的、劳动的或其他某种实在的意义,并不是为了娱乐。如春天的放风筝,人们最初是为了放掉身上的晦气,这是具巫术意义的户外活动,那时还不是游戏。游戏一旦作为调剂社会生活的一种文化需要时,它就天生具有一种娱乐意义。娱乐是游戏出现的前提之一。游戏娱乐不仅给人们增添了生活的情趣,而且使人们的教育活动在愉悦的形式下得到有效的开展和加强。

游戏的娱乐,既适应人类,特别是儿童的天性,健全他们的心理,增强他们的体魄,又有助于成人之间的联系沟通,增强群体的凝聚力和社会活力。当然它更是人们休息和闲暇时光的一种生活方式。在欢乐的游戏活动中,成人或儿童的情性自由抒发,这有利于人们潜在心理能量的发掘,增强人们生活的自信,享受人生的快乐。

娱乐是游戏的灵魂,没有娱乐也就没有了游戏。

2. 竞技性

这里说的竞技性,主要是就游戏娱乐活动中所包含的竞技心理即争胜心理而言的。一般说来,游戏娱乐活动多含程度不一的竞技心理。无论是智能游戏、体能游戏,还是技艺、技巧的比试,多以斗奇争胜为快事。游戏中的竞技性质,能使参加者在互相较量、竞赛中,获得心理的愉悦,甚至能起到磨炼意志、开启心智的作用。历史上有这样的一个例子:北魏时期,有一位侍中名游肇,他认为世上诸种棋法都以征杀攻取为胜,这有悖儒家道德伦理,因此发明了一种以"温良恭俭让"为宗旨的"儒棋",步步退让,以让为胜。这种以伦理教化取代娱乐竞技的棋法,违背了游戏的基本性质,因此它问世不久,即被人厌弃。所以,从一定意义上来说,游戏失去竞技性,也就失去了娱乐性与教育性。

儿童游戏中的跳绳、打瓦、下跳棋、老鹰抓小鸡等都含有竞技的性质。当然儿童游戏中也有部分自娱自乐的内容,如过家家、数手指等。

(二)阶层性与对象性

阶层性与对象性是就民间游戏娱乐在社会不同层面与人生不同阶段的表现而言。

1. 阶层性

游戏娱乐作为生活文化的一项重要组成部分,它适应社会各阶层的需要,显现出阶层性的特征。在上层有宫廷游戏、文人游戏。宫廷游戏娱乐多与宫廷的特定生活形态相关。文人游戏较为古雅,以静态的文字游戏为主,因为一般来讲他们有优裕的生活、闲暇的时间和良好的文化素养。与此相并存的是丰富而多样的属于社会中、下层的民间游戏。

其一,市民阶层的游戏娱乐。市民游戏的主要参加者,一为在城市居住的、有钱有闲的官宦富豪子弟,一为部分商人及某些无固定职业的城镇游民。他们一般粗通文墨,但文化素养有限,无力也不情愿作节奏缓慢、温文尔雅的精致游戏;同时他们较之于下层农民来说,又有文化水准、财力与时间的优势。因此,市民阶层的游戏娱乐有自己的鲜明特色:一方面为了适应自己的快节奏生活,满足于投机与竞争的心理刺激,他们的游戏娱乐往往有较强的对抗性,博戏盛行,热衷于斗鸡、斗蟋蟀、走马、踢球等;另一方面为了消闲,适应追奇慕异的心理,他们也喜好令人心摇目动的表演性的杂耍娱乐,如弄丸、跳剑、飞刀、戏法等。市民游戏动作性强,富于感官刺激,强调机会的把握和冒险精神,较少群体的协作和互助。市民游戏体现了部分市民的情趣及其文化特点。

其二,农民阶层的游戏娱乐。农民的文化是民间文化的主体,农民的生活是社会生活的底层和基础。他们的游戏娱乐自然朴实,乡土气息浓郁。由于劳作的辛勤,他们游戏娱乐多在节日和工余时间进行,田边村头,地点不拘,形式多样,简便易行,如工休时间的赛力、掷远、摔跤,节日时的踩高跷、耍龙灯、划莲船、打太平鼓等。农民游戏的起源多与农业祭祀相关,如正月十五迎紫姑的妇女游戏,边迎边念"正月正,麦草青,请七姑,问年成";赛社火也是丰收以后竞赛性的娱乐游戏。不过随着社会的进步,民众知识能力的增长,它们逐渐变化了性质,大都摆脱了原始迷信的意味,娱乐性更强,或只带着一些对生活的祝愿性质,这是民众文化的自然调节,是有意义的进化。[1] 由于农民生产、生活的相互依赖,农民游戏娱乐显现出较强的互助协作意识,如年节时的龙灯舞、端午的龙舟赛等,都是集体性的娱乐游戏。农民的游戏质朴纯真,如抛彩球、对歌等交友游戏,是青年男女表达情感的有效形式。

当然,民间游戏娱乐作为一种生活文化,它的各个层面有一定的交叉重叠关系,不可截然区分。

2. 对象性

民间游戏娱乐不仅有一定的阶层性,而且还有一定的对象性,这种

---

[1] 钟敬文:《话说民间文化》,人民日报出版社1990年版。

对象性是就人的性别、年龄阶段而言的。

首先,不同性别的人们对游戏娱乐有不同的偏好,游戏的形态各有特色。男子游戏,崇尚惊险,夸张力气,体现勇武精神,如举石锁、跳马、飞镖等;女子游戏,雅淡、平静、细腻,推崇心灵手巧,如七夕乞巧、端午斗百草等。

其次,不同年龄段的人有不同的游戏娱乐。在我国主要是儿童游戏与成人游戏的区分。儿童游戏是民间游戏的主要组成部分。儿童稚气天真,喜动作,好模仿。他们三五成群,结伴而戏,跳房子、抽陀螺、荡秋千、捉迷藏、卖大布,意趣盎然。成人游戏娱乐则以赛力、竞技、赛艺为主,有更强的胜负观念,如马上骑射、围棋、角力等。他们的游戏竞技讲究形式,较为规则,因此娱乐性较强。

(三)地域性与民族性

民间游戏娱乐同其他民俗事象一样,有着鲜明的地域性和民族性。

1. 地域性

民间游戏娱乐在一定的自然—人文环境中孕育产生。它的形态往往取决于人们的生产、生活方式,受地域条件的制约,因此呈现出地域性特征。

我国幅员辽阔,南方与北方由于水土条件的差异,生产内容的不同,饮食结构的区别,作为调节社会生活的游戏娱乐也各有特色,所谓"南方好傀儡,北方好秋千"。北方天高地阔,人们的生产简陋、生活朴野,在与大自然的严酷斗争中培养了勇武精神,因此,赛力竞技游戏发达,如摔跤、角力、驰逐、拖冰床等;南方山环水绕,气候温和,农业精耕细作,物质条件优于北方边地,人们性格柔和、灵巧,富于想象,长于智能游戏和技巧游戏,如猜谜、对联、斗茶、弈棋等。当然这种区分是概略性的,南北游戏交叉共生的也为数不少。除南北两大地域差异外,还存在着山乡与水滨、高原与平野的区别,游戏娱乐因地制宜,如山乡的竹林竞技、水畔的水嬉、高原的骑射、平野的登高等。

有的游戏娱乐内容相同,但其名称、游戏规则却因地而异,如纸牌、棋艺之类就更为明显。

2. 民族性

民族性与地域性既有联系,又有区别。一定的民族居住在一定的地区,他们在特定的地域条件下形成自己的生活习性,带有地域色彩。但民族文化心理一经形成,即有强烈的传承性,即使脱离了特定的地域空间,他们还会继续保持本民族的文化。因此,地域性不能替代民族性。中国是多民族的国家,中国民间游戏有鲜明的民族性特征。

北方少数民族,以游牧劳动为主。生产的粗放、生活的漂移不定,养成了他们粗犷豪放的性格。因此游艺活动以勇武著称。如被称为"马背上的民族"的蒙古族将摔跤、赛马、射箭称为"男儿三艺",练好三艺才是真正的蒙古汉子。中原及广大汉族地区以农业生产为主,有固定的生活空间,采用村落聚居形式,因此,汉族地区多庭院游戏。游戏形式平和、多样,如放风筝、抽陀螺、打瓦、拍子儿等。南方山地的少数民族游戏娱乐也各有特色,因场地限制,他们的游戏一般小巧灵活,如土家族的"打贡鸡"、畲族的"打尺寸"、苗族的手打毽子。

同一类性质的游戏,在不同民族地区,也表现出不同的民族色彩。如同为象棋,在蒙古地区流行的是与汉族地区不同的蒙古象棋。该棋盘无河界,棋子满局行走,卒子同车一样来回迅疾,颇有蒙古游牧民族驰骋纵横的气势。

广而言之,我国的民间游戏与欧美民间游戏相比较,也有着显著的东方民族特色。

三、民间游戏娱乐的功能

游戏在萌芽之初大都具有实用价值。随着社会的发展,人类的进步,游戏的娱乐功能日渐加强。然而人们并不仅仅是为娱乐而娱乐、为游戏而游戏,游戏娱乐对于人生社会来说有如下三个重要的潜在功能。

（一）教育少年儿童

"寓教于乐"是中国童蒙教育的重要原则,民间游戏特别是小儿游戏是实现这一原则的有效手段。

1. 智能的培养

有人说过:"使我们快乐的时光,亦使我们聪慧。"对于成人来说,游戏娱乐活动的自由展开,有益于人心性的抒发,唤醒人们内在的活动能力,满足人们发掘自己潜能的渴望。对于少年儿童来说,游戏娱乐是一种非正式却有效的教育方式,在轻松的嬉戏中传递了知识,开启了心智。

(1)训练语言的表达能力。当小儿咿呀学语时,大人常把住幼儿的小手,让孩子伸出两手的食指,碰碰、分开,边动作边唱:"虫儿虫儿虫儿飞,虫儿虫儿虫儿飞!"小孩在掌握了一定的语汇后,大人有意识地教给他们一些儿歌,如华北流行的"拉大锯",以培养语言表达能力。为了训练孩子的语音辨识和清晰的表达,我们的祖先很早就利用汉语特有的声韵特点创造出了"绕口令"的娱乐游戏。孩子们在绕口辞令中获得了语言的磨炼。

(2)增强计算能力。我国民间游戏很注意培养小孩的数字概念,锻炼他们的运算能力。"数手指"是最普遍最简便的数学游戏,它将幼儿的视觉与数学联系起来。这种游戏,在原始先民那儿有着实用的计算价值。传统的"拍麦"游戏(即现代的拍手歌)以及许多计算性的测验游戏,如葫芦罐分油、大小马驮百瓦等尤有趣味,人们以此培养儿童用脑的习惯,提高演算能力。

(3)丰富想象、提高人的反应能力。民间游戏中,有不少训练人们空间思维和直觉反应能力的内容。如猜谜、猜拳、棋艺、儿童常玩的"剪刀、锤子、布"等。现在流行的限时趣题,是一种新型的智力游戏。一两句话构成一个题目,看似寻常,却暗伏机关,有时苦思冥想不得其解,一旦想通,令人忍俊不禁,拍案叫绝。

2. 体能的锻炼

游戏娱乐是一种人体与精神的运动。它不仅注重脑力的开发,而且还注重体能的锻炼。

(1)增强体力。民间游戏娱乐中多有力量竞赛内容,如举重、摔跤、投掷、拔河、爬竿等,强调的是力量的抗衡,以此强健人的体魄。

(2)发展技巧。竞赛技巧的娱乐活动在民间游戏中占较大分量。人们以此开发人的潜在体能,培养形体动作的协调与灵巧。女孩子玩抓子儿、剪纸、编织等游戏,锻炼手指的灵巧;而踢毽子、跳绳、跳猴皮筋儿,运动了下肢;赛马、骑射更是一种高难度的技巧。

体能锻炼的游戏娱乐,是提高民族身体素质的有效途径。

3. 人格的塑造

民间游戏对广大少年儿童来说,不仅有开发智能、增强体能的功用,而且还有健全人格的功能。

(1) 培养勇敢坚强的心理素质。游戏活动有相当部分是勇敢者的活动。它是人们为满足新奇刺激心理,和培养冒险精神而创造出来的娱乐样式。它的原始意义与培养人们的战斗精神有关,后来逐渐演变为一般游戏,但这类游戏的潜在功能没有失去。如跳马、荡秋千、登高、攻城、斗牛等。腾空的惊险,翻覆的剧烈,冲击的勇猛,人们在大起大落的游戏中经受着意志的考验。这有助于培养人们的勇敢与机敏,增强战胜困难的勇气。

(2) 树立诚实公正的处世态度。健康的游戏娱乐对于人格的模塑、性情的陶冶有着积极的作用。民间游戏娱乐中大多含有积极的合理要素。首先,游戏有一定规则,参加者必须养成自觉遵守的习惯;其次,机会均等,在公平的条件下,双方各显身手。因此,诚实与公正是参加游戏者的首要要求。少年儿童在这些日常的、细微的有较强公正原则的游戏中,接受到一种潜移默化的影响,培养他们作人的诚实。

(3) 加强群体互助的合作意识。游戏参与者的集体性,培养了人们的合作观念。如捉迷藏、卖大布、攻城等,这对于尚处在家庭保护下的幼童来说,是合作的有益尝试。

总之,民间游戏娱乐是少儿教育的一个重要组成部分。对于少儿智能的开启、体能的增强及人格的塑造有着特殊的作用。它不依赖于居高临下的说教,而是在轻松愉快中陶冶人的性情,培养人的良好素质。

(二) 调剂大众生活

游戏娱乐对少年儿童来说,有着独特的教育功能。在成人那里,游戏的娱乐性更为显著。

成人通常担负较重的社会责任,从事着生产、生活及其他各项社会活动。他们为了休息,为了缓和生活的紧张状态,往往借助游戏娱乐来调剂他们的生活。常居室内的人,多喜欢到户外参加动作性强的各项竞技性活动,以放松身心。而那些长年在外奔波的人,则更愿意参与富于刺激性的游戏或智力消遣(如下棋、玩牌),来缓和一下连续紧张的生产生活。成人的游戏娱乐除了为未来的工作重振精神外,有的还利用游戏娱乐来发掘自己的潜在能力,将平常被压抑或被忽视的智能与体能充分发挥出来,增强人们生活的自信。所以说,游戏娱乐不仅能使人增添生活情趣,而且还含有一种创造性的要素,使人精神振奋。

大规模的游戏娱乐,则是人们难得的聚集机会,人们在一定的场所,依据一定的方式进行活动。无论相识与否,人们在平等的参与中相互交流、彼此沟通,这有利于社会生活的和谐稳定。有的游戏,如某些带有性爱性质的游戏,还是社会发展早期阶段婚姻生活的重要组成部分。年轻男女在特定时节自由交往,为新的家庭诞生准备了条件。

(三)增强群体意识,培养集体精神

游戏与竞技、竞赛通常在一定的群体中进行。人们在游戏娱乐中相互配合、相互理解,在无所拘束的自由空气里培养群体的合作意识,产生诚意与和睦。这对于少儿来说,是他们进入未来社会的准备与演练;对于成人而言,则为增进友谊、调整人际关系的有益形式。特别是大规模的游艺竞技活动,如内蒙古的那达慕大会、西北的花儿会等,都是该地区人民定期交往的集会。人们在这里游戏娱乐,竞技对歌,在轻松愉快的环境里培养集体情感。

集体性的游戏娱乐,是参与者同心协力的一种活动。如拔河比赛、龙舟竞渡等。对立的双方都需要步调一致,否则难以取胜。在夺标争胜的心理之下,个人融进集体之中,人们在游戏里自觉地形成了一种群体意识。集体性的游戏娱乐,还鼓励了群体思维,人们为了解决难题、战胜对手献计献策,增强了群体的凝聚力。

游戏活动,不仅具有我们通常所理解的、一般意义上的娱乐作用,而且它还具有多重的文化意义。上述三点即是这种文化意义的概略记述。

四、民间游戏娱乐的分类

民间游戏娱乐内容广泛,种类繁多,如何从科学的意义上分类,尚待深入研究。

杨荫深在20世纪30年代撰写的《中国游艺研究》[1]是我国较早对

---

[1] 杨荫深:《中国游艺研究》,上海文艺出版社1990年影印本。

娱乐游戏进行专门探讨的著作。他选用"游艺"这一概念,认为它可分为杂技、弈棋、博戏三大类。杂技包括蹴鞠打球、角抵相扑、鱼龙漫衍、上竿与走索、杂耍手艺、幻术、禽兽鱼虫戏、诸种斗戏,弈棋包括围棋、弹棋及各类象棋,博戏包括各种纸牌、骰子彩选、摊钱等。

国内近年来出版的民俗学著作,有的称"游艺民俗",有的称"文艺游戏民俗",也有的称"游戏竞技民俗"。在这些著作中,大多将民间文学、民间音乐、舞蹈等内容包含在内。我们认为,民间文学、民间艺术作为民俗学的重要分支,它们有独立完整的传承体系,故给以专章论述。民间游戏娱乐按其内容和性质划分,包括民间游戏、民间竞技、民间杂艺三大类。

第二节 民间游戏

民间游戏,是民间娱乐的重要组成部分。它是民间娱乐中最常见、最简易、最普遍的趣味性活动。

一、民间游戏的定义与范围

民间游戏,指流传于民间,以嬉戏、消遣为主的娱乐活动。民间游戏包括儿童的庭院嬉戏,成人的助兴游戏,以及少年、成人共享的斗智游戏等。民间游戏是一种积极的参与性的娱乐,这里不需要观众,需要的是参与。人们只有全身心地投入,才能获得乐趣。游戏的随意性较强,它虽有一定规则,但并不严格。游戏的品类众多,形态复杂,但其嬉戏娱乐的主旨不变。它以不追求体能难度和决胜欲望与竞技娱乐相区别,以不注重心理与感官的新奇刺激与杂艺娱乐相区别。人们在相对和缓的形式下"耍乐",人们比试胜负,但不只以胜负为意,注重的是情感的调适、身心的愉悦,如少儿的青梅竹马、成人的猜拳行令等。

二、民间游戏的类别

民间游戏种类众多,形式多样。从空间活动形态分,有室内游戏、庭院游戏。从游戏性质上分,有智能游戏、体能游戏,以及智能与体能结合的游戏。这里就游戏的性质分类叙述。

（一）智能游戏

智能游戏的形式最多，它主要是以培养少年儿童智力为目的的游戏。这种游戏小型、灵活、富有趣味性，一般说来，智能游戏有如下三方面的内容。第一，口头语言表达能力的游戏。如说急口令、绕口令、背诵各种歌谣等。绕口令的语言游戏是根据汉语的声韵特点，将若干双声叠韵的词汇、或者发音相同、相近的字句有意识地组合在一起，构成反复、重叠、拗口的有趣韵语，游戏者稍不留神或舌头翻转不灵，就会出现吐字不准，四声不清的差错，引起人们的哄堂大笑。如民间有首《鹅过河》的绕口令："哥哥弟弟坡前坐，坡上卧着一只鹅，坡下流着一条河。哥哥说，'宽宽的河'，弟弟说，'肥肥的鹅'。鹅要过河，河要渡鹅，不知是鹅过河，还是河渡鹅。"游戏者快速念出时，往往"鹅"、"河"混淆，达到嬉乐游戏的效果。

第二，数字计算能力的游戏。在游戏中，有较多的培养少儿数字概念和运算能力的游戏。如识数歌谣、数鸡兔、巧栽树、船装缸等。数鸡兔的运算游戏如：野鸡、兔子三十六，共计一百足，问野鸡兔子各多少？

第三，空间想象和推理能力的游戏，如猜谜语、拼图、剪纸等。拼七巧板是传统的游戏项目，它源于唐代的燕几图。玩法为将七块小薄板拆开，根据不同的组合方法，拼成各种图案，有人物图像、花卉虫鱼、居住建筑等。它设计科学，构思精巧，富于变化，有益于培养儿童的创造性思维，促进智能发展。

（二）体能游戏

体能游戏是民间游戏的常见项目。它的目的在于锻炼、发展少年儿童的身体素质。这种体能游戏没有严格的时间限制和固定规则，注重的是游戏中的娱乐，它以动作见长。一般在庭院，户外进行，如捉迷藏、老鹰抓小鸡、猫拿耗子、丢手绢、跳房子等。体能游戏大多是集体追逐性、竞赛性的嬉戏活动，也有抓石子、滚铁环等个体嬉戏。

体能游戏还因地理环境、生产、生活方式及文化传统的差异，表现得各具特色。北方的冰嬉，南方的水戏，都是适应本地环境的、良好的体能游戏。

（三）智能与体能结合的游戏

民间游戏中，有相当部分在分类中难以归并。根据其性质、形态将其列为智能与体能结合的游戏。它是智力反应与体能动作协调结合的游戏。最典型的莫过于猜拳行令等助兴游戏。人们在喊出口数的同时，出指数，口数符合双方所出指数之和为胜。这里就需要有瞬间的反应力、判断力及出手的变化和迅捷。因为这有一定的难度，一般在成人中进行。儿童中流行"剪刀、锤子、布"的游戏，同样是手势与口令并出，但它比成人的猜拳游戏简单一些。

第三节 民 间 竞 技

一、民间竞技的定义与范围

民间竞技，是一种以竞赛体力、技巧、技艺为内容的娱乐活动。争强斗胜是民间竞技的根本特性。

我国传统的竞技项目丰富多彩，且有着悠久的历史。其源头，可以上溯到远古先民的采集狩猎生活，以及部落攻战技艺的演习。

民间竞技项目数量众多，范围广泛。从参赛人数看，有单独显身手的，有二人对垒的，还有多人参与的。从竞赛的空间看，有室内竞技，如各种棋弈；也有室外竞技，如踢毽子、跳绳、射箭、赛马等。从有无道具划分，有的使用各种兵器或日常生活器物表演奇巧技能，有的则单凭自身体能做精彩表演，如猜拳、拇战、摔跤等。民间竞技是活动范围最广，参加人数众多的群众生活文化，它是我国民俗文化中光彩夺目的一项内容。

二、民间竞技的类别

民间竞技从性质表现和形态划分，分力量型、技巧型、技艺型三类。

（一）力量型

力量型竞技，指以赛力为主的对抗性活动。赛力竞技是传统的竞技项目，既有单个的力量竞技，也有团体性对抗竞技。

以个体为主的竞技主要有摔跤、投掷、举重、爬竿等。

摔跤,广泛流行于汉族和蒙、彝、藏、维、壮、瑶等少数民族地区。汉族摔跤最有特色的,是山西忻州的"挠羊赛"。竞赛时以又肥又大的白羊作为奖品,获胜者"挠羊"而去。"挠"为当地方言,即扛的意思。当地把摔跤比赛称为"挠羊赛",将获胜者称为"挠羊汉"。每逢古会、唱大戏时,有村与村、县与县的正式比赛。平时在冬季农闲、田间地头也常有擂台式的对抗赛,故当地素有"摔跤之乡"的美誉。许多少数民族都把摔跤列为节日和日常娱乐活动的重要项目,蒙古族的摔跤更是独具风采,摔跤、赛马、射箭合称为蒙古族的"男儿三艺"。牧民们不仅在劳动之余常常围在一起摔跤比赛,而且在祭敖包和那达慕大会时,摔跤也是不可缺少的内容。每当夏秋之交,在百花盛开的草原上举行摔跤赛,场面十分壮观。跤手们身着特制的摔跤服,在浑厚雄壮的摔跤歌中走上跤场,施展捉、拉、扯、推、压多种动作,以战胜对方。摔跤结束,场上照例唱起祝贺的歌子,夺得比赛的冠、亚军,称为头布盔、二布盔,被公认为勇士,美名会传遍草原,享有很高的荣誉。

投掷类竞技,在汉族地区兴起甚早,如传说在唐尧时代就开始有的击壤。在游牧民族地区则有打髀殖、掷"布鲁"等活动。打髀殖,又名"打髀石"。髀石一般用锡、铜等浇灌狍、鹿、獐、麋的前脚骨,目的是增加其重量,掷时重实有力。最早用于游猎生产,后来演变成一种竞技娱乐活动。它原为契丹族的习俗,后蒙古灭辽,继承了这一习俗,延续至今。"布鲁",也是蒙古族古老的打猎工具,用弯曲的小木棒、外包铁铜等金属,有的在木棒头部雕刻花纹后,化铅、铜、铁等金属水浇注其中而成。到了近代,人们把投"布鲁"作为一种锻炼身体的活动,以之增强人的四肢肌肉,锻炼力量、速度及准确的目测能力。新中国成立后,投"布鲁"被列为那达慕大会的正式比赛项目。

举重,是一项古老的赛力活动。汉代的举重项目主要有"扛鼎",以表现臂力为主,所举器具为铜或铁制的鼎。《史记·项羽本纪》曰:"籍之力能扛鼎",从一个侧面反映了这一活动。唐代以后的武举考试,常以举重为主科目。

爬竿,主要靠手脚配合,两臂要有力,汉代称为"都卢"。都卢本是西域一个小国家,《汉书·西域传》注中记有其人"体轻善缘",长于爬竿表演,故得名。张衡《西京赋》也有此类竞技表演的描述,称之为"寻橦"。直至今天广西苗族仍有爬竿比赛。

集体性竞技有拔河、接力赛、龙舟竞渡等项目。它依靠参赛者同心协力,相互合作,方可取胜。

拔河,是十分普及的赛力的集体活动。其方法是,在地上画两线为河界,由人数相等的两队各执绳的一端,按规则用力拉绳,以把对方拉过河界为胜。唐代的拔河与今略有不同,据封演《封氏闻见记》载:唐代的拔河是用小绳索数百条,分系于大麻絙两端,使拔河者"挂于胸前",以双手挽住麻絙用力即可,参加者有时可达千余人。拔河这一活动至今仍深受人们喜爱,成为各机关、厂矿、学校冬季的传统竞技项目。

接力赛,把参赛者分成人数相等的两队或两队以上,进行集体竞赛,以时间短、速度快、接棒准为胜。

江南的划龙船,又称"赛龙舟",或"龙舟竞渡",通常在每年的端午节举行,是大型的群众性竞技活动。龙舟的形制长七尺至十余丈不等,人数少则四十余人,多的可达八十人以上。龙舟用水柳木雕刻龙头和龙尾,船上插有五色彩旗,并置有锣鼓,用以鼓士气、壮声威,统一划手的节奏。参赛者边划边喊,一艘艘赛船犹如真龙出水,你追我赶。这完全是一场意志的拼搏,一场力的较量。江岸上,无数百姓临岸观看,一片欢腾。赛龙舟不仅广泛流行于我国南方各地,而且泰国、东南亚等地也先后举行过数届国际龙舟大赛,成为世界性的竞技项目。

(二) 技巧型

技巧型竞技,即以竞赛技巧为主要内容的娱乐项目。它与力量型竞技相比,以巧见长,凭借竞赛者身体的上下肢,表演踢、跳、蹬、抽、打、举等多种技巧,变化奇妙,多姿多彩。

根据技巧变化的繁简,技巧型竞技可分为单一技巧和综合技巧两类。

单一技巧,是指在同一活动里比赛某一种技巧的竞技。传统的项目有跳绳、跳皮筋、踢毽子、荡秋千等。

跳绳,是用一根绳子作道具,表演各种跳跃技巧的竞技活动。有一人跳、双人跳、多人同跳之分。跳绳的技法有前甩、后甩、前交叉、后交叉、计时跳绳、双脚跳、单脚跳、"迈门坎"、"麻花阵"、"跳跑"、"蹲跳"等，关键在于绳的摆动与跳跃动作协调配合，使脚与绳不相缠绕，同时跳出多种花样。

跳皮筋，是用细橡皮圈结成绳子，长约六尺，两人或多人扯住，一人或数人跳。跳者表演点、迈、顶、绕、转、掏、摆压、摆勾、踩、踢等动作，并且变化出多种花样。要求动作准确熟练，自然协调，富有节奏感。

踢毽子，是一种传统的民间竞技活动，古代称之为"蹀锵"。毽子，一般由铜钱方孔中竖缝一细皮管，管中插一撮鸡毛，谓之"鸡毛毽"。也有用碎布条或纸条插入铜钱方孔中，谓之"布毽"、"纸毽"。踢毽的技巧很多，基本的踢法有盘踢、拐踢、蹦踢、间踢四种，可表演出多种花样。如河南鹿邑一带，把双脚向内侧交替踢称为"刀"，把用脚后根向外侧踢称为"拐"。山东则有左踢、右踢、左尖、右尖、左拐、右拐、"剪子股"、"眼镜"等踢法，以经久不落地、表演花样多为赢。

荡秋千，是在木架上悬挂两根绳，下拴横板，人或站或坐其上，两手握绳，秋千前后摆动。主要比蹬技，以荡高为胜。秋千本是北方山戎之戏。春秋时齐桓公北伐山戎时带回中原，渐次传播开来。在我国，还有诸种制作奇特、装饰讲究的秋千，如山西长治的"车链秋"，山东荣城县埠柳乡的"龙门秋"以及流行于云南少数民族地区的"转转秋"、"磨秋"等。其特点是根据一定的物理原理，在秋千架上安装轴、轮等器具，形制奇妙壮观，富有地方特色。

综合技巧，是在同一活动中表演多种技巧的竞技活动，主要包括赛马及各种马术比赛。

赛马，是一项历史悠久、流行于游牧地区的竞技项目。如蒙古族素有"马背上的民族"之称。自古以来，这里的人民对马有着特殊的感情，备加珍惜和爱护，正如一首民歌所唱："马背上生，马背上长，手舞套马杆，烈马被驯养。"长期的游牧生活使他们练就了高超的骑马技术。赛马有在规定的赛程内竞赛速度的项目，也有骑马越障、马上斩劈、马上角力、走马赛、颠马赛、花样赛、"海底捞月"、"八步赶蝉"、"镫里藏身"等特技表演。

骑射，是射手骑马持弓箭，沿跑道边跑边射，一马三箭要在规定的跑道上射完,最后以三轮中靶的箭数多少确定前三名。射箭对于蒙古族少年儿童颇具诱惑力,儿童六岁以后就教以骑马射箭,参加围猎,追狐逐兔,故弓马娴熟。

哈萨克族的"马上摔跤"和"姑娘追",也十分惊险有趣。勇敢的小伙子们骑在飞驰的骏马上,施展拉、拽、扭、扳等技巧,以把对方拉下马为胜,叫做"马上摔跤"。"姑娘追"是男女青年之间进行的马上技巧的比赛。参赛的青年男女,不论已婚、未婚,均可自由结对。男子策马先跑,女子扬鞭后追,追上为胜。追上之后,女方可以用马鞭抽打对手,小伙子不准还手。若遇意中人,姑娘则虚晃几鞭,以遮人耳目。被抽打的小伙子,往往是姑娘相中的对象。未婚男女,正是借这种传统的娱乐活动寻觅伴侣,进行别具一格的"谈情说爱"。

马球,史称"击鞠"、"击球",是一种骑马击球的团体竞技活动。古代中原汉人及吐蕃、契丹、女真等族都有这种项目。后传入蒙古,相沿至今。赛场一般设在草原、旷野或宽阔的街衢,球状如拳头,鞠杖长数尺,杖头似偃月。比赛时,分两队共争一球,以击球破门为胜。赛手骑术娴熟,相互追逐拦截,场面惊险、热烈。

(三) 技艺型

技艺型竞技,是以比赛技艺为主的娱乐活动。这类竞技的特点是搏击度较弱,游艺性较强,以各种民间棋类为代表。

从弈棋道具制作和竞赛场所来看,可分为民间固有的简易棋类,与棋具制作精致、规则严格复杂的棋类。

民间简易棋类,形式简单,玩时方便。每至劳动闲隙,或农事闲暇,在田间地头、村旁树下,席地而坐,随手画出棋盘,用石子、土块、火柴等作棋子,借以自娱自乐。其竞赛方法有的以吃子为目的,有的以占位为目的。竞赛者仿佛像指挥员一样,运筹帷幄,调兵遣将,在小小的棋盘上施展自己的才智。其名目因地而异,数不胜数。如山东有五子儿、五福、憋死牛等;河南有摆方、和尚担山、走顶手、跳茅缸、赶羊角、占岗儿、丢窑、走古路等;山西有成三、打六子炮、憋茅厕、灌酒、狼吃羊、下鸡蛋等。

棋具精致、规则严格的棋类,主要有象棋和围棋。这类竞技娱乐性强、雅俗共赏,上自君王贵族、文臣武将,下至平民百姓、野老村童,都不乏棋艺高手。人们或从棋艺中增长知识、体会治国安邦之理,或从棋艺中寻求乐趣,忘却人间烦恼。亲朋至友相聚一起,竞技一番,是一种积极的休息。在长期的民俗传承中,形成了走棋的规矩,所谓"帮弱不帮强",或"观棋不语真君子,起手无悔大丈夫"。在棋艺切磋中,人们不仅获得智勇较量的愉快,而且也是品德心性的磨砺。

第四节 民间杂艺

除民间游戏、民间竞技之外,民间娱乐还包含有一些重要内容,这就是民间杂艺。它既与民间游戏竞技近似,又难以归并其中,故单节述之。

一、民间杂艺的定义与范围

民间杂艺,就其主要特征而言,是流传于民间以杂耍性表演为主的娱乐活动,它包括民间艺人的杂手艺、动物表演及诸种斗戏。杂艺表演活动,通常活跃在人口集中的市区、乡镇,它常为节日游艺的主要内容。

民间杂艺起源甚早,古代称为"百戏"、"把戏"。秦汉时期已具雏形,隋唐时期有较大发展,各项杂艺基本具备。至宋、元、明、清诸代,随着城市商品经济的发展,市区人口显著增加,民间杂艺适应观赏者的需要,日趋复杂,有勾栏、瓦肆等固定表演场所。晚清还出现了行业性的组织,京师有杂耍馆。名家、高手历朝辈出。杂艺在民间拥有大量观众,它适应了社会中、下层民众的欣赏口味,观赏杂艺表演无疑是他们的一种便利的消闲方式。

二、民间杂艺的类别

民间杂艺处在游戏与竞技的边缘状态,包含的内容广泛而复杂,就其主要形式,大致可区分为两大类别。

(一)民间艺人的杂耍表演

1. 杂技

杂技,主要是指民间特种的表演性技艺。它包括蹬技、手技、顶技、踩技、口技等"杂耍之技"。民间常见的传统杂技项目有蹬坛、顶碗、爬竿、走索、飞丸、跳剑、钻圈等。杂技艺人往往以扣人心弦的惊险表演,赢得观众。清末京师杂耍馆有一位王姓艺人,以蹬坛闻名,他足蹬酒坛,运转如飞,人称"坛子王"。这种高难度的动作,要求杂技艺人有严格的职业训练,从业人员一般在幼年时就拜师学艺。

2. 戏法

戏法,即魔术,古称幻术。它以巧妙而隐蔽的手法变化出奇幻的效果,往往使人在惊叹之余,觉得神奇和不可理喻。民间戏法的传统项目有吞刀吐火、断头再续、鬼搬运、空中取酒、大变金钱等。鬼搬运,是一种搬运术。置物于某处,上锁或封好,玩戏法者在不用开启的情况下,使某物转移他处,时下有些气功表演者也能使用这种幻术。

(二)动物的争斗与表演

1. 诸种斗戏

斗戏,是一种对抗性的动物游戏,有一定的争斗规则。人们精心蓄养勇猛善斗的动物,以入场争胜。这种游戏往往为赌博者所利用,成为博戏。

斗戏包括斗鸡、斗蟋蟀、斗羊、斗牛、斗鹌鹑等。最早出现的是斗鸡。周朝就有季氏、郈氏为了争胜,用金银武装鸡爪的故事,唐朝民间斗鸡之风盛行,影响深入宫廷,皇帝专设鸡坊。斗蟋蟀的历史亦相当悠久。唐朝以来,这种风气愈传愈盛。明清时期在京师、吴越等地,它已成为颇有影响的俗尚。

斗牛,相传始自秦朝。中国的斗牛与西班牙式的斗牛不同,主要为牛与牛斗,而不是人与牛斗。这与中国的农业社会组织相关。至今民间仍有斗牛的风习,尤以浙江金华的斗牛最为著名。

2. 动物表演

动物表演,又称禽兽鱼虫之戏。它是杂耍艺人利用驯化的动物,在公开场所,为观众所作的表演。传统项目有:猴戏、马戏、虎戏、象戏、禽戏等。那些经过特殊调教的动物,在艺人指挥下,多以拟人化的动作表情,取悦于观众。如"蓄猴唱戏,弄鼠钻圈、虾蟆教学、蚂蚁斗阵"[1]等

---

[1] (清)钱咏:《履园丛话》,中华书局1979年版,第537页。

节目,在清朝已遍见于城乡。猴戏在我国最为常见。驯兽艺人利用猴子的灵性,让它表演推车、骑马、牵羊、跳舞等动作,令观众捧腹。

民间娱乐是民俗生活的重要组成部分。民间游戏、民间竞技、民间杂艺是民间娱乐的三项主要内容,三者之间有诸多交叉复合之处。还有许多项目难以截然归于某种类型,有的与歌舞乐结合,构成综合的民俗游艺活动。

下编

第十四章　中国民俗学史略

在我国封建时代的文化遗产中保留了丰富的民俗史料。到了明清时期,特别是近代以来,中国的社会形态发生了变化,中西之间的文化交流也逐渐展开,中国古代关于民俗的某些观念受到这些影响也产生了相应的变化。20 世纪初叶,中国新民俗学运动兴起,中国现代民俗学应运而生,并成为一门新型的人文学科。

本章分古代、近代和现代三个时期,简要地介绍中国民俗学的历史。

第一节　古代关于民俗的记录与观点

我国封建时代的民俗,从先秦到明清,在不同历史时期的多民族融合中,形成了一些基本形态。同时,由于封建皇权的统治,以及儒家思想占支配地位的影响,在对待民俗事象的观念上,出现了正统与非正统的分野;在应用民俗的做法上,也表现了阶级、阶层、文化和兴趣的差异。这一时期关于民俗事象的记录与观点,大多包容在伦理学、历史学、地理学、哲学、宗教学、农学、文学艺术和语言学等的著述中;部分民俗记录还有了专门的编著,如岁时风俗志、民歌集、谚语集和笑话集等。

一、先秦文献中的民俗记录与见解

春秋战国以前流传下来的古代文献记录,从各方面表现了初民社会的古朴风俗。它们对于殷周时期和稍后一段时间的社会信仰、习俗惯制、生产生活以及与重大政治历史事件相关的采风活动,也都有直接或间接的反映。例如,《尚书》的《汤誓》、《盘庚》篇,《山海经》的《五藏山经》,以及《庄子》、《韩非子》等典籍,就记述了有巢氏、燧人氏、伏羲氏、神农氏、黄帝、尧、舜、禹等的原始神话。在其他古籍中,也多少记述了一些民俗资料,如《左传》记述了"古之大事,惟祀与戎"的神鬼筮命观;《吕氏春秋》记述了葛天氏操牛尾跳舞唱歌的农耕仪式;《列子》记述了"男女杂游,不媒不娉"的原始婚俗;殷墟卜辞和《易经》记述了当时的气象历法、市井贸易、民居丧葬与工艺技术,等等。

成书于封建社会形成时期的一些典籍,如《周礼》和《穆天子传》,主要记述了上层礼俗,描绘了贵族的生活和社会理想,说明当时上、下两个阶级之间的民俗已开始分化。

还有的文献,记叙了民俗的地区性差异,如《诗经》中的民歌反映了北方的民俗,《楚辞》中的唱诵则反映了南方楚地一带的风尚等。

古代文献不必等到民俗成为自身科学的研究对象才予以搜集和命名。当时的很多民俗资料,出自当时史官记录的关于社会政治的重要史事和言论,因此,在这种情况下被注意到和运用的民俗,本身就含义模糊。它们一般都具有明显的社会政治倾向。各种史籍反复使用这些民俗资料去勾勒上古社会的"理想国"的图景,先秦诸子则一再征引古代神话来说明各自关心的社会问题。民俗还被吸收者们用来给动荡的春秋社会制定规范,例如,为人伦秩序、信仰制度与日常生活命名等。正是在这些社会活动中,形成了我国先秦时期的伦理民俗观。

但这时被借用的民俗资料,连同表达民俗的不同说法,缺乏一致性。然而,它们的重复出现,有助于加深人们对先秦民俗史的认识。它们还要求人们把当时的民俗活动现象,与其时代、社会和作者的习惯用法结合起来加以考察。

诸子的民俗观,集中反映了这一阶段民俗学史的理论特色。

(一) 孔子的民俗观

孔子是我国儒家伦理政治思想体系的创始人。伦理政治的核心是人学,因此,孔子也是从人学的角度来使用民俗资料的。他主要是在阐明人治的过程中,力图把古代民俗观改造成与礼治体制有关的学问。

首先,他以"志古之道,居今之俗"[1]为指导思想,让历史介入民俗;然后,抛弃传统民俗观中的"怪力乱神"的思维,用人文历史的观点

---

[1] 《礼记·哀公问》,叶绍钧注本,商务印书馆 1934 年版。

解释神话;这就使民俗从上古社会一开始就具有价值,也在春秋社会的现实生活中获得了重要意义和社会地位。其次,他以"民教俗朴"[1]说为前提,致力于贯彻男女、父子、君臣、礼义、仁德的纲常模式,让人们从中了解什么是民俗活动、什么民俗是属于人群集体而区别于禽兽的、什么民俗依赖于人治等。孔子理解民俗,还涉及社会生活的其他层面,如冠、婚、丧、祭等人生仪礼。他尤其重视丧礼,提倡通过隆葬厚仪,建立个人的家庭观念与社会理想相结合的群体经验,并由此自觉接受一套相应的礼仪规范。他还曾删定"诗三百",宣传德音圣乐,提出诗歌音乐是人生阶段的生理环节与社会环节的中介的说法以辅助礼治。

孔子之后,孟子进一步发展了他的丧制学说,以后又受到了墨子的批评。但孔子民俗观的历史方法和人文原则,对于我国封建时代的民俗观系统的形成,具有奠基意义。它还对中国人的生活方式、思想方式与信仰方式,产生了深远的影响。

(二) 荀子的民俗观

荀子的伦理社会思想强调人为的力量,对夸大杰出人物的历史决定作用的说法持否定态度。他开始转向了建立伦理道德价值观的范畴。他的新命题是民俗的道德标准。他主张按照美、丑、善、恶的道德概念去确立民俗知识,为民俗事象分类,选择美俗善政的民俗应用方式。他认为,作为上层统治者,学习和运用这种伦理民俗,善于从俗为事,就可以做到"其法治,其佐贤,其民愿,其俗美"[2],赢得良好的政治效果,并树立他们的"民德"形象。不然,他们就会做出"国家失俗"的逆行。

荀子以道德民俗为社会评价,还导入对于民俗的社会标记和一般性质的推理判断。他说:"入境,观其风俗,其百姓朴,其声乐不流污,其服不挑,甚畏有司而顺,古之民也。"[3]他认为,民俗是由民众的性情、气质、服饰、器用、歌舞、仪式和管理惯制等现存的群体标记所显示的。他还认为,民俗具有自己的"习俗之所积"[4]的自然属性。他的这方面论

---

[1]《孔子家语·王言解》,何孟春补注,圣府永明书院本。
[2]《荀子·王霸篇》第十一,《荀子选注》,天津人民出版社1975年版,第171页。
[3]《荀子·强国篇》第十六,《荀子选注》,天津人民出版社1975年版,第200页。
[4]《荀子·荣辱篇》第四,上海古籍出版社1989年版。

断与孔子民俗观中的一些先验论的说法是有区别的。

荀子赞成孔子的诗乐教化思想。他认为,诗乐可以直接铸造人性中的正直、温和、宽厚、明辨和弘毅等性情,有益于人的性格和品德的修养。所以,他在《乐论》中赞叹说:"故乐行而志清,礼修而行成,耳目聪明,血气和平,移风易俗,天下皆宁,美善相乐","夫声乐之入人也深,其化人也速"。他的目的,当然还是辅佐礼治。

荀子对民间文学比较关注。他创作的《蚕赋》,是我国古代文人作品中第一篇仿制民间谜语的重要作品。

荀子道德民俗观的特点还在于,他发现不是一切民俗价值都隶属于政治价值的。他说:"鲁人以榯,卫人用柯,齐人用一革,土地刑制不同者,械用备饰不可不异也。故诸夏之国同服同仪,蛮夷戎狄之国,同服不同制。"[1]这是他用朴素唯物主义的世界观认识民俗的结果。

荀子的学生韩非子,力倡"便国不法古"[2],推出变法易俗的新说。他在《五蠹》篇中,根据古今社会变迁的情况,举述了三皇五帝迭代嬗变的神话传说,用以论证自己的效俗法治观点的合理性。这是他对荀子的"美俗善政"的思想的发挥,也是对孔孟的"上古理想国"蓝图的改造和补充。

(三)老庄的民俗观

道家的社会方案是无为而治,他们由此提出了自然民俗观的见解。

老庄民俗观的核心是反智主义,即主张"无知无欲"。他们鼓吹小国寡民、绝圣弃智的社会模式,让人们"甘其食,美其服,安其居,乐其俗"[3]。他们认为,民俗的实质在于保存自然的人性。

那些古代神话和初民习俗的魅力,在于它们产生于自然人性的本身,体现了人的感情、情绪、感觉和行为等生命的具体实在性,而与现实世俗功利的价值或某种为圣贤所承认的价值没有联系。

庄子也不追求民俗知识的历史确定性。他要求不使用文化解释的语言,把神话说成是一定具有某种样子的东西,从而为树立道德典范的

---

[1] 《荀子・正论篇》第十八,《荀子选注》,天津人民出版社1975年版,第360、361页。
[2] (战国)韩非子:《韩非子》,上海古籍出版社1989年版。
[3] (春秋)老聃著,冯达甫译注:《老子译注》,上海古籍出版社1991年版,第174、175页。

意义服务。他著书十万余言,多借神话寓言,指事类情,把民俗的知识与自然人的知识作为同一类型的知识进行处理。

由于上述种种观点在后世的传播,老庄的自然民俗观逐渐演变成了我国古代民俗理论中的"天籁说"的源头。

汉代以后,仙话和道教神话兴起,不少上古神话传说借助于它们的流传得到了保存。

总之,先秦民俗,由于被史官和诸子文献所记录,增加了它们的理论分量和实际影响。以人论俗,是先秦伦理民俗观的主要特征。由此产生的"民俗"一词的含义的不确定性,也导致了后世社会在伦理原则以外,对民俗事象进行了其他多样性的分类。

二、汉魏民俗编著的出现与评注

汉末已全面进入封建社会。这一时期,正统与非正统两种文化都很活跃。儒学取得了正统文化的统治地位。佛教、道教思想也开始发展,并融入了当时的学术潮流。五行观念与谶纬学说起初在民间传播,到了汉末,渐与正统思想相牾。东汉时期,民间宗教肇始,楚风崇巫,中原盛行神仙方术,以后,这些仙巫观念又对统治者的行为产生了一定的影响。这样,汉代的上层文化、下层文化和新兴宗教等三种不同的文化,彼此对抗、改造和创新,其结果是改变了当时社会信仰的传统结构,形成了对先秦以来的儒家文化和社会秩序的冲击。在学术上,世俗化倾向随之抬头。

汉魏文献的编纂,在这种背景下,无论撰史注经,还是搜神志怪,大多都吸收了一些非正统文化的因素,文人学者或使用、或编著先秦汉魏的民俗资料,都拓宽了范围,增加了数量。在史学、哲学、宗教和农学等一批新兴的学术中,评注民俗事象,渐成风气。代表人物有司马迁、王充、郭璞和宗懔等。他们对待民俗的态度,虽然有的欣赏、有的批评,处理资料的方法也不尽一致,但他们自身的学术建树也加深了后人对汉魏民俗的认识。

(一)司马迁的民俗观

司马迁在《史记》一书中,以历史学家的身份,处理上古至汉初史俗杂陈的材料,对历史学家与民俗、什么是历史真实、历史著作使用民俗资料的限度等问题发表了见解。

司马迁认为,历史不等于民俗。严格史家的态度,是不盲目地轻信所有史料和不采纳《山海经》、谶纬经书一类的荒诞言论。但是,他的卓越史识,他的创造性的治史观念,包括认为历史和事件、人物、情节不能分割、必须融合起来展现人类的史学思想,这些又使他不能不超越以往史笔的局限,在缺乏史家实录的地方,"网罗天下放佚旧闻"。他的做法,主要是通过搜集散在于民间的神话传说,来补充叙述历史的发展过程。

司马迁提出,一部史书,要体现历史的真实性,就必须"与时迁移、应物变化、立俗施事",即不仅尊重前代的文化遗产,还要分析现实社会变迁的历史事实。对推动历史变化的各阶层、各方面人物和社会因素,都要加以记录,为此,他创设了《世家》、《货殖列传》、《游侠列传》和《西南夷列传》等专章,对从前被忽略的文人策士、市井平民、义勇游侠和边疆民族等上、下不同社会、不同民族的口碑人物都做了记载,叙述了他们的社会关系和历史往来,也记叙了当地发展的气候条件、地理环境、经济文化和思想感情因素,描绘了相关的历史民俗风情。总之,他根据反映历史变迁的原则,扩展了采纳民俗资料的范围。

司马迁的史传著作,在指导思想上,以史别俗;在写法上,采俗补史,他因此使历史成为一门与民俗相遇而不相合的学科,并由此构建了我国古代编年史的第一个框架。他的这一撰史方法,成为我国封建社会二十四史编纂的基本方法。

班固撰《汉书》援例《史记》,另外增设了《艺文志》等专章,保存了对古代小说的目录。以后,范晔著《后汉书》,最早收入了盘瓠神话和九隆神话等我国西南少数民族的神话记录。他们的工作,都得益于司马迁的启导。其他值得注意的编著,还有东汉应劭的《风俗通义》,它不是史书,但它按照历史的方法整理汉代以前的神话和风俗名物史料,与历史民俗著作触类旁通。它的理论特点是说明了古代风俗经过口口传播而充满了含义。东汉经学家郑玄在《毛诗传笺》中,有意恢复曾经被曲解的后稷神话的固有说法,表现出了区分原初意义和后世附会的倾向。

（二）王充的民俗观

东汉王充的著作《论衡》，其中的有些内容，对民俗知识的性质进行了评论，包括评论民俗事实与社会事实、民俗现象与自然现象、民俗解释与宗教解释之间的关系，等等。

王充生活的时代，儒家思想已出现了危机，谶纬经学的地位上升，佛老学说昌炽。但王充的哲学思想与它们都有距离。他在阐述自己的观点时，征引了民俗事象，把民俗知识当做了他驳难辩诘的依据。他提出，民俗由感官经验产生，有符合历史文明的验证，其他东西都不是民俗。他批评当时社会上的诸家说法利用民俗，各取所需，失去了民俗知识的可靠性。例如，"旱久不雨，祷祭求福，若人之疾病，祭神解祸"[1]，是一种民俗知识，儒家却以此申明春秋大义，做圣贤文章，这就违背了民俗知识，也违背了社会事实。对于谶纬学说，王充指出，它利用民间的自然崇拜心理，呼风唤雨，测应人事，实际上不过是一种虚妄之学。[2] 王充也不相信同时代的宗教宣传，否定佛老学说的"劫变"、"灾异"和再创世界的解释。[3]

王充的主旨，是要肯定汉代文化的进步。但他把民俗知识与绝对确定的知识等同起来看待，就无法对日常生活中已消失的民俗生活事象（如上古生活习俗），与非实际生活中所能显现的民俗知识（如神话信仰）作出判断，更不能指出它们产生的社会条件和思维特点。这种情况，在我国古代社会的民俗观念中带有普遍性。

（三）郭璞的民俗观

魏晋南北朝时期，出现了郭璞的《山海经注》、干宝的《搜神记》、任昉的《述异记》和殷芸的《小说》等一批民俗编著，它们标志着我国封建时代的民俗观念出现了一个转折点。

郭璞吸收了外来的佛教文化，接受了上古流传下来的怪异神话，并

---

[1] （东汉）王充著，袁华忠、方家常译注：《论衡全译》，贵州人民出版社1993年版，第930页。
[2] （东汉）王充：《论衡》卷六《雷虚》，上海人民出版社1974年版。
[3] （东汉）王充：《论衡》卷十五《变动篇》，上海人民出版社1974年版。

能按照民俗生活的原来样式,对这些神话进行解释,这就表现了他的新的理论眼光。他也由此在重新组织这方面的史料上表现了很大的主动性,发现和收录了一些前人没有记载的神话传说类型。

比如,郭璞注释的《山海经》,与西晋时期广为传布的弥勒经,在许多篇章上都可以相互映照。像弥勒诸经的许多内容,都谈到了天地开辟、始祖诞生、宇宙万物、人类生成、奇花异草、无量寿命、人体飞升和仙山神树;叙述教主创世说;描绘亚热带风光式的极乐世界等。郭璞在《山海经》注中,也相应谈到了炎黄帝族神系、群巫咸集、木石崇拜、民间医疗、西王母操不死药、仙山和神祭等中国的神话传说。西晋佛学鼓吹"人心均平"的彼岸理想,用以吸引身处苦难动荡的社会现实中的民众;郭璞在他的神话注疏中,也展示了一个谷食丰足、无有差别的理想境界,从而引起了人们的极大兴趣。他的这种归纳,在从前的古籍中是很少见到的,而他受到当时佛教思想影响的痕迹也是明显的。特别是他借助了佛教的创教说模式,引入上古的怪诞神话,帮助人们能够见怪不怪地接受这批祖先创造的神话遗产,更是对保存中国古代神话的一个贡献。他的工作因此具有开辟意义,这是他个人当时无法料想的,但这一点可以通过明清时代的著名学者杨慎和郝懿行等乐于参与补注《山海经》得到证实。

与郭璞同时稍后的一些文人学者,如编纂志怪小说的干宝等,也"别作小经,诈云佛说",有人甚至直接在书中收入了宗教传说和方外杂谭,这都说明,当时佛教文化对我国的民俗文艺作品是很有渗透力的。著名的"天鹅处女"型故事和"牛郎织女"型故事[1],正是在这种背景下被记录的珍贵资料。

我国后世的这类文献,被挤到正史以外的"灾异"、"神怪"、"杂俎"类的著述中保存下来,这恐怕也要归因于魏晋学者的首开风气。

(四)宗懔的民俗观

汉代出现了我国的第一个农业盛世,与农耕生产密切相关的天文历法、水利漕运、丰饶信仰和食俗居制等,也都有了较大的发展。南朝梁宗

---

[1] (晋)干宝,汪绍楹校注:《搜神记》卷十四《毛衣女》,中华书局1979年版。另见(南朝梁)《殷芸小说》,上海古籍出版社1984年版。

懔编《荆楚岁时记》,积累了这方面的史料。此书以十二月为序,按月归纳农事生产和生活事象,包括岁时节日、祈年仪礼与文娱竞技等各种活动,以自然区划为范围,描述了它们的整体形态,使我国的地区性农业民俗首次被归纳为一个特殊的范畴。它也丰富了人们对民俗的功能和地位的认识。岁时民俗的观念,由于符合我国农业社会的特点,在以后的历代民俗文献中得到了沿用。

三、唐宋农政民俗思想的兴盛与都市民俗记录的开端

唐宋600年,经济昌盛,文化开放,呈现出东方农业大国的恢弘气象。这一时期的民俗思想具有双重重要性。一方面,它已从个别民俗观念中脱颖而出,吸收了农业文明的整体价值观,来理解社会的发展和较高文化历史中的民俗传统;另一方面,这种民俗思想的贯通,不像以往那样,以上、下层民俗的冲突或缓冲为代价,而是在博大宽容的政治气氛中滋养新说。这一阶段民俗思想的发展,主要体现在农政民俗思想的兴盛、官修民间文艺图书的出现和帝都民俗中心的发现三个方面。

(一) 农政民俗思想的社会地位及学术影响

唐代皇帝喜好新说,并以之安民富国。先秦以来的儒家教民稼穑为政的理论发展到唐代,与统治者提倡的佛道学说相结合,形成了助国劝农的社会思想,带动了农业经济的发展。

唐代农政思想的核心是强调统治者应具备"勤农"的意识和相关的"政绩"观念。它由唐《开元占经》和《四时纂要》等著作体现出来。其中,"勤农",指树立以农为本的农业经济意识,掌握一套关于气象时令、作物品种、畜禽饲养、耕种灌溉和农具器用的生产知识和技术管理措施。它还要求把农业生产看成是一种与精神信仰和生活方式相关的社会行为,认为社会群体的日常生活的方方面面都与农业的丰歉有关。"政绩",指把农业经济的兴衰丰歉作为考察统治者治理国家效果的标准。因此,唐代的世风崇尚多种宗教或信仰,希望能够借助众多的神灵,护佑农事,富国强民。这种农政观在唐代的农书和占卜书籍中反映得十分明显,例如,《开元占经》中的《天占篇》,就用日月星辰神话进行农占、祈雨和预言人事。

宋代以后,农政思想仍有很大的势力。同时,在上层知识界,再次兴起了援佛入儒的思潮,宋代理学也在此期间形成。陈元靓的《岁时广记》是这一阶段比较重要的文献。作者有意对民俗"探其原委",如在卷二十六中,多条征引织女渡河故事,他的观念就与宋代理学思想有关。其他许多学者,则借助佛学,反省儒学,重新注疏经典,否定偶像和经谶,也由此发现了民间文学的质朴可爱,如朱熹就比较注意民歌和神话传说,他在自己的著作《诗集传》中指出,《诗经》历来被奉为经典,但其中的"国风"就是"里巷歌谣"。他还摒弃了汉代儒家的一些守旧人物用史实附会民歌的做法,指出古代民歌的性质是"男女相与咏歌,各言其情"。他的《楚辞辨证》面向当时宗教思想走向下层的社会现实,也部分地引用了民间信仰的资料,来阐释古代神话传说的思维特点。朱熹的这些见解在一定程度上淡化了儒学民俗观的色彩。

唐宋民俗思想的发展是社会各阶层文化整体演进的结果。

(二)官方类书和文人著作对民间文艺史料的辑存与谈论

唐宋民俗思想发展的第二个标志,是编辑了一批大型的官方类书,保存了唐、宋两代上、下两个阶层的大量民俗文艺资料。其中,比较著名的有唐代的《初学记》和《艺文类聚》,宋代的《太平御览》和《太平广记》。它们经帝王颁布诏谕,由文人学者进行收集和完成编纂工作。与前代不同的是,这种官修类书侧重分类条贯,方便检索,收入了部分宫廷生活与都市街区的民俗生活史料,也搜集和保存了相当可观的民间文艺底本,还为展示民俗文艺的样式、规模和内容开辟了新的分类编目。此外,它们还有其他一些特点,比如,在体裁上,它们汇集了经史子集、宗教宝卷和戏曲歌谣等各类文献,官民僧俗概不排斥,这就反映了唐宋新兴的都市文艺与传统农民文艺相混合时期的情景,展示了下层文艺向中层文艺过渡的状态,及其时代的、社会的和文化的背景。在叙述方式上,它们提供了一些民间文艺题材形成的线索,像中国四大传说之一的《白蛇传》,被宋《太平广记》收入,编者指出,白娘子其人,在唐人小说《博异志》中的《李黄》和《李琯》两篇传奇中已有雏形。诸如此类的说明,无疑扩大了这些官修类书的使用范围,也为后人研究这一时期的民间文艺提供了便利。

唐宋时期的个人编著在收辑民间文学材料方面也有类似的好处。它们中间至今被引用的,有唐段成式的《酉阳杂俎》和宋洪迈的《夷坚志》等。

唐宋戏曲论著的出现,是这一时期民俗文艺理论建设的收获。它们讨论俗乐俗曲、民间歌舞、民间艺人传承,以及戏曲与一般世俗生活的关系,预示了中、下层戏曲说唱文艺的抬头。其中,唐崔令钦的《教坊记》和宋王灼的《碧鸡漫志》两部著作都比较有名。

（三）都市文化范围的确立及都市民俗记录

唐宋民俗思想发展的第三个标志,是在当时的历史文献中,已开始记录和描述了帝都民俗,并把帝都看成是城市民俗文化的中心。主要著作有：唐代的《两京新记》,宋代的《东京梦华录》、《都城纪胜》、《西湖繁胜录》、《梦粱录》和《武林旧事》等。它们都记录了一些宫廷习俗,但由于作者大都是中、下层文人,观察的对象主要是宫闱以外的市井百态,因此,这些著作对市民的消费生活习俗和文艺娱乐叙述得更为生动具体,如说书讲经、杂耍百戏,以及开展这类民俗活动的比较集中的场所,如庙寺集市和勾栏瓦肆等。

这种帝都民俗记录的特点,是突出表现了都城所在地的政治经济繁荣景象,在这种情况下被使用的民俗资料,总的说来,有三种倾向：（1）歌颂帝王圣谕可以直接影响民情人心的政治效果,反映了它们在都市文化的氛围中,有时都能起到劝世说教的作用；（2）管理都市是上层统治者管理国家的缩影,因此,都市的市场、人口、交通、服饰、食制和民居等的管理,体现了统治者利用和规范这方面民俗的过程；（3）农时规律和农耕信仰习惯是调节当时都市生活节奏的重要因素,也是都市上、下层文化接触的一个层面。

撰写这方面著作的文人学者称都市民俗为"风俗典礼,四方仰之为师"[1],在他们看来,都市民俗中心的确立具有树立农业社会的治理典范的功能。

唐宋民俗的情况是值得注意的。我国封建社会至唐宋达到极盛,民

---

[1]　(宋)灌园耐得翁：《都城纪胜·序》,载(清)丁丙、丁申辑：《武林掌故丛编》第1册。

俗文艺诸范畴也略具大端。尤其在宋代,民间说唱的种类繁多,表演形式基本定型,都市民俗记录的框架也大体得到了确定。这些都对后世民俗格局的发展产生了深远的影响。

四、元明清民俗文艺的发展与补证民俗文献的工作

元明清社会文化的民间化有两种背景:一是汉民族与少数民族文化的融合;二是正统文化与中、下层文化的融合。在这一时期中,人们出于亲历的社会变动的苦恼,向束之馆阁的正统儒学再次提出了挑战。为了保持历史文化的系列性,封建知识分子不得不搜寻含有可重复事象的民俗文献,以倡自救。到了明代中叶,产生了新的社会因素,封建知识分子又在对民俗文艺新现象的观察和记录中,成了民俗文献的发掘人和保护者。这时,部分学者还注意到语言载体的民俗价值,并进行了这方面资料的编辑工作。元明清民俗文献的发达,还有赖于宋代印刷术的发明,它改变了传媒的样式,促进了当时的通俗读物的传播。

就民俗功能而言,元、明、清不同时代的文人学者在借用民俗、改革社会的"致用"手段上,存在着差异:他们或者要借助民俗以怀旧复古,或者要借助民俗以变革文体,或者要借助民俗以兴导启蒙;但不论怎样,他们与民俗的关系,都成为这一阶段社会文化史中的引人注目的事例。

(一)方志笔记的民俗眼光及成果

自元代起,在传统正史之外,出现了大量的方志笔记著作,包括京畿志略、地方史志、边政考察记述和野史杂纂等。其中的主要部分,是以地方志为代表的地方文献。

康熙《河南通志》指出,收集和整理地方史志文献,并承担修撰工作的,是一批"夙儒名贤"。他们大都集中于乡绅和地方文人两个阶层。他们的特点,是在心图恢复、引渊叙流的同时,记录了当时的民族生活和民俗文化互相融合的事实。同时,由于他们是地方上的缙绅文士,熟悉本地的风土民情,怀抱外人所没有的对家乡文化的情感和理解,因此,他们修撰地方史志,能根据对地方的、乡村的文化体验,把编纂材料具体化,这就使官方治史的繁琐考据风气相对缩减,使保存地方民族民俗资料的规模相应扩大。这种情况发展的清代,初步形成了记载地方民俗志的体例样式。

编纂方志的一项工作,是对地方风俗的含义进行界定。清《博县志》申明,确定记载地方风俗的范畴,不能只依据地理范围来划定,因为它可能随着行政区划的变动而变动。因此,应该根据自然地理疆界与行政区划、社会政治与民族往来等诸因素交叉变动的结果来认识、划定和编述地方民俗。它们在大体上,应该包括地方神祇、农桑物产、民俗事件、传说歌谣和里实宗社等一些具体事实。编纂者的主张是:"有一世之变,先进后记是也,有一方之变,五方之俗是也;有一都一邑之变,国异政,家殊俗是也。"可见,这种地方俗史观不是狭隘的,而是通达的。

地方史志记录民俗,一般都有承上化下一类的乡绅观点。这使它们在使用地方资料时,往往为了服从教化的目的,能超出官修史书的范畴,收入更多的民间文化资料。

但是,也有一些地方文献的编纂目的,以博闻广见为主;有的还出于对乡土文化的热爱,尽力搜索本乡本土的史料;其中多少都包括民俗的内容,笔记杂纂在这方面要更突出一些。例如,清代的屈大钧在《广东新语》中记录了许多"粤俗"。他对多民族聚居的岭南故土,呼之为"父母之邦",对当地的"好歌"风俗和民间歌仙刘三姐等的传说故事,有闻必录,还大胆地表白了赞美之情。

一些文人学士虽久居城市,仍自认"犹未免为乡下人也"[1]。他们在自己的著作中,描述村言乡情,不用考据,不附会异时异地之说,而以"耳熟能详"的亲身经历,记俗评俗,表达了对地方文化的兴趣和看法,有些意见还是比较进步的,如王士祯的《池北偶谈》。

(二) 明清学者的通俗文艺观

明代中叶以后产生了新的社会因素,人们对于城市通俗文艺和口头文学有了进一步的认识。正统学者中的复古派人物李梦阳,赞叹时调俗曲流露了民间"真情"。一些主张新兴民俗文体的文人宣称:"吾谓今之诗文不传矣。其万一传者,或今闾阎妇人孺子所唱《劈破玉》、《打草竿》之类,犹是无识无闻,真人所作,故多真声"[2]。冯梦龙也特别赞赏民

---

[1] (清)李光庭、王有光著,石继昌点校:《乡言解颐》,中华书局1982年版,第1页。
[2] (明)袁宏道:《小修诗序》,叶山房张氏藏本,1935年。

歌的"情真",说:"今虽季世,而但有假诗文,无假山歌。"[1]他在辑录口头文学方面功绩最大,编辑了《山歌》、《笑府》、《广笑府》和《黄山谜》等书,是我国历史上少有的一位民俗文艺作品的收集家。他还说,自己的工作并不单纯是为了观赏,而是要"借男女之真情,发名教之伪药"[2]。结合当时伪道学盛行的情况,冯梦龙对民俗文艺的这种社会作用的认识,比起传统的"观风俗,知薄厚"的观点来,显然是向前迈进了一步。

清代学者继续表现了对民俗文艺的热情。金圣叹发扬李贽评点通俗小说的长处,重新评论了通俗小说《水浒传》,提出了关于揣摩童心俚俗等方面的鉴赏理论。李调元接触和整理了多民族的土调,编纂了少数民族情歌集《粤风》。他还提出了民间花部"贵当行,不贵藻丽"等的民俗戏曲观,是促使昆腔转入四川的关键人物。

清代的民谣和谚语编著有《天籁集》、《广天籁集》、《越谚》和《古谣谚》等。

(三)语言民俗观的形成及其资料的归纳

元明清多民族、多层次的文化交流,也开阔了文人学者看待语言民俗的视野。他们在一些著作中发表了这方面的见解。比如,有的提出词语的价值在其用途而不在其来源;有的提出口语歧义的增多,在世道人心的变化而不在口语本身等。还有一类语言学著作,主要收集社会交往用语、人事称谓,以及与地方风俗相关联的日常生活用语,对它们进行了语源考证。编者们指出,他们要通过记录这些语言民俗事象,说明"风俗之变迁,方言之有自",让人们了解一时一地的风土人情。其中,顾雪亭的《土风录》是这方面的代表作,编者感受到,民俗能体现民间语言的文化含义。

明清时期,文人学者做了许多归纳民俗语言的工作,连钱大昕、郝懿行这样的著名学者都参加进来,撰写了《恒言录》和《证俗文》等著作。他们经过亲自调查,记录和保存了一批当时活在群众口头的民俗语汇,为后人研究前代语言民俗的传承情况提供了第一手材料。其他编著,如

---

[1] (明)冯梦龙:《叙山歌》,上海古籍出版社1987年重排本,第269页。
[2] (明)冯梦龙:《叙山歌》,上海古籍出版社1987年重排本,第269页。

《通俗编》、《称谓录》和《谈征》等,也有一定的学术价值。

第二节　近代启蒙民俗思想的产生与发展

本节介绍和阐释清末民初的民俗文化潮流和民俗批评主张。

鸦片战争以后,中国社会进入了一个新阶段。民俗观念受到外来侵略的刺激和资本主义文化思潮的影响,成为民族革命意识的组成部分。它一方面汇入了中国人民反抗斗争的洪流,一方面为民族先觉人士的改良和革命思想运动服务。比起我国历史上其他时期的民俗观,近代民俗思潮在这种社会作用方面发生了明显的变化。这种变化,同时成为现代中国民俗学建设的前奏。

一、近代启蒙民俗思想的产生与历史意义

近代中国社会的性质,把民俗观与启蒙精神结合在一起,形成了一种启蒙民俗思潮。它的特点,是强调中国民俗文化的历史一致性和历史认同功能,反对清政府丧权辱国的行径,宣传民族自强的理想。这一阶段的口头创作和俗语著作,与"咸与维新"的革命实践紧密相关,逐渐背离了封建文化传统,向新媒体转化。

（一）革命派的"民俗武器论"

晚清时期,革命思潮高涨,黄遵宪运用当时西方启蒙主义的理论和方法,提出民族民俗是"思想启蒙利器"。他说:"天下合国之人、之心、之理没有不同",因此,"必须研究通晓民俗","重邦交、考国俗"[1]。他把寻找济世良方和呼吁君主立宪的政治改革,与综括民俗大义,作为同向选择。

黄遵宪为了实现自己的启蒙理想,倡导"诗界革命"。在《人境庐诗草》中,他针对封建文化的支柱——封建正统观念,号召重视民间诗歌,提倡文人学者化用民歌谣谚,去创作自己的"新派诗"。他还看到,民间文学与方言和民俗的关系密切,便动员友人共同编辑民歌,并称之为编

---

[1] 黄遵宪:《日本国志》(《礼俗志》、《论礼仪》),上海书局1902年石印本。

纂"新国风"。他自愧不如民歌手们才思敏捷,表示要向他们学习,用他们那样的真情实感去写诗,树立"我手写我口"的创作新标准。他因此被梁启超誉为近世诗人能熔铸新思想以入旧风格者。

黄遵宪虽然是晚清的一位革命健将,但并不是这方面的孤立人物。他的见解和实践,没有被当时的社会宣布为异端,这说明他在同时代人中间,已经拥有了一批会心者。

（二）改良派的"民俗工具论"

晚清还有一批知识分子是改良派。他们的政治观念徘徊于革命与保守之间。他们也重视民俗,但主要是利用民俗作工具,去反思政体、开化民智和从事补救社会弊病的工作。他们一般兼通中西之学,又接受了历史进化论,有的还具有近代社会学和人类学等的新知识。他们认为,在世界许多国家,民俗都是通过神话传说来叙述的。一个民族幼年的民俗还是她的远古历史的开端,这种"神人杂糅"的情况,"不可以理求也",所以,不值得大惊小怪[1]。他们还认为,在中国,民俗中包含着产生本国的人种、群体、家族、道德、政治、宗教和国体的诸种因素,也包括环境因素、精神因素和情感因素等,要了解这些因素的由来,就必须认识本国的民俗。到了近代,中华民族的成员还依赖于民俗,"自别其众于余众"[2],并且是中国自强图新的一种基础。但中国晚清社会的积贫积弱,也要从国民的陋俗上挖根源。

康有为和梁启超等提倡教育救国。他们注意到,民间文学在国民中间具有很大的号召力,所以主张应用民间文学的形式,编写通俗教材,推广"新学"。梁启超为此写过《劝学歌》、《爱国歌》和《戒鸦片歌》等。他们还就俗曲谣谚的教育功能发表过很好的意见,指出,国民通过记诵这些口头文学,"人心自新,人才自起,国未有不强者也"[3]。

改良派不主张推翻封建专制统治,他们对待民俗的态度,也不过是旧瓶装新酒。这种指导思想给他们的民俗工具论带来了局限。但由于他们的民俗理论评价与相关活动,跟他们对国事的忧愤和对变法的热心

---

[1] 夏曾佑:《中国历史教科书》,清光绪三十二年至宣统元年,商务印书馆铅印本。
[2] [英]甄克思(E.Janks):《社会通诠》,严复译,商务印书馆1981年版。
[3] 梁启超:《论幼学》,《饮冰室合集》第1册,中华书局1989年据1936年影印本,第44页。

宣传结合在一起,因此也在当时产生了相当的影响。

(三) 社会文化的俗变潮流

从近代民俗的发展来看,它的历史意义,还在于加速了中国社会的传播媒体的转变。口语体的白话文和近代的揭贴报纸等开始成为社会关注的大众媒体。

近代大众媒体的形成,从内部原因讲,是晚明通俗文艺运动的余脉。前面提到,清代以后,仍有一些文人学者注意搜集和评价民间文艺作品。到晚清,学界已集合了一支鼓吹通俗文体的理论殿军,如黄宗羲首开"学案体",秉承明代小说的薪传,收辑乡邦通俗文艺;俞樾倒戈经学,动手编辑了笑话集,并改编了勾栏话本《龙图公案》等。他们的作用是不可忽视的,如梁启超称赞说,从他们开始,中国文体"空气变换",已有了"中国知识线与外国知识线相接触的迹象"。从外部原因讲,当时西学已经传入,西学所使用的词白意露的欧化句式与刻意艰深的中国文言形成了鲜明对照,人们开始追随前者而厌倦后者;而来自知识界的启蒙教育的直接需要,以及广大民众在抵御外来侵略的斗争中所采用的通俗宣传形式,则成为促成这种转变的时代契机。

近代大众媒体作为载体,在反映民俗文艺的内容上,体现了反封建、反压迫和反侵略的时代特点。其作品大致有四种情况。

1. 表现当时重大历史事件的民歌、谣谚和揭贴。

2. 发生在这一时期的地方事件,被民众加工成口头文学创作,并在当时已经传播开来,如《钟九闹漕》、《崇阳双合莲》和长篇吴歌《五姑娘》等。

3. 在大量的笔记、小说、方志和文集里被抄录,并基本保持原貌的民间文学作品,有神话、传说、民间故事和歌谣谚语,如鲁班传说和虎媪故事等。它们与近代社会政治的关系并不密切,但它们却在民间的日常生活中长期流传,并能在这个时期被记录,说明了在记录者的文体观念中有它们的一席之地。

4. 流传于社会各阶层的反侵略的歌谣和传说,如"洋人盗宝"等。此外,还有来华传教士和外国学者当时收集、编选和翻译的我国通俗文学作品,其中包括一些歌谣谚语集、说唱底本和章回小说等。

近代出现的报纸和期刊,采用了通俗语体,承担了大量通俗作品的登载工作。

二、近代知识分子对民俗文艺的应用

晚清知识分子倾向于把应用民俗文艺作为接近革命的一个标志,或者作为有益心智的一种新文体的实践。因此,在这一时期,仿作民谣俗歌,成为一股巨流。在这一活动中产生的文学创作,推动了资产阶级进步文学思想与本民族民间文艺的接触,也助长了新兴通俗文体的声势。

(一)革命童谣与弹词

庚子义和团反抗八国联军失败后,清政府节节退让,激起了人民的愤慨,举国上下掀起了更大的反抗浪潮。章炳麟创作了童谣《逐满歌》,表达了坚决反清光复的决心。他在作品中,叙述了清统治者进兵中原屠杀广大人民的惨状,暗示了被宰割者的痛苦:"可怜我等汉家人,却同羊子进屠门,扬州屠城有十日,嘉定广州都杀毕!"他还唱到洪秀全的起义、清王朝的镇压,号召大家去掉幻想,与清政府的卖国行径作斗争。全文用语通俗,感情沉痛,容易为一般文化水平较低的市民和会党、士兵们所接受,政治反响比较广泛。

弹词,是在我国南方一些地区流传的民间说唱体长篇叙事诗形式,深为那里的老百姓所喜闻乐见,一些晚清知识分子还仿作弹词,用以宣传革命思想。当时比较有名的作品有陈天华的《猛回头》和秋瑾的《精卫石》等。热血青年陈天华撰写《猛回头》,采用了弹词体裁,穿插传说、故事和谚语,控诉异族的侵略和压迫,揭示了民族存亡的危机,向广大读者倾诉了自己的革命理想,鼓励人民奋力争取自由美好的新生活。他写道:"猛睡狮,梦中醒,向天一吼!百兽惊,龙蛇走,魑魅逃藏!"言词激越,传达了中国人民的意愿,受到了社会各界的欢迎。《猛回头》初版五千部,不及兼旬,销罄无余,这在20世纪初的出版界是很惊人的数字。杰出的民主革命思想家秋瑾所创作的《精卫石》,也选用了弹词的形式。全书21回,表现了妇女要求解放和参加革命运动的经历,塑造了黄鞠瑞、梁小玉等新女性的形象。秋瑾善于撷取古代神话传说中的人物或事物,比附事理,表达自己对女性觉醒和争取男女平等的社会地位的意见。文中的某些传神之处,堪与民间艺人的优秀唱词相比拟。她的俗语作品在当时知识界是崭新的样式,从题材到形象,都体现了近代革命者的创作与民间文学之间的血肉联系。[1]

(二) 文人竹枝词

文人《竹枝词》,最早由唐代诗人刘禹锡在唐长庆年间根据夔州地方民歌《竹枝词》创制。后人争相模仿,形成了一种专咏地方风土人情的诗词体裁。一些近代知识分子出于家国之恨,也经常发表竹枝词,增加了这一时期文人仿拟民间文学作品的数量。

辛亥革命前,梁启超到台湾旅行,有感于当地男女群歌自娱的风俗,撰写了《台湾竹枝词》10 首,借此倾诉了个人的爱国心。也有一些文人学者和爱国官员写作竹枝词,以极其亲切的口吻,描摹了地方的民情,通过叙述自己所见所闻的民俗事象,来理解祖国多民族的历史形成、社会发展和彼此之间的亲缘关系,表达了深切的故国之思,如林则徐在《回疆竹枝词》中写道:"把斋须待见星餐,经卷同翻普鲁干。新月如钩才入则,爱伊谛会万人欢。"

(三) 近代学者编纂的全国风俗志

在明代和晚清之前,学者们编纂的民俗风土志书,还是对一个地区或一个都市的风俗的记载,像明代的《帝京景物略》、《宛署杂记》和清代中叶的《帝京岁时纪胜》等一批著作,叙述的都是北京的风土民俗。到了晚清,这种情况起了变化,出现了收集和编纂全国范围内的风俗的志书。其中,徐珂的《清稗类钞》是比较常见的一部。作者编辑此书,参考了前代文献,记录了时人掌故,还剪辑了清代的书报资料,扩大了资料的收集范围。在收存民俗的方法上,按地区分设条目,兼涉及多民族的民俗事象,反映了中国风俗的丰富性。

稍晚出现的《中华全国风俗志》,标志了我国风俗志的编纂进入了一个新里程。此书由胡朴安撰写,共 20 卷,分上、下编,近 60 万字。全书按照各省区的行政区划编排体例,分设条目,对全国风俗首次进行了全面、系统的整理和编辑。比起从前的风俗志书,胡朴安的编辑思想也更为开明。他在《序言》中表示,他的工作目标,一是要帮助参政者掌握

---

[1] 关于晚清民俗文献的论述,详见钟敬文:《晚清革命派作家对民间文学的运用》,原载《钟敬文民间文学论集》,上海文艺出版社 1982 年版,第 262~289 页。

民俗知识,以有利于民政的建设;二是要展示中华民族风俗的整体面貌,以增进国人的民族自强意识;三是要在西学东渐的形势下,强调适宜于中国社会"国情"的学术发展。

胡朴安做过行政幕僚,因此对这项工作所涉及的民风民俗资料有一定的认识,也颇有阐发和应用民俗的志向。不过,截至此书为止,我国这类书籍的编纂,还未能使用现代民俗学的方法。

第三节　现代民俗学史

我国的现代民俗学史,介绍和阐述"五四"以来我国民间文艺学和民俗学这两门学科的建设与发展的学术历程。

中国结束封建社会以后,由于西方先进的人文科学和社会学说的输入,中国知识分子的价值观发生了变化,这就加速了传统的通俗文化向现代民俗文化的转化过程。这一时期出现的民俗研究团体、民俗书刊和民俗学者的学术活动,具有一个共同的特点,就是围绕雅、俗文化对立的基本点,重新解释民俗和民俗文化,努力探讨民众的精神信仰、口头文艺和行为习惯,试图从中发掘被正统文化长期压抑的反封建意识和民主思想,利用民族民俗文化的民主性和丰富样式,开展民族新文化的建设。这个阶段民俗学的发展,展示了民族觉醒意识和民主主义思想对中国知识分子的新要求。

科学意义上的中国民俗学产生于五四时期。它的早期学术建设,重视搜集和整理口头文学作品,宣传通俗文艺,提倡白话和推行国语等。它的学术活动,在北京大学发起,后扩展到广州、杭州等地。抗日战争爆发以后,它配合民族解放斗争的伟大事业,承担了教育国民的使命,同时开始了民间文艺学的初步构建工作。自20世纪40年代起,一批知识分子以延安革命文艺为方向,探索民间文艺学的新传统,相应的活动在全国其他省区也有所展开。

（一）北大时期

在新文化思潮的影响下,1918年春,北京大学成立了歌谣征集处,在校刊上逐日登载近世歌谣。1920年,歌谣征集处改为歌谣研究会,两年后,发行《歌谣》周刊,出版了 97 期。后并入《国学门周刊》,继续收集、发表各类民间文学作品。为了工作的需要,北京大学还相继成立了方言调查会和风俗调查会。

我国早期的民间文学评论和研究工作,也在北大校刊发表《歌谣选》的时候就开始了。初期的研究观点主要是文艺学的,但也有人从教育学、社会学和民俗学的角度进行考察,如探讨民间童话的教育作用,或者着重从民俗现象上去谈论歌谣、故事等。这一时期,顾颉刚运用历史地理比较的方法,撰写了《孟姜女故事的转变》的论文。董作宾在《看见她》专号中发表了《一首歌谣的比较研究》一文,进行了母题研究的尝试。稍晚,茅盾出版了《中国神话研究 ABC》一书。此外,周作人、刘半农、郑振铎、赵景深、容肇祖、常惠、胡适和黄石等的成绩也比较显著。

(二)中大时期

1926 年,北京大学一些教授由于黑暗政局的压迫,南下广州。一时南北学者合流,民俗学活动的中心也由北京大学迁至中山大学。

1927 年秋冬间,中山大学民俗学会成立,同时创办了《民间文艺》周刊,共出 12 期。次年更名《民俗》周刊,出版了 110 期。《民俗》所刊载的民俗资料,大大超过了北大时期。该刊除歌谣外,还登载了其他民间文学体裁的相当数量的作品,编发了多期民俗专号,出版了多种民俗丛书。中大民俗学会还开办了"民俗学传习班",举办了"风俗物品陈列室",向师生展示民间乐器、唱本和神马等民俗实物,普及民俗科学知识。

这一阶段,民俗学者的视野相应开阔,由于民族学、人类学和社会学等学科的影响,他们的研究,在不少地方吸收了这些相邻学科的观点。这个时期国内的民俗学著作,比较著名的有:顾颉刚的《孟姜女故事研究集》、江绍原的《发须爪》、钟敬文的《民间文艺丛话》、容肇祖的《迷信与传说》、赵景深的《童话论集》和黄石的《神话研究》等。它们半数以上是中山大学民俗学会的出版物。

中大的民俗学活动,被学者们认为是中国现代民俗学科确立的标志。

(三)杭州时期

杭州中国民俗学会于 1930 年在杭州成立,它将民俗学运动继续推向深入。学会主办了《民俗月刊》杂志,出版了理论丛刊《民俗学集镌》和专刊《民俗艺术专号》、《民间风俗文化》与《民俗特刊》,并对国外的民俗学理论和学术动态也增加了介绍。

民俗学的研究方法,起初仍以英国人类学为主,后来吸收了日本和法国的民俗学学说。钟敬文这一时期发表的一系列论文,如《金华斗牛的风俗》、《中国神话的文化史价值》、《民间文艺学的建设》和《民众生活模式与民众教育》等,从经济上探求民间习俗的社会根源,提出了民俗学与文化史的关系、民俗学者在提高国民素质方面的社会责任,以及创建民间文艺学的学科体系等重要问题。

这个时期,马克思主义文艺理论已开始在中国传播,鲁迅较早地运用了这种理论,写作了一些有关民间文艺的文章,给中国民俗研究的发展注入了新的活力。

(四)战争时期的大后方民俗学与延安的民间文艺新传统

1937年以后,由于战争的影响,我国民俗学的发展,在不同政治区域内出现了不同的情况。

国民党统治区的学者,处在接近少数民族聚居的省份,他们更有条件发展民族学、人类学和社会学等学科,以及从这些学科的角度,去研究神话传说、民间故事、歌谣谚语和语言习俗等。这方面比较重要的刊物有:中央研究院一些研究所刊行的报告、集刊,迁址贵州的上海大夏大学社会学研究部编印的一些书刊,还有其他个别学者的著作。闻一多、芮逸夫、凌纯声、程憬、陈志良、常任侠、马学良等,都对神话、传说等做过有益的研究或调查,张光年也在云南收集出版了彝族支系阿细族的民间叙事诗《阿细的先鸡》。

在中国共产党所在的陕甘宁地区,后来还有东北和其他解放区,广大文艺工作者深入生活,与工农群众相结合,同时学习人民群众的民间艺术。其中很多人如李季、康濯、李束为、董均伦等,做了民间文学的记录,后来出版了民歌、故事的集子。东北合江鲁艺文工团还编辑出版了《民间故事》一书,主要收集长工斗地主的故事。在这方面,成绩最突出的是延安鲁迅艺术研究院的学者和文艺工作者,他们收集了许多传统的和革命的民歌,以后由何其芳和张松如编成了《陕北民歌选》出版。这个时期,很多作家在学习民间文艺方面作出了成绩,他们依据民间艺术进行创作,新的小型秧歌剧流行一时。在此基础上,发展了新歌剧的创作,产生了《白毛女》等优秀作品。李季运用陕北民歌信天游的形式,写作了长诗《王贵与李香香》。赵树理的小说也与民间文艺有多方面的联系。民间文艺对作家的创作发生了显著的影响。民间说唱艺人韩起祥,这时积极编创新书,整理出版了《刘巧团圆》。还有很多知识分子在和民间文艺接触中,对它有了新的认识,像周扬、冼星海、吕骥、张庚、柯仲平、艾青、艾思奇、林山等,都发表过评论民间艺术或民间艺人的文章,鲁艺还成立了"中国民间音乐研究会",对西北民歌进行搜集和研究。这时期的一部分评论和研究文章,曾经被编成《民间艺术和艺人》《民间音乐论文集》《秧歌论文集》等书。这类书刊,汇集了新的民间文学理论的初步建设的成果。

　　全国其他地区的爱国进步知识分子接受了延安文艺工作者的影响。华南地区的民俗学者根据两广方言区的特殊情况,开展了华南一带的方言文学运动,唤醒民众迎接新中国的诞生。

第十五章　外国民俗学概况

第一节　欧美民俗学

18世纪与19世纪之交,席卷欧洲大陆的浪漫主义和民族主义在知识界形成颂扬民间文化、发掘民族精神的新思潮。如同文艺复兴时期人本主义者笔下的"高尚的野蛮人"一样,当时农民被浪漫主义者赞美为健康素朴的古代文化的传承人,而流传于乡村社会的神话传说、风俗习惯、仪式信仰则被当做幸存的古代文明。"民间"和"民众文化"一时成为最热门的话题。

当德国的语言学家和英国的古物学家试图为这突然展现出光彩的民间文化作出系统解释时,民俗学便应运而生。在随后的一个多世纪里,德国浪漫主义语言学和英国进化论人类学的影响始终存在,但同时,民俗学在欧美各国的发展也经历了不同的道路,形成各自的特点。本节的描述仅仅限于勾勒德、英、法、美以及北欧国家民俗学的发展轮廓,至于欧美民俗学的理论流派和研究方法,请参见第十六章第一节的专门介绍。

一、民俗研究的摇篮:德国

早在18世纪,以赫德尔(Johann Herder,1744—1803)为代表的德国浪漫主义者便谴责现代文明割断了人与自然的联系,并将诗歌变成堆砌辞藻、玩弄形式的智力游戏。他们认为,在古代,农民的文化就是整个德意志文化,而民歌则是民族文化最基本也最有生命力的表现形式。拯救德国民族文化,重振民族精神的希望就在于发掘与重建德国的民间文化。

赫德尔的思想直接影响了德国民俗学的奠基者、著名语言学家格林兄弟。雅格·格林(Jakob Grimm,1785—1863)和威廉·格林(Wilhelm Grimm,1786—1859)认为民歌的创作与任何个人无关,而是民众集体智慧的结晶,是一种无法解释的奇迹。他们进而提出民间诗歌的原始形式是史诗,而史诗又与神话传说关系密切。他们十分重视收集民间口头创作,相继出版《儿童与家庭故事集》、《德国的传说》、《德国的神话》等影响极大的著作。格林兄弟的民俗学研究直接服务于他们重建德国民族文化,抵御当时的法国威胁的政治目的,民族主义和爱国主义是贯穿于他们著作中的一条主线。但是,格林兄弟又坚持民间创作的美学价值必须得到重视,民间诗歌的美学与民族精神一样重要,也有待于重建。

继格林兄弟之后,德国民俗学最有影响的人物是传播理论倡导者本菲(Theodor Benfey,1809—1881)。不满于盛极一时的比较神话学从神名中推演神话起源的做法,本菲认为,民间故事的研究应该从它的传播途径和方式入手。1859年,本菲为他翻译的印度故事集《五卷书》写了长达六百多页的导论,详细描述这些印度故事如何经由阿拉伯世界流传到欧洲的过程,也揭示了古代印欧文化的内在联系。与格林兄弟的"重建民族精神"不同,本菲提供的是一种学术研究方法和理论框架,因此很快在德国、法国和其他欧洲国家学术界产生巨大影响。遗憾的是,本菲的追随者往往将他的理论简单化,一味强调印度起源论,忽视了本菲关于民间故事的美学意义和创作过程的理论。

19世纪下半叶,欧洲各国民俗学之间的相互影响已经比较明显。即使在本菲理论占据统治地位时,也有民俗学者将目光转向别处。著述甚多的曼哈德特(Wilhelm Mannhardt,1831—1880)便始终受英国民俗学的影响。他早期的研究接近缪勒(Friedrich Max Müller,1823—1900)的比较神话学,但提出"低级形态神话"的理论;后又追随进化论人类学,收集和分析德国民间习俗信仰中的"古代文化遗留物",并以对农业生产仪式的研究而著称于世。另一个受外国影响的学者博尔特(Johannes Bolte,1858—1937)采用稍后出现的芬兰历史地理方法,精心编制了《格林童话索引》。

梅耶(John Meier,1864—1953)的名字在20世纪德国民俗学的发展中占有十分重要的位置。他潜心研究民歌的创作过程,反对格林兄弟的"集体创作论",认为"集体创作论"实际上抹杀了民间诗人的创作个性与创造力。历史考查可以证明许多民歌来自个人创作,又在长期流传过程中不断地得到丰富提高,而且其中也不乏文人创作的影响。梅耶的观点被诺曼(Hans Naumann,1885—1951)进一步发挥,成为民间文化起源的理论,激发了新一代学者极大的兴趣。诺曼的著名观点是"贵族起源论",即民间文化先是起源于上层社会,后逐渐流传到民间,并失去其原来的贵族文化特征。

与其他国家相比,德国民俗学起步虽早,但发展并非最快。尽管格林兄弟早在1815年便提议建立民俗学组织,第一个协会柏林民俗学会却迟至1891年才出现。全德民俗学会联盟成立于1904年,在随后将近四十年中,梅耶一直是联盟的核心人物。20世纪30至40年代,德国纳粹党人利用民俗学作为政治宣传工具,制造所谓纯粹日耳曼人的神话,使德国民俗学进入一个黑暗阶段。民俗学会联盟在"二战"后重组,并更名为德国民俗学会至今。

从赫德尔、格林兄弟,直到梅耶和诺曼,德国民俗学中的浪漫主义传统始终存在。民俗学被视为广义上的民间诗学,民间文化的起源,创作过程及其美学意义一直是德国学者研究兴趣之所在。除曼哈德特等少数人外,民俗文化的社会功能未得到德国民俗学者的足够重视。当然,这与他们多数具有语言学、印度学的背景是分不开的。

二、民俗学的故乡:英国

格林兄弟的影响很快越过英吉利海峡,在嗜古成癖的英国古物学者中引起积极反响。这些教养良好的英国绅士对所有年代久远的东西都感兴趣,包括被他们称为"民间古俗"的民间风俗习惯、仪式信仰、口头创作等等。1846年,古物学者汤姆斯提议以"民俗学"(Folklore)来代替过去关于民俗文化的种种说法。这个自造的英文字既涵盖了丰富多彩的民间文化,也比较准确地反映出其属于民间的本质。因此,它很快为多数学者接受,并成为民俗研究这门新兴学科的正式名称。从这个意义上讲,英国堪称为民俗学的故乡。

在民俗学的新旗帜下，汤姆斯和其他古物学者积极收集民俗文化，出版了许多有关书籍。但他们仍然未脱古物学者的本色，对收集津津乐道，却从未想到系统地解释他们的收藏。严格说来，第一个做出理论贡献的英国民俗学家并非英国人，而是任教牛津大学的德裔语言学家缪勒。当时争论的难题之一是如何解释西方古典神话中乱伦、残杀等许多不合理的因素。缪勒从希腊诸神的名字中追寻出它们的印度源头，并发现这些神名最初都是对自然现象的比喻。缪勒认为所有印欧语系民族分享一个语言源头，当这些民族分散到世界各地时，古代雅利安语言逐渐演变成许多民族语言。神名的最初含义也被遗忘，后人不得不创造出许多故事来附会解释，于是产生了神话。

缪勒以"语言疾病说"和"自然神话论"建立起他的比较神话学理论，在英国之外拥有不少追随者。然而，这种抽象、繁琐的语言学解释并不符合英国经验主义学者的胃口。以安德鲁·朗（Andrew Lang，1844—1912）为首的民俗学家从一开始便猛烈抨击缪勒理论的荒谬之处，但却苦于找不到像样的理论来取代它。直到泰勒于1871年出版《原始文化》，比较神话学才算真正遇到克星。

人类学之父泰勒为英国民俗学者提供了最有力的武器："万物有灵论"和"遗留物说"。前者论证所谓原始人的不同思维模式，后者则解释了现存的各种奇怪习俗信仰。此外，泰勒关心的是整个人类社会从低级向高级进化的历史，而不是格林兄弟努力重建的"民族精神"。民俗，作为历史的遗留物，也不再具有什么特别珍贵的现代意义，而是应该加以改革的对象。

以进化论人类学考察民俗事象的社会功能，以"遗留物说"解释现代民俗中的不合理成分，新一代民俗学者将英国民俗学发展为完全不同于德国民俗学的另一传统，其鼎盛标志是被后人誉为"超级强队"的人类学派的出现。人类学派民俗学的代表人物有六位，其中安德鲁·朗是中国民俗学界最熟悉的。他早年以撰文抨击缪勒的比较神话学和本菲的印度起源论而为人注意，后致力于将泰勒的人类学理论引入民俗学。其代表作包括《习俗与神话》、《巫术与宗教》、《宗教的产生》等。高谟（George Gomme，1853—1916）是六人中组织能力最强者，长期负责成立于1878年的民俗学会的工作。他也最注重民俗学理论的普及，出版过

《民俗学手册》和《作为历史科学的民俗学》等理论著作。纳特(Alfred Nutt,1856—1912)专长于古代凯尔特文化,应用泰勒和安德鲁·朗的理论解释爱尔兰民俗,并以他拥有的纳特出版社为民俗学书籍的出版提供了最有力的后盾。哈特兰德(Edwin Hartland,1848—1927)在六人中最热衷于人类学理论,并最终转向非洲部落文化的研究。他最有影响的民俗学著作《帕修斯的传说》比较分析了流传于世界各地的有关故事和信仰,是被认为可与《金枝》相媲美的百科全书式著作。另外两人克劳德(Edward Clodd,1840—1930)和克劳斯顿(William Clouston,1843—1896)的名字对于中国读者来说很陌生;但在当时,他们与安德鲁·朗、高谟等人齐名,同为民俗学界的核心人物。

除上述6人外,当时的英国民俗学会还吸引了许多优秀人才,特别是几位颇有影响的女民俗学家。高谟夫人(Lady Alice Gomme,1852—1938)研究儿童游戏,为民俗学开辟了新的领域。柯克斯女士(Marian Cox,1860—1916)的《灰姑娘》比较分析了318个灰姑娘故事异文及其流变历史,被认为是民间故事研究中的典范之作。她的《民俗学导论》和班恩女士改写的高谟原著《民俗学手册》都曾被介绍入中国,产生过一定影响。此外,弗雷泽和玛瑞特(Robert Marett,1866—1943)也是为中国学界熟知的学者,但在当时他们并不属于英国民俗学者的小圈子。实际上,弗雷泽在利物浦大学担任社会人类学教授,而玛瑞特在牛津大学继任泰勒的人类学讲座,二人的专业也确非民俗学。不管怎样,弗雷泽的巨著《金枝》、《旧约中的民俗》等和玛瑞特的"前万物有灵论"都为英国民俗学的发展做出过极大贡献。

安德鲁·朗、纳特、高谟等人在20世纪20年代相继去世,第一次世界大战又使民俗学会的工作陷入停顿状态,英国民俗学史上最辉煌的一章也随之结束。此后,在很长时间内,英国民俗学得不到学术界的尊重,更没有大学设立民俗学专业。直到1960年,利兹大学才开设民间生活研究专业,后在桑德森(Stewart Sanderson)的努力之下扩建成一个很小的系。民俗研究的中心已移到北爱尔兰和威尔士的大学和博物馆,但却更名为民间生活研究,为的是不至于受民俗学的名声所累。

英国民俗学的特点在于以进化论人类学为理论武器,通过民俗研究探讨人类社会发展的历史阶段。与德国同行不同，英国民俗学者关心的是民俗的社会功能，即使研究民间口头创作，也只对其中的古代文化遗留物感兴趣。从汤姆斯到高谟，英国民俗学是由两代天资极高、教养良好的业余爱好者发展起来的。他们中有作家、编辑、出版商、职员、律师和政府官员，但却无人在大学任教。他们以高度热情在业余时间从事民俗研究，却从未尝试过使民俗学进入高等学府的讲坛，更谈不上培养民俗学专业人才。所以，安德鲁·朗、高谟等巨擘一旦过世，英国民俗学便几乎夭折（这一教训给予后来的美国学者很大启示，详见下文）。但同时，英国人类学派民俗学在欧洲以外的国家影响很大，其学术传统至今仍可在印度、日本和中国民俗学中发现。

三、摇摆于两大传统之间：法国

虽然文学巨匠蒙田和卢梭早就论述过民间诗歌的重要性，但是，一般认为，法国民俗学的第一部著作是福瑞尔（Claude Fauriel, 1772—1844）于1824年出版的《现代希腊民歌》。福瑞尔强调这些民歌反映希腊民族精神，是现代的《伊利亚特》。此后，随着格林兄弟等人著作的传入，法国知识界也兴起收集出版民间口头创作的热潮，其重要标志是1858—1859出版的三卷本《法国民歌》。深受德国民俗学影响，法国的民俗学者也将民间诗歌视作法国民族精神的体现。

本菲的印度起源说和传播理论的传入使法国民俗学中产生了一个文学派。著名的语言学家帕瑞斯（Gaston Paris, 1839—1903）最先应用本菲理论于法国民间文化的研究。他专长于中世纪文学，以对《罗兰之歌》的历史考证而著称。除论证民歌的传播过程之外，他还认为史诗由许多短小民歌组成，而且处于不断的再创造过程中。与帕瑞斯同为文学派民俗学代表人物的还有语言学家休特（Gédéon Huet, 1860—1921）和考司昆（Emmanuel Cosquin, 1841—1921）。他们都追随本菲的传播理论，认为世界民间故事的源头在印度。考司昆在格林兄弟的直接鼓励下开始收集法国民间故事，他出版的《法国传说》被认为是法国的《格林童话集》。稍后，文学派中出现一位本菲理论的反对者，即文学史家柏迪尔（Joseph Bédier, 1864—1937）。他于1908—1913年间发表长达两千多页的巨著《史诗传说》,提出史诗与历史之间并无直接联系以及《罗兰之歌》产生于11世纪的法国等在当时十分大胆的论断。

19世纪末期,受正处于鼎盛时期的英国人类学派民俗学的影响,许多法国民俗学者开始以进化论人类学分析解释民俗事象的社会功能,其代表人物是范·热纳和山狄夫(Pierre Saintyves,1870—1935)。范·热纳本为人类学家,专门研究仪式文化,发表有《通过礼仪》(1909)和关于澳大利亚土著的专著多种。自1916年出版一部研究法国传说的著作后,他便转向民俗学研究的领域。同英国民俗学者一样,他认为民俗学重建的是人类进化史而不是民族精神,但他更加强调个体的重要性。针对法国文学派民俗学局限于文献考据的弱点,他提出民俗学是一种研究民间习俗与民众生活方式的科学,必须建筑在实地调查的基础上。范·热纳晚年出版的多卷本《当代法国民俗》等理论著作已成为民俗学经典。

与范·热纳齐名的山狄夫也是英国人类学派民俗学的忠实追随者。他著述极多,且着重于宗教巫术等信仰民俗的研究,因此被称为法国的弗雷泽。与范·热纳不同的是,山狄夫将民俗学定义为心理科学,民俗研究展示的是人类心理的自然进化历史。他关于民间医术的研究扩展了民俗学领域,也修正丰富了弗雷泽的巫术理论。他的多卷本童话研究则遵循安德鲁·朗的模式,从民间故事中分析古代信仰习俗的遗留物。在理论方面,他于1936年发表的《民俗学概论》影响很大,是法国民俗学第二阶段的代表作之一。

法国的人类学派随着范·热纳和山狄夫的逝世而被新一代民俗学者所取代。有意思的是,后者又一次转向德国民俗学理论,以文本分析为主,强调民俗文化的美学意义和创作过程。代表这一新趋势的克埃劳特(Patrice Coirault)受梅耶和诺曼的影响,研究民间文化的创作过程。他的贡献在于修改了诺曼的"贵族起源论",提出民间诗歌与文人创作、民歌的创作与再创作实际上是一个不可分开的连续互动过程。

新比较神话学的倡导者迪梅齐尔(George Dumézil)是当代法国民俗学最有影响的人物之一。同缪勒和本菲一样,迪梅齐尔也是印欧学专家,也以古代印度神话作为构筑理论体系的基础。不同的是,他将英国的功能学派人类学和法国的杜尔凯姆(Emile Durkheim)社会学理论引入他的神话学研究,从对神话系统的结构分析入手,揭示语言和神话与社会组织之间的相关关系。他最著名的理论是"三功能论",即认为古代印度神话分成社会伦理、战争、生产三个功能层次,各有不同的神来表现。类似的三功能模式又可以在阿拉伯、希腊、北欧神话中发现,由此也再一次显示出印欧大陆文化的内在联系。

四、民族主义与民俗学:北欧诸国

就学科发展而言,民俗学在北欧(特别是芬兰)是民族主义运动的孪生兄弟;在学科建设方面,民俗学无论在芬兰还是在瑞典、丹麦、挪威都享有较高学术地位,而且得到政府的大力支持。

芬兰的民俗学研究远远早于现在的芬兰共和国的历史。更重要的是,民俗学在教育国民、争取芬兰独立的运动中起到了非常关键的作用。所以,民俗学在芬兰被尊为国学,其发展史大体可以分为四个阶段。

从18世纪到19世纪30年代是芬兰民俗学的孕育期。芬兰本是由古代游牧部落定居后形成的国家,在12世纪到14世纪期间被瑞典人征服并被迫接受基督教文化;后又于1809年被割让给俄国,直到1917年才成为完全独立的共和国。芬兰知识分子有意识地利用民俗研究来启迪民族精神的努力,始于历史学家波桑(Henrik Porthan)的《芬兰诗歌研究》(1766—1778)。虽然波桑和其他早期学者仅仅依靠文献记载来研究民间口头创作,猜想和虚构的成分很大,但他们的工作唤起芬兰社会对于民间文化的重视,为民俗学的发展奠定了坚实基础。

第二阶段(1835—1862)以芬兰民俗学之父隆诺特(Elias Lönnrot, 1802—1884)的杰出贡献为标志。与波桑等书斋学者不同,隆诺特以医务官身份长期生活在乡村社会,亲自收集民间流传的故事诗歌。他最大的贡献是收集出版了芬兰史诗《卡勒瓦拉》(1835)。后继者发现隆诺特将他从不同地方收集到的许多短歌合并在一起,编成史诗《卡勒瓦拉》,就像《格林童话集》一样,有太多的加工整理成分。尽管如此,隆诺特的实地调查和他出版《卡勒瓦拉》的历史功绩还是无论如何强调也不过分的。在随后的半个多世纪里,《卡勒瓦拉》不仅极大地振奋了芬兰人的民族精神,也成为民俗学的立身之本。

芬兰民俗学史的第三阶段也可称为科隆时代,即科隆父子在赫尔辛基大学执教的66年(1862—1928)。在此期间,以科隆父子为代表的民俗学家使芬兰成为世界民俗学研究的中心,并创造了著名的芬兰历史地理方法。尤利斯·科隆(Julius Krohn,1835—1888)自1862年起在赫尔辛基大学教授文学史和语言学,他发明了通过比较一首民歌之许多异文,将民歌异文分解成母题,分析这些母题的分布状况和历史变迁,最后确定该民歌之历史的方法,这便是芬兰历史地理方法的雏形。此外,他还积极鼓励芬兰民俗学者扩展其研究领域研究民间故事传说,习俗信仰等所有民俗事象。

尤利斯·科隆去世后,他的儿子卡尔·科隆(Kaarle Krohn,1863—1933)被赫尔辛基大学聘用继承父业,并在1898年成为世界上第一位在著名大学中担任民俗学专业教授的学者。卡尔·科隆最重要的贡献包括整理发表了他父亲晚年的重要著作,致力于发展历史地理方法论,创建了世界上最好的民俗档案馆和著名的《世界民俗学家通讯》,使田野作业方法在芬兰民俗学中制度化,还培养出许多优秀的民俗学家。卡尔·科隆于1926年发表的《民俗学方法论》系统阐述了芬兰历史地理研究方法,被认为是他最重要的理论著作。

与卡尔·科隆同时发展了芬兰历史地理方法的阿尔奈,本为中学教员。与多数同时代学者不同,阿尔奈从一开始就将注意力集中于《卡勒瓦拉》之外的民俗事象,特别是民间故事的结构分析。他最著名的贡献是《民间故事类型索引》(1908,1913)。经美国学者汤普森增订之后,这本索引工具书便成为民俗学中的经典,而AT分类法也成为全世界民俗学者必须掌握的分析工具。

经过几代民俗学者的努力,芬兰几所重点大学都设有民俗学专业,中小学则设有《卡勒瓦拉》必修课。芬兰的民俗档案馆、民俗博物馆、民俗村都具世界一流水平,并得到政府的大力支持。继卡尔·科隆与阿尔奈之后,哈维欧(Martii Haavio)和库司(Martii Kuusi)等一批优秀民俗学家致力于使民俗学专业化,并取得很大成就。到20世纪五六十年代时,芬兰民俗学已成为世界民俗学中的楷模,芬兰历史地理方法之影响遍及西欧北美,而赫尔辛基已成为世界民俗学者心目中的民俗学圣地。

　　瑞典、丹麦和挪威的民俗学比芬兰要晚大约半个多世纪,严肃和具规模的收集活动开始于19世纪40年代。但同芬兰情况类似,民俗学在这三个北欧小国的发展也与民族主义紧密相连,并为政府所支持。早期著名的民俗学家有瑞典的希尔顿-卡维留斯(G. O. Hyltén-Cavallius, 1818—1889)、丹麦的格兰维格(Svend Grundtvig, 1824—1883)和挪威的巴格(Sophus Bugge, 1833—1907)。他们的主要贡献在于收集民俗文化,唤起社会和学术界对民俗研究的重视,并为民俗学进入大学铺平了道路。有意思的是,北欧三国第二代著名民俗学家的博士论文都以民俗学为题,随后也都在主要大学担任民俗学教授。例如,丹麦的奥瑞克(Axal Olrik, 1864—1917)是哥本哈根大学民俗学教授,挪威的莫尔(Moltke Moe, 1859—1913)和里斯特尔(Knut Liestl, 1881—1952)相继担任奥斯陆大学民俗学专业教授,瑞典的塞多(Carl von Sydow, 1878—1952)更以其杰出成就使民俗学在伦德大学获得讲座教席的殊荣。就研究方向而言,北欧民俗学家中最优秀的人物往往对民俗事象(特别是口头创作)的美学意义很感兴趣,在民间故事的创作过程的研究方面颇有成就。其著名代表有奥瑞克和塞多。此外,塞多对芬兰历史地理方法论一直持批评态度。当然,这也并不能改变芬兰方法的巨大影响,真正的挑战要等到20世纪70年代之后新兴的美国民俗学才能提出。

　　除发展大学教育之外,北欧民俗学的另一显著特点是档案馆与博物馆起了很大作用。瑞典的北方博物馆、挪威的北欧博物馆、丹麦的民俗档案馆实际上都起着民俗学运动中心机构的作用。除国立的档案馆、博物馆之外,在许多省份还有地方性的机构。它们的功能不仅仅是收集与保存资料,还包括为研究人员提供人力物力资源和直接卷入具体的科研项目,如定期进行民俗学问卷调查。由于一些著名的民俗学家本人就是档案馆或博物馆的雇员,这些地方实际上具有民俗学研究机构的功能。

五、学科建设的典范:美国

　　同其他国家一样,美国民俗学也是从民俗爱好者的零星收集工作起步的;但不同的是,美国民俗学很快便以大学为基地发展,美国民俗学者更是有意识地从事学科建设。几代人努力的结果使美国民俗学在20世纪70年代后迅速发展成为世界民俗学新的中心。

美国民俗学发展史大约可以分为五个阶段。1857—1858年,哈佛大学英语教授柴尔德(Francis Child,1825—1896)出版八卷本《英格兰与苏格兰叙事民谣》,标志着早期民间文学收集的最重要成就。柴尔德本人深受丹麦学者格兰维格影响,一生致力于收集民谣和其他民间口头创作,并使哈佛大学成为美国早期民俗学的基地。纽厄尔(William Newell,1939—1906)是美国著名民俗学者中唯一未在大学任教的英国式绅士学者。他长期收集和研究儿童游戏,出版了《美国儿歌与游戏》一书。他最大的贡献是参照英国经验发起筹建了美国民俗学会(1888)。纽厄尔的财富和闲暇时间使他能够以全部精力从事民俗学会的工作。尽管只任过一任主席,但他实际上一直是学会核心人物,并长期编辑《美国民俗学杂志》。在此阶段,英国民俗学被视为楷模,但同时纽厄尔与柴尔德都强调民俗就是口头传承文化,与物质文化、社会组织等无关。

进入20世纪后,鲍亚士及其弟子相继担任民俗学会主席,美国民俗学进入以人类学理论为主导的第二阶段。其研究对象也从欧洲移民的口头文化转向美国印第安人的部落文化;口头创作的垄断地位被人类学家所关心的社会组织、物质文化等替代。但同时,鲍亚士一贯提倡的实证主义精神和长期田野调查的方法为美国民俗学输入了新的血液。

即使在人类学理论统治民俗学时,柴尔德所创建的哈佛学派也并未受影响。其杰出代表人物基特里奇(George Kittredge,1860—1941)长期任哈佛英语系教授,编排整理了柴尔德所收集的叙事民谣,出版过《英国与新英格兰地区的巫术》等多种专著。在基特里奇的积极建议和指导下,不少博士研究生的论文均与民俗学有关,而其中的两位很快便成为世界知名的民俗学家,并使美国民俗学进入第三阶段。

汤普森于1912年进入哈佛大学英语系攻读博士学位,接受导师基特里奇的建议,以《北美印第安人中的欧洲故事类型》作为论文课题(1919年出版),并从此确定了他一生的学术研究方向。汤普森在民俗学理论方面的最大贡献是发展和完善了故事分类法,为民间文学研究奠定了科学基础。1928年,汤普森出版他翻译和改写过的阿尔奈《民间故事类型》。1932—1937年,发表他的六卷本《民间文学母题索引》。1946年,他的《民间故事》出版并很快成为民俗学经典。显而易见,芬兰历史地理方法对汤普森的影响是很大的。但更重要的是,汤普森一贯致力于鼓励在世界范围内进行比较研究,并试图以他的几本索引为这种研究提供科学工具。

汤普森在美国民俗学史上的崇高地位与他杰出的组织能力和学科建设成就分不开。自1922年受聘于印第安纳大学后,他便努力使民俗学在大学内赢得一席之地。1942年,他发起成立民俗学暑期研究班,并于1949年建立了美国第一个可授予博士学位的民俗学专业。与此同时,他又在印第安纳大学筹建了独立的民俗学图书馆,出版民俗学丛书,逐渐使印第安纳大学成为新的民俗学研究中心。

汤普森的哈佛同学泰勒本为德语专业研究生,也是受基特里奇影响,以德国文学中的民间史诗作为博士论文题材,由此走上民俗学研究之途。泰勒先后在华盛顿大学、芝加哥大学和加州大学伯克利分校执教德国文学,但始终以民间口头创作作为他的研究重点。他专长于使用芬兰历史地理方法分析民间故事和叙事民谣,并以其关于民间谜语和谚语的研究,成为与汤普森齐名的民俗学大家。早在任芝加哥大学德语系主任期间,泰勒便努力使民俗学成为该系博士班必修的五个专业之一。转到加州大学伯克利分校后,他又与当时仍很活跃的著名人类学家克鲁伯(Alfred Kroeber)和罗威(Robert Lowie)等一起将民俗学专业介绍入大学的基本课程。

虽然美国民俗学的发轫可以一直上溯到19世纪中叶,但也有人认为它作为一门真正独立的学科开始于20世纪50年代。它的创始人既非柴尔德也非纽厄尔,而是多尔逊(Richard Dorson,1916—1981)。这无疑是一种夸张的说法。但是,美国民俗学的确是在多尔逊的苦心经营之下才逐渐摆脱人类学和欧洲民俗学的影响,成为当今世界民俗学中最为活跃也最有实力的一支队伍。

有意思的是,多尔逊也毕业于哈佛大学,但是,与汤普森和泰勒不同,多尔逊在哈佛并没有遇到民俗学研究方面的伯乐。经过一段徘徊,多尔逊于1944年接受密执安州立大学的聘请,在接下来的13年内出版了六种民俗学专著和六十多篇论文,使自己成为美国最优秀的民俗学家之一。在此期间,多尔逊发现美国民俗学存在着严重危机:既没有自己的"祖先",也没有自己的理论,不过是人类学中一个无足轻重的附庸而已。为寻求可能的出路,有着历史学博士学位的多尔逊一头扎进英国各大图书馆去潜心研究19世纪下半叶英国人类学派民俗学的辉煌历史,得出必须通过大学发展民俗学的结论,并于1968年出版了长达四百多页的《英国民俗学史》。多尔逊在民俗研究方面著述极多,包括《美国民俗学》、《美国地方民俗》、《美国民俗与历史学家》等。他还努力发展"新大陆民俗理论",认为美洲各国民俗皆产生于多种族、多文化的互动过程之中,因此不能生搬硬套欧洲民俗学理论。

1957年,多尔逊受聘接替汤普森担任印第安纳大学民俗学教授,终于实现了他多年的宏愿——将美国民俗学建设成世界一流水平的专业。他将汤普森创建的暑期民俗学研究班改建成实体性研究机构,将民俗学专业扩建成独立的系,并出版发行《民俗学研究所季刊》。更重要的是,他从一开始便致力于民俗学人才的培养,特别是博士生的培养。到20世纪70年代中期,在他直接指导下成为民俗学专业骨干者便达四十多人,其中包括后来成为美国民俗学顶梁人物的邓迪斯、本-阿莫斯(Dan Ben-Amos)、亚伯拉罕(Roger Abrahams)、乔治斯(Rober Georges)、鲍曼(Richard Bauman)和戈登斯坦(Renreth Goldstein)等人。此外,为改变美国民俗学的相对闭塞状态,多尔逊努力促进美国与欧洲各国民俗学界的交流,组织发表了许多介绍欧洲民俗学历史和理论的文章,在20世纪60年代末破天荒地掀起一次小小的学术史研究高潮。

相继毕业于20世纪60年代并拥有民俗学博士学位的邓迪斯、本-阿莫斯等一批学者的崛起,标志着美国民俗学进入了一个百家争鸣、各派争雄的新阶段。综合英国、德国民俗学两大传统,美国民俗学的研究范围包括口头创作、社会生活习俗、物质文化和民间艺术四个主要领域。功能学派人类学、芬兰历史地理方法、分析心理学、结构主义等外国理论均在美国民俗学界内占有一定地位;同时,帕里(Milman Parry)和洛德(Albert Lord)的故事程式理论与本-阿莫斯等人提倡的情景研究理论则是地道的美国土产。后者强调长期的田野调查,借鉴人类学、社会学、心理学理论,将研究对象置于社会情境之中进行分析,颇有成效,已成为自70年代后最有影响的理论流派。

1972年,多尔逊曾提出每一所大学都要有一位持有民俗学博士学位的教授的理想目标。从过去20年的发展史看,美国民俗学正在朝着这个目标稳步前进。据1986年的一次调查,美国共有509所大学开设民俗学课程;81%的民俗学教员拥有博士学位;其中拥有民俗学博士学位的教员78位,硕士学位的9位;可授民俗学博士学位的大学已增加到6所,另有10所大学可授予硕士学位。在这个意义上讲,美国民俗学的中心已既非哈佛也不再是印第安纳,实际上,中心已不复存在;代之而起的是各有千秋的数个一流研究机构和民俗学系。对比英国民俗学兴起与衰落的短暂历史,美国民俗学在学科建设方面无疑是个非常成功的例子。

第二节　俄国与苏联的民俗学

一、关于"民俗学"的概念

在俄国和苏联,关于"民俗学"的学科及其概念有其特殊性,因此,有必要先介绍一下与这个概念有关的问题。

1846年,英国考古学家汤姆斯把"folklore"(通常译作"民俗学")这个术语引用到科学中来表示民俗事象的材料(如礼貌、风俗习惯、典礼仪式、迷信、歌谣、故事、寓言等等)及民俗研究,不久就受到了国际学术界的承认。folklore是个合成词,其中"folk",意思是"人民"、"民众"、"民间";"lore",意思是"知识"、"智慧"、"传承"。

"folklore"这个术语的含义在各国科学界一直存在着分歧。西欧的学者大都把它用作"民俗学";俄国和苏联的学者却把这个术语音译为"Фолъклор",用来表示民间文学或口头文学。如已故苏联科学院院士、著名民间文艺学家Ю.М.梭柯洛夫(Соколов)在其名著《俄罗斯民间文学》一书中说:"应当把 Фолъклор 理解为广大劳动群众的口头文学创作(Устное Поэтическое Творчество)。"他又说:"假如'文学'(Литература)不是在字面(文字、书面)的意义上使用,而是广泛的,亦即不只是把它理解为书面和艺术创作,而是一般的理解为语言艺术,那么,Фольклор（民间文学）则是文学的一个特殊部分,而Фольклористика（民间文艺学）就是文艺学（Литературоведение）的一部分。"

苏联的学者们为什么更多地采用"Фольклор 并常常用它来代替本来的 Народная словесность"、"Народная поэзия"（民间文学）呢？除了某些历史的原因以外,还由于民间文学具有综合性的特点,也就是口头文学创作同其他民间艺术具有直接的联系。民间文学在表演时就涉足舞台艺术领域。不仅仅在演所谓民间戏剧和举行戏剧化的仪式（结婚、殡葬、农耕等等的仪式）以及进行轮舞等的游戏时,而且在演唱勇士歌、讲述故事、演唱歌曲时,都常常伴有表情、手势、戏剧动作,有的还涉及舞蹈艺术,甚至音乐艺术。因此,民间文艺学除本身外,还包含着民间戏剧学、民间舞蹈学、民间音乐学等学科的一部分。民间文学植根于广大人民群众的民俗之中,因而也就必然在很大的程度上是民俗学的一部分。所以用 Фольклор 来表示民间文学,就较为准确地说明了民间文学的这种民俗性,更充分而鲜明地表现了民间文学的综合性的特点。

所以,尽管苏联的学术界采用了 Фольклор 这一国际科学术语,但却只用它来表示独立的民间文学,而不用它来表示民俗学。可以说,苏联的学术界对 Фольклор 这一术语采取了狭义的用法。但是,在翻译外国的民俗学著作时,又常常把民俗学仍音译作 Фольклор。

用 Фольклор 来表示民间文学,而民俗学,则和民族志学合在一起,用 Этнография 这个外来术语来标示。

"Этнография"是英文"Ethnography"的音译。这个词本来源于希腊文 ethnos（民族）和 graphein（记述）,合起来意思是"民族记述"。在西方科学中,一般认为"Ethnology"即民族志的主要任务是对具体民族进行实地考察,详细记述有关资料；而"Ethnolog"即民族学则是对民族志资料进行理论研究。苏联学术界一般不使用 Этнология（Ethnology 的俄文音译）这个术语,而只使用"Этнография"这个术语,意思既是民族学,又是民族志、民俗学。我国也有人译作"人种志学"或"民族志学"。这个外来语的意思和俄文中的 Народоведение（字面意思是民间知识、民间学问,或民族知识、民族学问)是同义语,通常译作民族志、人文志、人文学、民俗学、民族学。这个俄文词与上面谈到的 folklore 的意义又大体相同。鉴于这种情况,在本节中,对于 Этнография 这个术语,为了便于理解,根据实际情况,大部分译作"民俗学",有时也只好译作"民族学"。应当说明,这里的民族学,实际上也包括一般我们所理解的民族学、民族志、民俗学的全部内容。

二、民俗学研究的对象与范围

俄国和苏联民俗学研究的对象和范围比较广泛。它主要研究本国民族和世界各民族民众的生活习俗、文化历史及其相互的影响。它既研究原始社会的民族,也研究当代民族。它的任务,首先是记述某个民族的物质文化、精神文化、社会制度等的风俗形式,该民族文化习俗的特点及其形成的历史,并在搜集到的客观材料的基础上进行研究,探求诸多民俗事象产生与发展的规律。

在民俗学中,对"遗留物"的研究具有重大意义。所谓遗留物,就是现代人民生活中仍然保留着的那些在过去时代中所产生的现象,它们在历史发展的某个阶段上已经丧失了其原始的内容和意义。也可以说,现代民族生活中的许多现象,由于某种历史原因,在其发展中保留下了历史上形成的社会习俗、物质和精神文化的残余形式。通过对这些残余形式的研究,人们可以解释那遥远过去的人类的许多方面。因此,这些残余形式即遗留的研究,对阐明文化历史问题,甚至对解决民族起源问题,都具有重大意义。

在民俗中,民间文艺是一个极为重要的部分。民间文学、民间艺术中包含着许多来自遥远过去的民族的生活习俗的细节,它的伦理史的各个阶段,具有极为重要的历史认识作用。特别是民间文学,它可以说是民俗学的重要资料。但是由于它具有文学艺术的特点,与书面文学具有特殊而密切的联系,并具有相对独立和特殊的发生与发展规律,以及特殊的、无与伦比的社会职能,所以,俄国和苏联的科学界为了便于深入地研究它的特点、职能及其发生、发展的规律,特地使它独立为专门的学科即民间文艺学,来对它进行研究,并把世界上通用的术语 Фольклор(民间文学)赋予它,还据此为它的研究创造了新术语 Фольклористика(民间文艺学)。即使如此,它是民俗学的一部分的事实及其在民俗学中的重要地位是不能否定的。

民俗学与许多学科都有密切联系,如社会史、考古学、人类学和地理学等。民族社会史中的事件对其文化和生活习俗具有最为重要的影响;另一方面,对这些事件的理解也需要该民族特有的文化习俗知识。在研究某一民族文化习俗之形成的时候,常常求助于考古学;考古学在重视遗留在某些考古文物上的古代居民文化时,也广泛地采用民俗学材料。语言材料,作为最重要的民族标志之一,对民俗学是非常重要的;而研究某种语言的具体历史、语言的传播过程时,也常常从民俗学中求得帮助。在研究某一民族某些文化特点所形成的地理条件时,民俗学就同地理学具有密切联系。

三、俄国民俗学

俄国民俗学在建立之前,经过了一个漫长的准备期,大约从 12 世纪到 17 世纪。在这个时期中,民俗的记述材料主要保存在某些历史著作和游记中。如 12 世纪出版的《当代记事》和 12 世纪至 14 世纪出版的《圣徒行传》及一般游记等俄国文献。15 世纪的《三海旅行记》是俄国商人阿发纳西·尼基金(Афанасий Никитин)于 1466—1472 年在印度的旅行游记。这是一部出色的民俗学著作。在 17 世纪的《西伯利亚年代记》中,记述着西伯利亚人的经济结构、社会制度、习俗和仪式的材料。1675 年,当时驻中国的大使尼古拉·斯帕发利(Николай Спафарий)在俄国文献中第一次留下了对中国民俗的描述。17 世纪到中亚、外高加索和远东去的俄国旅行家们也在俄国文献中留下了上述地区的民俗资料。

从 18 世纪起,俄国民俗学进入了形成期。这个时期的特点,是出现了真正的民俗学研究家,他们开始有目的地进行民俗调查与研究。在 1715 年,格里高里·诺维茨基(Григорий Новицкий)发表了《奥斯加克人简述》,这是世界文献中最初的民俗学著作之一。在 1734—1737 年间,俄国著名的民俗学家塔吉雪夫(В.Н.Татищев)向当时俄国各地发出了著名的搜集俄国各民族民俗资料的调查提纲表。他的活动对俄国民俗学的形成与发展起了重要作用。

18世纪的几次大规模的民俗考察工作,是俄国民俗学发展史上的重要事件。其中,成绩特别巨大的是第二堪察加考察团(1733—1743)和科学院考察团(1768—1774)。前者以著名的西伯利亚历史学家 Г. Ф. 米列尔(Миллер)和 С. П. 克拉舍宁尼柯夫(Крашенинников)为首,他们写出了《堪察加地方志》(两卷本,1755),这是一部多图本的古典民族学、民俗学的著作。科学院考察团考察了广大地区:伏尔加河流域、高加索、克里米亚、西伯利亚、乌拉尔;参加者 П. С. 帕拉斯(Паллас)、И. И. 列漂新(Лепёхин)、В. Ф. 祖耶夫(Зуев)等写出了一批著名的民俗学著作。

在18世纪的民俗学著作中,应当着重提出的是科学院考察团的参加者 И. Г. 乔治(Георги)著《俄国各族民俗·它们的生活仪式、信仰、习俗、住房、服饰及重要节日》(3册,1766—1777),这是关于俄国各民族民俗的综合性著作,它把当时最著名的民俗材料系统化了,按其在当时研究的规模和方法论的水平来说,堪称世界科学中的出色成就。在18世纪末,还出现了一系列关于俄罗斯民间文学的著作。

19世纪,是俄国民俗学长足发展的时期。这个世纪初,俄国出现了一批世界旅行家和深入原始民族及文明民族的研究家,取得了民族学和民俗学的丰富材料和研究成果。如 И. Е. 维尼亚米诺夫(Вениаминов),他在阿留申人(Алеуты)和特林基特人(Тлинкиты)中生活了15年(1824—1839),对阿留申人做了最为全面的民族和民俗方面的记述。Н. Я. 毕朱林(Бичурин)关于中国及其邻国的著作将广泛而全面的民俗材料引进欧洲科学,这些材料至今仍有意义。

俄国地理学会在1845年建立,这是俄国民俗学发展史上的一座重要的里程碑。这个学会设有民俗学部,它的第一任部长是 К. М. 别尔(Бер),1848年由 Н. И. 纳杰日金(Надеждин)继任。他们二位早在19世纪20年代的著作中就确定了作为具有独立任务和方法的科学的民俗学原则。地理学会在建立之初就曾通过寄发专门提纲来广泛搜集民俗资料,并在学会的出版物上发表。学会编辑、出版的《民族学集刊》

（1853—1864）是俄国的第一种关于民族学、民俗学的定期出版物，发表了大量有关民俗的作品。

在19世纪中叶，俄国学者们对北欧和西伯利亚、萨哈林岛（库页岛）、乌克兰及俄国边区进行了考察，获得了大量宝贵的民俗资料。其中最重要的成绩有：Г. И. 涅维里斯基（Невельскии）的考察队（1849—1855），搜集了关于阿穆尔诸民族的珍贵民俗资料；П. П. 朱宾斯基（Чубинский）在东南边区的考察，提供了大量关于乌克兰人民俗的资料；А. Н. 阿发纳西耶夫（Афанасьев）搜集并出版了俄罗斯人民的民俗和民间文学的材料。在这个时期，比较著名的民俗学者还有 П. И. 吉烈耶夫斯基（Киреевский）、П. Н. 雷布尼柯夫（Рыбников）、П. В. 和 А. Я. 叶菲明柯（Ефименко），等等。

在1850年到1860年这10年的俄国民俗学研究中，德国格林兄弟所创建的神话学派发挥了主要影响。这个学派在俄国的代表人物是 Ф. И. 布斯拉耶夫（Буслаев）、А. Н. 阿发纳西耶夫、О. Ф. 米列尔（Миллер）。格林认为史诗是诗歌的最初形式，而史诗大部分跟神话等同，因此民间文学起源于神话。神话学派的英国代表人物缪勒认为，神话是语言的病态的结果，而太阳神是大多数神话的基础。布斯拉耶夫同样认为，神话是民间文学的基础，语言是诗歌发展的基础，宗教是诗歌发展的兴奋剂。阿发纳西耶夫则受缪勒的影响比较大。

当时的革命民主主义作家的著作揭示了神话学派主张的唯心主义实质。革命民主主义者明确地提出了研究民俗的现实意义和基本原则。他们认为，研究当代民间生活习俗的主要任务是改造它。著名的俄国革命民主主义作家 Н. Г. 车尔尼雪夫斯基在19世纪50年代就指出了落后民族民俗材料的意义在于重现古代文化的发展阶段。这种革命的思想倾向对后来俄国民俗学的研究产生了广泛影响。

1867年，"自然科学、人类学和民俗学爱好者协会"建立后，在它的周围集结了一批有自由主义思想倾向的学者。这个协会在1867年组织并举办了全俄民俗展览会，从1889年起，出版了《民俗学评论》杂志，它与在它稍后出刊的另一个杂志《活古风》（1890）不同，它具有较为进步的倾向性。在这个时期中，与这个协会有密切联系的 Д. Н. 阿奴钦

(Анучин)的民俗学著作综合了民俗学、人类学和考古学的材料,而且是严格的历史主义的,在俄国民俗学的发展中具有重大作用。

在 1870 年至 1890 年这 20 年中,革命倾向在俄国民俗学中获得了广泛传播。这个时期,这种倾向的代表者是 M. 库里舍尔(Кулишер)、Э. Ю. 彼特利(Петр)、И. Н. 斯米尔诺夫(Смирнов)等。库里舍尔著的《比较民俗学和文化概论》(1877)最为著名。在 Н. И. 吉别尔(Зибер)的民俗学著作中,和 M. M. 科瓦列夫斯基(Ковалевский)的民俗学著作中,一定的程度上反映了马克思主义的影响。

自 19 世纪开始,在俄国许多城市都建立了民俗学机构和博物馆。除了基辅、波罗的海和波兰各城、喀山、第弗里斯、埃利温、弗拉基高加索、塔什干、伊尔库茨克、米努辛斯克、雅库茨克等以外,在莫斯科建立了鲁绵采夫斯克博物馆,在彼得堡建立了人类学和民俗学博物馆,在彼得堡还建立了俄国博物馆民俗部。俄国地理学会的一些地方分会也在民俗学领域做了大量工作。总之,在这个时期,俄国的民俗学工作有了很大的发展,人们对民俗学的兴趣更加浓厚了。

四、苏联民俗学

苏联民俗学继承了俄国民俗学的优秀传统,并在马克思主义指导下获得了极大发展。

苏维埃政权建立后不久,民族学、民俗学事业就广泛地开展起来了。苏联政府加强了培养民族学、民俗学干部的工作,在地方上建立了许许多多民族学、民俗学机构,吸收了众多的地方干部到民族学、民俗学工作中来。这个时期的民俗学事业,由于多民族的具体国情,在许多方面都是和民族学以及当时的民族工作紧密地联系在一起的。苏联民俗学的宗旨就是积极参加社会主义的建设事业,根本改造苏联人民的文化和生活习俗。当时,在民族工作方面采取了一些重要措施。例如,在中亚划分民族,建立民族区,吸收苏联边区的最落后民族参加苏维埃国家组织。在民俗学工作方面,则要求深入地研究各民族的伦理组织和文化特点。民族学者和民俗学者广泛地参加了民族事务人民委员会的工作,直接参加了地方上的实践活动。他们在这个时期所搜集的大量关于国内各族民俗材料，发表在无数出版物中。从 1926 年开始出版的《民族学》杂志（从 1931 年改名为《苏联民族学》），专门发表民族学和民俗学的各种文章。从 20 世纪 20 年代起，苏联各地的地方博物馆也开始进行民俗学的有关工作。

在十月革命后的最初 10 年中，民族学、民俗学领域均扩大了研究规模，积累了大量材料，同时，在民族学、民俗学研究工作中，也反映了理论思想的不成熟性。当时还不能把马克思主义的方法应用到民俗学研究中来。苏联民俗学家们认为，当时民俗学中的西方资产阶级学派的影响，主要是"文化圈"论和原始社会史研究中的反摩尔根主义的倾向。

在 20 世纪 20 年代末至 30 年代初，苏联学术界试图彻底改正民族学、民俗学研究中的方法论。这个时期，出现了一些力图根据马克思主义经典著作来阐述原始社会问题的考古学、民族学、民俗学著作。在民俗学研究的这种新倾向的发展中，М. Н. 波克罗夫斯基（Покровский）学派发挥了有害的影响。波克罗夫斯基的继承者们以社会学的图式来偷换、代替对具体材料的科学研究，他们还忽视了对民俗的文化和伦理史的研究。许多民俗学家采用了 Н. Я. 马尔（Map）的语言学原则，也导致了同样庸俗化的理论。

克服整个历史科学中的这些错误，对苏联民俗学的发展起了重要作用。

苏联的民俗学依靠历史唯物主义的方法论，以历史主义作为研究原则之一。在研究任何一种民族文化中的伦理特点时，苏联的民俗学家们都力图探求其形成和发展的各个历史阶段。他们在各民族的文化中看到了社会特定发展阶段的反映，并力求深刻地研究这种文化形成的具体历史过程，它的各种成分的起源。他们一方面反对文化历史学派的迁移理论（外借论）——这种理论把文化的一切变化都归纳为个别成分的传播扩散的图式，一方面并不否定文化珍品在历史上的迁移、传播、外借的作用。他们认为，对任何文化现象的研究，都必须同产生该现象的那些社会的历史相联系。在苏联民族学、民俗学家们的著作中，对苏联各民族的民俗学研究占有中心地位，而苏联诸民族中的许多民族只是在最近的几十年中才对其民俗进行了细致的研究。

如上所述,苏联的民俗学研究是同苏维埃社会发展的迫切任务联系在一起的。苏联民俗学特别重视对文化和生活习俗的形成的研究。这些文化和生活习俗是在社会经济形式的基础上形成的。民俗学者们从其发展中研究了当代的文化,研究了文化的民间传统、历史联系、各民族文化的相互影响。他们还研究了民俗学中那些不久前还保留着氏族特点和各自领土的民族互相结合后形成的共同道德及其所具有的重大意义,如阿尔泰人、哈卡斯人、达格斯坦人。

在苏联民俗学研究的理论问题中,原始社会史的问题占有显著地位。苏联学者们研究了在阶级社会中的氏族遗留问题,特别是游牧民族中的封建宗法关系;研究了异族结婚的起源问题,宗教的早期形式问题,艺术的起源问题等,并进行了公开的讨论。这个时期,出现了一批著名的民俗学家。在俄罗斯民俗学的研究方面,有 Е. Э. 布洛姆克维斯特（Бломквист）、Д. Н. 泽列尼娜（Зеленина）、Б. А. 库弗其娜（Куфтина）、Н. И. 列别杰沃依（Лебедевой）等;在关于伏尔加河流域民族的民俗学研究方面,有 В. Н. 别里采尔（Белицер）、Н. И. 沃罗标娃（Воробьёва）、С. И. 鲁坚柯（Руденко）等;在格鲁吉亚人民俗学研究方面,有 С. И. 马卡拉齐亚（Макалатия）、А. И. 罗巴基杰（Робакидзе）、Р. Л. 霍拉杰（Хорадзе）、Г. С. 齐塔娅（Читая）等;在哥萨克人民俗学研究方面,有 Е. М. 师林加（Шиллинга）、Л. И. 拉夫罗娃（Лаврова）等;在亚美尼亚人民俗学研究方面有 С.Д.里西齐亚娜（Лисициана）等;在西伯利亚人民俗学研究方面,有 А. Ф. 阿尼西莫娃（Анисимова）、Г. М. 瓦西列维奇（Василевич）、В. О. 多尔吉赫（Долгих）、А. М. 左洛塔辽娃（Эолотарёва）、С. В. 伊万诺夫（Иванов）、А. А. 波波娃（Попояа）、Л. П. 波塔波娃（Потапояа）、Г. Н. 普罗柯弗耶娃（Прокофъева）、В. Н. 车尔涅左娃（Чернецова）等;在对中亚民族民俗学的研究方面,有 С. М. 阿布拉姆左娜（Абрамэона）、М. С. 安德列耶娃（Андреева）、Т. А. 日丹柯（Жданко）、Г. П. 托尔斯托娃（Толстова）、О. А. 苏哈列沃依（Сухаревой）、Г. Н. 卡尔波娃（Карпова）等等。此外,还有一大批学者研究外国民族学和民俗学,如 Д. А. 奥里杰罗格（Ольдерогге）等研究非洲民族,С. А. 托卡列夫（Токарев）研究澳大利亚和太平洋诸民族及外国民族学史，Ю. B. 克诺罗左夫(Кнорозов)研究美洲诸民族,等等。

民族学和民俗学的研究中心是苏联科学院以 H. H. 米克路霍-马克莱(Миклухо-Маклай)命名的民族学研究所。在这个研究所的下属机构中,有以彼得大帝命名的人类学和民俗学博物馆(在圣彼得堡)。在各加盟共和国科学院中,都有民族学、民俗学研究机构,在其他许多地区或城市中也有这种机构。中央机关刊物是《苏联民族学》杂志。

第三节 日本民俗学

日本民俗学的发展一般分为六个时期,概述如下。

一、准备时期

在江户时代后期,日本的学术思想发生了很大变化。随着商品经济的发展,庶民文化的兴起,近代科学的传入,作为封建社会思想支柱的儒学受到了冲击,一些儒者为审时经世而关心庶民生活。同时,日本的国学[1]者在对固有文化的探索中,也留意到民间习俗。例如,国学者本居宣长在《玉胜间》一书中阐述了古俗的意义。幕府儒官屋代弘贤曾向全国各地分发《风俗问状》,并根据所获不多的回答,写成了《秋田风俗问状答》。

有些饱学有识之士,在旅行中着眼于风土民情,写出了一些记述翔实、文情并茂的纪行文,如橘南溪的《东西游记》、菅江真澄记述其40年足迹的《游览记》。喜多川信节的《嬉游笑览》则是类似风俗辞典的著作。明治维新后的日本,大量吸收了西方文化,日本民俗学就是在英国人类学的影响下兴起的。1886 年,东京大学学生坪井正五郎等组成了东京人类学会,创办了会刊《人类学杂志》。会刊所载论著,大多以英国人类学的理论为依据。其内容十分广泛,包括生产与生活习俗、家族组织、方言民谣等有关民俗的调查研究。坪井与南方熊楠、鸟居龙藏等都是会刊的积极撰稿者。坪井在会刊上发表过《人类学上

---

[1] 国学:江户时期的一些学者对《古事记》等日本古典进行深入研究,以期阐明儒学、佛教传入以前的日本固有文化。这一学术流派被称为国学。

土俗调查之范围》等多篇论文,起过指导作用。

1893年,鸟居、坪井等又组织了土俗会,进行了有关岁时节令、育儿等习俗的讨论。这一时期,英国的人类学者泰勒、弗雷泽等的学说相继被介绍到日本。

二、《乡土研究》时期

日本民俗学的创建者柳田国男(1875—1962)生于日本兵库县农村,那里培养了他的深厚乡土感情。1900年,他从东京大学政治科毕业后,任政府农政官员。他常常深入农村考察,同时广泛阅读了内阁文库所藏古今文献。他的民俗学研究是在这种坚实的基础上展开的。

当时,日本正在向现代化转变。在如何认识民族文化的问题上,学术界出现了各种看法。有人甚至把传统民俗一概视为应予革除的陋习,而柳田则采取了积极的分析研究态度。1909—1910年,柳田出版了他的采访收获《后狩祠记》、《远野物语》以及关于石神问题的答疑书简集《石神问答》。这三部著作在学术界产生了很大影响。

1910年,以新渡户稻造及柳田为中心,来自地理、经济、社会等不同学科领域的一些学者组成了乡土会。他们对几个村落所进行的共同调查,在日本人文科学史上是没有先例的。

1913年,柳田和高木敏雄共同创办了《乡土研究》。在创刊号上,高木指出:乡土研究是"要对日本民族生活的一切现象进行根本的研究"。

在编辑方针上,柳田主张,乡土研究是要探究庶民生活的变迁,进而阐明日本文化的原型。《乡土研究》的支持者之一南方熊楠则批评说,乡土研究应以经济、制度等社会事象为枢纽,建立起可与其他民族相比较的体系,以阐明人类文化的普遍性。

作为对南方的回答,柳田在一些论文中阐述了当前乡土研究的目的和方法:(1)要阐明各个乡土地区的民众生活经历了什么样的道路,循着什么样的规律而发展到今天。(2)日本的文献中没有平民的历史,因此要摆脱文献史学的方法,而采取新方法,即实地采集资料,重视比较研究。

《乡土研究》二卷二号出版后,由柳田独自编辑。柳田和南方熊楠、折口信夫、中山太郎、早川孝太郎等都是主要撰稿者。1917年,《乡土研究》停刊。在4年之间,它向学术界提供了大量论文和资料。

柳田还先后编辑了《甲寅丛书》与《炉边丛书》,出版了一些民俗学专著。如金田一京助的《北虾夷古谣遗篇》、柳田与早川孝太郎合著的《奥特拉狐漫谈》等。

同一时期的民俗学杂志有:坪井正五郎等主持的《民俗》、折口信夫等创办的《土俗与传说》。

日本民具研究的先驱者是民族学者涩泽敬三(1896—1963)。"民具"(包括生产用具和生活用具)这个学术用语就是由他提出的。当时日本生活方式急剧变化,一些手工民具渐趋泯灭。涩泽疾呼,在以庶民生活为中心的文化史研究上,民具研究是极为重要的一环。他积极从事搜集研究,1921年建起民具博物馆,为物质文化的研究开辟了一条新路,为日本的民族学和民俗学博物馆事业奠定了第一块基石。

《乡土研究》是第一个独立的民俗学刊物,它的问世,标志着科学的日本民俗学的开端。

三、《民族》时期

第一次世界大战后,民族问题引起普遍关心。柳田借两次赴欧洲工作之机,了解到欧美民族学研究的进展。归国后,他于1925年与冈正雄、石田干之助等共同创办了《民族》双月刊。《民族》成为广义的人文科学的综合杂志,刊载了民族学、民俗学、考古学、语言学等的论文和调查报告,内容丰富,蔚为大观,使民俗学在与邻近学科的协作中得到长足发展。

《民族》所发表的民俗学论文,主要有柳田的《祭神的风习》、《以杨枝占卜泉水》,折口信夫的《水女》,伊波普猷的《南岛古代的葬仪》等。

柳田以蜗牛的方言分布为例,在《蜗牛考》中所阐述的"方言周圈论"是民俗学方法论上的进展。

柳田认为"方言的地方差异大体上表明古语退化的过程"。这就是说,语言的变化一般从文化中心开始,发生于文化中心的新词语像圆形波纹一样不断向四周传播,其影响力越来越小,因此边远地区保存着较多的古语。这个研究方法应用到一般民俗事象上,用以研究文化传播的规律,就发展为"文化周圈论"。在日本民俗学界,这一理论曾长期占有重要位置。

《民族》停刊后不久,折口信夫与松本信广、松村武雄等筹组了民俗学会,发行了会刊《民俗学》,发表了不少有影响力的论文。

《民俗艺术》是折口信夫等组成的"民俗艺术之会"的会刊。它所刊载的有关祭礼、民谣、木偶戏、狮子舞等的调查报告和论文,使长期被忽视的民俗艺术得到相应的评价。

《旅行与传说》原为通俗性刊物,后来在柳田指导下出版了民间故事、传说及婚姻、诞生等许多专集,留下了有价值的民俗资料。

此外,《九州民俗学》、《仙台乡土研究》等多种刊物的出现,反映了这一时期民俗学的普及。

冈正雄译英国班恩女士的《民俗学概论》、今泉忠义译英国贝尔格鲁德的《民俗学漫谈》、后藤兴善译法国范·热纳的《民俗学入门》,此时相继出版。

上述发展情况说明,民俗学在日本学术界已确立了它应有的地位。

四、木曜会时期

自1933年9月起,柳田于每周木曜日(星期四)在他家里召开学习会,为其门人讲授《民间传承论》。听讲者很多,其中有不少人后来成为知名的民俗学者。

翌年,柳田的多次讲稿汇集为《民间传承论》出版,这是日本民俗学最初的概论书。不久,柳田的《乡土生活研究法》、《国史与民俗学》相继出版。在这些概论书中,柳田除论述了史学与民俗学的关系外,主要阐明了下述几点。

1. "一国民俗学"

《民间传承论》第一章的标题即"一国民俗学"。柳田主张,民俗学应首先是研究本民族和本国的学问,是"自我认识"的学问。当务之急是对本国民俗进行科学的调查研究。至于国际的比较则有待于将来。

2. "重出立证法"

"重出立证法"即比较研究法,又称"蒙太奇式照相法"。这种方法是从多次重复出现的民俗现象中去分析哪些是基本部分,哪些是有所变异的派生部分。通过比较研究,找出其先后关系,根据现实生活中的横断面来书写历史。这个方法长期为民俗学者所重视。

3. 民俗资料的三部分类法

民俗资料的三部分类法为:有形文化(目睹的)、语言艺术(耳闻的)、心意现象(意会的)。这个分类方法曾为日本民俗学者普遍应用。

"一国民俗学"与"方言周圈论"、"重出立证法"都成为日本民俗学的主要理论支柱,长期指引了这门学问的进程。

1935年7月,以柳田为首的民俗学者举办了良俗学讲习会,一百多名学员来自东京和全国各地。历时一周的盛会结束时,建立起一个全国性的"民间传承之会",其会刊称《民间传承》。

1934—1936年,在柳田指导下,木曜会成员有计划地开展了山村和海村调查。其成果汇集为《山村生活研究》、《海村生活研究》。他们还对于行将湮没的故事、传说进行搜集,编入《昔话研究》及《全国昔话记录》之中。

1937年,柳田在东北大学讲授了民俗学。1946年,折口信夫在国学院大学开始讲授民俗学。其间,在东京、大阪相继举办过长期的民俗学讲习会。

此时,除柳田的多种著作外,樱田胜德的《渔人》、濑川清子的《海女记》、江马三枝子的《飞驒白川之大家族》等都是出色的专著。关敬吾译芬兰卡尔·科隆的《民俗学方法论》、山口贞夫译法国山狄夫的《民俗学概论》也先后出版。

1935年,涩泽敬三等建立了日本民族学协会。协会出版了大量民俗志,并在会刊《民族学研究》上发表了不少民俗学论文。

这一时期,日本民俗学在理论和实践上都阔步前进了。然而,日本军国主义的日益猖獗,竟使延续了243次的木曜会被迫中断,《民间传承》被迫停刊,采访工作无法进行,日本民俗学遭到了严重挫折。

五、民俗研究所时期

1946 年,《民间传承》复刊。翌年,柳田把他的书房和大量藏书提供给研究者,建立起民俗学研究所。研究所的工作是在困难的条件下展开的。

在战后的混乱状态中,一些忧国之士把重建日本的希望寄托在教育事业上。柳田也强调作为"济世"之学的民俗学必须面向多难的社会现实,因而大力支持了小学校的课程改革。为了培养学生从小理解与爱护民族文化,研究所帮助新设的"社会科"纳入了民俗学的内容,并刊行了《社会科丛书》七册。

在柳田指导下,研究所成员对三十余个离岛进行了长期调查,出版了《离岛生活研究》。它与此前的《山村生活研究》、《海村生活研究》并称为三大调查的优秀记录。

研究所编辑的辞书有《综合日本民俗语汇》、《年中行事图说》、《日本民俗图录》、《民俗学辞典》等。其中的《民俗学辞典》被誉为"民俗学 50 年业绩的结晶",30 年间,再版 55 次,印数达十余万部。

关敬吾主编的《日本昔话集成》六卷本及牧田茂的《生活之古典》、桥浦泰雄的《日本之家族》等个人专著先后问世。各地的民俗刊物也纷纷恢复。

自 1951 年起,大藤时彦等许多民俗学者相继在各大学开课,巩固了培养新生力量的基地。这是不懈努力的结果。

同时,在涩泽敬三的倡导下,民族学、民俗学及其他学科逐步组成了九学会联合,多次进行了共同调查。《日本社会民俗辞典》也是多学科协作的重要成果。

常民文化研究所是民具博物馆的改称。在涩泽敬三及所长樱田胜德的领导下,出版了六十余册民俗采访报告。他们还对各地的研究者给予了多方帮助,其中包括终生务农的业余研究者。

1957 年,民俗学研究所宣告解散。10 年之间,它为日本民俗学的重建与发展,发挥了继往开来的作用。

六、柳田逝世以后

1962 年,柳田逝世。对于其后的日本民俗学界,井之口章次曾评论说,柳田指导下的"中央集权制"瓦解了,出现了各抒己见的局面。

柳田逝世后,对他进行研究的论著大量涌现。既有对他的卓越贡献的充分肯定,也有对他的一些理论的重新评价。在此仅举有代表性的数例。

1965年,小野重朗在鹿儿岛县进行调查后提出:民俗的同心圆分布并非总是全国性的,而可以限于特定地区之内。民俗的保存,有些在中心地区较为完好,而在其周围则已"走样"。这是对民俗周圈论的大幅度修正。

对于重出立证法,1963年,关敬吾说:"比较法是民俗学的方法之一,但不是唯一的方法。"福田亚细男则认为,被游离于传承母体的民俗资料犹如无根之草,难以阐明各民俗事象相互关联的变迁。虽然也有肯定论者,而比较一致的意见是:重出立证法不是万能药。

柳田一向把日本民族的基层文化视为种稻文化的单一文化,把各地民俗之相异视为单一文化内部发展不平衡的产物。有些学者早已对此提出质疑,如冈正雄就主张日本文化属于多元复合结构。在其影响下,坪井洋文根据"无年糕的正月"等习俗,论述了先行于水稻农耕文化的芋类刀耕火种文化的存在,肯定了日本民族文化是由种稻文化与不同系统的芋文化融合而成的。

在自由探讨的学术气氛中,许多中青年学者脱颖而出。

过去,日本民俗学的着眼点集中于农、山、渔村。经济的高速成长导致村落结构日趋解体,都市人口空前密集。迅速的民俗变貌,引起了一些学者的注意,都市民俗研究应运而兴。

1971年以后,千叶德尔的《都市内部的葬送习俗》、仓石忠彦的《公寓住宅之民俗》、宫田登的《都市民俗论之课题》(1982)等相继发表,反映了都市民俗学正方兴未艾。

研究工作细分化的表现之一是,专门的学会及会刊如雨后春笋般出现。如日本口承文艺学会、中国民话之会、中国民俗研究会、日本民具学会、日本民俗建筑学会等。各学会均有会刊发行。

自"九学会联合"成立以后,日本民俗学会不断参加了共同研究。20世纪80年代《日本民俗文化大系》13卷的问世以及民族学、民俗学两座大型博物馆的建成,都是多学科协作的重要成果。

在出版方面,出版物种类之繁多、内容之丰富,足以反映日本民俗学发展之概貌。可分为文献目录类、辞书类、集成类、丛书类、概论及入门书类、图说类、个人专著类等。

20世纪80年代建成于大阪的国立民族学博物馆和千叶县的国立历史民俗博物馆都是现代化的大型博物馆,馆内设有专职学者的研究室,定期召开学术会议,与各大学协作培养研究生,并开展国际交流。

民族学博物馆以丰富的实物陈列展示了不同时空、不同民族的文化。并有语言、音乐、生活实景等录音、录像视听设备,供参观者选用。历史民俗博物馆则以生活史为中心,通过实物、复制品与复原模型等的配置,展示了日本的历史与文化。

这样的博物馆既是学术研究的重要园地,又是普及科学知识的生动课堂。从提出建议、制订规划到落成开馆,它们都经历了二三十年的辛勤创业。

中小型的民俗资料馆及专题性的资料馆已几乎普及到日本的各个县市。这与政府保护"文化财富"的措施及居民的文化素质普遍提高是分不开的。

20世纪50年代以后,在国际学术交流中,日本民俗学积极吸收文化人类学等欧美邻近学科的新成果,把研究对象扩大到全部民族基层文化(包括物质、社会、精神各个方面),逐步跻身于人类科学之列,研究方法也趋于灵活多样。

在与有关中国的民俗学研究方面,早在1933年,钟敬文在日本早稻田大学文学部研究院专攻民俗学时,曾在日本《民俗学》上发表了《中国民谭型式表》。1983年,关敬吾深有感慨地回顾说,那篇最早的中国故事分类研究,曾是把他引向口承文艺比较研究的契机之一。可惜,这种民俗学交流的珍贵播种,不久就被历史的逆流淹没。

几十年后,这些老一代学者挖掘出曾被深埋了的种子,把它们播植于今天的学术沃壤之中,喜见它们开花结实了。自20世纪80年代始,两国的一些学术团体、大学、科研单位与研究者个人之间的互访、协作、培养留学生和共同研究等,都达到了前所未有的广度和深度。

近些年来,致力于中国民间文化研究和田野作业的日本学者,人数众多;其涉及范围较广,专题开掘较深。有些学者则积极投入鲜有涉足者的领域,如后藤淑、广田律子关于傩戏的研究,加藤千代关于革命传说及新故事的研究等。

书刊的翻译介绍,也促进了交流。仅君岛久子所译包括《格萨尔》在内的中国民间文化刊物即达七十余种。同时,日本的民俗学论著及故事、传说等汉译本的问世,也成为中国民俗学重建的"他山之石"。

近年来,中日民间文化比较研究的成果斐然可观,如伊藤清司的《故事、传说之源流——东亚的故事、传说学》、《开花爷之源流》,大林太良的《正月到来之路》、《日本神话结构》,直江广治的《民间信仰的比较研究》等专著。

上述一些学者在比较研究上的共同经验是:多方采访,厚积薄发,严于比较,慎于立论。

若干专门刊物的发行,也反映了比较民俗学方兴未艾。如筑波大学的比较民俗研究会会刊《比较民俗研究》、琉球大学的比较民俗学会会刊《比较民俗学会报》等。

柳田逝世后的30年来,日本民俗学在理论与实践上的同步发展,使这门学科不仅在日本学术界受到空前的高度评价,而且产生了令人瞩目的国际影响。

综上所述,日本民俗学80年左右的发展,乃是几代学者不懈努力的成果。理论研究与实际调查的结合,民俗资料与文献资料的并重,与邻近学科的协作,以及对前代业绩的继承发扬、推陈出新,都是日本民俗学的重要经验,也都具有普遍意义。

第四节 韩国民俗学[1]

韩国民俗学发展大致可分为五个阶段,概述如下。

---

[1] 因目前条件限制,暂时无法收集到朝鲜民俗学资料,留待后补。

一、孕育期（19世纪末的朝鲜时代后期）

作为一门科学，韩国民俗学研究是从20世纪20年代开始的，这一点与中国等东方国家具有一定的相似性。这也许与西方民俗学的传播有密切关系，但在此之前，韩国的文人学者们早已开始注意衣食住行、婚丧嫁娶等民俗事项，并着手加以搜集整理。

有关朝鲜半岛民俗资料的记录，最早多见于中国史籍，如中国古籍《山海经》、《史记》、《汉书》、《三国志》等。

朝鲜半岛学者对本民族民俗加以科学的搜集、记录、整理始于19世纪末的朝鲜时代后期，金迈淳的《洌阳岁时记》、柳得恭的《京都杂志》、洪锡谟的《东国岁时记》等都是这一时期完成的。这类风俗志多以介绍各地岁时风俗为主。此外，利用民歌、民谣、民间故事进行文学创作，也成为一时风气。如朴趾源的小说，丁若镛的诗歌以及李瀷、洪良浩、李学逵、洪锡谟的乡土诗创作，在相当程度上都来源于民间故事及乡谚俚曲。这些著作对于研究当时的社会风俗，都是不可多得的资料，顺便说一句，这些资料多用汉文写成。这对中国学者的比较研究，具有一定价值。

二、肇始期（20世纪20—30年代）

20世纪20—30年代，是韩国民俗学的肇始期，它标志着韩国民俗学科学化研究的开始。韩国民俗学的产生，与朝鲜后期实学派学者重视民俗的传统有关，但更直接的原因，是源于日本学者的影响。日本军国主义早在19世纪末便将目光对准了朝鲜半岛，当时一批日本学者开始了对朝鲜半岛民俗的考察，羽柴雄补的《关于朝鲜里程表》（1891）、长井衍的《朝鲜的神祠》（1896），就是这方面的代表。特别是1912年由朝鲜总督府出面组织的"俚谣、俚谚及通俗读物等的调查"，把这种为殖民政策服务的田野调查推向高峰。

一般来讲，韩国民俗学的产生，是以崔南善与李能和的民俗学研究成果作为标志的。这一时期，崔南善的《儿时的朝鲜》（1926）、《檀君论》（1926）、《萨满教札记》（1927），李能和的《朝鲜佛教通史》（1918）、《朝鲜神教源流考》（1922）、《朝鲜女俗考》（1927）等论文陆续发表,引起了社会的关注,这些论文多发表在报纸杂志上,篇幅也都比较短小,但研究队伍的不断壮大,研究领域的不断拓宽,为20世纪30年代韩国民俗学学术地位的确立奠定了基础。到了20世纪30年代,韩国民俗学基本上形成一门独立的学科。这一时期的突出特点是提倡野外作业,并通过野外作业出版了多种民俗资料集,开了韩国民俗学野外作业之先河。其次,进一步确定了民俗学的研究领域,并引进了许多新的研究方法,使民俗学在学界占有了一席之地。此外朝鲜民俗学会的诞生,标志着朝鲜半岛民俗学研究已呈现出集团化倾向。其会刊《朝鲜民俗》的创办,使韩国民俗学研究有了自己的阵地。

这一时期研究领域不断扩大,民间故事、民谣、民俗剧、民间音乐、民间信仰、岁时风俗、女俗、服饰习俗方面,都有研究成果问世。比较典型的代表作有金允经的《年中旧俗》(1935)、车相瓒的《朝鲜的正月风俗和女性》(1937)、金斗宪的《朝鲜的家族构成》(1935)、李如星的《朝鲜衣服的特质》(1940)、安廓的《处容考》(1932)、宋锡夏的《朝鲜的木偶剧》(1929)、李能和的《朝鲜巫俗考》(1927)、孙晋泰的《朝鲜民间说话的研究》(1927)等。

三、冬眠期(20世纪40—50年代)

20世纪40年代至50年代是韩国民俗学发展史上的冬眠期。这一时期除了柳子厚、赵润济、李云林、印贞植、任晢宰、崔常寿、赵东卓等发表过一点文章外,民俗学界几乎处于冬眠状态。

1945年,抗日战争胜利,韩国民俗学界出现了一个短暂的繁荣,这一时期的主要业绩如下。

(1)学术著作的大量出版。这一时期出版的主要著作有:崔南善的《朝鲜常识问答》(1946),孙晋泰的《朝鲜民间故事研究》(1947),周王山的《朝鲜民谣概论》(1947),金思烨、方钟铉、崔常寿的《朝鲜民谣集成》(1948),《朝鲜口碑传说集》(1949),等等。

(2)学会成立,杂志创刊。1946年由崔常寿发起成立了"传说学会",1954年该学会改名为"韩国民俗学会"。1956年出版会刊《民俗学报》,但由于各方面原因,在出版两期后于1957年停刊。1946年以研究语言、民俗、历史为宗旨的学术杂志《乡土》在洪以燮的主持下创刊,至1948年为止共出版9期。1948年,国立民族博物馆开馆,从而为民俗知识的普及开拓了新的途径。

(3)淑明女子大学、国学大学以及汉城(首尔)师范大学率先开设民俗学课程。

这一时期的民俗学运动,主要是依赖各大学国文系教授的努力展开的。

1954年,民俗学家崔常寿创立"韩国民俗学会"。1957年,国语国文学会设立民俗学分会。同年,韩国假面剧研究会成立。1958年,任晳宰、任东权、李杜铉、全廷鹤、金基守、金东旭、康允浩等人发起成立了韩国文化人类学会。这些学会的成立为韩国民俗学的重振从组织上奠定了基础。

四、发展期(20世纪60—70年代)

这一时期一般被称为韩国民俗学的发展期,它的发展主要表现在以下几个方面。

(1)在政府的协助下,韩国学者进行了大量的野外调查,搜集、整理、出版了许多新资料,为民俗学的展开奠定了基础。

(2)在众多民俗资料的基础上,民俗学研究也有了较大发展,不仅拓宽了研究领域,而且也加大了研究力度,出现了许多优秀的研究著作。

(3)许多与民俗学相关的学科在大学落户。20世纪60年代,韩国政府提出民族主体性思想。在其影响下,以弘扬、研究民族传统文化为己任的民俗学受到格外的偏爱。1963年,韩国文化公报部设立文物管理局,不久,文物管理局通过韩国文化人类学会动员了许多民俗学工作者,对韩国有形及无形文化财进行了全方位调查。所谓有形文化财,指的是看得见的文物,如传统建筑、石公、鸟竿、长柱,等等,而所谓无形文化财,如传说、故事、民谣等,同时也包括表演在内的舞蹈、民间说唱。关于无形文化财的搜集、整理,这一时期取得了前所未有的成果。仅由韩国文化人类学会承办的全国民俗综合调查报告,就出版了全南篇(1969)、庆南篇(1972)、庆北篇(1974)、济州篇(1974)、忠南篇(1975)、忠北篇(1976)、江原篇(1977)、京畿篇(1978)、汉城篇(1979)、黄海·平南北篇(1980)、全北篇(1981)、咸南·北篇(1981)等12部,这些调查报告是研究韩国各地民俗不可缺少的资料。

此外,以个人名义出版的资料也受到了社会的关注。民谣方面的代表作,有任东权搜集、整理的《韩国民谣集》。这套《韩国民谣集》自1961年以来已陆陆续续出版了七集,收录歌谣11 000余首。巫歌是韩国学者热衷收集的素材之一,其中金泰坤收录的《韩国巫歌集》(共四卷)是其中的佼佼者。

此外,作为集体性成果,高丽大学民族文化研究所出版的《韩国民俗大观》(共六卷),以其宏大的规模、丰富的资料、大量的照片史料受到高度重视。这套资料由《社会构造·冠婚丧祭》(1980)、《日常生活·衣食住》(1980)、《民间信仰·宗教》(1982)、《岁时风俗·传承游戏》(1982)、《民俗艺术·生业技术》(1982)及《口碑文学·其他》(1982)等六个专集构成。

20世纪60至70年代是韩国民俗学发展的一个高峰。这一时期不仅研究成果丰富,而且,在长期的研究实践中,许多人都找到了自己的位置,形成了自己的学术风格,成了有关领域的学术带头人。他们是民间信仰及巫俗研究领域的张筹根、金泰坤、玄容骏等;民谣研究领域的任东权、金荣敦、池春相、丁益燮;口碑文学研究领域的张德顺、金烈圭、黄浿江等;假面剧、木偶剧研究领域的崔常寿、李杜铉、郑尚圤等;衣食住研究领域的黄慧性、金东旭、石宙善;民间游戏研究领域的池春相、罗绚成;生活及家庭民俗研究领域的金宅圭、崔在锡;国乐及民间说唱研究领域的朴宪凤、李惠求、张师勋等。除此之外,学者的研究个性还常常表现在地域性研究方面。如张筹根、秦圣麒、金荣敦主要致力于济州岛民俗,特别是济州岛民谣的研究,而李杜铉、郑尚圤则侧重于假面,特别是河回假面舞的研究。

新方法论的引进,是这一时期民俗学研究的又一特点。譬如同样是研究民间故事,金东旭侧重故事与说唱文学的关系,重在发生学方面的探讨,而《韩国口传文学研究》(1978)的作者张德顺则重视故事的文学化研究,金烈圭则用仪式学派方法论另辟蹊径,重在探讨民间文学与宗教之关系。黄浿江是这一时期的重要人物,他侧重于心理学及精神分析方面的研究,力图由此揭示民间故事的原初意义。

在研究队伍的建设方面,这一时期也取得了辉煌成果。1975年汉城(首尔)大学设立人类学系,1972年岭南大学设立文化人类学系,1979年安东大学设立民俗学系,1981年庆北大学设立考古人类学系,1983年汉阳大学设立文化人类学系,1998年中央大学设立民俗学系。

此外,这一时期许多大学都成立了韩国传统文化研究所一类的机构,从而把校内各学科热衷于民俗学研究的人士组织起来,壮大了研究队伍。韩国民俗学界之所以能把那么多学科的学者召集在民俗学这面大旗之下,是与这些研究所的成立分不开的。当时比较著名的研究所有高丽大学民族文化研究所、中央大学民俗学研究所、关东大学东北亚民俗学研究所、圆光大学民俗学研究所等。

这一时期也是韩国民俗学走向世界的重要时期。此前韩国民俗学者多半是半路出家,他们几乎没有经过系统的民俗学训练;而20世纪70年代以后的学者则多半有留学经历,并取得了博士学位。在客观上,他们促进了韩国民俗学的国际交流。1971年10月,圆光大学民俗研究所主持召开了韩国民俗学界有史以来的第一届国际民俗学大会,其主题是"传统与民俗学的现代方向",日、中、韩有关学者参加了大会。1972年10月,该所又组织了第二届国际民俗学会议。此间亚洲民俗学会成立。1976年,关东大学东北亚民俗学研究所也主持召开了国际民俗学研讨会。

更为引人注目的是,自1973年开始,韩、日两国学者合作进行了韩、日民俗联合调查,这是韩国民俗学者与外国学者合作进行的第一次跨国调查。这一活动持续了三年之久。这些国际交流的展开,不但扩展了韩国民俗学者的视野,同时也促进了研究方法的更新,给韩国民俗学的发展带来新的活力。

五、成熟期(20世纪80—90年代)

从20世纪80年代至今,韩国民俗学的发展进入了黄金季节,它的基本标志是:大批新秀脱颖而出,成为学术带头人;学术团体纷纷涌现出来，并逐渐显示出专业化倾向；研究成果丰富，并出现了系统化倾向。

如果说崔南善、李能和是韩国民俗学界20世纪20年代的学术带头人，孙晋泰、宋锡夏是20世纪30年代学术带头人，任晳宰、崔常寿、洪以燮、任东权、金廷鹤、李杜铉、秦圣麒、金东旭、张筹根是40至50年代的学术带头人的话，那么，60至70年代成长起来的金泰坤、崔仁鹤、金善丰、崔吉城、林在海、印权焕、朴桂弘、金烈圭、金宅圭、黄浿江、崔来沃、赵东一、金荣振、玄容骏、池春相，从20世纪80年代开始，也逐渐成为韩国民俗学界的学术带头人。

随着研究队伍的不断壮大，研究课题的不断深入，相关学会也如雨后春笋，不断涌现出来，而且各有特色，呈现出专业化特点。这一时期成立的民俗学学会有："盘索俚"（说唱）学会、韩国民谣学会、祭仪学会、韩国农谣研究会、历史民俗学会、韩国口碑文学会、比较民俗学会、韩国民俗学会、民俗学会、国际亚细亚民俗学会等。此外，一些地方性学术团体——如济州岛民俗学会、安东民俗学会、江原道民俗学会、全罗南道民俗学会等，也是在这一时期成立的。在上述学术团体中，民俗学会、韩国民俗学会及比较民俗学会的阵营比较强大。

总部设在中央大学的民俗学会是现今韩国最大、也是资格最老的民俗学社团，它的前身是1969年任东权等人创办的韩国民俗学研究会，任东权连任17届会长。他退休后，会长之职由金善丰担任。这个学会共有会员350名左右，其中教授占相当大的比重，素质较高，研究领域几乎包括民俗的方方面面。早在中、韩建交之前，这个学会的主要负责人就已经多次访问中国，并与中国民俗学会建立了学术联系。

韩国民俗学会，总部设在庆熙大学，会员共192名。该学会侧重于原始宗教、巫术及韩民族文化来源方面的研究。会长由国际萨满文化研究会会长金泰坤担任。此学会非常重视韩文化来源问题研究，认为韩文化来源于西伯利亚雅库特文化，是韩文化北来说的重要支持者。

比较民俗学会，是这一时期出现的新的民俗学研究团体，其特点是注重国际民间文学及民俗状况的比较研究，对韩国文化与日、中、蒙三国文化关系问题尤感兴趣。因此，在它的138名会员中，仅日本会员就有39名。会长崔仁鹤主要从事韩国童话研究，由他翻译、编辑的民间故事集有三十余种。

20世纪80至90年代,是韩国民俗学硕果累累的黄金季节,不仅研究范围广博,研究力度加深,同时研究成果还具有系列化特点。韩国民间文学集成《韩国口碑文学大系》(共81卷)在这一时期出版完成。这套大系由韩国精神文化研究院牵头,动用全国各地民俗学工作者,花了整整六年时间才告结束。它包括说话(神话、传说、故事)14 911篇,民谣6 117篇,巫歌376篇,其他21篇,规模之大,堪称韩国口碑文学史上的一个里程碑。

这一时期,韩国歌谣的出版也走上了现代化之路,最明显的例子就是韩国文化广播电视台(MBC)将全国各地民谣做成CD盘加以保存,作为这一工程的阶段性成果,1992年推出《韩国民谣大展1——济州岛民谣解说集》,1993年推出《韩国民谣大展2——全罗南道民谣解说集》。这种记录方法对于恢复民谣表演现场的形态,在手段上迈出了可喜的一步。同时,歌谣CD盘的系统出版对于人们系统、全面地了解各地民谣的表演情况不无裨益。

这一时期,研究范围更加广泛,但致力最多的,仍未超出巫俗、传说及歌谣范畴。粗略统计,这一时期的研究成果,大约是上一个时期的三倍。

通观当代韩国民俗学领域的发展,它给我们留下了这么几个印象。

首先,韩国民俗学队伍本身素质较高,韩国几个民俗学会的会员不少都是大学的教授、副教授或讲师。大部分获得硕士、博士学位。功底扎实,成果丰厚。即或有一些"在野学者",他们多半也具有某一方面的特长。

其次,韩国民俗学队伍综合性特点突出。拿民俗学会会员构成来说,他们的专业有专门研究历史的(尹乃铉),有研究面具的(郑昞浩、郑尚卟),有研究宗教的(金泰坤),有研究文学的(金烈圭、任东权),有研究服饰的(石宙善),有研究音乐的(朴宪凤),有研究说唱的(金东旭)等。跨学科研究,带来了民俗研究成果的多样化,也加强了研究的力度。

第十六章　民俗学研究方法

第一节　主要民俗学流派及其方法

任何一门学科的科学研究,都有它与其研究对象相适应的研究方法。科学研究的进展与深化,固然受多种因素制约,但方法的更新往往具有重大意义。方法的选择并不完全是主观随意的,它与一定历史时期的科学,特别是哲学思想的状态与水准密切相关。一部科学发展史,在一定意义上说,就是一部科学研究方法变革史和探索史。这就是我们在介绍民俗学研究方法之前,要先来回顾一下民俗学史上几个主要流派的原因。上一章已经按国别简述过民俗学的发展概况,本章则从方法论角度对民俗学流派加以概括。科学研究方法的相同或基本相同,往往导致某些民俗学家研究方向、研究思路、乃至研究观点、研究结论的相近或相似,从而被公认为一个学术流派。但同属一个流派的学者,尽管有种种相同相似之处,却并不意味着他们彼此没有差异,没有矛盾。相反,分属两派的学者,也并非绝无相同相通之处。也就是说,流派的划分不是绝对的,这里有交叉,也有沟通。实际上存在着不同流派在方法上相互启发、择善而从的现象。也正因为这样,我们才有理由、有条件从以往种种学派所运用过的方法中,抽取经过实践考验被证明为科学的、行之有效的方法,加以继承和发扬。

民俗学作为人文科学的一门学科,自建立至今,已走过了一个半世纪的历程,出现过的学术流派及其分支相当多,我们大体按其出现先后,择要介绍如下。

一、神话学派

这是欧洲民俗学第一个影响巨大的学派。它是在19世纪初德国浪漫主义思潮影响下产生的。当时谢林(Friedrich Wilhelm Joseph von Schelling)和施勒格尔兄弟(August Wilhelm von Schlegel & Friedrich von Schlegel)的浪漫主义美学风靡德国。海德堡派的浪漫主义诗人,由于对资产阶级革命后的社会现实不满,从而转向民间文学的搜集与研究,促使整个文化界出现了一股民间文学热,而形形色色的民间文学正是民俗学的主要研究对象之一。以格林兄弟为代表的神话学派便诞生在这样的历史背景之中。

神话学派的基本观点认为:一切民间文化源出于神话,由于神话的演化,民间故事、叙事诗、传说等才相继产生。神话乃是每一个民族的文化源头,具有无所不包的性质。以神话为主体的民间文化,是一个民族(或部族)的集体创造,反映了他们的集体心理,因此倘要对某个民族的文化、心理和世界观进行阐释,就非从神话入手不可。他们非常重视神话在民间文化研究中的地位,所以被称为民俗学中的神话学派。

格林兄弟对民间文化进行长期的发掘、整理和研究,从1812年起,陆续出版了一系列著作,其中有《儿童和家庭故事集》(即《格林童话集》)、《德意志传说集》等民间文学作品,也有《德语语法》、《德语史》、《德意志神话学》这样的专门论著。兄弟俩还合作编写了《德语词典》(生前未完成)。他们的研究方法被称为语言学的历史比较研究法。

语言始终是他们研究民俗文化的切入点。他们认为,作为每个民族世界观核心的宗教信仰,反映了他们同周围世界的关系。神话是宗教信仰的体现,而语言则是神话的载体。他们认为,透过语言不但可以掌握神话,了解宗教信仰,而且可以看到经济结构、法律、风俗习惯、物质文化形态乃至国际和民族关系的某些方面。他们在19世纪语言学成果的基础上,对具有亲缘关系的日耳曼语言、北欧语言和印欧语系,从语汇、语音、语法诸方面进行了细致的历史性的比较和分析,发现了许多共同之点,从而试图构拟出一种"原始共同语",进而把这种历史比较法推广到民俗文化的范围,努力去寻找所谓雅利安民族的"原始共同神话"。这种语言的历史比较研究,根本目的,是在于认识和说明远古时代的民族生活和历史。

二、语言学派

以英国语言学家缪勒为代表的语言学派,与格林兄弟的神话学派有着一脉相承的关系。

缪勒的擅长是印欧比较语言学,曾注释印度史诗《梨俱吠陀》,而其理论代表作则是《比较神话学》。在该书中,他提出"神话是语言的疾病"的著名论点。他认为,当词性和一词多义、一义多词以及诗的隐喻等特性被错误地解释时,语言便得了疾病,正是这种语言疾病产生了神话。他集中研究反映天体变化的自然神话,对神话中的神名进行语言学的比较研究,并据此推断神话的意义。他也致力于复原印欧语系的"原始共同神话",认为"民间故事就是古神话的现代方言",主张民俗研究必须追溯原始神话这个源头,即主张由今溯古的研究思路。同时,他也提出了区分民俗中固有成分与新生成分、外来成分的某些原则。

由格林兄弟的学说发端,同样也以语言学的历史比较法对远古神话的神名作词源分析,力图恢复其本来面目,但具体结论却与缪勒大相径庭的,有德国学者阿·昆(A. Kunm, 1818—1881)和威廉·施瓦尔茨(Wilhelm Schwerz, 1821—1899)。他们把神话看作固定的东西,根据神名,直接推断神话的意义;只对神名的语言起源作比较研究,而不管民俗学其他方面,如祭礼、仪典和种种民俗传承;只把神话看作是对自然现象的解释,而不管人文神话。而且在自然现象中,也只强调一种特定现象,作为神话的贯穿性主题。威廉·曼哈尔德(Wilhelm Mannhardt, 1831—1880)发现,语言学派复原远古神话的企图实际上很难实现,于是把注意力改为投向现代民间信仰和民间习俗。他的研究方法,已经开始接近稍后的人类学派了。

三、人类学派

人类学派民俗学产生于 19 世纪六七十年代,其哲学和方法论的基础是达尔文的进化论和当时正在茁壮兴起的社会人类学。泰勒是该学派的先驱者,安德鲁·朗是其主要代表人物。

人类学派的基本观点是:各民族的风俗习惯,不管如何原始,如何独特,都是可以理解的,其中包含着先民们的健康理智以及征服自然的心愿。人类各民族从生物性和心理学规律来看,有着一致性,因而人类的精神活动及其产品,如神话、传说、故事、诗歌等,也就有着某种共同性。这是造成各民族民俗文化有所雷同的根本原因。与之相关,他们又认为,未开化民族的神话与文明人祖先的神话,也存在着深刻的同一性,所以通过研究未开化民族的神话,并以之与文明人祖先的神话相比较,便有可能追寻人类文化和思维方式的进化轨迹。

基于这样的认识,大量地搜集世界各地未开化民族的民俗资料,从神话、传说等民间文艺作品,到生产、生活习俗,乃至宗教信仰、礼仪祭典等,并以此为基础,作纵、横两向的比较研究,便成为人类学派民俗学家倾全力去做的工作。泰勒长期从事中美洲民族学资料的搜集整理。其著作《原始文化》(1871)资料宏富,而从其"神话、哲学、宗教、语言、艺术和习俗发展之研究"的副题,即可看出,泰勒所论涉及了多么宽广的范围。

泰勒还以文化进化观为理论基础,创造了"文化遗留物"研究法。所谓"文化遗留物",指的是一系列的原始文化、仪式、习俗、信仰观念等。他认为这些都是"初级文化的生动见证或活的文献",也是"高级文化"形成和发展的基础。研究这种"遗留物",将有助于认识历史发展的进程,特别是人类精神生活的演变轨迹。对于人类蒙昧时期世界观特征的概括,即著名的"万物有灵论"(相信所有生物都有灵魂,且灵魂不灭;相信各种神灵可以升格,成为诸神),便是泰勒从对"文化遗留物"的广泛深入研究中得出来的,而据此又引出了他的宗教起源论。

安德鲁·朗运用同样的方法而在比较的范围上又有所扩大,涉及同一复杂主题的神话在世界各地出现的问题。他一再强调应该用思想、信仰、习俗来解释未开化民族的民俗文化(主要是神话),而不应像语言学派那样,将这些归于自然现象和语言疾病。此外,弗雷泽也运用这种方法,探索人类思想方式的发展过程,概括出"巫术—宗教—科学"这个著名的公式。由此可见这种研究法在整个人类学派学术体系中的重要性。

人类学派对世界和中国的民俗学研究影响巨大。不过,人类学派主要是从部族心理的角度去分析民俗事象,把这些民俗事象和民俗文化产品看作"遗留物",至于生产力发展及社会经济诸因素对民俗发展演变的影响,则较少注意。

四、心理学派

随着医学、生物学的发展,心理科学在19世纪中叶以后有了长足进步。到19世纪末20世纪初,奥地利医生弗洛伊德(Sigmund Freud, 1856—1939)以其丰富的临床经验创立了心理学中的精神分析学派。以弗洛伊德理论为基本指导思想来论述、分析民俗文化的实质,就形成民俗学中的心理学派或称精神分析学派。

弗洛伊德揭示了人类心理活动的潜意识层次,认为出自本能的性欲冲动(他称之为"里比多")是人们种种精神和实践活动的真正原因。由于社会的压抑,这种本能常被迫隐匿于潜意识,于是形成"情结"。据他分析,希腊神话中俄狄浦斯王在命运安排下,无可逃避地走上杀父娶母之路,就是这种深伏于内心的无法消除的"情结"在起作用。弗洛伊德认为,这种"俄狄浦斯情结"普遍存在于人们心中,乃是一切文艺和精神创造的内在动力。用这种观点去阐释文艺和人类其他精神产品的意义,便是所谓心理分析法。

人类学派已经认识到人类在生物学领域和心理机制方面的某种一致性,现在又有了弗洛伊德的心理分析法及其学生荣格(Carl Gustav Jung, 1875—1961)创立的"集体无意识"学说,于是,对于民俗文化遗留物中反映的种种神秘集体观念,以及所谓集体创作规律的探索,便成为一批民俗学家倾心的课题。不少学者发现,荣格的理论,不但可以解释神话和原始仪式的关系,而且可以解释一切古代民间创作、文学艺术,直至整个文学史。这一学派从人类心理活动的特征和规律这个角度切入文艺现象和民俗文化,注意了人的精神活动方面,却相对地忽略了人的物质生产和物质生活,特别是忽略了人与人之间错综复杂的社会关系。有的研究者对前者强调过分,从而造成了更大的片面性,但这种方法对于加深人对自身的认识，无疑是有益的，不能轻易地加以否定。

五、社会学派

这一学派的方法与心理学派迥然不同，是运用社会学讲求实证的方法，来研究民族生活的历史发展过程。在这一派学者看来，社会一旦由人类个别成员组合而成，就对每个成员的行为和思维具有强制力，人并不能随心所欲地生活。所以这一派学者，如法国的迪尔凯姆，就非常反对从个体心理的角度来阐明社会现象的做法。就这一点看，这一派与心理学派是对立的。

但社会学派同样承认社会成员能够构成共同的信仰和集体意识，例如宗教观念便是。与心理学派不同的是，社会学派认为任何宗教的崇拜对象，都是统治人类的社会力量的化身，也就是说，社会和社会环境才是产生宗教的真正原因。宗教如此，一切集体意识以及反映这种集体意识的风俗、习惯，乃至科学、技术、道德、法律、国家制度等，也无不如此。正是在这种理论和方法的指导下，列维-布留尔(Levy-Brühl, 1857—1937)通过研究未开化民族的民俗文化，发现了原始人的观念——前逻辑思维的种种特点。而马林诺夫斯基则由于深入研究太平洋岛国土著文化和神话传说的社会功能，而开创出一个融合人类学派和社会学派的新分支——功能学派。

马林诺夫斯基主张民族文化具有完整性和不可分割性，应将它作为一个整体来研究。他认为神话是社会生活的有机组成部分，是原始先民关心自然、企图控制自然、并运用巫术力量、宗教仪式强迫自然遵从自己意志的产物。神话在古代社会曾发生过种种实际功能。他批评泰勒将"万物有灵观"作为神话、宗教产生原因的观点，强调应从客观的社会因素方面，而不是主观的心理方面去进行探索。不过他的某些说法缺乏历史分析，而且对自然神话也有所忽略。

六、历史地理学派

历史地理学派于19世纪末20世纪初兴起于芬兰，其创立者是语文学家兼民俗学家科隆父子。民间文艺学家阿尔奈、安德森(Walter Anderson,1885—1962)也是这一学派的重要代表。这一学派的理论基础是达尔文的进化论和斯宾塞的实证论。

科隆父子认为,民间文化(主要是民间文艺作品)有一个从素朴简陋向繁复精美的演变过程。每一个重要题材,都有它的原始形态,也都有一个发生的时间和原始的发祥地。他们的研究是要通过对不同地区的相关民间文化异文的比较,对题材模式的迁徙和流变状况进行探索,力图确定其形成时间和流布的地理范围,从而尽可能地追寻这种题材模式的最初形态和发源地。

为此,他们便需要对民间创作按情节类型进行分类,做出索引,因为所谓题材模式,在他们看来就是一种"固定不变的情节组合"。于是民间传说故事的分类法及其研究也就应运而生。阿尔奈的《民间故事类型索引》,便是这种研究方法的集中体现和重要成果。

这一学派治学态度比较严谨,重视材料的搜集,以眼光开阔和论证翔实闻名。尤其是他们在方法论的运用上,有可贵的自觉性,卡尔·科隆曾撰《民俗学方法论》,对此作过系统阐述。其不足之处是喜欢对民间文艺作品提炼出某种公式,有时未免有些片面。另外,考虑外部联系(如社会生活)的作用较少,也是缺点之一。

七、结构学派

20世纪50年代中期,结构主义思潮首先在语言学领域兴起,很快笼罩了整个人文科学,其影响及于民俗学,形成结构主义学派。

结构主义者认为,任何事物内部均存在着由种种要素按一定规律组合而成的结构体系。倘立足于某一事物的整体,对其构成要素的诸多联系进行剖析,便可以构拟出该事物的总体结构,从而寻找出贯穿其中的总法则,达到认识和把握该事物的目的。

法国人类学家列维-斯特劳斯(Claude Lévy - Strauss,1908—2009)运用此法从形式结构上研究巴西印第安人的习俗和古神话、民间故事等民俗文化资料,进而对社会文化现象的种种关系进行了考察。重视关系过于重视本质,是他研究的一大特点。苏联学者普洛普(В. Я. Пропп,1895—1970)著《民间故事形态学》一书,运用建构模式的方法,对丰富多彩的俄罗斯民间故事进行排比、分析,概括出每一个故事都存在的六种人物类型(英雄、英雄的对手、伪英雄、助手、公主及其父亲),认为这六类人物不同方式的排列组合,即这一模式的种种演化,便足以化生出形形色色的民间故事。他的研究目的就在于通过大量结构分析找到这种抽象的模式。

结构主义研究方法的特点,一是强调研究对象的内在性,即主张就神话论神话,就故事论故事,基本上排除它们与外部(主要是社会)诸因素的联系。另一个是强调对研究对象的共时性分析,而置历时性分析于不顾。因此,结构主义研究可以达到深入细致的地步,却难免片面和割断历史之弊。

从上面的介绍可以看出,每一学派都有自己的基本观点,而这个基本观点的形成,与他们惯常使用的研究方法有着密切关系。而借鉴兄弟学科的理论与方法,也促进了各种民俗学研究学派的形成。如何进一步发展这种学科交叉的作用,有待于我们的继续努力。

第二节 民俗资料的搜集与整理

对于有关资料的搜集整理,是任何一门学科研究的基础。民俗学是一门"现在的"学科,它的主要资料来源是仍存在于民间的活的民俗事象,这是一种既具有历史传承性、又表现为现实形态的民俗资料。因此,民俗资料的搜集,最主要的是田野作业的方法。当我们进行民俗史研究,或某些与古代民俗有关的课题研究时,也应注意到用文献学的方法来搜集资料,以作为对田野作业方法的一种补充。

一、田野作业方法

对于存活于现实日常生活中极为丰富繁多的各类民俗事象,只有通过实地调查的方法才能观察到、搜集到。

用这种方法得来的资料,能使我们看到活的民俗形态,看到形形色色蕴含着民俗意义的文化物品,从而使民俗学研究建筑在一个坚实的基础上,这种田野作业的方法是民俗研究中最重要、也是最有效的方法。

我国早期的民俗学者,曾经身体力行地去广搜民间歌谣,后来又扩大范围及于传说、故事和种种风俗物品,包括民间绘画艺术、民间科学和民间医学等等。1925年,顾颉刚、孙伏园、容肇祖等人就曾到妙峰山做过实地的民俗调查。这些历史上的成就,是我们今天继续前进的出发点。

当然,今天我们的工作应该更自觉、更精密、更有计划性。这种调查工作在中国这样一个地域广阔、民族众多、风俗差异颇大的国家,应该分区域、有计划地进行。江、浙、沪二省一市的一批民俗学者进行的吴越地区民俗文化调查和研究,就属于这种区域性田野作业。在某种程度上说,只有区域性的调查搞好了,才能摸清全民族民俗文化的整体面貌。不过,进行区域调查时,也应先对民族整体文化有个大体的了解和一般的把握。否则便容易只见树木不见森林,也不能更自觉地把注意力集中到民族文化的总体审视上去。加强区域调查,同时注意到对民族文化的整体把握,在整体观念下进行局部工作,局部与整体同时进行。不但资料工作可以相辅相成,而且在观点或结论上,也可以互相启发,互相补益。

在田野作业中,调查者与调查对象直接交谈,比较容易取得第一手材料。然而,由于种种原因,尚不能保证这材料的绝对可信性。为了提高资料的可靠程度,必须进一步采用"参与法",即调查者深入被调查的群众之中,与之共同生活,从生活方式的参与,进而到文化心理、民族意识的参与。这种全面整体的文化参与,所得资料不但数量大,而且可信性强。中外民俗学者,特别是一些民族学家,在这方面都有成功的先例。最著名的如人类学家摩尔根,为深入了解北美易洛魁人的历史和内部状况,就曾屡次访问他们的居留地,与他们共同生活,后来甚至被易洛魁人中的塞内卡部鹰氏族收养为其成员。这样他就不是作为一个第三者、外来人,而是作为易洛魁人的一分子,不仅仅是观察到、了解到,而是亲自体验到易洛魁人的种种生产生活习俗。他的研究成果《古代社会》建立在如此坚实有力的调查基础上,其科学性也就有了保证。

研究者用"参与法"进行调查,固然优越于一般的"采风"。但又不如直接从被调查对象中寻找有文化知识的人去进行调查。我国近年来很注意提高少数民族的文化水平,这为从他们中间培养本民族的民俗学专家提供了条件。本民族的民俗学者,在参与性上具有天然优势,他们能更快更深入地了解和研究本民族的民俗文化。因此,培养少数民族民俗学者,在中国民俗学的发展中,可谓具有某种战略意义。同理,在汉族广大地区也应积极培养有志于对本地区民俗进行研究的专家学者。由于社会生活的发展变化,以往许多民俗事象正处于衰竭消亡或变形的过程之中,对于民俗学研究来说,确实有一个及时抢救资料的问题。只有更多的人手投入,又加以正确的方法指导,这个问题才可望妥善解决。

二、文献学方法

民俗科学包括民俗史、民俗学史,进行这些研究离不了古籍资料。而且,不仅搞古代民俗文化研究,即使研究现在的民俗,也要参考文献。所以,文献学方法在民俗研究的资料搜集中不可忽视。

中国是一个历史文献极为丰富的国家,许多文献中保存了著述者搜采的民俗资料,特别是一些以反映地方风物民俗为主的著作,如《荆楚岁时记》《岭表录异》《东京梦华录》《武林旧事》《岭表风物记》等,资料丰富而有价值。充分利用这些资料,使之与调查所得参稽印证,有利于民俗学研究。

中国旧籍惯以经、史、子、集四部编排,除了上述著作外,四部之中,无论哪一种,均蕴藏有许多民俗资料,值得我们注意。如经部中的《诗经》,许多篇章就反映了商周时期王廷、贵族、诸侯的仪礼,祀典,或反映下层百姓的劳作和生活状态,使我们可以借以具体地推想几千年前的民俗生活。又如俗称"三礼"的《周礼》《仪礼》《礼记》,系统地保存了古代礼仪制度。这些制度,许多都与民俗有关。特别是其中的《仪礼》,记载古人自出生到死亡所需遵守的种种礼俗。这些礼俗多数已在历史变迁中消亡,《仪礼》的记载便为追溯探寻古代人生礼仪提供了宝贵的依据。

史部著作由于其记载具体,有些篇章不妨视为古代民俗的实录。有的史学家实已具有初步的民俗观念,往往在叙述中有所反映。如司马迁在《史记·货殖列传》中就曾提到关中之民"犹有先王之遗风,好稼穑,殖五谷"[1],即重视农业生产;而塞北居民,因与匈奴相接,常受侵扰,所以民风剽悍,"好气,任侠为奸,不事农商"。至于齐地(即今山东一带),因为土地肥沃,物产丰富,"人民多文采布帛鱼盐",生活优裕,所以"其俗宽缓阔达,而足智,好议论"。《匈奴列传》《南越列传》《东越列传》等篇中,也都涉及了该地区民族的普遍习俗。类似性质的记载,在历代正史以至于唐杜佑《通典》这样的典志体史书中都可见到。还有历代大量的地理类史书、地方志、野史笔记,特别是那些被贬谪的官员或旅行家所著的笔记,更是民俗资料的渊薮。

子部和集部书由于所论范围各异,个人经历不同,其在民俗学上的资料价值也不相等。但我们从隶属于子部的古小说和许多文人(特别是游踪广泛者)的诗文集,也都可以发现许多有用的材料。只要我们具备一种专业的目光,带着一定的研究课题,是不难在林林总总的古代文献中寻找到适用的材料的。

当然,对于前人记录的民俗资料,我们需要用现代科学的眼光和方法予以审视、处理。因为受条件限制,许多有关资料,由道听途说、随笔记载而来,并不是认真调查的结果,也未作过严格核实,而且思想认识水平的时代局限,又不免使这些记载掺杂有封建说教和文饰的成分,因此,它们还不是纯粹科学的资料,使用时需要有所鉴别。为了使鉴别具有科学性,则需要我们对这些材料涉及的某一历史阶段的文化总貌有较深的理解,同时要善于对类似或相关材料作多方面的比较。由此可见,我们所说的处理材料,已进入研究的范围。对此,下面还将论及。

总之,我们一方面重视古文献中的民俗资料,因为它们毕竟是前人的直观记录,具有不可替代的历史价值;另一方面,我们又要采取精细鉴定、慎重使用的态度,既不随意摒弃,也不盲目使用,而是自觉地适当地运用它们,使之与用现代科学方法搜集来的资料互相比较发明,为今天田野调查提供历史佐证。

---

[1] (汉)司马迁:《史记》,中华书局1985年版,第3261页。

第三节　民俗研究的一般方法

在介绍处理民俗文化事象的专业方法之前,首先要强调的是民俗研究的概括审视的总体方法,即观点兼技术性的方法。

无论就哲学观点还是方法论而言,马克思主义,具体地说,就是历史唯物主义和唯物辩证法的世界观与方法论,对于研究民俗文化事象都至为重要,是其他任何层次的方法论都难以取代的。要达到对事物的科学认识的目的,就要掌握一种技术的方法去进行探索,但同时又必须具有哲学的观点,这是一种更高层次的宏观透视能力,而马克思主义的唯物辩证法,正是这样一种哲学观点的代表,它既具有哲学的概观性质,又兼有对事物进行分析的技术性质,因此,它在民俗文化研究中,应该担当起主导作用。当然,这并不排斥在坚持主导的前提下,吸收其他一些观察、处理对象的观点和方法。事实上,这对于社会科学和人文科学其他学科,同样是适用的。

有了这个前提,下面我们可以就民俗学研究来谈其专业操作的一般方法。这里的一般方法,指在民俗学范围内进行具体科学探究的操作方法,是民俗学工作者所必备的专业技能。

一、分类法

分类是收集到足够资料后,开展科研的第一道工序。只有经过对材料的科学分类,才可能进入分析和比较研究阶段。泰勒在《原始文化》一书的首章,曾强调指出:"研究文化的第一步,应当是把文化分成若干组成部分,并给这些部分分类。"他并且举例说,分类可以按地域,也可以按历史时期,还可以更为细致,如把神话分为日出神话、日没神话、日食神话、地震神话,或者地方神话、祖先神话等。

严格说来,分类是学术研究的起点。每一位研究者对分类标准的掌握和他分类的实际结果,必然多少反映他的学术思想,并将直接影响其论著的面貌。如泰勒《原始文化》的章节安排,就建立在他对民俗事象的分类之上。我们从中可以大致了解泰勒对民俗文化的基本看法。有的论著,虽不能从目录一眼看清作者对民俗事象的分类,但全书的论述,仍然必须建立在分类的基础之上。没有科学而明晰的分类,是不能成为学术论著的。

二、分析及综合的方法

所谓分析,是指对搜集来的大量资料,试从各种角度进行周密细致的解剖,找出其中所包含的各部分因素,找出各因素间的内在联系,从而依一定的观点、标准进行筛选,删掉无用的或无关紧要的部分,留下对进一步研究必要的有用的部分。分析是科学研究工作中贯穿始终的思维活动。上面讲到的分类,离开了基本的分析,也将无法进行。通过分析,使我们对研究对象,对纷繁而杂乱的原始资料加深了认识,使需要解决的问题凸显出来,使原始资料经过我们思维的加工而变得条理化起来。

所谓综合,是在上述分析的基础上所进行的思维组织工作。分析使我们了解了事物各部分的要素,现在,我们要把这些分散的认识组织起来,形成对事物全貌及本质的总体把握。这种思维的组织,不是将已认识到的事物各要素机械相加,而是要求发现它们之间的有机联系,找出蕴含其中的内在规律。经过综合,研究对象的内在脉络才能清晰地显示出来,研究者才能获得对于研究对象有价值的结论。所以,综合是研究过程中的重要一环。经过周密分析之后的综合,我们才有条件进入论著的撰写。而伴随着撰写的过程,这种分析和综合的思维活动依然一刻也不会停止。

三、比较方法

这本是一般的科学方法,当然也适用于民俗文化的研究。比较,可以在纵向上进行,那就是古今之间的比较。比较,也可以在横向上进行,那就是在地区与地区之间、民族与民族之间、国家与国家之间进行某类民俗的相互比照。人们生活于本民族的民俗文化之中,对许多问题往往习焉不察,而对于异民族的文化却有一种新鲜感,比较容易发现其特点。由于看到了别人,引起了对自己的反观,从而能够较清楚地认识自己。因此比较的方法在民俗学中应该受到重视。比较可以是全方位的,小到一个故事的情节单元、一个人物原型、一个母题,大到一个地区、一个民族的整体民俗形态乃至民族精神,都可以进行比较。但比较应该建立在科学的、实事求是的基础上,应该注意在同一个层次,在具有可比性的问题上来展开,主观随意和牵强附会的比较,是不可取的。

四、统计方法

这是一种采用计量方式的技术性更强的方法。上述种种方法,注意点偏于事物对象之质的规定,而统计方法则偏于事物对象之数的规定。量的统计有一个重要的功用,它是质的基础,对质的规定提供辅佐性的论据。虽然是辅佐性的,但却往往很有力,可以使我们对民俗事象的质的分析和判断更具科学性和说服力。另一方面,现代科学也要求社会科学和人文科学尽可能地计量化。就民俗学而言,某些事象、某些民间文学作品在国内的分布,在不同地区出现的数量和频率,确实是值得注意的。如果大量地积累了这类资料,并对它作出分析,对于我国民俗学学科水平的提高无疑是有利的。我国的前辈民俗学家曾在研究民谣时运用过这种方法,取得可喜成果。在现代科学日益发达的今天,在民俗学的建设中,适当地运用统计方法,是必要的。比较方法与统计方法两者并用,则效果更佳。

以上分别介绍了民俗学研究中通常使用的几种方法。在实际操作中,这些方法往往并不是单独使用而是综合使用的。一方面,有的方法本身就需要别的方法参与,如分类离不开分析;一方面,研究者为提高工作效率,也必然寻求更佳的操作方法。而综合运用诸法,显然就比单用一法效果更好。

本章到此已从几个方面论述了民俗学研究的方法问题。这里涉及的方法,实际上包含了好几个层次。居于最高层的,是历史唯物主义和唯物辩证法,属于世界观和哲学方法论层次,对社会科学、人文科学各部门、各领域都具有统帅作用和指导意义。其次,是关于民俗学研究的一般方法,分类、分析、综合、比较、统计等。再次,是民俗学范围内搜集和处理材料的方法。方法的层次如此,但在民俗学研究的具体实践中,则是反过来的。从最低层次——搜集整理资料——开始。当然,即使在搜集整理资料阶段,我们也同样需要综合地运用第二层次乃至最高层次的方法作为指导,这是不言而喻的。研究者也不可能机械到在进行第一层次工作时,就拒绝运用更高层次的方法。

本章第一节曾着重从方法论角度介绍过以往民俗学的几大流派。他们的实践表明,许多学派实际上都是在综合地运用着上述几个层次的方法(只不过他们缺少马克思主义的指导,却以别种哲学思想为其理论基础而已)。我们还指出这些学派的形成,往往与边缘学科的观念、方法的介入有关。学科的交叉使民俗学研究不断深化、不断发展,这是无可否认的事实。

由此可知,方法论的变化与丰富,对于学科的建设确实是个极重要的问题。研究者对此必须具有足够的自觉性。应当自觉地强化方法论意识,随时鉴别、选择好的、适用的方法,而淘汰、放弃已显得落后的、不适用的方法。选择方法的标准不是时髦,关键是从研究对象的实际出发,合乎课题的需要。吃肉用刀,喝汤用勺,才能各得其所。对于一些新出现的方法,允许吸取和运用,但要力求消化和真正掌握,方能取得较理想的成果。同时,要随时总结经验教训,作出必要的改进。

主要外国作者中英俄文译名对照表

中译名 （括号内为其他常见中译名）	英文姓名（译名）	俄文姓名
[英]弗雷泽	James George Frazer	
[英]泰勒	Edward Burnett Tylor	
[英]班恩（班尼、查·索·博尔尼）	Charlotte Sophia Burne	
[英]马林诺夫斯基（马凌诺夫斯基）	Bronislaw Kaspar Malinowski	
[英]缪勒（麦克斯·缪勒）	Friedrich Max Müller	
[英]威廉·曼哈尔德	Wilhelm Mannhardt	
[英]安德鲁·朗（安德鲁·朗格、安德留·兰）	Andrew Lang	
[美]汤普森	Stith Thompson	
[美]鲍亚士（博厄斯）	Franz Boas	
[美]萨丕尔（艾德华·萨丕尔）	Edward Sapir	
[美]罗杰·M.基辛	Rober Keesing	
[美]罗伯特·F.墨菲	Robert F.Murphy	
[美]维克多·特纳	Victor Turner	
[法]拉法格（保罗·拉法格）	Paul Lafargue	
[法]迪尔凯姆（涂尔干、杜尔凯姆、杜尔克姆）	Emile Durkheim	
[法]列维-布留尔	Levy-Brühl	

续表

中译名 (括号内为其他常见中译名)	英文姓名(译名)	俄文姓名
[法]列维-斯特劳斯	Claude Lévy-Strauss	
[俄]普列汉诺夫(普列哈诺夫)	Georgii Valentlnovich Plekhanov	Георгий Валентинович Плеханов
[苏]普罗普(普洛普)	Vladimir Propp	Владимир Яковлевич Пропп
[德]马克思	Karl Marx	
[德]恩格斯	Friedrich Engels	
[德]根纳普(范·热纳·阿诺尔德、遮涅普)	Arnold Van Gennep	
[德]威廉·格林,雅格·格林(格林兄弟)	Wilhelm Grimm Jakob Grimm	
[德]谢林	Friedrich Wilhelm Joseph von Schelling	
[德]施莱格尔(施勒格尔)兄弟	August Wilhelm von Schlegel Friedrich von Schlegel	
[德]威廉·施瓦尔茨	Wilhelm Schwerz	
[德]安德森(窝德·安德逊、安德松)	Walter Anderson	
[德]利普斯	Julius E. Lips	
[德]阿·昆	A Kunm	
[德]卡西尔(恩斯特·卡西尔)	Ernst Cassirer	
[瑞士]索绪尔(费尔迪南·德·索绪尔)	Ferdinand de Saussure	
[瑞士]荣格	Carl Gustav Jung	

续表

中译名 （括号内为其他常见中译名）	英文姓名（译名）	俄文姓名
［奥地利］弗洛伊德	Sigmund Freud	
［芬兰］尤利斯·科隆，卡尔·科隆（科隆父子）	Julius Krohn Kaarle Krohn	
［芬兰］阿尔奈 （安蒂·阿尔奈）	Antti Aarne	

后　记

　　本书是中华社会科学基金研究项目,在编写和修改过程中,曾先后邀请了中国社会科学院文学研究所和少数民族文学研究所、北京大学、北京师范大学、中央民族大学、中国历史博物馆、中国科学院自然科学史研究所、中央工艺美术学院、中国艺术研究院、中国民间文艺家协会、河南大学、武汉大学、华中师范大学、云南大学、云南民族学院、兰州大学、中南民族学院、湖北大学、山西师范大学等单位的专家学者参加(各章节的执笔人见书前名单),这些高校和科研院所都对《民俗学概论》的编写工作给予了大力支持。

　　本书的收尾工作,由主编率书稿审定小组完成,审定小组成员如下:钟敬文、董晓萍、萧放、朝戈金、苑利、杨树喆、万建中、黄涛。

　　本书在查阅、核对资料的过程中,还曾邀请三位硕士生担任助手协助工作,她们是庞建春、严优、康丽。

　　北京师范大学中国民间文化研究所资料室、北京师范大学中文系资料室和北京师范大学图书馆为本书的编写和修改提供了各类图书资料,还为审定小组的工作提供了诸多方便,在此谨向他们深表谢意。

编者

1998 年 8 月

第二版后记

本次出版的钟敬文主编民俗学系列教材,包括《民间文学概论》(第二版)、《民间文学作品选》(第二版)和《民俗学概论》(第二版),共3种。其中,《民间文学概论》和《民间文学作品选》较早出版,《民俗学概论》于20世纪末出版,它们前后历时18年,而《民间文学概论》的出版距今已30年。它们从诞生、使用到修订,记录了我国民俗学发展的曲折历程,代表了新时期30年高校民俗学恢复重建和全面繁荣的里程,也反映了我国出版界的重要变化。在民俗学的学科建设上,近30年来,以民俗学为总目,包括民间文艺学,使用这套教材,指导专业科研,建设课程体系,启动本科生教学和研究生教学,推动了民俗学高等教育事业的蓬勃发展,培养了中国高校民俗学专业的几代高级人才。《民俗学概论》又以承上启下的地位,成为民俗学和民间文艺学共同建设的总纲性教材。

钟敬文先生等一批我国高校的宗师泰斗,在"文化大革命"结束后,受命重新组建各自麾下的人文社会学科,如社会学、人类学和民俗学等。当时的一个十分紧迫的任务,就是针对学科规划和课程设置的需要,组织编写教材。他们遂率领本校中青年教师,同时组织国内兄弟院校和科研院所的有志同行,在当时的学术氛围中,很快推出了一批高水平的适用教科书,《民俗学概论》就是其中的一种。它虽以集体成果的形式出现,却极富"主编"色彩。它凝结了主编钟先生毕生学问之大成和厚积薄发的爆发力,融入了他对西方输入学术扎根中国的价值观和知识生产模式的深刻经验,经过了他对多元文化交流和本土文化主位的反复比较,使用了他长期构思的理论框架、概念术语、资料学观点和前期著述。经此路径,这部教材再由作者分头撰写而成。在它的成果中,肯定有作者结合个人研究体会写作的贡献,但它在主编的既定框架和亲手修改后获得团队结项，又是作者对主编的民俗学学说和教育理念的"专利"分享。主编本人也对所有作者的交稿视同己出，逐字逐句地听读，亲自一一敲定，直至总成书稿，历时8年。

《民俗学概论》在极为严谨的编写态度和极为严格的推敲中熬炼出炉，这类主编工作过程的本身也成了某种"师资进修学校"。主编以己之"手"，扶"人"之手，"手把手"地把作者培训成最新认证上岗的师资或专家。主编教材一经出版，还催生了大批各地各类民俗学新教材和分支方向的新教材，围绕它产生了不同层次的教材群。这种书大概现在已经很少见了。它是我国现代社会转型期的产物，是钟敬文等前辈学者在特殊的时代条件下，在晚年治学执教的最后岁月中，为完成民俗学高等教育薪火相传的庄严使命所奉献的原创之作。它是现代民俗学史的历史遗产，也是当代民俗学的新遗产。随着大师逝去，它已具有唯一性，不可替代，也不可重复。本次出版它的修订版的宗旨，就在于珍藏和传承这部中国民俗学高等教育教材的重要遗产。

本次30余位作者再度合作，使修订工作得以顺利完成。所有作者都是《民俗学概论》忠实的"护花使者"，值得致以崇高的敬意。他们是：陈建宪、陶立璠、张振犁、柯杨、秦家华、杨知勇、高丙中、李惠芳、何红一、刘铁梁、程蔷、宋兆麟、华觉明、汪前进、廖育群、陈子艾、李耀宗、黄涛、乔建中、何健安、周育德、陈瑞林、萧放、段友文、阎云祥、连树声、王汝澜和苑利。

除作者外，还要感谢《民俗学概论》初版审定小组成员和长期以来给予支持的诸位同仁，包括朝戈金、万建中、杨树喆、杨利慧、朱霞、色音、康丽、岳永逸、彭牧和赖彦斌。

钟敬文先生的子女钟少华先生和钟宜教授给了我很多提示和鼓励，钟宜教授抱病翻阅了所有修订稿和其他补充资料。已故副主编许钰先生的子女、已故作者马学良先生之子等一致配合，在此也要向他们特别致谢！

武汉大学李惠芳教授曾在初版书稿审校中协助钟老做了大量工作。上海文艺出版社承担了民俗学系列教材初版的出版，郑硕人、钱舜娟和涂石分别担任过责任编辑，对他们的名字，很多读者已耳熟能详,他们为改革开放后高校恢复民俗学学科建设做出了贡献。涂石先生是《民俗学概论》初版的责任编辑,因熟悉教材的主编意图和成书过程,本次再次应邀出任特约编辑,大约在 3 个月的时间里,我们在书案和邮路上繁忙,对原著的一字一句、一引一注,密切合作修订,京沪往复、不计晨昏。初稿完成后,经北京师范大学修订组讨论,并征求其他学者的意见,再做讨论和修改。涂石先生还承接了补查注释的工作,不到 1 个月,超时完工,从上海寄回北京的资料足有两大包。

近年应用俄文民俗学著述的范围已经很窄,为了全面达到修订版的规范要求,连树声先生为本书补出了原书所没有的俄文作者姓名和俄文注释,他从不率尔操觚,每每竭尽所能披检旧书,将查到的俄文名字一丝不苟地用俄文回复给我。程正民先生曾就俄苏马克思主义美学的问题多次回答我的求教,刚刚从日本返回的贾放博士也赶来帮忙。他们所付心力之多,所持敬业精神之诚,令人感佩。

高等教育出版社文科出版中心的徐挥先生,最早关注钟敬文先生主编民俗学系列教材的整体传承,曾被老人称为"有眼光"的出版人;金英是与钟老合作过的忘年之交,对钟老的事业有知遇之情,本次再度承担了审稿工作,我要向他们道以久藏的感谢。高教社文科分社的分社长迟宝东先生,以其与民俗学大文科同行的理性敏锐和行动能力,对出版工作的整体运行和环节安排做了长线部署,大到通盘调动,小到细节落实,莫不经手。责任编辑罗雪群女士,承担了对社内和对北京师范大学修订组、各地作者和上海特约编辑的往来联络,同时处理多种业务,她所表现的条理性和耐心,让作者会"条件反射"到高教社的管理水平和人员素质上,从而增加信赖,以提交好书相回报。

太多的人对钟敬文先生寄以绵绵长情的追忆,关心《民俗学概论》的今天和未来,支持有益于高校民俗学科建设的各项工作,这让我恍若置身跟随先生学习和工作的往昔氛围之中。《民俗学概论》于 2008 年初版合同到期,痛惜钟老和副主编许钰教授均已辞世,封面上的副主编唯余后学。痛彻哀极之余,因事系再版,我重读此书,无限感慨系之。各位前辈、作者、同道和编辑工作者,出于对钟先生的内心景仰，出于对《民俗学概论》教育价值的深刻理解和高度社会责任感，付与我信任和嘱托，现在在其修订版终将付梓之际，我仍要向他们再次说谢。还有很多有待吸纳的创新观点和反馈意见等，都已成为这部修订版教材的背景或远景，对多少谈到它们的中外学者，我也在心中遥寄谢意！

董晓萍

2010 年 4 月 11 日

附　记：钟敬文先生主编《民俗学概论（第二版）》等民俗学系列教材于 2010 年由高等教育出版社出版后，获得了广泛的社会好评，2015 年《民俗学概论》（第二版）被评为"十二五"普通高等教育本科国家级规划教材，充分肯定了这部经典教材的原创性、历史地位、学术价值和现实意义。本次出版前，我们再次做了修订工作，以利它的扩大使用和继续传承。在鼓励这部教材的传承与相关教学改革上，我们曾得到北京师范大学教务处、高等教育出版社文科分社、清华大学、北京大学、中国人民大学、中央民族大学、中国社会科学院、中国科学院自然科学史研究所、中国艺术研究院、中国音乐学院、北京语言大学、北京外国语大学、南开大学、中山大学、华东师范大学、华中师范大学、山东大学、武汉大学、河南大学、山西大学、山西师范大学、西北民族大学、新疆大学、新疆师范大学、辽宁大学、广西师范大学、山西师范大学、内蒙古师范大学、内蒙古大学、云南大学和温州大学等单位的多种帮助，陈继莛、迟宝东、张然、梅咏、李强、关信平和蔡禾诸同仁给予了大力支持，在此郑重致谢！

董晓萍　又及

2015 年 2 月 9 日

郑重声明

高等教育出版社依法对本书享有专有出版权。任何未经许可的复制、销售行为均违反《中华人民共和国著作权法》,其行为人将承担相应的民事责任和行政责任;构成犯罪的,将被依法追究刑事责任。为了维护市场秩序,保护读者的合法权益,避免读者误用盗版书造成不良后果,我社将配合行政执法部门和司法机关对违法犯罪的单位和个人进行严厉打击。社会各界人士如发现上述侵权行为,希望及时举报,我社将奖励举报有功人员。

反盗版举报电话　（010）58581999　58582371
反盗版举报邮箱　dd@hep.com.cn
通信地址　　　北京市西城区德外大街4号
　　　　　　　高等教育出版社法律事务部
邮政编码　　　100120

图书在版编目(CIP)数据

民俗学概论/钟敬文主编. —2 版. —北京:高等教育出版社,2010.8(2025.8 重印)

ISBN 978 - 7 - 04 - 029604 - 4

Ⅰ.① 民… Ⅱ.① 钟… Ⅲ.① 民俗学-高等学校-教材 Ⅳ.① K890

中国版本图书馆CIP数据核字(2010)第120951号

策划编辑	迟宝东 罗雪群	责任编辑	罗雪群 张婧涵
特约编辑	涂 石	封面设计	王凌波
版式设计	王凌波	责任校对	王效珍
责任印制	刘弘远		

出版发行	高等教育出版社
社 址	北京市西城区德外大街4号
邮政编码	100120
购书热线	010 - 58581118
咨询电话	400 - 810 - 0598
网 址	http://www.hep.edu.cn
	http://www.hep.com.cn
网上订购	http://www.landraco.com
	http://www.landraco.com.cn
印 刷	北京宏伟双华印刷有限公司
开 本	787mm×960mm 1/16
印 张	25.5
字 数	370 000
版 次	1998 年 12 月第 1 版
	2010 年 8 月第 2 版
印 次	2025 年 8 月第 32 次印刷
定 价	50.50 元

本书如有缺页、倒页、脱页等质量问题,请到所购图书销售部门联系调换。

版权所有 侵权必究

物 料 号 29604 - A0